Youri Keifens

Brandwriting

Schreiben mit Stil. Marken mit Resonanz.
Überzeugen mit Persönlichkeit.

Rheinwerk
Computing

Liebe Leserin, lieber Leser,

wahrscheinlich erlebst auch Du das immer häufiger: Du scrollst durch Deinen Feed – und die Texte klingen alle irgendwie gleich. Seit künstliche Intelligenzen mitschreiben, verschwimmen unzählige Stimmen zu einem uniformen Sound. Und je gleichförmiger sie klingen, desto größer wird die Sehnsucht nach natürlicher Sprache, markantem Stil und echter menschlicher Persönlichkeit. Mit genau dieser Beobachtung kam Youri Keifens auf uns zu. Wir erkannten das Potenzial seiner Idee – und entwickelten gemeinsam das Buch, das Du gerade in den Händen hältst.

Natürlich gibt es Bücher über Schreibstil. Es gibt Bücher über Markendesign und kluge Werke, die Marken betriebswirtschaftlich betrachten. Youri Keifens wählt eine andere Perspektive: eine menschliche. Er schöpft aus der Welt der Emotionen und Neurowissenschaften, aus einem tiefen Verständnis dafür, wie Menschen ticken – und führt Dich damit zu den wahren Wurzeln starker Marken.

Er zeigt Dir in diesem Buch, wie erfolgreiches Branding funktioniert. Wie es durch Dein Schreiben und Deinen Stil hindurchwirkt und wie Du beides zu Inhalten kombinierst, die bei Deiner Zielgruppe ankommen und im Kopf bleiben. Brandwriting ist eine Einladung, Deine Brand schreibend zu erkunden und zu entwickeln.

Dieses Buch wird Dich bestimmt zu einem besseren Marketer und Texter machen, und vielleicht ist das auch schon alles, was Du Dir von Brandwriting erhoffst. Ich möchte aber noch einen Schritt weitergehen. Denn eine reflektierte Markenstimme ermöglicht es Dir, authentische Verbindungen zu schaffen, die weit über den Verkauf hinausreichen. Und je mehr Marken auf diese Weise kommunizieren, desto sympathischer, interessanter und menschlicher wird das Marketing als Ganzes. Ein kleines Stück davon liegt nun in Deiner Hand.

Bevor es losgeht, noch ein Hinweis in eigener Sache: Wir haben dieses Buch mit großer Sorgfalt geprüft und produziert. Solltest Du dennoch Fehler entdecken oder Anregungen haben, dann schreib mir gerne. Ich freue mich auf den Austausch mit Dir.

Und nun wünsche ich Dir viel Spaß und Erfolg auf Deiner Brandwriting-Journey!

Dein Felix Jüstel
Lektorat Rheinwerk Computing

felix.juestel@rheinwerk-verlag.de
www.rheinwerk-verlag.de
Rheinwerk Verlag • Rheinwerkallee 4 • 53227 Bonn

Auf einen Blick

Wir hoffen, dass Sie Freude an diesem Buch haben und sich Ihre Erwartungen erfüllen.
Falls Sie Anregungen, Wünsche und Kommentare haben, lassen Sie es uns wissen:
service@rheinwerk-verlag.de.

Informationen zu unserem Verlag und Kontaktmöglichkeiten finden Sie auf unserer Verlagswebsite **www.rheinwerk-verlag.de**. Dort können Sie sich auch umfassend über unser aktuelles Programm informieren und unsere Bücher und E-Books bestellen.

Autor Youri Keifens
Lektorat Felix Jüstel
Copy-Editing Petra Bromand, Düsseldorf
Typografie & Layout Vera Brauner
Satz SatzPro, Krefeld
Herstellung Stefanie Häb
Covergestaltung Mai Loan Nguyen Duy
Druck Beltz Grafische Betriebe, Bad Langensalza

FSC® www.fsc.org MIX Karton | Papier | Fördert gute Waldnutzung FSC® C089473

Dieses Buch wurde auf FSC®-zertifiziertem Papier gedruckt. Hergestellt in Deutschland.

Bibliografische Information der Deutschen Nationalbibliothek:
Die Deutsche Nationalbibliothek verzeichnet diese Publikation in der Deutschen Nationalbibliografie; detaillierte bibliografische Daten sind im Internet über *http://dnb.dnb.de* abrufbar.

ISBN 978-3-367-11456-6

1. Auflage 2026

Rheinwerk Verlag GmbH • Rheinwerkallee 4 • 53227 Bonn
service@rheinwerk-verlag.de

Inhalt

Der Unterschied, der den Unterschied macht

Es gibt Sätze, die verändern Dein Leben. Und es gibt perfekt formulierte Sätze, die bedeutungslos bleiben. Dieses Buch handelt vom Unterschied, der den Unterschied macht. In den vergangenen Jahren begegnete mir eine Frage häufiger als jede andere: *Schreiben? Das übernimmt doch längst die künstliche Intelligenz! Warum sollte in Zukunft noch jemand selbst zum Stift greifen oder in die Tasten hauen?*

Die Frage zeigt, wie unterschätzt das Schreiben ist. Viele beschränken den Prozess darauf, Wörter in eine logische und richtig klingende Reihenfolge zu bringen. Und klar, das kann auch eine Maschine. Doch wer Schreiben darauf reduziert, schneidet genau das ab, was es wertvoll macht.

Schreiben ist das schärfere Denken.

Schreiben ist ein Prozess der Selbstreflexion und des Entdeckens. Es zwingt Dich, Deine Ideen zu prüfen, Lücken aufzuspüren und tiefer zu bohren. Zwischen unseren beiden Ohren fühlt sich vieles stimmig an, elegant und fertig gedacht. Doch wenn wir Gedanken in Worte fassen wollen, kann es gelegentlich passieren, dass wir stolpern. Sätze stottern, Aussagen widersprechen sich und Gedanken, die sich eben noch prächtig angefühlt haben, wirken plötzlich blass und billig. Auf dem Tiefpunkt kann sich dann sogar eine Stimme melden: *Hast Du überhaupt eine Ahnung von dem, was Du hier schreibst?*

Texte laden uns zu radikaler Ehrlichkeit ein. Sie zwingen uns zu Klarheit. Sie dulden kein *Du weißt schon, was ich meine …* Was hier steht, muss sitzen. Dabei lassen wir zu, dass wertvolle Fragen an uns nagen: Was will ich überhaupt sagen? Wofür stehe ich und weshalb bin ich davon so überzeugt? Sind mir meine Beweggründe überhaupt immer klar?

Dieser Prozess kann sich anfühlen wie ein wildes inneres Genörgel. Er kann verwirren und Druck aufbauen. Er kann anstrengend sein und frustrieren. Die Verlockung ist groß, sich mit ein paar flotten Prompts Erleichterung zu verschaffen. Doch wer die Wege geht, die alle anderen gehen, bekommt auch die Ergebnisse, die alle anderen haben. Mittelmaß und generisches Geschwafel sind genau das, was wir im Branding nicht wollen. Einzigartigkeit finden wir nicht, indem wir tiefer im Einheitsbrei herumpopeln, sondern indem wir nach innen schauen. Ja, dieser Prozess ist weniger bequem, doch er lohnt sich immer. Um mir Mut zu machen, lasse ich mich von meinem Motto leiten:

Ich schreibe nicht, weil ich weiß. Ich schreibe, weil ich verstehen will.

Schreiben ist ein Handwerk – und zugleich vor allem ein *Denkwerk*. Es ist der zuverlässigste Weg, herauszufinden, was Du denkst, wofür Du stehst und wer Du wirklich bist.

Wenn Du fragst, feilst, zuspitzt und Dich immer wieder herausforderst, passiert etwas Magisches: Du entlarvst blinde Flecken, erkennst neue Zusammenhänge und der Prozess belohnt Dich mit regelmäßigen Aha-Momenten. Jetzt entfacht das Schreiben eine berauschende, ja fast ekstatische Wirkung nach innen – und eine starke Signalwirkung nach außen. Hier entstehen Botschaften mit tiefen Wurzeln, die auffallen, aufwecken und berühren. Und die braucht unsere moderne Welt gerade dringender denn je.

Orientierung in einer übervollen und lauten Welt

Angenommen, Du bekommst den besten Schreibtipp Deines Lebens – einmal von einer obdachlosen Person auf einer Parkbank, einmal von der Kassiererin im Supermarkt und einmal höchstpersönlich von Stephen King. Im ersten Fall würden viele Menschen leider kaum hinhören, im zweiten Fall vielleicht kurz irritiert nicken und im dritten Fall wahrscheinlich sogar viel Geld dafür zahlen. Die Information ist dieselbe, doch je nach Szenario verändert sich die Qualität unserer Aufmerksamkeit. Wir hören hin, wir öffnen uns und – am wichtigsten – wir betrachten die Information als deutlich wertvoller. Der Absender wertet sie auf.

Vielleicht sind der Obdachlose und die Kassiererin insgeheim brillante Text-Genies, doch ihre Botschaft geht unter, weil ihr Auftritt ihre Kompetenz nicht ausstrahlt. Branding ist die Kunst, diesen überzeugenden Absender erlebbar zu machen. Wir stellen damit eine einzigartige menschliche Verbindung her, die Vertrauen aufbaut, Relevanz schafft und Wert erzeugt. Ein unschätzbarer Faktor in der modernen Welt.

Denn wir erleben seit Jahren einen Paradigmenwechsel in der Kommunikation. Wissen ist heute im Überfluss frei verfügbar. Ob Du künstliche Intelligenzen befragst, Suchmaschinen durchforstest oder in Bibliotheken abtauchst – Du hast in kürzester Zeit Zugriff auf fast alles, was Du wissen möchtest. Doch was erst wie ein Segen wirkte, brachte auch seine Schattenseiten.

Heute strömen mehr Informationen auf uns ein als je zuvor. Darunter immer mehr gezielte Desinformation, die uns die Orientierung in der Welt erschwert. Auch der Markt wächst unaufhörlich. Wer heute eine Dienstleistung sucht, findet nicht nur drei Optionen, sondern gleich Dutzende.

Die Einstiegsbarrieren sind gesunken. Moderne Tools machen es leicht, schlau und kompetent zu wirken – ohne es zwingend auch sein zu müssen. Eine hübsche Website, smart klingende Texte, der Avatar, der die sozialen Medien mit fotorealistischen Videos flutet: Die Marketingfassade kannst Du heute mit wenig Aufwand und ohne tiefes Fachwissen hochziehen. Zwischen Schein und Sein klafft eine Lücke, die mit bloßem Auge kaum noch zu erkennen ist. In diesem Nebel verlieren Kundinnen und Kunden die Orientierung, während Anbieter mit echter Substanz um Sichtbarkeit ringen. Je ähnlicher und brillanter die Fassaden, desto schwerer fällt es, die Unterschiede dahinter zu erkennen. Wir schlittern geradewegs in eine massive Orientierungskrise, die ihren Höhepunkt noch nicht erreicht hat.

Was von alledem ist wahr? Worauf kommt es wirklich an? Wem kann ich vertrauen? Während das Geschäftsmodell des bloßen Handelns mit Informationen zu Ende geht, gewinnt ein anderer Markt an Bedeutung: das Branding. Der Fokus hat sich verschoben – vom *Was* zum *Wer* und zum *Wie*. Der Inhalt bleibt wichtig. Doch entscheidend ist heute vor allem der Kontext: Wer spricht – und wie?

Eine gute Marke kuratiert. Geleitet von einem kongruenten Set aus Zielen, Werten und Überzeugungen filtert sie die Fülle an Informationen und teilt ihre Perspektive mit uns. Wenn wir uns mit ihr identifizieren, gibt uns diese Verbindung Sicherheit und Orientierung. Sie macht unser Leben leichter – und reicher.

In den letzten Jahren habe ich zahlreiche Marken analysiert. Einige waren brillant inszeniert – und dennoch seelenlos. Andere waren roh und unperfekt – und dennoch faszinierend magnetisch. Der Unterschied lag selten allein im Design, im Logo oder im Angebot. Er lag im klaren Standpunkt, den die Sprache spürbar machte. Dieses Buch zeigt Dir, wie Du genau diesen Standpunkt findest – und auf einzigartige Weise in Sprache übersetzt. Dabei betrachten wir das Thema nicht aus Designsicht oder aus betriebswirtschaftlicher Perspektive, sondern aus einer zutiefst menschlichen.

Die Marke als menschliche Persönlichkeit

2011 hatte ich meine erste große Begegnung mit professioneller Markenführung. Gleich nach meinem Masterabschluss in Sprachwissenschaften begleitete ich einen Marken-Relaunch – Seite an Seite mit einer der größten Branding-Agenturen Europas. Parallel steckte ich jeden Abend meine Nase in Kurse und Bücher rund um Persönlichkeitsentwicklung, Neurolinguistisches Programmieren (NLP) und Psychologie. Ich wollte besser verstehen, wer ich war, warum ich ticke, wie ich ticke, und wie ich selbst mehr in Richtung meiner Wünsche und Ziele wachsen konnte.

Es dauerte nicht lange, bis sich beide Welten vermischten. Ich entdeckte Parallelen zwischen der Entwicklung meiner menschlichen Persönlichkeit und der einer Marke; zwischen der Kommunikation mit mir selbst und der mit meiner Zielgruppe; und nicht zuletzt auch zwischen Coaching und Verkauf. Denn besteht das Verkaufen im Kern nicht einfach darin, Menschen dabei zu unterstützen, eine für sich stimmige Entscheidung zu treffen? Diese Verbindungen führten mich tiefer in benachbarte Felder: in die Sozialpsychologie, die Verkaufspsychologie und die kognitive Linguistik, in die modernen Emotions- und Neurowissenschaften, in das Mentaltraining sowie die Hypnose – ein Feld, das mich seit jeher fasziniert, weil es zeigt, wie tief Sprache in das menschliche Bewusstsein reicht. Parallel arbeitete ich als Werbetexter, Ghostwriter und NLP-Trainer.

Ich entdeckte die wahre Macht der Sprache. Sie öffnet eine neue Dimension in unserem menschlichen Miteinander und verrät mehr, als wir uns oft bewusst sind. Sprache ist der Programmcode unseres Bewusstseins. Wir nutzen sie nicht nur, um uns auszudrücken – wir denken auch in Sprache. Wir strukturieren unsere Wahrnehmung mit Sprache. Wir gestalten mit ihr unsere Beziehungen zu anderen. Und vor allem: Mit Sprache formen wir unsere Identität. Denn wir werden zu dem, was wir wiederholt über uns denken, sagen und schreiben. In jeder Formulierung steckt ein kleines Selbstporträt. So ist alles, was wir sagen, denken und schreiben, auch eine Selbstauskunft.

Wer Menschen mit Worten bewegen kann, verfügt über die größte Macht, die ein Mensch haben kann.

Die richtigen Worte verändern alles. Worte lenken das Denken. Wer anders denkt, fühlt anders. Wer anders fühlt, entscheidet anders. Deine Worte sind mächtig – ob Du mit Dir selbst sprichst oder mit anderen. Beherrsche Deine Worte und Du entfaltest Deine Wirkung.

In meinen beiden Bestsellern *Der Persönlichkeits-Code* und *Das Copywriting-Geheimrezept* habe ich erläutert, wie wir Sprache nutzen können, um Menschen besser zu verstehen, zu überzeugen und für uns zu gewinnen. Dieses Buch verbindet alles miteinander und führt weit darüber hinaus. Wir gehen der Frage nach, was authentischen Ausdruck und echten Stil ausmacht. Kaum ein Thema treibt Menschen und Marken aktuell mehr um: Wie gelingt es mir, eine Sprache zu kultivieren, die unverkennbar nach mir bzw. meiner Marke klingt? Wie entwickle ich Botschaften, die mit einzigartiger Würze aus dem Einheitsbrei heraustreten – ohne zu brüllen, zu posen oder andere zu imitieren? Wie schreibe ich Texte, die eine echte menschliche Verbindung aufbauen? Aus meinen Antworten auf diese Fragen ist über die Jahre eine Disziplin gewachsen, die ich Brandwriting nenne – die Kunst, Markenhaltung in eine unverwechselbare Sprache zu übersetzen. Ich bin mir sicher, der Ansatz wird Dich überraschen, inspirieren und schon bald beflügeln. Zuerst Dich und dann Deine Marke.

Dieses Buch richtet sich an Menschen – nicht an Logos

Wenn Du dieses Buch in den Händen hältst, dann willst Du wahrscheinlich Deine eigene oder eine fremde Marke stärken.

Vielleicht bist Du eine Personenmarke. Coach, Beraterin, Trainer oder Selbstständige mit eigenem Profil. Du hast fachlich Substanz. Doch beim Blick auf Deine Website, Deine Posts oder Dein Funnel-Konzept schleicht sich ein leises Gefühl ein: *Klingt das hier eigentlich noch nach mir? Oder klinge ich wie zwölf andere in meiner Branche?* Du ahnst, dass in Dir mehr steckt – und dass Deine Sprache Dich derzeit kleiner macht, als Du bist.

Oder Du gehörst zu einer Marken-Crew. Geschäftsführerin, Markenverantwortlicher, Marketingleitung oder auch Agenturpartner an der Seite einer größeren Brand. Du siehst, dass die Leute im Unternehmen in zehn verschiedenen Tonalitäten kommunizieren – oder schlimmer: in einer einzigen, austauschbar generischen. Style-Guides, Briefings und Wording-Manuals füllen Ordner, doch wenn Du Texte der Marke laut vorliest, klingen sie wie die von hundert anderen im Markt.

Dieses Buch entfaltet seine Wirkung in beiden Situationen. Im ersten Fall leitest Du die Inhalte direkt aus Deiner eigenen Innenwelt ab. Im zweiten Fall setzt Du die Strategien in einem Workshop mit den Markenverantwortlichen Deines Unternehmens um.

In beiden Fällen richtet sich dieses Buch erst an Dich als Person, die eine Marke führt, begleitet oder verkörpert – nicht an eine abstrakte Organisation oder an ein hübsches Logo. Wenn ich von »wir« spreche, meine ich Dich und mich. Mein Ziel ist, dass Du die Inhalte verstehst und in Dir selbst erlebst. Denn was Du für Dich persönlich erst einmal verinnerlicht hast, kannst Du auch auf Dein Umfeld und Deine Marke übertragen. Wenn Du magst, kannst Du mich später als persönlichen Sparringspartner hinzuziehen. Doch der wichtigste Schritt beginnt hier – zwischen Dir und diesen Seiten.

Aus diesem Grund findest Du in diesem Buch keine klassischen Fallstudien großer, internationaler Marken. Sie dominieren die Marketingliteratur seit Jahren und erzeugen dabei oft mehr Distanz als Klarheit. Denn was für globale Brands mit riesigen Teams, Budgets und gewachsenen Strukturen funktioniert, lässt sich selten eins zu eins auf den eigenen Alltag übertragen.

Ich arbeite stattdessen mit fiktiven, aber realitätsnahen Beispielen – ohne Hochglanz, ohne Legendenbildung und ohne den impliziten Druck, Dich an etwas messen zu müssen, das mit Deiner Realität wenig zu tun hat. Ich will damit einen Rahmen schaffen, in dem Du die Prinzipien dieses Buches direkt auf Dich und Deine Marke anwenden kannst – unabhängig von Branche, Größe oder Ausgangspunkt.

Ich bin mir sicher, wenn Du dranbleibst, wirst Du Sprache nie wieder auf die gleiche Weise erleben. Du erkennst sofort, wann eine Botschaft aus Deinem Kern kommt – und wann sie nur mitschwimmt im Strom des Mittelmaßes. Du entwickelst eine Sprache, die niemand kopieren kann. Weil sie aus einem Inneren stammt, das es so kein zweites Mal gibt.

Deine Reise durch dieses Buch

Dieses Buch nimmt Dich in sieben Kapiteln mit – von der inneren Haltung bis zum gelebten Alltag Deiner Marke.

Kapitel 1 führt Dich auf eine philosophische Reise. Wir schauen uns an, wie Marken neurobiologisch auf uns einwirken und wie Botschaften uns sogar physisch bewegen können. Dieser Teil verändert Deinen Blick auf Branding, auf menschliche Kommunikation und vielleicht auch auf Dein Leben insgesamt.

Kapitel 2 legt das Fundament Deiner Marke. Wir definieren ihre einzigartige Perspektive auf den Markt, auf Deine Zielgruppen und auf die Überzeugungen und Werte, die ihr tägliches Handeln prägen. Das sind die Wurzeln, aus denen die gesamte spätere Kommunikation wächst.

Kapitel 3 dreht sich um Haltung und Konzepte wie Provokation, Integrität und Authentizität. Es geht darum, wie sich Deine Marke im Alltag treu bleibt und nicht verbiegen lässt.

Kapitel 4 stellt Dir ein breites Repertoire an Stilmitteln vor. Du entdeckst die Möglichkeiten von Interpunktion, Ironie und einem eigenen Brand-Vokabular, um Deiner Stimme einzigartigen Ausdruck zu verleihen.

Kapitel 5 bringt Dich ins Schreiben. Wir schauen uns an, wie Du mit klaren Frameworks von der Idee zum Text gelangst und dabei typische Stolpersteine umgehst – wenn Dein innerer Kritiker quengelt, Perfektionismus Dich blockiert oder in Deinem Kopf plötzlich gähnende Leere herrscht.

Kapitel 6 widmet sich dem Storytelling im Content-Alltag: Du lernst, Geschichten in kurzen, konkreten Formaten einzusetzen – in Posts, Mails und Präsentationen, ohne epische Heldenreisen, aber mit maximaler Wirkung.

Kapitel 7 richtet den Blick nach vorn: Wir sprechen darüber, wie Deine Marke reift, ohne sich zu verlieren – wie sie auch in Krisen stabil bleibt, weiter wächst und sich dabei selbst treu bleibt.

Du merkst, wir haben einiges vor. Lass uns also umblättern und starten. Ich freue mich, mit Dir dieses Buch und das Konzept dahinter zu erforschen. Vor 15 Jahren hätte ich es gebraucht. Heute bin ich froh, dass ich es schreiben durfte – für Dich und ein bisschen auch für mein jüngeres Ich, das damals noch keine Worte dafür hatte. Dieses Buch ist eine Einladung, Deine eigene Stimme zu finden – und sie nie wieder zu verstecken.

Herzlich

Youri Keifens

Kapitel 1
Was eine Marke ist – und wie sie wirkt

Warum lassen uns manche Marken nicht mehr los, während andere spurlos an uns vorbeiziehen? Was genau passiert in uns, wenn wir spüren: Hier bin ich richtig – noch bevor wir ein einziges Argument gehört haben? In diesem Kapitel ergründen wir, was eine Marke wirklich ausmacht – jenseits von Logo, Farben und Claim. Wir tauchen ein in die Frage, wie die Verbindung zwischen Mensch und Marke entsteht, warum diese in unserer beschleunigten Welt immer seltener wird und welche Kraft in ihr liegt, wenn wir sie bewusst gestalten. Am Ende dieses Kapitels wirst Du Branding mit völlig anderen Augen sehen. Denn der Mechanismus dahinter ist eine der tiefsten Formen menschlicher Kommunikation.

»Was kann ich bei Dir kaufen? Bitte sag mir, wie ich Dir mein Geld geben kann, um ein Stück von Deiner Welt in mein Leben zu bringen.« Diese Aussage werden Du und ich im Verkauf so vermutlich niemals hören. Und doch ist sie das heimliche Flüstern hinter jeder starken Marke, die Menschen in ihre Welt zieht. Sie kaufen dann nicht, weil sie etwas *brauchen*. Sie kaufen, weil die Marke eine Verbindung hergestellt hat, die weit über den objektiven Wert des Angebots hinausgeht. Etwas bringt Saiten in ihnen zum Klingen. Sie fühlen sich gesehen, verstanden und gut aufgehoben. Sie erfahren Bestätigung, Orientierung und nicht selten ein Gefühl von tieferem Sinn. In Zeiten von künstlicher Intelligenz, wachsender Skepsis und steigendem Druck bei Märkten und Menschen ist diese Verbindung wichtiger – und gleichzeitig seltener denn je.

Zahlreiche Fachbücher versuchen, das Mysterium Branding mit Theorien, Strategien und Systemen zu entschlüsseln. Doch nicht selten zerstören diese teils mechanischen Ansätze genau das, was eine Brand ausmacht: das Geheimnisvolle. Es ist wie mit dem Beispiel des Schmetterlings, das mir vor Jahren mal einer meiner Mentoren vorstellte: Die 1.000 klügsten Menschen der Welt können einen wunderbaren Schmetterling anatomisch in all seine Einzelteile zerlegen, jeden Teil benennen und in seiner Funktion erklären. Und doch könnte niemand diese Teile wieder zusammensetzen und dem Schmetterling Leben einhauchen.

Bedeutet diese vermeintliche Unerklärbarkeit, dass jeder Branding-Ansatz zum Scheitern verurteilt ist und wir es gar nicht erst versuchen sollten? Natürlich nicht. Zu verlockend sind all die Vorteile, die eine starke Marke mit sich bringt: Du kannst höhere Preise durchsetzen, stichst unvergleichbar aus der Masse heraus, sicherst Dir langfristig die Loyalität von Zielgruppen und Fachkräften, kannst schneller wachsen und gehst robuster durch Krisenzeiten.

Diese Vorteile wirken so attraktiv, dass viele Unternehmen mit einer kalkulierten Strategie darauf hinarbeiten wollen – und bei all dem Müssen und Wollen gerne auch mal die Brechstange ansetzen. Doch genau diese Herangehensweise kann die Seele einer Marke ersticken ... oder lässt sie gar nicht erst entstehen.

Dieses Buch wagt daher einen anderen Ansatz: Wir jagen dem Mysterium Branding nicht hinterher, indem wir den Schmetterling einfangen, fixieren und zerlegen – sondern indem wir mit ihm fliegen und von ihm lernen. Wir verlassen die Ebene der betriebswirtschaftlichen Kennzahlen, Prozesse und Statistiken und richten unseren Blick auf die Sprache. Genauer: auf die geschriebene Sprache. Denn Texte sind die Urform aller Medien. Vom Film über Podcasts bis zur größten Werbekampagne – alles beginnt mit einem Text, einem Skript, ein paar Worten auf einer Serviette. Texte helfen uns, klarer zu denken, Ideen zu schärfen, Botschaften auf den Punkt zu bringen – und vor allem: tiefe Verbindungen zu anderen Menschen aufzubauen. Denn genau davon lebt eine Marke. Sie ist nichts, was ein Unternehmen sendet. Marke entsteht im Dialog zwischen Menschen.

Nach dem Prinzip *Zeigen statt Labern* will ich Dir nicht trocken erklären, was genau Brandwriting ist, sondern Dich erst einmal erleben lassen, welche Welt hinter diesem Konzept steckt. Ich bin mir sicher: Schon nach den nächsten 350 Seiten wirst Du Menschen und Marken aus einem neuen Blickwinkel sehen. Bevor wir ins Eingemachte gehen, lass uns einen Blick darauf werfen, warum Branding schon heute die entscheidende Dimension unserer Kommunikation ist – und warum genau jetzt der perfekte Moment ist, sich damit noch deutlich intensiver zu beschäftigen.

1.1 Wir haben Verbindungsprobleme

Es rauschte, es ruckelte und manchmal brach die Verbindung ganz ab. Neulich hatte ich einen Call mit einem mittelständischen Unternehmen, der eigentlich der Startschuss für ein wichtiges Projekt sein sollte. Dabei ist gerade die erste Begegnung so wichtig. Wir lernen uns kennen, können Sympathie füreinander entwickeln und Vertrauen aufbauen. Doch in diesem Call war nichts davon möglich. Die Störungen kappten jedes Gefühl, bevor es sich entwickeln konnte. Was ich hier im Kleinen erlebte, spielt sich jeden Tag auch im Großen ab: Selbst beste Absichten fruchten nicht, wenn die Verbindung nicht steht. Und diese Verbindung aufzubauen, wird immer schwieriger. Verantwortlich dafür ist ein Mix aus drei Phänomenen.

1. Austauschbarkeit

Sie klingen gleich, sehen gleich aus und fühlen sich gleich an – viele Angebote und Anbieter sind heute bis auf den Kern vergleichbar. Einzigartigkeit suchen wir vergeblich. Einerseits ist es dank technologischer Möglichkeiten heute leichter denn je, ein Unternehmen aufzubauen und Umsatz zu machen. Selbst wer innoviert, hat nur einen kurzen Vorsprung, bis Nachahmer die Idee kopieren und der nächste Geschäftszwilling auf der Matte steht.

Andererseits machen es künstliche Intelligenzen leichter denn je, auch in der Kommunikation zu glänzen. So können wir mit wenig Aufwand professionelle, glatte und makellos formulierte Texte liefern – mit ähnlichen Versprechen, ähnlichen Argumenten und ähnlichen Worten wie der übrige Markt. Und wo es keine anderen unterscheidenden Kriterien mehr gibt, dominiert am Ende nur noch ein Faktor: der Preis. Was folgt, ist eine Preisspirale nach unten. Einer unterbietet den anderen, Fokus und Energie für Innovation gehen verloren, der Markt flacht immer weiter ab und daraus entsteht das nächste Problem.

2. Skepsis

Mit dem Druck im Markt wachsen auch die Versprechen. *Das Beste! Das Ultimativste! Das Superste!* Die Botschaften überschlagen sich von einem Superlativ zum nächsten und erforschen die Grenzen der Glaubwürdigkeit. Dieses laute, aggressive Rauschen vermischt sich mit der Austauschbarkeit zu einem Cocktail, der eher überfordert und betäubt als überzeugt. Wer echte Qualität und Expertise sucht, braucht heute mehr Spürsinn als ein Trüffelschwein im Werbewald. Zu viele Versprechen, zu wenig Wahrheit.

Wir alle kennen es: Wir lassen uns von hübschen Websites und verlockenden Versprechen verführen. Doch das große Märchenschloss, das Marketing und Verkauf in unsere Köpfe gemalt haben, entpuppte sich nach dem Abschluss als Besenkammer mit Wasserschaden. *Wie konnte ich nur auf so einen Amateurladen reinfallen?! Das passiert mir kein zweites Mal!* Das ist die natürliche Reaktion auf solche Erfahrungen. Mit jeder enttäuschten Erwartung schrumpft das Vertrauen, und die Skepsis wächst. Wie reagiert das Marketing? Häufig leider mit noch wilderen Versprechen, höheren Werbebudgets und psychologischen Tricks. Kein Wunder, dass immer mehr Menschen ihre Hirne in Sicherheit bringen und alles ausblenden, was auch nur nach Werbung riecht. Das letzte Problem rundet diese Entwicklung ab.

3. Seelenlosigkeit

In diesem Umfeld aus Druck und Hektik haben die Unternehmen Tiefe durch Taktik ersetzt. Ziel ist nur noch selten die langfristige Verbindung zur Zielgruppe, sondern die kurzfristige Conversion. Menschen werden zu Datenpunkten. Content soll nicht länger Menschen berühren, sondern den Algorithmen gefallen. Schablonen ersetzen Geschichten, Plattitüden ersticken Persönlichkeit und Malen nach Zahlen verdrängt den kreativen Ausdruck.

Das Ergebnis: Wir reden viel, aber sagen wenig. Wir sind vielleicht sichtbar, aber kaum noch spürbar. Der Kommunikation fehlt die Seele. Das ist Zombiewriting. Der Content lässt uns kalt und wir stumpfen ab. Diese Art der Oberflächlichkeit ist aus meiner Sicht einer der größten Verluste überhaupt, denn hier liegt die wahre Kraft unserer Kommunikation: Hat sie Seele, Tiefe und Persönlichkeit, spricht sie mehr an als die fünf Prozent, die unser bewusster

Verstand verarbeiten kann. Sie dringt tiefer zu uns durch und berührt etwas in uns, das jede Entscheidung erleichtert.

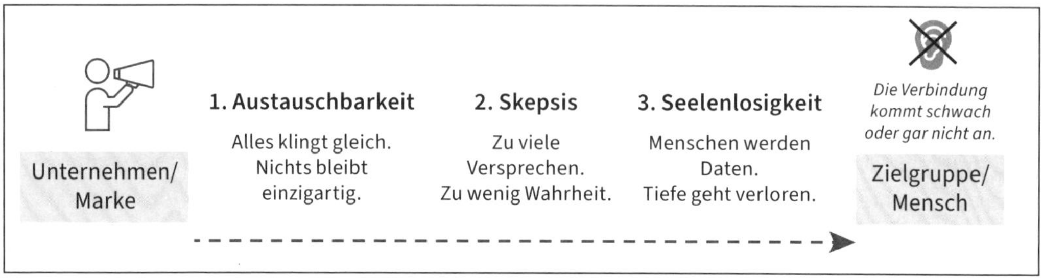

Abbildung 1.1: Gründe für Verbindungsprobleme in der Markenkommunikation

Diese drei Entwicklungen erklären, warum so viele Unternehmen zwar laut sind, aber keine Verbindung mehr schaffen. Niemand hat mehr Lust, wirklich zuzuhören. Wir fühlen uns nicht angesprochen, sondern belästigt.

Diese Probleme sind das Ergebnis einer Welt, die vergessen hat, warum Marken überhaupt funktionieren. Wir versuchen, Menschen mit Taktiken zu gewinnen, obwohl sie nach Bedeutung und Verbindung suchen. Wir reden über Funnels, während sie nach Orientierung hungern. Wir optimieren Zahlen, obwohl sie nach Persönlichkeit verlangen.

Eine Marke gewinnt ihre Kraft dadurch, dass sie tiefer reicht als Logik. Sie ist mehr als ein Logo, mehr als ein paar Formen, Farben und Fotos. Bevor wir also konkrete Ansätze betrachten, müssen wir zu einer einfachen, aber kraftvolleren Frage zurückkehren: Was ist eine Marke eigentlich? Und was löst sie im Inneren der Menschen aus?

1.2 Was ist eine Marke? Und was nicht?

Stell Dir vor, Du stehst um halb acht morgens in einem kleinen Lebensmittelladen in einer Seitengasse Kyotos. Du suchst nach Kaffee für Deinen optimalen Start in den Tag. Vor Dir ein Regal voller japanischer Marken: Kanji-Zeichen, die Dir nichts sagen, ulkige Verpackungen und Geschmacksrichtungen, von denen Du noch nie gehört hast. Eine leise Unruhe wühlt Deinen Bauch auf. Und dann lächelt Dich aus der Mitte des Regals eine vertraute Marke an – dieselbe Verpackung, dieselbe Farbe und derselbe Name wie zu Hause. Du greifst zu. Du vergleichst nicht. Du schaust nicht einmal auf den Preis. Es ist, als hätte Dir inmitten einer fremden Welt ein alter Freund seine Hand gereicht. Das ist eine Marke. Sie ist das, was in diesem Moment zwischen Dir und dem Regal geschieht.

Was passiert da genau? Ich habe lange gesucht, bis ich eine Definition gefunden habe, die das widerspiegelt, was ich in meiner täglichen Arbeit entwickle und auch als Kunde erlebe. Das Gabler Wirtschaftslexikon schlägt uns diesen starken Satz vor:

Eine Marke kann als die Summe aller Vorstellungen verstanden werden, die ein Markenname oder ein Markenzeichen bei Kunden hervorruft bzw. beim Kunden hervorrufen soll, um die Waren oder Dienstleistungen eines Unternehmens von denjenigen anderer Unternehmen zu unterscheiden.

Ja, stilistisch passt der Satz nicht so recht in dieses Buch. Doch um ihn in Schutz zu nehmen: Er muss viele Menschen glücklich machen – Juristen, Designer, Strategen, Unternehmen etc. Doch in diesem Buch geht es um etwas anderes: Was löst eine Marke in uns aus? Und wie können wir diese Wirkung bewusst mit Worten gestalten? In der Definition des Wirtschaftslexikons schlummern ein paar wertvolle Erkenntnisse, die ich kurz mit Dir entpacken will.

Die Grundaussage der Definition: Marke soll differenzieren und Revier markieren. Oder, um ein anderes Bild zu nutzen: Wir wollen eine ganz bestimmte Liege im Kopf der Zielgruppe mit unserem Handtuch reservieren. Neben diesem Kerngedanken will ich Deine Aufmerksamkeit auf drei Fragen lenken.

1. Was ist das Wesen einer Marke?

Die Marke ist die Summe aller Vorstellungen. Das mag ich, denn es bringt wunderbar auf den Punkt, wie vielfältig die Einflüsse sind, die eine Marke prägen. Farben, Düfte, Bilder, Worte, Sprüche, Erlebnisse, Stimmen, Begegnungen, Geschichten – eine Marke ist die Summe aller Assoziationen mit ihr. Jede feine Nuance wirkt mit. Das ist mächtig. Und gleichzeitig beunruhigend. Denn wenn alles wirkt – können wir all diese Einflüsse dann jemals kontrollieren oder bewusst steuern?

Parken wir diese Frage kurz beiseite und widmen wir uns dem Versuch, das Wesen einer Marke konkreter zuzuspitzen, indem wir einige der bekanntesten Brand-Definitionen hinzuziehen. Neben dem guten Vorschlag des Wirtschaftslexikons bringt Amazon-Gründer Jeff Bezos einen viel zitierten Vorschlag ins Rennen:

Deine Marke ist das, was die Leute über Dich sagen, wenn Du nicht im Raum bist.

Hier geht es also um Deinen (hoffentlich guten) Ruf. Der Ruf schnürt all die Assoziationen und die Summe aller Vorstellungen zu einem festen Bündel zusammen und macht sie damit greifbarer. Das ist gut, greift jedoch etwas zu kurz. Denn beruht eine Marke wirklich nur auf dem, was die Menschen bewusst über Dich sagen können? Meine Erfahrung ist, dass eine Brand selbst dann wirkt, wenn wir unsere Verbindung zu ihr (noch) gar nicht in Worte fassen können.

Wandere bitte gedanklich einmal kurz zurück zu den drei Lieblingsmarken, von denen Du zuletzt gekauft hast. Fühl in Dich hinein: Was genau verbindest Du mit ihnen? Bestimmt kannst Du mit Schlagworten und ein paar Sätzen umreißen, welche Qualitäten Dich an den Brands besonders ansprechen. Doch die Magie der Marke entfaltet sich auch dann, wenn Du diesen Schritt nicht gehst.

Branding-Papst Franz-Rudolf Esch lenkt unsere Aufmerksamkeit mit seiner Definition weg von der sprachlichen hin zur visuellen Wahrnehmung:

Marken sind Vorstellungsbilder in den Köpfen der Konsumenten.

Das kommt meinem Verständnis von Marke schon näher. Hier geht es um all die Bilder, Erinnerungen und prägenden Assoziationen, die auf unsere Verbindung zur Marke den stärksten Einfluss haben. Und doch sträube ich mich etwas dagegen, die Brand im Kopf der Zielgruppe zu verorten (auch wenn da unser Handtuch liegt). Denn besteht nicht gerade der Wert einer starken Marke darin, dass wir dank ihr keine verkopfte Entscheidung treffen müssen, sondern ganz auf unser Bauchgefühl vertrauen können? Im Kontakt mit der Brand fühlt sich etwas in uns so stimmig an, dass der Kauf zum großen Teil eine Bauchentscheidung ist.

Wenn ich von einer Marke spreche, verstehe ich den Begriff daher ganz nach der Definition von Marty Neumeier:

Eine Marke ist das Bauchgefühl einer Person über ein Produkt, eine Dienstleistung oder ein Unternehmen.

Branding heißt also: ein *Bauchgefühl* kultivieren. Und so ein Bauchgefühl ist eine zutiefst subjektive Sache. Wo eine Marke eine Million Fans hat, gibt es auch eine Million unterschiedliche Bauchgefühle. Würde es uns gelingen, uns in all diese Bäuche hineinzufühlen und diese Welt in Worte zu fassen, dann wäre die Marke die Schnittmenge all dessen.

Die eine scharfe, schön definierte und abgegrenzte Marke gibt es also nicht, sondern bloß ein mehr oder weniger waberndes Gefühl, das wir beeinflussen möchten. Denn wir können nicht *nicht* branden. Im Kontakt mit uns entwickeln die Menschen immer ein Gefühl dafür, mit wem sie es zu tun haben. Und Branding bedeutet, dieses Gefühl bewusst zu beeinflussen, zu formen und zu gestalten.

2. Ab wann beginnt Branding?

Davon handelt der zweite wichtige Teil der Definition aus dem Wirtschaftslexikon:

Eine Marke kann als die Summe aller Vorstellungen verstanden werden, die ein Markenname oder ein Markenzeichen bei Kunden hervorruft bzw. beim Kunden hervorrufen soll.

Was denn nun? Müssen wir die Vorstellungen wirklich hervorrufen oder genügt die gute Absicht? Ja, diese Frage ist unbequem, doch in der Praxis begegnet mir Branding oft als bloße Intention. Viele Unternehmen haben eine strategische Herleitung mit klaren Werten, einer starken Vision und großer Mission – alles hübsch verpackt mit einem Style-Guide, der von Plan zu Praxis führen soll. Ohne Frage, das ist eine essenzielle Basis. Doch entsteht dadurch schon eine Brand?

Grundsätzlich gilt auch für die Welt der Markenführung das Prinzip, das jede Art von wirkungsvoller Kommunikation leitet: Eine Marke ist nicht nur das, was wir senden, sondern vor allem das, was ankommt. Denn nur weil wir eine bestimmte Absicht haben, heißt das noch nicht, dass die Menschen unsere Botschaft auch so interpretieren, wie wir es gerne hätten.

Das Konzept in der Schublade und all die netten Slides, die Logos und Typos, die Farben und Fibeln machen noch keine Marke. Marke ist nicht, was sein könnte, sondern was die Menschen wirklich fühlen. Die Rückkopplung zur Zielgruppe ist Teil des Branding-Prozesses. Unsere Kommunikation ist nur dann wirkungsvoll, wenn das Gemeinte auch so bei der Zielgruppe ankommt.

Die Marke ist ein Bauchgefühl, das bei der Zielgruppe entsteht. Du prägst es mit jedem einzelnen Kontaktpunkt mit ihr. Jede Erfahrung ist ein Markenerlebnis, das das Bauchgefühl stärken oder schwächen kann. Dabei kommt es neben Website, Social Media und Printmedien auch auf scheinbar banale Punkte an: Wie ist die Rechnung gestaltet? Wie klingen die ersten Worte in der Telefon-Hotline? Oder wie verhalten sich die Menschen im Straßenverkehr, die ein gebrandetes Fahrzeug fahren?

Ich habe zum Beispiel meine Sympathie für ein bestimmtes Telekommunikationsunternehmen verloren, nachdem mich ein Fahrzeug, das dessen Logo trug, durch ein waghalsiges Überholmanöver fast in einen schweren Unfall verwickelt hätte. Natürlich lag es nur an einer einzigen Person und an einem kurzen Moment, doch insbesondere durch die emotionale Intensität prägt dieser Zwischenfall mein Bauchgefühl zu diesem Unternehmen bis heute.

Eine Marke ist der emotionale Gesamteindruck, der entsteht, wenn all diese Begegnungen und Assoziationen sich im Bauch der Zielgruppe zu einem Gefühl verdichten. Marke ist all das und noch viel mehr. Was uns zum letzten Punkt führt. Denn bei einer Kleinigkeit der Definition möchte ich noch widersprechen.

3. Aus welchen Teilen besteht eine Marke?

Eine Marke ist nicht nur *die Summe aller Vorstellungen*. Eine Marke ist mehr als die Summe ihrer Teile. Und doch wird sie erstaunlich oft auf Kernelemente wie Logo, Farben, Claim oder Verpackung reduziert – als ließe sie sich wie ein Baukasten zusammensetzen. Eine solche Anleitung ist wichtig und wertvoll – doch es braucht mehr als das.

Du kannst jemandem dieselbe Gitarre geben wie Bob Dylan. Gleiche Saiten, gleiche Akkorde, ja vielleicht sogar dieselbe Mundharmonika. Und trotzdem klingt es nicht gleich und es entsteht nicht dieses Gefühl. Denn Bob bestand nicht aus Holz und Saiten. Er war eine Stimme, eine Haltung, ein ganzer Zeitgeist in menschlichem Körper. Formen, Farben und Fotos sind genau wie unsere Worte nur Instrumente, die Ausdruck ermöglichen. Der entscheidende Unterschied entsteht nicht durch das Instrument, sondern durch das, was hindurchfließt: die Geschichte, die eigene Perspektive, die Seele.

Genauso ist es mit Marken. Erinnere Dich an das Beispiel mit dem Schmetterling zu Beginn unserer Reise: Du kannst alle Teile sorgfältig zusammensetzen, doch damit erweckst Du sie noch nicht zum Leben. Es braucht mehr als einen Sticker, der einen angebissenen Apfel zeigt, um aus einem Gegenstand ein Apple-Produkt zu machen. Eine Marke ist weit mehr als eine prächtige Außenhülle. Sie entsteht durch den Geist, der darin wohnt.

Doch wie wirkt dieser Geist auf uns? Was passiert in unserem Inneren, wenn wir eine Marke spüren – noch bevor wir ein einziges Argument gehört haben? Die Antwort liegt in einem Prinzip, das so grundlegend ist, dass es nicht nur erklärt, warum Marken wirken. Es erklärt auch, warum wir überhaupt zu dem Menschen werden, der wir sind.

1.3 Resonanz: Das Wirkprinzip hinter starkem Branding

Wann hattest Du zuletzt eine Gänsehaut? Damit meine ich nicht das Ekelgefühl beim Spinnenstreicheln oder wenn im Film *The Ring* das gruselige Mädchen mit den langen schwarzen Haaren aus dem Fernseher steigt. *Uarghhh!* Raus aus dem Kopf mit den Bildern. Katzenbabys. Hundewelpen. Oh ja – viel besser!

Mir geht es um diese besonderen Augenblicke, in denen Du Dich auf eine tiefe Art und Weise berührt gefühlt hast. Vielleicht war es die Szene in einem Film. Eine Figur sagt oder tut etwas, eine Gänsehaut durchkribbelt Deinen ganzen Körper und Deine Augen werden feucht – nicht aus Trauer, sondern weil Du Dich auf einer tieferen Ebene mit der Figur verbunden fühlst. Vielleicht hast Du auch Lieblingsfilme oder -serien, die Du Dir immer wieder anschaust, weil sie etwas ausdrücken, das Dich auf ganz persönliche Art und Weise bereichert. Und obwohl Du viele Passagen mitsprechen kannst, ist ihre Wirkung auf Dich noch wie am ersten Tag.

Vielleicht erlebst Du diesen Effekt auch in der Kunst. Ein Werk zieht Dich in seinen Bann, und Du kannst davon kaum genug bekommen. Das kann ein gutes Buch sein, das Du immer wieder liest. Oder Du hörst einen Song in Dauerschleife wegen dieser einen Passage, bei der Du mit der Musik zu verschmelzen scheinst. Sie wirkt wie eine Tankstelle, die Dir eine besondere Qualität liefert, die Dein Leben bereichert. Oder Du blätterst durch ein Modemagazin, als plötzlich Dein Blick an einem Model haften bleibt. Ist es ein stilles Versprechen in der Mimik? Eine bestimmte Botschaft in der Pose? Oder einfach der gesamte Ausdruck, der auf Dich eine charismatische Wirkung hat?

Wir brauchen keine Worte, um diese Sprache zu verstehen. Manchmal gibt es keinen greifbaren Grund und keine logische Erklärung. Eine Person, eine Szene oder ein Werk trägt eine besondere Aura, sie strahlt etwas aus, das für einen Moment eine Verbindung herstellt, die sich lebendig anfühlt. In diesen Augenblicken wirkt es so, als würde etwas in uns wach, das vorher im Hintergrund geschlummert hat. Wir können nicht genau erklären, warum. Es ist weniger ein Gedanke als vielmehr ein körperliches Spüren: Da ist etwas, das zu mir gehört. Hier ist etwas auf ganz eigene Weise stimmig und richtig.

Das klingt ein bisschen nach Esoterik, oder? Ist es allerdings nicht. Das ist *Resonanz* – das zentrale Wirkprinzip hinter starkem Branding. Denn genau diese Wirkung entfacht auch eine starke Marke, wenn sie auf der Frequenz sendet, auf der wir empfangen.

1.3.1 Wir Menschen sind Resonanzwesen

Wenn Du mein Buch *Das Copywriting-Geheimrezept* kennst, dann kommen Dir die letzten Absätze vielleicht vertraut vor, denn darin habe ich dieses Phänomen bereits auf ähnliche Weise beschrieben. Was im Copywriting jedoch eher eine Nebenrolle spielt, ist im Branding die absolute Hauptfigur. Hier dreht sich alles um Resonanz und wie wir sie herstellen. Resonanz ist eine zutiefst menschliche – ja physikalische – Erfahrung. Im wörtlichen wie im übertragenen Sinn geht es um Schwingungen: Unser inneres System schwingt mit, wenn es auf etwas trifft, das seiner Frequenz entspricht. Wir reagieren also physisch auf andere Menschen und Botschaften, die mit uns auf einer Wellenlänge sind. Und dieses Phänomen begleitet uns von den ersten Minuten unserer Existenz.

Gleich nach unserer Geburt wissen wir Menschen weder, wer wir sind, noch was um uns herum geschieht. Unsere Sinne sind noch in der Entwicklung, und mehr als die meisten anderen Lebewesen auf unserer Erde sind wir in den ersten Jahren nach der Geburt auf die Unterstützung unseres Umfelds angewiesen. Wir haben noch kein klares »Ich«, keine Sprache und noch kein Selbst. Doch eines können wir von Anfang an: mitschwingen. Unser Nervensystem ist so gebaut, dass es auf andere Menschen reagiert – auf ihre Stimmen, ihre Berührungen, ihre Blicke, auf das, was unausgesprochen zwischen uns und ihnen liegt.

Der Neurowissenschaftler und Psychotherapeut Joachim Bauer beschreibt in seinem großartigen Buch *Wie wir werden, wer wir sind*, wie das Resonanzphänomen uns Menschen von Geburt an formt:

So, wie der Klang der einen Gitarre die Saiten einer zweiten Gitarre zum Klingen bringen kann, so können Bezugspersonen ihre inneren Melodien – ihre Art zu fühlen, die Welt zu deuten und in ihr zu handeln – via Resonanz auf den Säugling übertragen. Da dieser Transfer sich – in reduzierter Form – lebenslang fortsetzt, ist unser Selbst eine Komposition aus entsprechend vielen Themen und Melodien.

Nicht unsere Gene allein machen uns zu dem, was wir sind, sondern der ständige Austausch mit unserer sozialen Umwelt. Der Emotionsforscher und Wirtschaftspsychologe Dirk Eilert ergänzt in seinem Buch *Integratives Emotionscoaching mit emTrace* treffend: »Im neurologischen Kern sind wir Resonanzwesen.«

Ein neugeborenes Kind kann die eigenen Gefühle noch nicht von denen der Bezugspersonen unterscheiden. Die Emotionen des Umfelds fühlen sich an wie die eigenen. Wenn die Mutter ängstlich ist, fühlt sich auch das Kind unruhig. Wenn der Vater lacht, lächelt es zurück. Wenn niemand reagiert, verstummt es. Es lernt: *Ich bin, weil jemand auf mich antwortet.* Diese frühe Erfahrung – gesehen, gespiegelt, beantwortet zu werden – prägt unsere Fähigkeit, später Bindungen einzugehen. Dieses Mitschwingen ist ein biologisches Grundprinzip. In unserem Gehirn aktivieren sich Spiegelneuronen, die das Verhalten anderer in uns abbilden. Wir fühlen, was unser Gegenüber fühlt, weil unser Nervensystem von Natur aus auf Resonanz programmiert ist.

Resonanz, so Bauer, sei jedoch kein Echo. Denn ein Echo wirft nur zurück, was es empfangen hat. Es ist leer, mechanisch und ohne eigenes Leben. Resonanz hingegen ist lebendig. Sie ist ein feines Mitschwingen, das nicht nur empfängt, sondern einen Teil von uns verwandelt und antwortet. Bauer wählt dafür das Bild der Atmung. Wir nehmen die Welt in uns auf wie die Luft. Was wir aufnehmen, verändert uns. Und was wir wieder hinausgeben, trägt diese Veränderung nach außen. Resonanz ist also eine Art Stoffwechsel unserer Innenwelt – ein ständiges Hin und Her, in dem beide Seiten ihre Form behalten und doch nicht dieselben bleiben. Diese Bewegung zwischen Ein- und Ausatmen wirkt transformierend: Was wir aufnehmen, verändert sich in uns und lässt etwas zurück; was wir ausatmen, trägt diese Veränderung nach außen. Wir empfangen Signale, und was in uns in Schwingung gerät, sendet ein neues Muster in die Welt zurück. So entsteht ein sehr persönlicher Dialog.

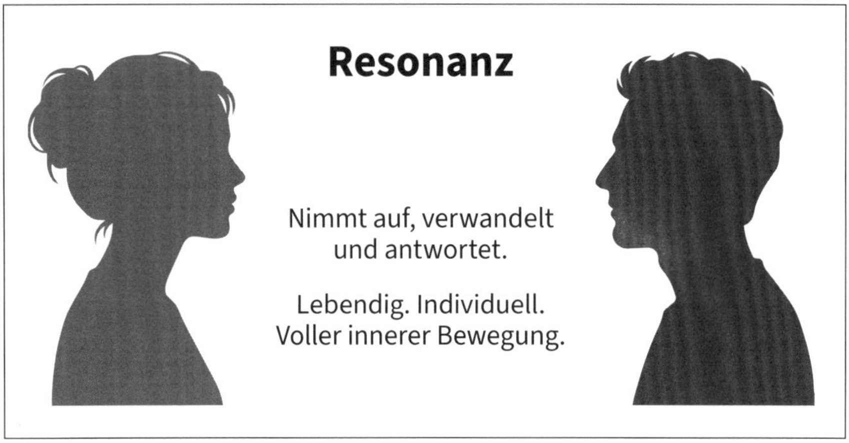

Abbildung 1.2: Wie Resonanz wirkt.

Resonanz ist also schöpferisch und belebend. So wie unsere Lunge ihre Lebenskraft durch Bewegung entfaltet, so braucht auch unser Selbst-System die Resonanz mit anderen, um lebendig zu bleiben. »Resonanz zu erhalten«, so Bauer, »ist ein neurobiologisch verankertes menschliches Grundbedürfnis.« Wenn zwei Menschen in Resonanz gehen, beleben sie einander. Die Resonanz wirkt gewissermaßen wie ein Atemzug der Beziehung: Sie lässt das Innere eines Menschen in Kontakt mit der Welt treten und gleichzeitig wachsen.

Wenn ein Baby lächelt, weil jemand es anlächelt, beginnt es zu begreifen: *Da draußen gibt es ein Du – und das antwortet mir. Also muss auf meiner Seite so etwas wie ein Ich sein.* Das Kind, das Angst spürt, obwohl es keine Worte kennt, lernt: *Hier ist etwas unsicher.* Das Kind, das in den Augen der Mutter Freude sieht, lernt: *Diese Welt ist ein liebevoller Ort. Ich bin willkommen.* Dazu braucht es keine ausgereifte Sprache – schon die Tonalität, die Mimik und die innere Haltung der Bezugspersonen senden Botschaften an die Innenwelt des Kindes. Diese frühen Erfahrungen schreiben sich tief in unser Nervensystem ein. Sie formen, wie wir später auf andere zugehen, wie viel Nähe wir zulassen und wie sicher wir uns in der Welt fühlen.

So formt sich in unseren ersten Lebensjahren ein Ich-Gefühl mit einem dazugehörigen Selbstbild. Ein Kind, das immer wieder hört, es sei schwierig oder nicht begabt, baut diese Botschaften in sein Selbstbild ein – und das Selbstbild wiederum formt seine neuronalen Bahnen und seine Haltung zur Welt. So werden Worte zu Prophezeiungen, die sich selbst erfüllen. Wir werden, wer wir sind, im Spiegel derer, die uns in unseren ersten Jahren begegnen.

»Wir entwickeln ein Gefühl«, so Bauer, »das uns spüren lässt, welche an uns herangetragenen Angebote zu uns passen und zu einem stimmigen Teil unseres Selbst werden könnten.« Auch als Erwachsene bleiben wir Resonanzwesen. Wenn uns jemand freundlich ansieht, richtet sich etwas in uns auf. Wenn jemand abweisend reagiert, zieht sich unser Körper zusammen. Wenn wir einem Menschen begegnen, der gelassen ist, sinkt unser Puls. Neurowissenschaftlich lässt sich das sogar messen: Unsere Herzfrequenzen, Atemrhythmen und Gehirnwellen beginnen sich anzugleichen, wenn zwischen zwei Menschen eine Verbindung entsteht.

1.3.2 Resonanz im Text: Warum KI-Texte wirken wie leere Kalorien

Bevor wir diese Gedanken vertiefen und auf das Branding übertragen, lade ich Dich zu einem Ausflug in die Welt des Schreibens ein. Starke Texte sind ein hervorragendes Beispiel, um die Wirkung und Bedeutung von Resonanz zu illustrieren, denn sie funktionieren nach genau demselben Prinzip: Sie berühren eine Innenwelt und bringen etwas in Schwingung, das vorher still war.

Nehmen wir an, Du erzählst in einem Text von einem Erlebnis, das Dich tief bewegt hat. Du klickst auf »Veröffentlichen« und sendest Deine Worte hinaus in die Welt. Sie landen vor meinen Augen und katapultieren mich sofort zurück in eine Situation, die sich ähnlich in mein Leben eingeschrieben hat. Ich denke: *Wow!* Eine leichte Gänsehaut durchkribbelt meinen Körper und ich erkenne plötzlich etwas, das mir zuvor in dieser Erfahrung verborgen geblieben ist. Meine Perspektive verändert sich, und ich fühle mich bereichert. Ich antworte wie im Flow auf Deinen Text, weil mich Deine Worte inspiriert haben. Sie haben meine Innenwelt verändert. Und wenn meine Botschaft wiederum etwas in Dir berührt, entsteht ein leiser Dialog. Ein resonantes Hin und Her zwischen zwei Innenwelten. Worte verändern uns. Manchmal nur ein wenig, manchmal tiefgreifend.

Doch genau dieses Wechselspiel verkümmert, je mehr Texte heute von künstlichen Intelligenzen stammen. Von Systemen, die nie etwas erlebt, gefühlt oder verstanden haben. Sie können zwar Muster abbilden – aber keine Resonanzbeziehung zur Welt herstellen. Sie bauen leblose Schmetterlinge zusammen. Denn sie haben keinen Körper mit Spiegelneuronen und komplexer Neurochemie, die echtes emotionales Erleben möglich machen würde. Sie nehmen nichts wahr, weil sie keine Sinnesorgane haben. Sie haben keine Biografie, die Erfahrungen, Persönlichkeit und eine eigene Perspektive mit sich bringt. Und sie haben kein Selbst, das sich verletzbar und verloren oder inspiriert und beseelt fühlen kann. Damit fehlt ihnen sowohl die eigene Frequenz als auch der Empfänger, der mitschwingen könnte.

Antwortet jemand auf unseren Beitrag mit einem rein KI-generierten Text, spüren wir das daran, dass wir *nichts* spüren. Die Worte wirken zwar sauber, glatt und korrekt, aber gleichzeitig auch leer und leblos. Wie ein steriles, mechanisches Echo, das zwar den Klang zurückwirft, aber nicht unser Selbst berührt. Es fehlen die kleinen Zufälle, Überraschungen oder Widerstände – diese emotionalen Spannungen, die nur entstehen können, wenn ein Mensch mit einer lebendigen Innenwelt dahintersteht und sich zeigt. Erst diese wechselseitige Berührung verändert unser Denken, Fühlen und Handeln.

Diese menschliche Magie zeigt sich besonders in kreativen Prozessen. Stell Dir vor, wir sitzen zu viert in einem Café und brainstormen zu Slogans und flotten Sprüchen für eine Kampagne. Du wirfst eine Idee in den Raum. Ich muss lachen, weil sie eine Erinnerung an meine Mutter auslöst. Die dritte Person in unserer Runde denkt plötzlich an eine peinliche Szene auf einer Weihnachtsfeier – mit *ihrer* Mutter. In wenigen Minuten entsteht zwischen uns dreien eine Resonanzkette – ein wildes Hin und Her von Assoziationen, Gefühlen, Erinnerungen und Bedeutungen. Und dann sitzt da die vierte Person, die immerzu lächelt, still in sich hineinhorcht … und plötzlich einen Satz sagt, der alles bündelt. Der Moment, in dem alle instinktiv wissen: *Das ist es!*

Solche Augenblicke entstehen aus echtem Mitschwingen – emotional, intellektuell und kulturell. Aus dem Zusammenspiel lebendiger Innenwelten. Ich habe sie in meiner Laufbahn zuhauf erlebt, doch nur selten in Zusammenarbeit mit der KI (= künstliche Imitation). Denn die ist dafür nicht gebaut. Sie imitiert Resonanz, doch sie erlebt sie nicht. Sie erzeugt Muster, aber keine Bedeutung. Sie kann uns stimulieren, aber nicht transformieren. Denn sie berechnet Wahrscheinlichkeiten und spuckt das aus, was schon da war. Sie hat weder ein Bewusstsein noch eine eigene persönliche Erfahrungswelt, mit der sie unser Gespräch und mich bereichern könnte. Und besonders wichtig: Sie hat kein echtes Bedürfnis, das ich für sie erfüllen könnte. Sie kann weder von etwas ergriffen oder betroffen sein noch kann sie sich verletzlich zeigen, weil ihr das subjektive Erleben fehlt. Damit ist ein resonanter Dialog ausgeschlossen, denn der beruht auf Wechselseitigkeit.

Ohne mein Zutun ist die KI dazu verdammt, in Einheitsbrei und Mittelmäßigkeit zu versinken.

Doch ab und an blitzt mich zwischen 200 langweiligen Headlines die eine an, weil sie ein Wort beinhaltet, das mein Hirn zu neuen Höhenflügen inspiriert. Streng genommen können also auch KI-Texte Resonanz auslösen – doch in diesen Fällen kommt sie aus uns selbst. *Wir* legen die Bedeutung hinein. *Wir* füllen den Text mit unseren Assoziationen, Erinnerungen und Gefühlen. Die KI spiegelt mir nur, was ich ins Gespräch bringe und was meinen Zielen und Erwartungen entspricht. Ich kann also in Resonanz mit mir selbst gehen und mein eigenes Denken und Fühlen vertiefen. Doch dieser Prozess bleibt reduziert auf den Raum meines Selbst. Anfangs kann er sich interessant anfühlen. Doch nach einiger Zeit erschöpft er sich und der Raum entwickelt sich immer mehr zur sterilen Echokammer.

Deshalb fühlt sich die Wirkung vieler KI-Texte an wie leere Kalorien: Sie sind sauber formuliert, leicht zu konsumieren und schnell verfügbar – aber sie nähren uns nicht. Sie liefern Text, aber keine Tiefe. Für echte Resonanz braucht es also immer beide Seiten: eine Seite, die sich zeigt, und eine andere Seite, die sich öffnet und bereit ist, sich berühren und verändern zu lassen. Meine Botschaften verändern die KI nicht, sondern erweitern höchstens ihre Datenbank. Sie schafft die Illusion einer Resonanz. Sie kann mich imitieren und Resonanz simulieren, doch mich nicht menschlich inspirieren. Dazu fehlt die Reibung, die kaum etwas so gut erzeugt wie ein Konflikt. Erst dadurch können wir erkennen, lernen und wachsen.

Persönliche Meinung, Interpretation, Kreativität, Bewertung, Empathie und die Vermittlung komplexer Gefühlszustände – all das sind Aufgabenbereiche, die Resonanz erfordern und damit ein menschliches Selbst. Eine Persönlichkeit mit eigener Perspektive – und eigenen Begrenzungen.

Rückblickend betrachtet waren viele der exzellenten Texterinnen und Texter, mit denen ich bis heute arbeiten und von denen ich lernen durfte, Resonanzriesen. Menschen mit breiter Allgemeinbildung und empfindsamen Antennen, die Stimmungen erspüren und zarte Nuancen fassen können. Ihre Arbeit lebt von einer feinen Wahrnehmung. Resonanz erfordert Aufmerksamkeit, Neugier, Experimentierfreude, Offenheit und Verwundbarkeit.

Und doch will ich an dieser Stelle einen Gedanken zulassen, der mich selbst herausfordert. Denn auch ich bin nicht frei von blinden Flecken. Ich bin auf dem Land aufgewachsen. Ich habe Baumhäuser gebaut, Miniaturlandschaften im Wald errichtet und bin abends im Sonnenuntergang auf leeren Dorfstraßen Fahrrad gefahren. Erst zu meinem 16. Geburtstag hatte ich ein Mobiltelefon – ein Nokia 3310. Mein Freundeskreis entstand im echten Leben, nicht auf einem Bildschirm. Ich bin in tiefer Resonanz mit meinem Umfeld aufgewachsen – und diese Erfahrung prägt natürlich, wie ich heute auf die Welt blicke.

Was aber, wenn die Simulation von Resonanz in den nächsten Jahren so gut wird, dass viele Menschen sie als ausreichend empfinden? Schon heute gibt es Menschen, die sich vorstellen können, eine tiefe emotionale Bindung zu einer künstlichen Intelligenz einzugehen – vielleicht eines Tages sogar zu einem Roboter. Auch wenn mich dieser Gedanke in vielerlei Hinsicht verstört, will ich nicht ausschließen, dass andere Menschen das anders erleben. Die Frage ist weniger, ob simulierte Resonanz möglich wird, sondern wie hoch unsere Ansprüche an echte Verbindung noch sein werden, wenn wir in einem rein digitalen Kosmos aufwachsen und Alternativen niemals in ihrer vollen Tiefe erlebt haben.

Jemand, der nie einen Lieblingspullover über Jahre getragen hat, vermisst ihn nicht. Jemand, der nie stundenlang mit einem Freund auf einer Wiese lag und in den Himmel geschaut hat, sucht dieses Gefühl vielleicht gar nicht. Und jemand, der nie als Kind eine Stunde lang aus dem Fenster geschaut und sich dabei eine eigene Welt erfunden hat, weiß nicht, was in der Stille entstehen kann.

Welche Spuren diese Verschiebung hinterlässt, wissen wir noch nicht. Doch die Frage drängt sich auf: Was passiert mit unserer mentalen Gesundheit, wenn echte Resonanz im Alltag immer seltener wird? Wenn wir immer häufiger mit Systemen interagieren, die Verbindung simulieren, aber nicht erwidern können? Ich maße mir keine Antwort an. Doch ich beobachte schon heute, dass diese Frage in den kommenden Jahren an Gewicht gewinnen wird.

Was mich in meiner eigenen Einschätzung bestärkt, ist das, was Joachim Bauer und Dirk Eilert in ihren Arbeiten tiefgreifend darlegen: Wir sind von Geburt an Resonanzwesen. Unser Nervensystem ist darauf ausgelegt, in Beziehung zu treten. Resonanz ist keine Vorliebe, die sich abtrainieren ließe, sondern ein menschliches Grundbedürfnis. Sie ist mit unserem Leben verwoben wie der Atem mit unserem Körper. Deshalb kann ich mir nur schwer vorstellen, dass wir ganz ohne sie auskommen könnten, ohne dass es merkliche Spuren in unserer Art hinterlässt, in der Welt zu sein. Wie sich das heute schon andeutet, schauen wir uns in wenigen Sekunden in Abschnitt 1.4 genauer an.

Ich weiß nicht, wie diese Geschichte ausgeht. Doch ich weiß, wo ich stehe: Für mich lässt sich echte menschliche Resonanz nicht ersetzen. Das ist meine persönliche Haltung, aus der heraus ich dieses Buch schreibe.

Meine tägliche Arbeit als Denker, Fühler und Texter will ich mir trotz all dieser Grenzen nicht mehr ohne die KI-Unterstützung vorstellen. Und gleichzeitig verdanke ich es nur ihr, dass ich in diese Dimensionen der menschlichen Kommunikation eintauchen kann. Denn noch vor fünf Jahren hätte ich dieses Buch in dieser Tiefe nicht schreiben können. Im Rahmen vielfältiger eigener Experimente mit KI-Werkzeugen und auch im Austausch mit zahlreichen ambitionierten Kolleginnen und Kollegen sind mir diese fundamentalen Feinheiten unserer Kommunikation überhaupt erst deutlich geworden. Die KI hat mich dazu motiviert, mich intensiver denn je damit auseinanderzusetzen, was starke Texte und lebendigen Stil ausmacht.

Denn gerade im direkten Kontrast zwischen der künstlichen Klarheit und der menschlichen Resonanz erkennen wir die feinen Nuancen, die wir nicht berechnen, sondern nur spüren können. Das, was einen Text zu einem bewegenden Erlebnis macht, statt zu einer Ansammlung korrekter Worte. Resonanz ist der Unterschied, der den Unterschied macht.

Genau diese Dynamik finden wir auch im Branding wieder. Marken, die ohne Resonanz arbeiten, fühlen sich steril an, austauschbar und beliebig. Sie hinterlassen keinen Klang in uns. Marken jedoch, die Resonanz erzeugen, wirken wie Menschen, deren Gegenwart etwas in uns sortiert. Wir spüren sie. Wir merken uns ihre Stimme. Wir erinnern uns an ihr Gefühl.

Doch warum fällt es uns zunehmend schwerer, diese Verbindung herzustellen – als Mensch und als Marke? Die Antwort führt uns über die Neurowissenschaft hinaus in eine Frage, die unser gesamtes Lebensgefühl betrifft.

1.4 Entfremdet – die Sehnsucht nach Resonanz in einer schnelllebigen Welt

Wer über Resonanz sprechen will, kommt am gleichnamigen Werk von Hartmut Rosa nicht vorbei. Der Soziologe und Philosoph hat mein Verständnis von Kommunikation und Branding auf eine Weise vertieft, die weit über die Marketingwelt hinausreicht. Seine Analyse hilft, die Bedeutung von Marken heute in einen größeren Zusammenhang zu stellen.

Rosa beginnt sein Buch mit einer Beobachtung, die zunächst paradox klingt und doch viele Menschen unmittelbar betrifft: Wir leben in einer Welt, die reich, sicher und voller Möglichkeiten ist – und dennoch fühlen sich immer mehr Menschen gestresst, leer und innerlich ausgehungert. Unsere Tage sind vollgepackt und durchoptimiert, und trotzdem haben wir das Gefühl, kaum etwas zu schaffen und noch weniger zu erleben. Wir geben so viel und fühlen doch so wenig Erfüllung.

Ich kenne das von eigenen Abenden. Ich blicke auf einen randvollen Tag zurück – und könnte doch nicht sagen, was mich darin wirklich berührt hat. Es ist diese eigentümliche Leere mitten in der Fülle, die Rosa meint.

Denn alles wird voller: unser Kalender, unser Kleiderschrank, die Bibliothek unseres Streamingdienstes. Wir haben mehr Möglichkeiten denn je, zu reisen, uns zu entwickeln und frei zu entfalten – und dennoch fühlen wir uns eingeengt, ohnmächtig und ständig unter Druck. Wir sparen immer mehr Zeit und haben doch immer weniger davon. Würden wir diese Entwicklung so laufen lassen, wenn es um unser Bankkonto ginge?

1.4.1 Schneller, mehr, effizienter – und trotzdem leer

Rosa führt diese Entwicklung auf eine konstante Beschleunigung unserer Welt zurück. Unsere Fortbewegung, unsere Sehgewohnheiten, unsere technische Entwicklung – unsere Welt hat mittlerweile ein Tempo entwickelt, dem wir nur noch schwer hinterherkommen.

Früher schrieben wir lange Briefe, heute flotte Mails und Kurznachrichten – und trotzdem haben wir keine Zeit. Wir sind über eine Vielzahl von Kanälen weiter vernetzt als je zuvor – und doch fühlen wir uns öfter einsam und isoliert. Wir leben in einer Welt voller Fülle und Möglichkeiten – und doch fühlen wir uns leer und antriebslos. Immer weniger spricht uns wirklich an.

Wir greifen nach Techniken der Entschleunigung wie Meditation, Achtsamkeit und Yoga – doch häufig nur unter dem Vorwand, anschließend noch intensiver beschleunigen zu können und noch mehr aus uns herauszuholen. Und wie wir gesehen haben, verstärkt die KI diese Entwicklung noch. Im blinden Eifer, mit der Maschine konkurrieren zu wollen, verhalten sich immer mehr Menschen selbst wie Maschinen und schneiden sich damit von einem ihrer wertvollsten Potenziale ab: mit Menschen in Resonanz zu treten.

Diese Absätze sind keine Konsumkritik. Auch Rosa plädiert nicht für eine romantische Rückkehr zur Entschleunigung. Gegen dieses Missverständnis wehrt er sich in Interviews immer wieder: Niemand wünscht sich eine schwächere Internetverbindung, eine langsamere Feuerwehr, einen entschleunigten Notarzt oder längere Schlangen im Supermarkt.

Mit seinem Begriff der *dynamischen Stabilisierung* beschreibt er treffend, dass wir in einer Welt leben, die sich nur durch Wachstum, Beschleunigung und ständige Innovation aufrechterhalten kann. Wie eine Achterbahn hält sich unsere Gesellschaft nur in Bewegung stabil. Wenn sie bremst, kippt sie aus den Schienen. Diese drei Kräfte sind also keine Optionen, sondern Bedingungen ihres Bestehens. Wer einfach langsamer machen will, ohne die Geometrie der Schienen zu verändern, riskiert den Absturz.

Verlangsamung, so Rosa, sei daher allenfalls eine »Coping-Strategie« – ein Pflaster für den Alltag, aber kein grundsätzliches Heilmittel. Sein Plädoyer richtet sich stattdessen auf unsere Haltung: Wie können wir in einer schnellen Welt dennoch Beziehung zulassen? Wie schaffen wir es, nicht alles sofort in Nutzen zu übersetzen? Und wie lassen wir uns berühren, ohne die Kontrolle zu verlieren?

1.4.2 Wenn die Welt zum Werkzeugkasten wird

Rosa führt das Gefühl der Ohnmacht, Fremdheit und inneren Leere nicht auf persönliche Schwäche zurück, sondern auf eine Haltung, die sich in nahezu allen Bereichen unseres Lebens festgesetzt hat: die instrumentelle Sicht auf die Welt. Wir sind darauf programmiert, alles verfügbar, effizient und maximal nutzbar zu machen. Wir nutzen die Natur als eine Ressource, reduzieren Menschen auf Kontakte, und wir machen sogar uns selbst und unseren Körper zum Projekt, das es zu optimieren gilt.

Diese Logik fragt ständig: Was bringt mir das? Wie mache ich es effizienter? Wie spare ich Zeit? Wie steigere ich mein Ergebnis? So verwandelt sich die Welt still und heimlich in einen Werkzeugkasten, in dem alles nur noch Mittel zum Zweck ist. Wir wollen alles messen, planbar machen und managen – immer schneller immer mehr erreichen.

Diese Denkweise bleibt nicht ohne Folgen. Je stärker wir versuchen, die Welt zu kontrollieren und verfügbar zu machen, desto mehr verlieren wir den Kontakt zu ihr. Genau hier setzt Rosa den Begriff der *Entfremdung* an: Wir wissen und haben immer mehr, doch wir empfinden immer weniger. Wir funktionieren nur noch, doch wir fühlen uns nicht mehr lebendig. Wir sind anwesend, doch nicht verbunden. Die Welt reagiert nicht mehr auf uns – sie verstummt. Und in dieser Stummheit verlieren wir jene Art von Beziehung, die unser Leben sinnhaft und lebendig macht. Die Welt fühlt sich fremd an.

Diese Entfremdung zeigt sich besonders in den kleinen Dingen unseres Alltags. Nimm zum Beispiel unsere Kleidung. Erinnerst Du Dich an Deinen Lieblingspullover? Oder an ein anderes Kleidungsstück, das Dich jahrelang begleitet hat, bis es Deine Körperform angenommen hatte? Es war auf jeder Reise dabei, hat Umzüge überlebt und Jahreszeiten überdauert. Du hattest eine Beziehung zu diesem Kleidungsstück, und es hat Deinen Tag verändert, wenn Du es getragen hast. Heute kaufen wir Mode im Wochenrhythmus. Sie hängt eine Weile im Schrank, verliert ihren Reiz und wandert weiter. Fast Fashion nennt sich das – und Fast Food folgt derselben Logik: Wir konsumieren, ohne zu schmecken. Wir schlucken, ohne zu genießen. Geschwindigkeit ersetzt Verbindung, Menge ersetzt Bedeutung.

Vor einigen Wochen habe ich mich auf eine Übung eingelassen, die mich sehr aufgewühlt hat. Meistens esse ich mittags meine Pasta mit Pesto bei einer 45-minütigen Folge meiner Lieblingsserie. Ich rede mir ein, ich könne so zwischendurch mal kurz abschalten. Doch ist das wirklich so? Dieses Mal blieb der Fernseher aus und das Smartphone im Flugmodus. Ich setzte mich an meinen leeren Esstisch mit Blick in den Garten und fokussierte meine ganze bewusste Aufmerksamkeit auf die Nudeln in meiner Schale. Wie sie in der Sonne glänzten. Wie sie dufteten. Und was sich in mir bewegte, während ich den ersten Bissen wirklich schmeckte. Nach diesen 15 Minuten hatte ich wirklich abgeschaltet. Ich hatte so wenig getan und es war so viel passiert. Das fühlte sich reich, schön und erfüllend an. Doch ich gebe zu, es war ein Kraftakt, all die Impulse zu unterdrücken, diese Szene doch noch mit irgendwas »Produktivem« zu füllen.

Im Zwischenmenschlichen sieht es ähnlich aus. Beim Speeddating sitzen sich zwei Menschen gegenüber und haben wenige Minuten, um einander zu scannen. Kriterien abgleichen, Haken setzen oder nicht – und weiter zur nächsten Person. Die Chance, sich wirklich überraschen oder berühren zu lassen, ist in diesem Format nicht vorgesehen. Auch hier regiert die Logik der Effizienz: möglichst viele Optionen in möglichst kurzer Zeit. Niemand lernt hier jemanden wirklich kennen. Es wird nur aussortiert. Ich lade Dich ein, einmal in Dein Leben zu blicken: Wie sind die für Dich wirklich wertvollen Beziehungen entstanden? Bei mir hatte das wenig mit Kriterienlisten und Auswahlverfahren zu tun. Wir haben einander Zeit geschenkt, zugehört und Erlebnisse geteilt, aus denen mehr wachsen konnte.

Und dann ist da unsere Technologie. Alle paar Jahre tauschen wir unsere Geräte aus – schneller, schlanker, leistungsfähiger muss es sein. Ich halte da einen bewussten Gegenpol: In meinem Schlafzimmer steht ein Radiowecker meines Vaters, der älter ist als ich selbst. Gut 40 Jahre tut er zuverlässig seinen Dienst. Er ist kein Designobjekt und auch kein technisches Wunderwerk – ein schlichter Kasten mit drei Tasten. Doch wenn er mich morgens mit seinem Rauschen und Knacken weckt, schwingt etwas mit, das kein neues Gerät ersetzen könnte: Erinnerungen, Verbundenheit und Geschichte. Dieses Ding hat eine Seele. Die steckte nicht in seiner Werkseinstellung – ich habe sie ihm über die Jahre gegeben.

In all diesen Beispielen zeigt sich dasselbe Muster: Wo Geschwindigkeit die Verbindung verdrängt, verstummt die Welt. Wir haben mehr Kleidung, mehr Kontakte, mehr Geräte – und weniger Beziehung zu alledem.

Diese Haltung prägt auch unsere Kommunikation in Marketing und Verkauf. Auf der Jagd nach Ergebnissen bedienen wir die Klaviatur der Verkaufspsychologie, als seien Menschen Automaten, bei denen man jede Reaktion auslösen kann, wenn man nur die richtigen Knöpfe in der passenden Reihenfolge drückt. Klicks, Leads, Abschlüsse – alles soll schnell, reibungslos und effizient passieren. Doch je stärker wir Kommunikation auf so eine Mechanik reduzieren, desto weniger entsteht echte Beziehung.

Es ist ein bisschen so, als würden wir anderen Menschen nicht mehr wahrhaftig begegnen, sondern sie nur noch abarbeiten. Das spüren wir auf Empfängerseite genauso wie aufseiten des Senders. Viele Marketer berichten mir von dem Gefühl, Botschaften in ein schwarzes Loch zu senden – ohne Antwort, ohne Dialog, ohne Resonanz. Auch sie ermüden und verlieren den Sinn in ihrer Arbeit, weil ihnen die echte Verbindung fehlt. Manche treibt das in persönliche Krisen und sogar in den Burnout.

Die Welt wirkt auf uns fremd, kalt und stumm. Anstrengungen ermüden uns und fühlen sich vergeblich an. Automatisierung, Digitalisierung und Steigerungszwang versprechen, uns von Arbeit zu befreien, und berauben uns still und heimlich auch des Sinns, den wir aus vielem ziehen können, was wir täglich tun. Manchmal aus selbst kleinen Begegnungen. Damit haben wir ein klares Bild davon, was Resonanz im Alltag erschwert. Rosa verdichtet diese Kräfte zu drei zentralen Resonanzkillern.

1.4.3 Die drei großen Resonanzkiller unserer Zeit

Rosa spricht davon, dass moderne Gesellschaften sich nur noch »dynamisch stabilisieren« – über Wachstum, Beschleunigung und Innovationsverdichtung. Genau diese Logiken machen Resonanz schwer.

Drei Kräfte tauchen in seinem Werk immer wieder als die größten Resonanzkiller unserer Zeit auf:

- **Angst – der innere Resonanzblocker**

  Rosa bezeichnet Angst als Resonanzkiller – so etwa die Angst, sich zu blamieren, zu versagen oder auch die Angst vor dem sozialen Abstieg. Angst zieht die Aufmerksamkeit von außen nach innen. Wir fokussieren uns auf Fragen wie: *Was ist, wenn ich scheitere? Was werden andere von mir denken, wenn ich mich blamiere? Was mag nur aus mir und meiner Familie werden, wenn ich keinen Erfolg habe?* Im Wunsch, diese Szenarien zu kontrollieren, ziehen wir uns in unsere Innenwelt zurück. Wir grübeln und verschließen uns, statt uns neugierig nach außen zu öffnen. Wir wollen uns nicht berühren lassen, obwohl eine resonante Verbindung häufig eines der besten Mittel ist, um Ängste aufzulösen. Zum Beispiel, wenn Du einen Vortrag hältst und Angst hast, vor Menschen zu sprechen. Gelingt es Dir, aus Deinem Kopf herauszukommen und stattdessen in Resonanz mit den Menschen in Deinem Publikum zu gehen, kann diese Verbindung plötzlich eine Wirkung aus Dir herauskitzeln, die Dich selbst überrascht.

- **Zeitdruck – zu schnell, um noch mitzuschwingen**

  In seiner Beschleunigungstheorie zeigt Rosa, wie wir die Zeit, die wir in der modernen Gesellschaft zum Beispiel durch technischen Fortschritt gewinnen, sofort wieder in ein »Mehr« (Kontakte, Optionen, Aufgaben) investieren. So entsteht subjektiv der Eindruck, dass wir chronisch knapp an Zeit sind. Und unter diesem hohen Zeitdruck kippt die Grundhaltung von *Ich kann mich von den Dingen berühren lassen* in *Ich muss die Dinge abarbeiten und erledigen*. Die Beschleunigung lässt uns weder Raum noch Muße, uns auf unsere Umwelt einzulassen und unsere Antennen auf Empfang zu stellen.

- **Wettbewerbsdruck – wenn Beziehung zur Konkurrenz wird**

  Rosa verbindet den Steigerungszwang moderner, wachstumsorientierter Gesellschaften mit einer allgegenwärtigen Wettbewerbslogik, die sich wie ein roter Faden durch alle Bereiche unseres Lebens zieht – bis in die Kindergärten und Schulen. Kinder lernen früh, sich selbst als »Projekt« im Rennen um gute Noten, Empfehlungen und Chancen zu sehen. Und auch ihre Kita oder Schule steht als Standort im Wettbewerb mit anderen Einrichtungen. Wettbewerb und Beschleunigung nähren strukturell die Angst, abgehängt zu werden. Damit liegt unser Fokus auf Vergleich, Leistung und Verwertung statt auf wechselseitigem Zuhören und Antworten. Es geht nur noch um Optimierung, Effizienz und Performance. Dabei ist kein Raum mehr für Tiefe, Dialog und Beziehung.

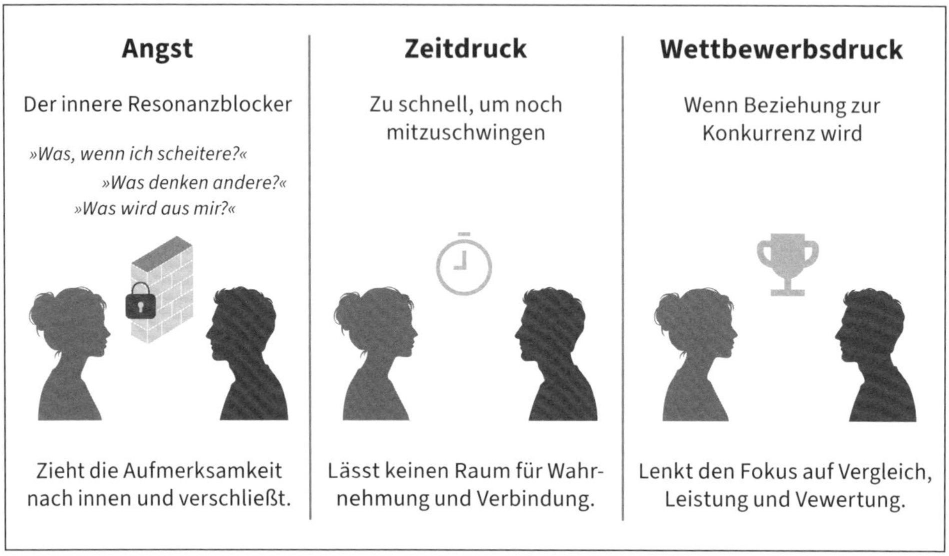

Abbildung 1.3: Die drei größten Resonanzkiller unserer Zeit

Vielleicht erklärt diese dreifache Entfremdung auch die wachsende Sehnsucht nach spirituellen Angeboten. Die Menschen suchen Resonanz, weil sie ihnen im Alltag verloren geht. Doch was ist die Alternative zu Druck, Kontrolle und Kalkulation? Können wir etwas tun, um Resonanz zu fördern – ohne sie zu erzwingen?

1.4.4 Die vier Faktoren, die Resonanz begünstigen

Wie geht denn nun Resonanz? Hat sich ein Teil von Dir auf den letzten Seiten auch gefragt, wie wir diese wertvolle Zutat mit System herstellen und abhaken können? Dieser Gedankengang ist ganz natürlich, entspricht er doch genau der Logik, wie uns unsere moderne Gesellschaft konditioniert. Doch genau dieses funktionale Denken erschwert Resonanz. Was uns vielleicht leicht verrückt machen kann, ist, dass Resonanz an sich *unverfügbar* ist.

Resonanz ist kein Ergebnis von Kalkulieren und Kontrollieren, sie lässt sich weder produzieren noch programmieren – wir können sie lediglich ermöglichen. Sie ist ein *ergebnisoffenes* In-Beziehung-Treten: Etwas berührt mich, ich antworte darauf, und dieser Prozess verändert mich. Diese Antwort ist nie vollständig planbar.

Das ist die paradoxe Eigenart der Resonanz: Je stärker wir versuchen, sie zu erzwingen, desto weniger Raum geben wir ihr, zu entstehen. Das wirkt so, als würdest Du in ein Museum gehen mit dem festen Ziel: *Die Kunst muss mich jetzt inspirieren – aber zack, zack! Na los, Körper, nun fühl Dich gefälligst tief berührt! Ich hab schließlich noch andere Termine!*

Wir alle kennen die Momente, in denen wir uns verbissen an einem Thema abgearbeitet haben. Doch dann, sobald wir lockerlassen und auf der Parkbank entspannen, hören wir plötzlich die Lösung. Vielleicht lag sie im Rascheln der Blätter, vielleicht im Singen der Vögel – oder sie lag längst in uns, doch der Leistungslärm zwischen unseren beiden Ohren war so laut, dass wir die zarten Stimmen im Innen nicht hören konnten. Die Welt spricht, und etwas in uns antwortet. Wir können nur hören, wenn wir auf Empfang gehen und nicht dauernd die Frequenz mit unserer Sendung belegen.

Druck, Nutzenargumente oder perfekte Verkaufstechniken können Resonanz nicht erzwingen. Doch wir können mit unserer Kommunikation Räume schaffen, in denen Resonanz entstehen kann. Rosa führt dazu vier Faktoren an, die die Entstehung von Resonanz begünstigen:

❶ **Berührung – etwas spricht uns an:** Am Anfang steht ein Moment, in dem uns etwas wirklich packt – ein Mensch, eine Idee, eine Melodie, eine Landschaft, ein Bild oder eine Botschaft. Wir merken körperlich und emotional: *Hier fühlt sich etwas stimmig und richtig an!* Wir sind wie gefesselt und werden wie von selbst an- und hineingezogen.

❷ **Antwort – wir geben eine Stimme zurück:** Wir schauen nicht passiv zu oder konsumieren anteilslos, sondern wir antworten mit einem Ausdruck – mit Worten, mit einer Geste oder einer Handlung. Dabei erleben wir: *Ich kann hier wirklich etwas beitragen, ich hinterlasse eine Spur*, statt dass die Welt nur auf uns einregnet. Darin enthalten ist auch ein wichtiger Aspekt von Selbstwirksamkeit: Wir erleben uns als wirksam, wenn wir auf bedeutungsvolle Weise mit unserer Umwelt in Beziehung treten und sie so bereichern. Hier entsteht Sinn.

❸ **Verwandlung – etwas in uns verändert sich:** Wenn wir Resonanz erleben, gehen wir nicht genauso aus der Situation heraus, wie wir hineingegangen sind. Ein Gespräch, ein Lied, ein Projekt lässt uns innerlich ein Stück wachsen: Unsere Sicht, unser Fühlen oder unser Selbstbild verändern sich. Wir merken, dass wir ein bisschen »aufgeblüht« sind.

❹ **Unverfügbarkeit – wir können sie nicht erzwingen:** Resonanz kann man nicht planen wie einen Termin im Kalender und nicht auf Knopfdruck bestellen. Sie ist ergebnisoffen und lässt sich nicht garantieren. Und gerade das macht sie so wertvoll und elektrisierend. Sie zeigt sich, wenn sie will – selbst wenn »alles passt«, kann es sein, dass es trotzdem nicht knistert. Umgekehrt gilt: Je mehr wir versuchen, sie herzustellen oder zu kontrollieren, desto eher entzieht sie sich. Sie verlangt, dass wir ein Stück Kontrolle loslassen, uns öffnen und uns wirklich einlassen. Klingt nicht nach unserem alltäglichen Business, oder?

Abbildung 1.4: Diese vier Faktoren begünstigen Resonanz.

Wenn wir Resonanz fördern wollen – im Branding, im Marketing und in unseren Texten –, können wir gezielt an beiden Seiten ansetzen: Resonanzkiller reduzieren und die vier Resonanzmerkmale stärken.

Eine Marke, die nur ein Mittel zum Zweck sein will, bleibt flach. Eine Marke, die aus einer lebendigen Beziehung zur eigenen Welt heraus entsteht, beginnt zu sprechen. Branding heißt in diesem Sinne: mehr verkaufen, indem wir weniger verkaufen. Statt Kaufdruck zu erzeugen, fokussieren wir uns auf Beziehungsaufbau. Statt Erwartungen zu managen und Knöpfe bei unserer Zielgruppe zu drücken, eröffnen wir Möglichkeiten, sich entspannt zu begegnen. Statt gleich überzeugen zu wollen, stellen wir erst einmal Verbindung her.

Denn eine Brand ist das, was in diesem Dialog entsteht. Wie dieser Dialog konkret funktioniert – wie eine Marke zum Resonanzkörper wird, der Menschen auf einer Ebene erreicht, die tiefer reicht als jedes Argument –, darum geht es als Nächstes.

1.5 Die Marke als Resonanzkörper

Wenn wir begreifen, wie grundlegend Resonanz für unser Leben ist, verstehen wir auch, warum Branding so tief wirkt. Eine Marke begegnet uns nicht als Mensch aus Fleisch und Blut. Und doch hinterlässt sie ähnliche Spuren in unserem Inneren: ein Gefühl von Nähe, Vertrauen und Stimmigkeit – oder eben das Gegenteil. Mit jeder Begegnung formt sich unser Bauchgefühl, das entscheidet, ob wir uns zuwenden oder abwenden.

Branding ist ein Prozess der Beziehungsgestaltung. Unterschwellig nehmen wir mehr wahr als Botschaften und visuelle Gestaltungselemente. Wir spüren dahinter eine Haltung, eine

Ausstrahlung und eine bestimmte Art, die Welt zu sehen. Und wir antworten – mit Aufmerksamkeit, Begeisterung oder Ablehnung. Das ist der Gegenpol zur instrumentellen Welt von Marketing und Verkauf, die ganz auf Leads, Conversions und schnelle Transaktionen ausgerichtet ist. Wie wir uns später noch anschauen, bedeutet das nicht, dass Branding losgelöst von Marketing und Verkauf funktionieren kann. Erst wenn alle drei Disziplinen organisch zusammenwirken, entfalten wir die gesamte Bandbreite einflussreicher Kommunikation.

Eine Marke muss dazu weder überzeugen noch argumentieren. Vielmehr löst sie eine innere Antwort aus: *Ja, genau so gehts mir auch!* Eine Marke, die Resonanz erzeugt, sagt nicht: *Kauf mich!* Sie sagt: *Ich sehe und verstehe Dich.* Und weil sie eine Verbindung zu uns hat, kann sie uns auch zum Handeln inspirieren. Aus dieser inneren Übereinstimmung wächst ein Fundament für alles, was folgt: *Identifikation.*

1.5.1 Branding schafft Identifikation und Zugehörigkeit

Ist die Resonanz stark genug, entwickelt sich ein guter Eindruck zu einem Zugehörigkeitsgefühl. Wir identifizieren uns mit dem, wofür ein Angebot steht. Entweder, weil eine Marke unsere Innenwelt spiegelt – oder noch kraftvoller: weil sie Qualitäten verkörpert, die uns fehlen und nach denen wir uns sehnen.

Ich kaufe zum Beispiel gerne bei Apple. Nicht allein wegen der Technik oder des Designs, sondern weil die Marke für mich kreative Freiheit und stilvolle Selbstverwirklichung ausstrahlt. Wenn ich ein Apple-Gerät kaufe, bekomme ich wesentlich mehr für mein Geld als eine Box aus Aluminium, Elektronik und Glas. Ich investiere in ein Gefühl und ein Selbstbild: *Ich bin ein schöpferischer Mensch.* Genau diese symbolische Dimension macht Marken so mächtig.

Ähnlich geht es mir mit der Marke yummy. Die stellt unter anderem köstliche Instant-Ramen-Suppen her, die pflanzenbasiert sind und obendrein nur wenige Kalorien pro Becher haben. Mit ihrem Spruch *No Nasties Needed* wirbt sie dafür, dass ihre Gerichte ohne all die Spaßverderber auskommen wie geschmacksverstärkende Zusatzstoffe, Palmöl, künstliche Aromen, Farb- oder Konservierungsstoffe. Genießen mit gutem Gewissen! Da klingt in meiner Innenwelt nicht nur eine Saite, sondern gleich ein ganzes Orchester.

Eine ähnliche Form der Resonanz erlebe ich auch zu Dienstleistern und Personenmarken. Ein gutes Beispiel ist der Coach und Mentor Niels Koschoreck. Er bezeichnet sich selbst als professionellen Ver-rückten, was seine Welt herrlich treffend auf den Punkt bringt. Er denkt radikal unkonventionell, verbindet Philosophie, Unternehmertum und Verkauf zu neuen Perspektiven – und genau diese erfrischende geistige Ver-störung inspiriert mich. Ich habe mich dabei ertappt, wie ich seine Angebote kaufe, ohne überhaupt nach dem Preis zu fragen, weil ich spüre: Diese Marke bringt etwas Wertvolles in mein Leben.

Vielleicht resonierst Du mit denselben Marken – vielleicht auch nicht. Und genau darin liegt der Kern: Resonanz ist persönlich. Zwei Menschen können dieselbe Marke mögen, aber aus völlig unterschiedlichen Gründen, weil sie an unterschiedliche Werte, Bedürfnisse und Sehnsüchte andockt.

Und das bedeutet auch: Es wird immer Menschen geben, die nicht resonieren. Das ist Teil des Prinzips. Eine Marke, die alle für sich gewinnen will, berührt am Ende niemanden. Wenn niemand ausgeschlossen wird, ist es keine Marke, sondern Tapete. Resonanz entsteht nur da, wo auch Abgrenzung möglich ist und wo eine Marke klar sagt: *Das ist der Raum, den wir öffnen. Und das sind die Menschen, für die er gedacht ist.* So schaffen Marken Tribes: Gemeinschaften, zu denen sich Menschen zugehörig fühlen, weil sie in ein ähnliches Grundgefühl einstimmen.

All diese Beispiele zeigen: Unsere Beziehung zu einer Marke ist hochindividuell. Sie hängt von Persönlichkeit, Lebensphase und inneren Sehnsüchten ab. Und Du hast vielleicht schon gemerkt: Mit jedem Branding-Beispiel lernst Du auch mich ein Stück besser kennen. Wenn jemand seine Lieblingsmarken nennt, wissen wir oft mehr über ihn als nach einer halben Stunde Smalltalk.

Im Branding schaffen wir deshalb Andockpunkte. Räume, in denen Menschen wählen können, wie sie mit uns in Resonanz gehen wollen. Es ist ein bisschen so, als würden wir zu einer Party einladen: Es gibt eine Live-Band und eine Tanzfläche, eine Bar für gute Gespräche, vielleicht auch einen Pool – und natürlich ein Flying Buffet für die Genießer. Manche kommen wegen der Musik, andere wegen der Atmosphäre, und manche (wie ich) vor allem wegen des Essens. Und viele mögen einfach den Gesamtmix.

Ähnlich ist es mit meinem eigenen Branding: Einige Menschen kommen zu mir, weil ich überzeugt bin, dass ehrliches Marketing nach ethisch-moralischen Standards der einzige Weg zu langfristiger Substanz ist. Andere fasziniert mein Mix aus Performance und Persönlichkeit. Manche fühlen sich von meiner fachlichen Tiefe angezogen – Verkaufspsychologie, Sprachwissenschaft, NLP, Hypnose, Mentaltraining (ich nenne die Mischung Menschenkunde). Und dann gibt es jene, die mit meinem Anspruch resonieren, mich nicht mit Mittelmaß zufriedenzugeben. Gut genug ist für mich nicht gut genug. Gerade wenn ich an den letzten 10 bis 20 Prozent feile, tut sich eine neue Dimension von Qualität auf, die einen ganz eigenen Markt hat. Dadurch entstehen eine besondere Wertigkeit und ein tieferer Sinn, der mich bei meiner Arbeit beflügelt.

Mein Branding darf genau das sichtbar und spürbar machen. Damit zeige ich verschiedene Facetten, über die Menschen sich verbinden können. Und oft entstehen dabei Resonanzen, mit denen ich selbst gar nicht gerechnet hätte. Das ist das Grundprinzip des Brandwritings: Ich kann viel von meiner Zielgruppe über mich selbst lernen, wenn ich mit ihr in den lebendigen Dialog gehe und sie zum Beispiel ab und an frage: *Was verbindet Dich eigentlich mit mir?* Du erinnerst Dich: Resonanz ist ein Dialog, der beide Seiten verändert.

Der Unternehmer und Investor Alex Hormozi vergleicht den Resonanzraum einer Marke treffend mit einem Blumenstrauß. Unterschiedliche Blüten, auffällige Farbtupfer, verbindende Deko-Gräser – all das sind Andockpunkte einer Marke. Am Ende steht ein Gesamtbild, das mehr ist als die Summe seiner Teile. Diesen Strauß können wir kuratieren: Wir fügen hinzu, was passt, und lassen weg, was die Wirkung stört. Wie sich das auf das Thema Authentizität auswirkt, schauen wir uns in Kapitel 3 genauer an.

Halten wir fest: Eine starke Marke lädt zu einer persönlichen Verbindung ein, die so vielfältig sein kann wie die Menschen selbst. Wir können niemanden zu unserer Party zwingen. Doch wir können eine Einladung aussprechen. Und dafür müssen wir etwas Entscheidendes zulassen: gesehen zu werden. Mit Licht und Schatten.

Branding heißt, bewusst auszuwählen, was wir auf die Markenbühne heben wollen – und es dann aus vollem Herzen zu zeigen. Das bedeutet auch, das Risiko einzugehen, dass jemand nicht resoniert. Doch genau darin liegt die Möglichkeit außergewöhnlicher Wirkung, wie der folgende Effekt zeigt.

1.5.2 Das Brand-Placebo – wenn Marken Menschen verändern

Seitdem ich 18 bin, träume ich von einem schwarzen Trenchcoat der Marke Burberry – genauer: vom Klassiker *Kensington* (mittellang). Ich verbinde mit diesem ikonischen Kleidungsstück zeitlose Eleganz. Lange Zeit konnte oder wollte ich ihn mir nicht leisten. Doch als mein erstes Buch auf der SPIEGEL-Bestsellerliste landete, habe ich ihn mir gegönnt. Seitdem veredelt er jeden Tag, an dem er mich begleitet. Du magst lachen, doch wenn ich ihn anziehe, fühle ich mich ein wenig wie Batman, der seinen Umhang überwirft und damit seine Superkräfte aktiviert. Schlüpfe ich in meinen Trenchcoat, ist es, als würde ich ein Kostüm anziehen, das mir hilft, in eine bestimmte Rolle zu finden und besser in Kontakt mit einem bestimmten Anteil von mir zu kommen. Der Trenchcoat verleiht mir also keine neuen Qualitäten, sondern eröffnet oder erleichtert mir den Zugang zu denen, die längst in mir stecken.

Starkes Branding hat einen Placebo-Effekt. Die Geschichten und Botschaften, der Preis und das Design schaffen in unseren Köpfen ein starkes Bündel an Annahmen und Erwartungen, noch bevor wir das Produkt oder die Dienstleistung überhaupt nutzen. Diese Erwartungen lenken und filtern unsere Wahrnehmung. So können sie unser tatsächliches Erleben intensivieren, unsere körperliche und geistige Leistung beeinflussen und damit unsere Wirkung verändern.

Wenn ich mit meinem Trenchcoat Eleganz, Erfolg und Souveränität verbinde, verändert er auch mein Selbstbild, wenn ich ihn trage. Ich fühle mich gelassener, verhalte mich souveräner und wirke somit auch selbstbewusster. Die Marke verändert meine Ausstrahlung. Wenn ich an einem Apple-Gerät arbeite, fühle ich mich inspirierter und kreativer. Und wer weiß, vielleicht hat die kleine yummy-Suppe zwischendurch nicht nur einen spürbaren Effekt auf mein Wohlbefinden, sondern auch eine messbare Wirkung auf meine Gesundheit, wenn ich sie in der tiefen Überzeugung genieße, meinem Körper damit etwas Gutes zu tun? Ist dieser Effekt stark genug, kann sich meine Erwartung zu einer selbsterfüllenden Prophezeiung entwickeln – und ich erziele in Begleitung bestimmter Marken tatsächlich bessere Ergebnisse.

Doch warum haben Worte, Symbole und Geschichten diese Macht über uns? Joachim Bauer liefert darauf eine faszinierende Antwort aus den modernen Neurowissenschaften: Das Selbst-System in unserem Gehirn – über das Resonanz wirkt – ist eng verknüpft mit anderen Systemen wie dem Immun-, dem Hormon- und dem Nervensystem. Womit wir in Resonanz gehen, kann dadurch bis tief in unseren Körper hineinwirken. Worte gehen uns buchstäblich unter die Haut. Was wir von anderen hören, spüren und erleben, kann neuronale Verknüpfungen verändern, den Hormonspiegel und sogar die Genaktivität.

Als Texter fasziniert mich der Gedanke, dass Worte wie pharmakologische Substanzen wirken können. Sie können Schmerz lindern oder ihn erzeugen. Sie können Menschen aufwühlen, beängstigen und herunterziehen oder beruhigen und aufbauen. Sie können heilen oder vergiften. Bauers Befund deckt sich mit Erkenntnissen aus der sozialen Schmerzforschung: Abwertung, Scham und Ausgrenzung aktivieren dieselben Hirnareale wie körperlicher Schmerz. Positive Resonanzbotschaften wie Ermutigung, Anerkennung und liebevolle Zuwendung aktivieren dagegen dieselben Hirnareale, die auch Medikamente stimulieren: jene, die Glückshormone wie Dopamin, Oxytocin und Endorphine freisetzen.

Worte wirken körperlich. Jede Botschaft, jeder Blick und jede Haltung lösen messbare neuronale und hormonelle Reaktionen aus. Die richtigen Worte erinnern unser Selbst an Fähigkeiten, die längst in uns schlummern. Wenn wir das verstehen, erkennen wir, dass jedes unserer Worte – ob mit uns selbst oder mit anderen – seine Spuren im Denken und im Körper hinterlässt. Unsere Worte öffnen Türen zu etwas, das vorher vielleicht still war.

Wenn eine Marke oder ein Mensch uns etwas zutraut, an uns glaubt und uns liebevoll spiegelt, geschieht etwas Erstaunliches: In einer solchen Atmosphäre beginnen Menschen, sich zu verändern, zu gedeihen und über sich hinauszuwachsen. Bauer spricht in diesem Zusammenhang von »Möglichkeitsräumen«, die Raum für neues Denken, Fühlen und Handeln schaffen. Räume, die sich durch Resonanz öffnen, weil uns jemand – oder etwas – auf Aspekte unseres Selbst aufmerksam macht, die wir bislang vielleicht gar nicht wahrgenommen haben. Genau das passiert auch im Branding: Starke Marken eröffnen Resonanzräume – symbolische Möglichkeitsräume, in denen Menschen Zugang zu jenen Anteilen in sich finden, die sie vielleicht lange übersehen haben.

Wenn eine Marke mich emotional berührt, erinnert sie mich nicht an das, was ich kaufen, sondern an das, was ich *sein* könnte. Sie ruft eine Version von mir wach, die bereits in mir angelegt ist – und lädt mich ein, dieser näherzukommen. Marken können unsere Selbstwirksamkeit stimulieren, und die eigentliche Magie vollziehen wir selbst.

Dieser Marken-Placebo-Effekt zeigt, wie eng Erwartungen, Resonanz und Biologie miteinander verflochten sind. Studien belegen, dass Menschen schneller laufen, sich gesünder fühlen und sich leistungsfähiger erleben, wenn sie ein stark gebrandetes Produkt konsumieren – selbst dann, wenn sich die Produkte rein objektiv und in ihrem funktionalen Nutzen nicht von anderen unterscheiden. Schon Name, Preis oder Logo können nachweislich bewirken, dass wir ein Angebot als besser erleben.

Diese Wirkung ist allerdings kein Allheilmittel. Sie funktioniert nur, wenn das Versprechen einer Marke echte Substanz hat. Auch die stärkste Marke kann schlechte Qualität nicht kaschieren. Doch sie kann die Wirkung eines guten Produkts verstärken, indem sie die Erwartungen gezielt lenkt.

1.5.3 Manipulation durch Marke? You can't fake a Brand!

Ist Branding nicht einfach nur ein neuer Weg, Menschen zu manipulieren und in ein Angebot zu tricksen? Diese Frage begegnet mir häufiger, wenn ich mit Menschen über die faszinierende Kraft von Marken spreche. Wir können nicht nicht kommunizieren. Genauso wenig können wir nicht beeinflussen. Immer wenn wir den Mund aufmachen oder andere Menschen schon auf eine bestimmte Art ansehen, beeinflussen wir sie auch. Also ja, auch ein starkes Branding ist eine Form der Beeinflussung – und richtig eingesetzt sogar eine kraftvollere als jeder Hack, den die moderne Verkaufspsychologie zu bieten hat. Doch wie jedes andere Tool im Repertoire der modernen Kommunikation ist auch Branding nur ein Werkzeug.

Vielleicht kennst Du den Vergleich mit dem Hammer: Du kannst damit Häuser bauen, die Geborgenheit spenden, oder Menschen damit verletzen. Wie – also mit welcher Haltung – Du dieses Tool einsetzt, macht den Unterschied. Denn die Angst, die häufig am Begriff der *Manipulation* klebt, ist die, mit der eigenen Art bei der Zielgruppe auf Ablehnung zu stoßen.

Dieser Punkt eignet sich wunderbar, um ihn auch aus der Perspektive der Resonanz zu betrachten. Die Frage sollte nicht sein: *Manipuliere ich damit Menschen?* Sondern: *Gehen die Menschen in Resonanz mit der Art und Weise, wie ich kommuniziere, beeinflusse und verkaufe?* Auch das ist bereits Teil des Brandings. Wenn die Art nicht passt, entsteht das Gegenteil von Resonanz: *Dissonanz* – ein deutliches Gefühl der Unstimmigkeit. Wir reagieren mit Skepsis, Abneigung oder sogar mit Wut. Doch ob nun Resonanz oder Dissonanz entsteht, ist eine zutiefst persönliche Frage.

Ich kann zum Beispiel gut verstehen, wenn Menschen allergisch reagieren auf Verkaufsgetöse wie: *Jetzt oder nie! Nur noch 5 Stück auf Lager! Macher kaufen jetzt! Willst Du es Deinen Liebsten wirklich antun, diesen Schritt nicht zu gehen?* Mich lassen diese Psychospielchen ziemlich kalt. Zugegeben, den letzten Satz konnte ich nicht schreiben, ohne dabei laut zu lachen, weil er so niveaulos ist. Er wirkt auf mich nicht verführerisch, sondern verzweifelt. Denn ich spüre hinter diesen Worten eher Verunsicherung und Ratlosigkeit, wenn sich jemand im Marketing und Verkauf nicht anders als mit diesen plumpen Mitteln zu helfen weiß. Doch das ist meine Reaktion – aus meiner Lebenserfahrung und Persönlichkeit heraus.

Gleichzeitig gestehe ich ein: Ich schätze zeitliche oder mengenmäßige Verknappung als Kunde, wenn sie authentisch ist. Denn ich gebe offen zu, dass ich Entscheidungen gerne auf die lange Bank schiebe. Fristen und Deadlines tun mir gut. Ich wusste schon beim Studium, wie lange ich die Füße bis zur Klausur noch hochlegen konnte. Denn wenn der erste Dampf von der Kacke emporstieg, lief ich zur Höchstform auf und erreichte motiviert herausragende Ergebnisse. Auch dieses Buch wäre niemals entstanden, hätte ich mit dem Verlag keine feste Abgabefrist für das Manuskript vereinbart. Dieses Muster zeigt sich auch, wenn ich kaufe. Selbst wenn ich mir total sicher bin, dass ich zuschlagen werde, kaufe ich je nach Kontext erst dann, wenn der Timer auf der Website fast abgelaufen ist. Ich lüge also nicht, wenn ich dem Countdown-Timer manchmal sogar dankbar bin.

Doch das bin ich – mit meinen Denk- und Verhaltensmustern, wie ich sie in meinem Buch *Der Persönlichkeits-Code* genauer beschreibe. Andere Marken und Menschen gehen da ruppiger vor, andere eher sanft, indem sie viel über Storytelling verkaufen (mehr dazu in Kapitel 6). Es gibt also nicht den einen wahrhaftigen Weg der Beeinflussung. Die Frage ist vielmehr, was zu Deiner Marke und Deiner Zielgruppe passt.

Lass uns für den Augenblick festhalten: Ja, es gibt Anbieter auf dem Markt, die auf mehr oder weniger plumpe Art und Weise verkaufen. Bei manchen Zielgruppen fruchtet diese Art. Und ja, ich kann gut nachvollziehen, wenn andere Menschen das unangenehm finden. In dem Fall würde ich empfehlen, sich einfach nach alternativen Marken umzusehen, mit deren Art und Weise sie mehr in Resonanz gehen.

Gehen wir noch einen Schritt über diese ethisch-moralische Bewertung hinaus und widmen wir uns der Frage: *Wenn Branding so ein Sichtbarkeits-, Reichweiten- und Umsatzbooster ist, warum nicht einfach so tun, als ob?* Warum nicht eine Marke faken, ein bisschen Glanz simulieren und eine große Story erzählen? Ich bin überzeugt: Großartiges Branding lässt sich nicht faken. Und Menschen lassen sich nicht von halbgaren Marken blenden. Klar, man kann Assoziationen planen. Man kann Andockpunkte inszenieren, Narrative konstruieren und Botschaften perfektionieren. Man kann glänzen, ohne zu leuchten – für eine Weile. Aber ohne einen echten, lebendigen Kern bleibt alles bloß Oberfläche – hübsch, aber hohl. Eine traurige Maskerade. Das kann eine Weile gutgehen, doch irgendwann blättert die Fassade. Wie ein zu gut klingendes Märchen, das sich als Lügengeschichte entpuppt, sobald wir nach Details fragen.

Echte Resonanz schlüpft am bewussten Verstand vorbei. Sie wirkt auf unbewusster Ebene und spricht eine Instanz in uns an, die so viel weiser ist als der bewusste Verstand. Wir verfügen über einen ausgeprägten Bullshit-Detektor, der uns schon bei kleinsten Ungereimtheiten mit einem Gefühl der Unstimmigkeit warnt. Spätestens beim ersten direkten Erlebnis mit der Marke offenbart sich ihr wahres Gesicht, und die Maske fällt. Für einen authentischen Außenauftritt ist es daher wichtig, dass alle drei Disziplinen der einflussreichen Kommunikation optimal ineinandergreifen und zusammenspielen.

1.6 Branding, Marketing, Verkauf – Unterschiede und Wechselwirkungen

Branding, Marketing und Verkauf – in der Praxis erlebe ich häufig, wie diese drei Begriffe in einem Topf landen. Die weitverbreitete Annahme: *Am Ende gehts doch einfach darum, Menschen zu überzeugen und zum Kaufen zu bewegen*. Im Kern stimmt das. Und doch öffnet sich uns eine neue Dimension, wenn wir die drei Disziplinen einzeln betrachten. Sie greifen ineinander und wirken gemeinsam, doch in diesem Mix kommt jeder eine eigene Aufgabe zu.

Die populärste der drei Disziplinen ist mit Abstand die des Verkaufs, weil wir uns hier mit ein paar psychologischen Kniffen eine schnelle Reaktion versprechen. Lass diese Beispiele einmal auf Dich wirken:

- »10 Wörter, die Menschen sofort zum Klicken bringen«
- »7 Hooks für den perfekten ersten Satz, der sofort fesselt«
- »9 Call-to-Actions, die echte Interaktion schaffen«
- »3 Sätze, die Deine Abschlussquote drastisch erhöhen«
- »5 psychologische Trigger, die Kaufentscheidungen beschleunigen«

Na, kribbelt es Dir in den Fingern? Würdest Du auf einen dieser Punkte klicken? Die Chancen stehen gut. Denn solche Versprechungen klingen nach einfachen Lösungen für begehrte Ziele – und das sorgt für Dopaminkicks. Unser Gehirn liebt genau das: Erfolge in Rekordzeit ohne große Mühe. Wenn der Content dann auch noch hält, was er verspricht, können manchmal sogar nennenswerte Resultate entstehen. Doch nach meiner Erfahrung ist das eher die Ausnahme als die Regel. Denn viele Themen sind bei genauer Betrachtung deutlich komplexer, als die einfachen Versprechen uns glauben lassen. Meist bleibt es bei Klicks, angenehmen Gefühlen und guten Vorsätzen. Kleine Hacks mögen kurzfristig helfen, doch sie sind langfristig nur kleine Pflaster auf großen Wunden. Wer sich allein auf diese Ebene fokussiert, kratzt nur an der Oberfläche und lässt langfristig viel Potenzial auf der Strecke.

Wer die Wirkung seiner Kommunikation erhöhen will, sollte das große Ganze aus strategischer Sicht betrachten und alle drei Disziplinen gemeinsam denken. Stell Dir den Zusammenhang von Branding, Marketing und Verkauf als Pyramide vor (siehe Abbildung 1.5).

Ich denke einflussreiche Kommunikation über drei Ebenen, in drei Disziplinen, die sich ergänzen, ineinandergreifen und in der Gesamtkommunikation unterschiedliche Ziele verfolgen.

Wie die Grafik zeigt, sind die Übergänge zwischen den Ebenen fließend – sie gehen ineinander über wie Farben in einem Farbverlauf. In der Praxis greifen erfahrene Verkäuferinnen und Verkäufer auch zu Marketingwerkzeugen, und kluges Marketing arbeitet längst mit Branding-Logik. Was ich Dir hier vorstelle, ist daher kein starres System, sondern ein Denkmodell, das in der Praxis helfen kann, klarer zu sehen, wo welche Logik wirkt. Lass uns oben beginnen – bei der Spitze.

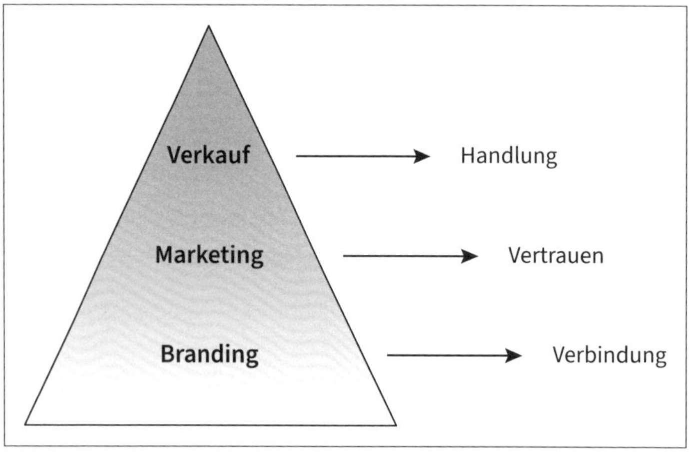

Abbildung 1.5: Branding, Marketing und Verkauf im schematischen Aufbau

1.6.1 Ebene 1: Verkauf

Unter *Verkauf* fasse ich alle Taktiken, Prinzipien und Hacks zusammen, die eine unmittelbare Reaktion bewirken sollen. Das sind die scheinbar magischen Zutaten und Zauberformeln aus dem vorherigen Abschnitt, die schnelle Ergebnisse bei minimalem Aufwand versprechen: viele Klicks, schnelle Abschlüsse und viel Ka-Ching. Und ja, diese Ebene funktioniert. Zumindest kurzfristig.

Zu diesem Repertoire gehören psychologische Trigger wie:

- Verknappung
- Garantien
- Rabatte
- Social Proof
- Ego-Labeling
- oder das gute alte Prinzip der Reziprozität

Die meisten dieser Mechanismen nutzen *Heuristiken* – mentale Abkürzungen, mit denen unser Gehirn Entscheidungen fällt, ohne lange nachdenken zu müssen. Sie sparen Zeit und Energie, indem sie Komplexität reduzieren.

Trägt ein Buch zum Beispiel einen Bestseller-Aufkleber, folgern wir: *Das muss gut sein, sonst hätten es nicht so viele Leute gekauft!* Und wenn von einem Angebot *nur noch 3 Stück verfügbar* sind, springt unser innerer Alarm an: *Das hat sich wohl bewährt und ist zu Recht begehrt. Jetzt sollte ich schnell zugreifen, sonst entgeht mir womöglich noch ein wertvoller Vorteil.*

Rollst Du gerade mit den Augen? Du hast ja recht … Wenn Du dieses Buch in den Händen hältst, sind diese Tipps für Dich wahrscheinlich wie kalter Kaffee mit ranziger Milch. Und dennoch funktionieren sie. Ich beschäftige mich täglich damit und ich lehre sie sogar – und dennoch bin ich selbst beim Shoppen nicht immun dagegen. Diese Mechanismen sind tief verwoben mit unserem täglichen Denken, Fühlen und Handeln und machen uns Menschen überhaupt erst so leistungsfähig. Aber: Reduzieren wir unsere Kommunikation allein auf diese Kniffe, befeuern wir die Entfremdung und landen schnell bei Texten, die austauschbar klingen – laut, glatt und vorhersehbar.

Nehmen wir das Beispiel Cold Calling. Wir rufen Menschen an, die uns nicht kennen, und wollen sie zu einem Kauf oder Termin bewegen. In diesem Szenario können wir alle Register der Verkaufspsychologie ziehen, um die Menschen zum nächsten Schritt zu bringen. Doch so smart all diese Tricks auch klingen – in der Realität will das immer seltener gelingen. Viele Menschen haben genügend Erfahrungen gesammelt, um die manipulativen Maschen zu erkennen – und blocken ab.

Ähnlich ist es mit psychologisch optimierten Massennachrichten, mit denen uns manche Menschen in den sozialen Medien beglücken. Sie wirken wie ein Heiratsantrag beim ersten Date: zu schnell, zu viel, zu plump. In der Praxis greifen diese Strategien nur noch bei einer Handvoll Menschen – mit einer Erfolgsquote von 1 zu 100 oder eher noch 1 zu 1.000. Und dabei hinterlassen sie viel verbrannte Erde. Denn welchen Eindruck erhalten all die Menschen vom Absender, die nicht reagiert haben? Dieses Verhalten zerstört langfristig die Marke und höhlt die Substanz des Unternehmens aus.

Wer ausschließlich auf der Ebene des Verkaufs agiert, hat immer geringere Erfolgsaussichten. Das bedeutet nicht, dass Verkaufsgespräche, Direktnachrichten oder Cold Calls nutzlos wären. Ich habe selbst schon Anrufe entgegengenommen, bei denen jemand innerhalb kürzester Zeit meine Aufmerksamkeit geweckt, meine Skepsis überwunden und meinen Geldbeutel erleichtert hat – all das auf charmante und nachhaltige Weise. Doch das ist eher die Ausnahme als die Regel. Und diejenigen, denen das gelang, nutzten exzellent alle drei Disziplinen, wie wir gleich noch sehen werden.

Als Copywriter bin ich ein glühender Verfechter der modernen Verkaufspsychologie. Es ist faszinierend, wie viel wir bewirken können, wenn wir verstehen, warum Menschen ticken, wie sie ticken, und was sie brauchen, um eine für sich stimmige Kaufentscheidung zu treffen. Doch das gesamte Spiel wird so viel leichter, eleganter und wirkungsvoller, wenn wir die anderen beiden Ebenen mit einbeziehen. Bevor wir das tun, lass uns die zentralen Merkmale zusammenfassen, die diese Ebene charakterisieren.

Die fünf Merkmale der Verkaufsebene

1. **Ziel:** eine konkrete Handlung bzw. eine unmittelbare Reaktion, die in Richtung der gewünschten Handlung führt: Kauf, Klick, Anmeldung etc.
2. **Zeithorizont:** kurzfristig. Schnelle Reaktion, mit wenig Aufwand starke Ergebnisse erzielen.
3. **Ausrichtung:** taktisch. Wir denken in unmittelbaren Ergebnissen, nicht in langfristigen Entwicklungen.
4. **Mittel:** psychologische Trigger, Heuristiken, Verkaufsprinzipien.
5. **Risiko:** Imitierbarkeit und Kurzsichtigkeit. Was hier wirkt, kann auch der Wettbewerb kopieren. Damit die Maschinerie am Laufen bleibt, müssen wir sie ständig mit neuen Leads füttern.

Im E-Commerce und in der Online-Marketing-Welt entfaltet diese Ebene immer noch eine große Wirkung. Doch in der Breite lassen die Effekte spürbar nach. Immer mehr Drama und Tricks, lautere Botschaften und kühnere Versprechen wecken Skepsis. Die Menschen stumpfen ab, schalten ab und hauen ab.

Die heißen Tipps sind abgekühlt. Tricks und Trigger zünden immer seltener. Das Publikum ist klüger, wacher und wählerischer. Es spürt sofort, wenn jemand nur auf den schnellen eigenen Vorteil aus ist. Und genau hier beginnt die zweite Ebene. Während der Verkauf eine unmittelbare Reaktion erzielt, will das Marketing erst einmal eine Beziehung aufbauen.

1.6.2 Ebene 2: Marketing

Während der Verkauf die Spitze bildet und den Abschluss bewirkt, geht es im *Marketing* darum, Relevanz, Beziehung und Wert aufzubauen. Auch wenn ich hier sauber trenne: In der Praxis verschwimmen die Grenzen. Die besten Verkäuferinnen und Verkäufer, die ich kenne, sind Beziehungsmenschen durch und durch. Sie hören zu, bleiben über Jahre in Kontakt, denken in langfristigem Vertrauen statt in kurzfristigen Abschlüssen. Unser 3-Stufen-Modell schließt das nicht aus – es macht nur die unterschiedlichen Logiken sichtbar, die in jedem Kommunikationsmoment wirken.

Im Marketing geht es nicht mehr nur um: *Wie bringe ich jemanden zum Handeln?* Sondern um: *Wie bringe ich jemanden dazu, zuhören zu wollen?* Marketing wirkt verkaufsfördernd, indem es den Verkauf vorbereitet. Es bereitet den Boden, auf dem spätere Entscheidungen gedeihen können.

Bevor wir die Menschen überzeugen wollen, geht es erst einmal ums Verstehen. Wir wollen, dass sie begreifen, warum unser Angebot so wertvoll ist, was es ausmacht und wie es ihr Leben bereichert. Wir machen den Wert für sie sichtbar und erlebbar. Je besser unser Angebot ihre Probleme löst und je klarer der Nutzen in ihren Augen wird, desto größer ist auch der subjektiv wahrgenommene Wert. Wir wollen ihr Denken in die Richtung lenken, dass sie erkennen: *Wow! Der Mehrwert, der für mich durch diesen Kauf entsteht, übertrifft meine Investition – das ist ein No-Brainer!*

Das gelingt zum Beispiel durch Problem-Lösungs-Kommunikation und Benefit-Feature-Argumentation. Wir schärfen das Problembewusstsein, sprechen die Kaufmotive an, erforschen gedanklich die Kosten des Nicht-Kaufens und machen das Angebot durch Erfahrungsberichte greifbar, attraktiv und begehrenswert. Die sieben Prinzipien, die diese Marketingebene durchziehen und später in den Verkauf münden, habe ich in meinem Buch *Das Copywriting-Geheimrezept* ausführlich aufbereitet. In diesem Buch bleiben wir näher an Deiner Marke, Deiner Haltung und Deinem Stil – also an dem, was Deinen Auftritt im Kern unverwechselbar macht und echte Resonanz bei Deiner Zielgruppe erzeugt. Für die Ziele dieses Buches reicht es daher völlig, wenn Du das Zusammenspiel dieser Ebenen verstehst.

Marketing spricht dabei zwei Sprachen: die emotionale und die rationale. Zu Beginn holen wir die Menschen über Emotionen ab. Wir lassen sie fühlen, dass etwas für sie auf dem Spiel steht, und lassen sie träumen, wie sich ihr Leben entwickeln wird, sobald sie eine Kaufentscheidung treffen. Anschließend geben wir ihnen rationale Argumente an die Hand, mit denen sie ihre Entscheidung begründen können. Erst emotionalisieren, dann rationalisieren. Denn im Idealfall kaufen die Menschen aus dem Bauch heraus und rechtfertigen mit dem Kopf, nachdem die Entscheidung einen Meter tiefer längst gefallen ist.

Neben dem Wert bauen wir auch die Beziehung zur Zielgruppe auf. Wir zeigen Präsenz, wecken Aufmerksamkeit, Interesse und Neugier. Mit jedem Berührungspunkt entsteht mehr Vertrauen – und Vertrauen ist die Währung dieser Ebene. Wenn Menschen Dir vertrauen und verstehen, warum sie Dein Angebot unbedingt wollen, dann brauchst Du ihnen am Ende nur noch zu sagen, wo sie klicken müssen. Klar, das ist dezent idealisiert … Manche brauchen noch einen kleinen Schubser, den die Verkaufsebene liefert. Doch je stärker das Marketing wirkt, desto weniger Druck braucht der Verkauf.

Ein paar konkrete Maßnahmen auf dieser Ebene könnten folgende sein:

- ein **Newsletter**, der zu neuen Lösungen inspiriert, statt mit Rabatten um sich zu werfen
- ein **Podcast**, der erste praktische Lösungsimpulse liefert und ein Angebot zum nächsten logischen Schritt macht
- ein **Social-Media-Post**, der eine Überzeugung verändert und Neugier weckt, statt gleich ein Produkt anzupreisen
- ein **Testimonial**, das ehrlich von Zweifeln erzählt und sie auflöst, statt Einwandbehandlung unter Druck zu betreiben
- ein **Buch** wie dieses, das Mehrwert bietet und Expertise demonstriert und damit Vertrauen aufbaut für eine Zusammenarbeit, wenn es um die Umsetzung geht

Diese Liste kannst Du nach Belieben fortsetzen. Abhängig von Deiner Branche und Deinen Präferenzen kannst Du auf andere Medien setzen, doch die Hauptintention ist immer wieder dieselbe: Wir bauen eine Beziehung auf, getragen von Vertrauen, Relevanz und Wert.

Steht diese Ebene, wirkt sie sich nach oben und nach unten aus. Nach oben erleichtert sie den Verkauf. Denn je besser die Menschen den Wert Deines Angebots erkennen und je mehr sich ihre offenen Fragen beantworten, desto leichter fällt der Abschluss.

Stellen wir uns einfach nur vor, wie eine starke Marketingstrategie dem Telefonverkäufer von vorhin die Arbeit erleichtert. Er könnte bei seinem Anruf darauf bauen, dass mir das Unternehmen nicht nur ein Begriff, sondern auch noch sympathisch ist. Ich würde mich wahrscheinlich über den Anruf freuen. Gleichzeitig steht die Marketingebene in Wechselwirkung mit dem Branding. Sie gibt der Marke eine Bühne und verstärkt ihre Essenz. Wenn mich das Marketing eines Unternehmens immer wieder zum Lachen bringt, halte ich auch die Marke bald für sympathisch, charmant und humorvoll.

Die fünf Merkmale der Marketingebene

1. **Ziel:** Beziehungs- und Wertaufbau – Menschen sollen spüren und wissen, was Dein Angebot wertvoll macht und wie es sich vom Wettbewerb unterscheidet.
2. **Zeithorizont:** mittelfristig – Wirkung über Wochen, Monate und Jahre.
3. **Ausrichtung:** strategisch – wir gestalten langfristige Beziehungen, keine isolierten Einzelaktionen.
4. **Mittel:** Storytelling, Content, Emotion, Wiederholung, Leitideen und Slogans.
5. **Risiko:** Unschärfe und Austauschbarkeit – wer zu beliebig kommuniziert, wird unsichtbar.

1.6.3 Ebene 3: Branding

Wenn der Verkauf die Spitze bildet und das Marketing den Boden bereitet, dann ist das *Branding* das tiefere Fundament, das alles trägt. Diese Ebene bringt das *Warum* ins Spiel, das das *Was* und *Wie* mit tieferem Sinn auflädt. Ohne Branding sind Marketing und Verkauf seelenlose Systeme, die strategisch, taktisch und mechanisch nach Wachstum und Umsatz streben. Oder, um Dir ein anderes Bild zu geben:

> **Verkauf ohne Branding ist wie Essen ohne Geschmack – macht satt, aber nicht glücklich.**

Auch wenn Branding in der Grafik eine eigene Ebene formt, lässt sich diese nicht von den beiden anderen trennen. Sie speist sie, durchzieht sie und prägt sie. Branding wirkt wie eine unsichtbare Kraft, die alles zusammenhält. Sie eröffnet eine neue Dimension in der Kommunikation, die ergebnisoffen zu einer Verbindung einlädt, statt jederzeit eine unmittelbare Wirkung im Blick zu haben. Das gelingt ihr, indem sie sich öffnet und Persönlichkeit zeigt. Damit verleiht sie der Kommunikation Charakter, Wiedererkennung und eine tiefere Bedeutung. Ich betrachte die drei Ebenen wie einen Organismus: Erst wenn sie gemeinsam aus einem Bewusstsein heraus handeln, kann die Kommunikation sowohl Resonanz entwickeln als auch Überzeugungskraft.

Ist die Resonanz stark genug, lösen sich viele Probleme in Marketing und Verkauf von allein auf. Denn eine kraftvolle Marke verkauft, ohne zu verkaufen. Sie lässt Dein Marketing glaubwürdig und Deinen Verkauf mühelos wirken. Die Zielgruppe identifiziert sich so stark mit ihr, dass sie die Qualitäten, für die die Marke steht, in ihr Leben bringen *will*.

Die Menschen fühlen sich im Resonanzraum der Marke zu Hause. Sie vergleichen nicht länger mit anderen Anbietern und auch der Preis spielt nur noch eine untergeordnete Rolle. Statt sich zu fragen, *ob* sie das Angebot brauchen oder es sich leisten können, fragen sie sich: *Wie* kann ich mir das leisten?

Eine Marke wirkt leise. Sie öffnet Türen, bevor Du anklopfst.

Eine Session in meinem Copywriting-Coaching brachte die volle Wirkung dieses Prinzips zur Geltung: Ich hatte gerade darüber gesprochen, wie wichtig die ersten Sätze auf einer Website sind – ganz oben im Above-the-fold-Bereich. *Herzlich willkommen* oder *Schön, dass Du da bist* sind hier reine Platzverschwendung. Besser ist ein starkes Ergebnisversprechen, das den Wert des Angebots in wenigen Worten attraktiv auf den Punkt bringt. Dieser Grundgedanke führt in den meisten Fällen zu klick- und verkaufsstarken Ergebnissen. Einen Tag später schickte mir eine Teilnehmerin den Link zur Website einer bekannten Coaching-Persönlichkeit mit dem Hinweis: »Schau mal, Youri, auf ihrer Website scheint das doch zu funktionieren.« Ich klickte auf den Link und schmunzelte: Da stand doch wirklich *Willkommen in meiner Welt*. Mein Feedback: Branding hebelt Copywriting-Gesetze aus.

Würdest Du als Personal Brand mit Millionenreichweite zu mir kommen, würde ich Dir (je nach Zielgruppe) dennoch davon abraten, solche Floskeln zu nutzen, weil Du damit Potenzial verschenkst. Doch eine starke Brand verzeiht vieles. Während die Websites weniger bekannter Unternehmen um die Aufmerksamkeit ihrer Zielgruppe ringen müssen, gibt eine starke Brand Dir Vertrauensvorschuss und eine gewisse Narrenfreiheit. Denn ein Großteil der Menschen, die zu Dir finden, sind auf tieferliegender Ebene ohnehin schon von Dir, Deinem Angebot und Deiner Qualität überzeugt. Sie sind da, weil sie etwas mit Dir verbindet, und diese Verbindung wollen sie nun mit einem Kauf verstärken und vertiefen.

Auf dieser Ebene kaufen die Menschen nicht länger nur Dein Angebot, sondern auch das, wofür Du stehst, was Du ausstrahlst und was sie selbst sein könnten. Diese emotionale Identifikation verleiht Dir Autorität und sie erleichtert den Verkauf, weil die Kaufentscheidung längst im Bauch Deiner Zielgruppe gefallen ist.

Verkaufen wird leichter mit einer starken Marketingstrategie – und mühelos mit einer bekannten Marke im Rücken. Kommen wir ein letztes Mal auf unseren Telefonverkäufer zurück. Er ruft uns an, wir lieben die Marke und kennen die aktuelle Kampagne. Wir sind informiert und begeistert. Dieser Anruf fühlt sich nicht mehr nach Kaltakquise an, sondern wie eine persönliche Einladung. In der Praxis bräuchte es den Anruf wahrscheinlich gar nicht mehr, weil die Marke einen Sog erzeugt und das Marketing diesen in Richtung Abschluss lenkt.

Die fünf Merkmale der Branding-Ebene:

1. **Ziel:** Verbindung, Überzeugung, Identifikation und Zugehörigkeit.
2. **Zeithorizont:** langfristig – entfaltet sich über Jahre, oft über Generationen.
3. **Ausrichtung:** kulturell – Du prägst Bedeutung, nicht nur Wahrnehmung.
4. **Mittel:** Resonanz und Perspektive – erlebbar im Design, im Text, im Storytelling.
5. **Risiko:** Stillstand und Verwässerung – wer seine Marke nicht pflegt, kann Profil und Energie verlieren.

Wenn wir Branding, Marketing und Verkauf so betrachten, wird deutlich: Marketing baut Vertrauen und Wert auf. Der Verkauf führt zur Entscheidung. Und Branding wirkt auf einer tieferen Ebene. Es prägt das Grundgefühl, das Menschen mit uns verbinden, oft lange bevor sie bewusst über einen Kauf nachdenken. Diese drei Dimensionen beeinflussen sich gegenseitig und entfalten ihre Kraft erst im Zusammenspiel. Und doch unterscheiden sie sich in ihrer Zielsetzung, ihrer zeitlichen Wirkung und in der Art, wie sie Menschen erreichen. Genau an diesem Punkt wird eine weitere Unterscheidung relevant. Denn wenn wir verstehen wollen, wie diese Wirkung entsteht, müssen wir genauer hinsehen, welche Rolle Sprache dabei spielt – und mit welcher inneren Haltung wir sie einsetzen.

Mit diesem Blick lässt sich auch klarer fassen, wo die Verwandtschaft und wo der Unterschied zwischen Copywriting und Brandwriting liegt. Lass uns diesen Gedanken im nächsten Abschnitt vertiefen.

1.7 Brandwriting – die Schwester des Copywritings

Schreiben wirkt auf allen drei Ebenen, aber auf jeder anders. Auf der Verkaufs- und Marketingebene kennen wir es längst als Copywriting. Auf der Branding-Ebene braucht es etwas anderes: *Brandwriting*.

Copywriting hat in den vergangenen Jahrzehnten eindrucksvoll gezeigt, wie wirksam Worte sein können. Gute Texte erzeugen Aufmerksamkeit, wecken Interesse, lösen Einwände auf und führen Menschen zu Entscheidungen. Sie verkaufen Produkte, füllen Newsletter-Listen, bringen Termine in Kalender und Umsätze auf die Konten. Diese Wirkung macht Copywriting zu einer der wertvollsten Fähigkeiten im modernen Marketing. Denn dahinter steckt ein Denkwerk, das künstliche Intelligenzen bis heute nicht ersetzen können.

Brandwriting ist dafür weder Ersatz noch Gegenbewegung. Es ist eine Verwandte: die Schwester. Beide Disziplinen arbeiten Hand in Hand – mit jeweils unterschiedlichem Schwerpunkt.

Copywriting stellt eine klare, operative Frage: Wie bewege ich Menschen dazu, eine bestimmte Handlung auszuführen? Brandwriting stellt eine andere, grundlegendere Frage: Wie fördere ich eine innere Verbindung, aus der Handlungen ganz selbstverständlich folgen? Dieser Unterschied mag auf den ersten Blick subtil wirken, doch in der Praxis trennt er zwei völlig verschiedene Arten, zu denken, zu schreiben und zu arbeiten.

Copywriting denkt vom Ergebnis her. Es lebt von Feedbackschleifen, Zahlen und Tests. Schon eine geänderte Headline kann die Conversion-Rate massiv verbessern – das ist die berauschende Wirkung dieser Disziplin. Sie arbeitet *von außen nach innen*: Sie analysiert Zielgruppen, Motive, Wünsche, Einwände – und übersetzt diese Erkenntnisse in Worte, die Menschen möglichst reibungslos zu einer für sie stimmigen Entscheidung führen.

Brandwriting arbeitet umgekehrt: *von innen nach außen*. Es beginnt bei der eigenen Haltung, der eigenen Perspektive und dem eigenen Kompass. Es fragt: Wofür stehe ich wirklich? Wie sehe ich die Welt – und warum? Welche Geschichte erzählt meine Marke, ohne sie bewusst zu erzählen? Das ist zuweilen herausfordernd, weil die Fragen tief gehen und die Antworten sich nicht immer auf Anhieb ergeben. Eine Marke kann sich hier nicht hinter Taktiken verstecken. Sie zeigt sich mit Kanten, Vorlieben und klaren Grenzen. Genau darin liegt ihre Kraft.

Was das in der Praxis bedeutet, sehe ich in meinen Coachings immer wieder. Mir begegnen regelmäßig Menschen, die hervorragend verkaufen können und sich dennoch austauschbar fühlen. Sie beherrschen die Werkzeuge des Copywritings. Ihre Texte sind griffig, logisch und psychologisch fundiert. Und trotzdem sagen sie Sätze wie: *Irgendwie klingt das alles nicht nach mir. Diese Verkaufstaktiken fühlen sich für mich nicht stimmig an.* Oder: *Ich ziehe viele Anfragen an, aber diese Menschen sind mit mir so gar nicht auf einer Wellenlänge.*

Solche Blockaden entstehen häufig dann, wenn Menschen Branding, Marketing und Verkauf in Silos denken, statt aus einem gemeinsamen Kern heraus. Jeder Bereich macht dann sein eigenes Ding nach der Logik, die ihm erlaubt, seine Ziele möglichst effektiv zu erreichen – auch wenn diese Logik den Erfolg einer anderen Ebene gefährdet. Bestes Beispiel sind Skripte, Templates und Texte aus der Dose. Dahinter steckt oft eine ausgeklügelte, psychologisch fundierte Logik, die angeblich magische Ergebnisse liefern soll. Und in einem anderen, ursprünglichen Setting war das vielleicht auch mal so. Doch wenn der vorgegebene Wortlaut nicht zum Grundgefühl der Marke passt, entstehen Dissonanzen. Die Skepsis steigt, das Vertrauen leidet – auch wenn die ursprüngliche Absicht eine gute war.

Der Grundgedanke des Brandwritings besteht darin, Dich von Skripten zu lösen und stattdessen einen Rahmen zu schaffen, aus dem Deine eigenen Worte natürlich erwachsen können. Du kommst in einen tieferen Kontakt mit Deiner Stimme und Deiner Art, die Dinge zu sagen, und erkennst, wie Du Inspirationen aus anderen Bereichen so adaptieren kannst, dass sie sich auch für Deine Marke stimmig und richtig anfühlen.

Diese Sicht der Dinge mag logisch und nachvollziehbar klingen, dennoch ecke ich damit regelmäßig an. Manche Copywriting-Kollegen pochen darauf, dass es bei der Überzeugungsarbeit weder auf Stil noch auf Persönlichkeit oder individuellen Ausdruck ankomme. Am Ende zählten nur die Zahlen: Was verkauft, sei gut und legitim.

Nach dieser Logik brüsten sich manche damit, hohe Umsätze zu erzielen, während sie bei genauerem Hinsehen gutgläubige Menschen mit Versprechen nach Freiheit, Ruhm und Reichtum in zwielichtige Angebote tricksen. Sobald Marketing und Verkauf ihre Markenverantwortung ausblenden und sich nur noch als Umsatzmaschine begreifen, fließt vielleicht eine Zeit lang mehr Geld, doch langfristig leidet die Marke. Dann lassen sich Vertriebs- und Marketingteams schon mal dazu hinreißen, Erwartungen zu wecken, die das Produkt nicht erfüllen kann. Wer zu jedem Kühlschrank einen kostenlosen Kleinwagen verspricht, dreht selbst dem Bewohner am Nordpol noch ein Kühlgerät an. Platzt dann das süße Versprechen, bleibt die Enttäuschung an der Marke kleben.

Natürlich tragen auch Produktqualität und Fulfillment ihren Teil dazu bei, dass Kundinnen und Kunden am Ende wirklich zufrieden sind. Doch auch Branding, Marketing und Verkauf entscheiden mit, ob am Ende der Customer Journey glückliche Menschen stehen, die gerne wieder kaufen. Schon an früher Stelle im Prozess wecken wir Erwartungen – und kaum etwas zerstört Vertrauen so schnell wie enttäuschte Erwartungen. Am Ende zählt das Gefühl, das im Bauch bleibt, nachdem Menschen bei Dir gekauft haben. Und das Bild, das Menschen von einer Marke behalten, auch wenn sie gerade nichts kaufen.

Copywriting und Brandwriting gehören fest zusammen. Während Copywriting den nächsten Schritt optimiert, kultiviert Brandwriting ein langfristiges Bauchgefühl. Es beeinflusst, wie Menschen Angebote vergleichen, wie viel Vertrauen sie aufbringen, wie bereitwillig sie investieren und ob sie erneut kaufen. Ich habe Kundinnen erlebt, die nach außen ohne große Show verkauft haben, ohne überdrehte Headlines und ohne dramatische Verknappung. Und dennoch kamen Menschen auf sie zu mit Sätzen wie: *Ich weiß nicht genau, warum, aber bei Dir fühlt es sich richtig an.*

Nach diesem ersten Kapitel können wir uns vorstellen, warum es sich richtig anfühlte. Copywriting ohne Brandwriting klingt schnell laut, kurzatmig und austauschbar. Brandwriting ohne Copywriting bleibt diffus, nett und wirkungslos. Ich habe großartige Marken gesehen, die eine starke Ausstrahlung hatten – und dennoch kaum Umsatz machten, weil ihren Angeboten die Kontur fehlte. Und ich habe brillante Verkaufstexte gesehen, die kurzfristig funktionierten und langfristig Vertrauen verbrannten, weil sie nur logisch und berechnend argumentierten. Die Kunst liegt im Zusammenspiel. Brandwriting sorgt für das Bauchgefühl, Copywriting für ein gutes Hirngefühl.

1.8 Zwischenhalt – von der Erkenntnis in die Praxis

Wir haben in diesem Kapitel viel Boden bereist. Lass uns kurz innehalten und die Landschaft überblicken.

Eine Marke ist weder ein Designsystem noch eine rein betriebswirtschaftliche Kennzahl. Sie ist ein Bauchgefühl – geformt aus jeder einzelnen Begegnung, die Menschen mit ihr haben. Dieses Bauchgefühl entsteht durch ein Prinzip, das tiefer reicht als jede Marketingstrategie: Resonanz. Unser Nervensystem ist von Geburt an darauf ausgelegt, auf das zu antworten, was mit uns auf einer Wellenlänge ist. Starke Marken bauen auf genau diesem Prinzip auf, um mit uns in Beziehung zu treten.

Gleichzeitig leben wir in einer Welt, die Resonanz zunehmend erschwert. Beschleunigung, Zeitdruck und Wettbewerb drängen uns in eine instrumentelle Haltung, in der alles zum Mittel wird und uns nichts mehr berührt. Die Sehnsucht nach Resonanz war selten größer. Genau darin liegt die Chance jeder Marke, die bereit ist, sich zu zeigen und in echte Verbindung zu gehen.

Wir haben gesehen, dass Branding die tiefste der drei Kommunikationsebenen ist – tiefer als Marketing, tiefer als Verkauf. Brandwriting übersetzt diese Tiefe in Sprache. Wir arbeiten von innen nach außen. Aus der eigenen Haltung, der eigenen Perspektive und dem eigenen Blick auf die Welt. Genau diese einzigartige Perspektive Deiner Marke wollen wir als Nächstes freilegen, schärfen und in Worte fassen. Die Philosophie steht. Jetzt wird es persönlich.

Kapitel 2
Die Perspektive Deiner Marke

Dieses Kapitel ist das mit Abstand strategischste – und vielleicht das, das am meisten für Dich verändert. Gemeinsam erforschen wir die Innenwelt Deiner Marke und legen die Filter frei, durch die sie die Welt wahrnimmt. Wie sieht sie den Markt? Wofür brennt sie? Woran glaubt sie? Und was treibt sie wirklich an?

Diese Filter sind das Geheimnis hinter unverwechselbaren Botschaften. Kennst Du sie erst einmal, musst Du nie wieder Texte an den Haaren herbeiziehen. Du suchst nicht länger nach den richtigen Worten – sie finden Dich. Dabei tragen sie ein Gewicht, das keine Strategie der Welt simulieren kann.

Am Ende dieses Kapitels hältst Du die strategische Basis in den Händen, auf der jede einzelne Botschaft Deiner Marke ruht. Du wirst Deine Marke besser kennen als je zuvor – und mit ihr eine Quelle, aus der Du von nun an immer wieder schöpfen kannst.

In der Markenarbeit begegnet mir immer wieder ein paradoxes Phänomen: Menschen wissen sehr viel über ihre Marke – und können doch kaum etwas davon klar benennen. Sie spüren, wofür sie stehen. Sie haben ein feines Gespür für Qualität, Haltung und Ton. Doch sobald sie versuchen, es auszusprechen, verfallen sie in Floskeln und Plattitüden.

So beschreibt der Inhaber einer Ledermanufaktur seine Marke zunächst mit Worten wie *hochwertig*, *zeitlos* und *ehrlich*. Alles noch recht oberflächlich und austauschbar. Erst beim Schreiben kommt heraus, was er wirklich meint: Er entwirft Taschen für Menschen, die Dinge reparieren lassen, statt sie wegzuwerfen. Seine Produkte altern nicht – sie reifen. Gebrauchsspuren liest er als Tagebuch des Trägers. Mit jeder Schramme und jeder Geschichte wächst der Wert der Tasche. Und plötzlich stehen da Sätze in seinem Notizbuch, die ihn selbst überraschen: »Manche Taschen haben ein Label, diese Tasche hat eine Geschichte.« Oder: »Andere Tasche kaufst Du, diese vererbst Du.« Der Schreibprozess legt frei, was längst da war. Bisher nur als Gefühl, jetzt auch als Satz.

> **Das, was Deine Marke einzigartig macht, ist schon da. Wenn Du schreibst, legst Du es frei.**

Wie hat der Inhaber das gemacht? Er hat nicht gegrübelt, getüftelt oder ein Framework ausgefüllt. Er hat geschrieben – und dabei Schicht für Schicht die Perspektive seiner Marke freigelegt. Was ihn antreibt, woran er glaubt und wie er die Welt seiner Zielgruppe sieht.

Bevor wir mit Deiner Marke genauso arbeiten, lohnt sich ein Blick auf die Mechanik dahinter. Denn wenn Du verstehst, wie eine Perspektive vom Kopf in den Bauch wandert und dort ein Gefühl erzeugt, kannst Du die kommenden Abschnitte gezielter für Dich nutzen.

Wie kommt das Gefühl in den Bauch?

Wenn eine Marke das Bauchgefühl der Zielgruppe ist, dann drängt sich die Frage auf: Wie formen wir dieses Bauchgefühl?

Die kurze Antwort: durch Wiederholung. Jede Form von Kommunikation konditioniert. Wenn Dein Newsletter mich jede Woche inspiriert, berührt und zum Lachen bringt, dann verbinde ich diesen Gefühlscocktail schon bald mit Dir als Absender. Deine Marke wirkt auf mich tiefgründig, humorvoll und sympathisch.

Auf Dauer verliert der Betreff sogar einen Teil seiner Bedeutung. Schon der Anblick Deines Absenders im Postfach löst das gelernte Bauchgefühl aus und ich öffne die Mail, weil ich mehr davon will. Das ist eine simple Prägung: Kleine Dinge, oft genug wiederholt, graben sich tief ein und können große Auswirkungen haben.

Daher sind Konsistenz und Kontinuität im Branding so wichtig. Fühlt sich Deine Kommunikation bei jedem zweiten Text anders an, entstehen Interferenzen, die die Wirkung beeinträchtigen. Nur wenn Du Dir und Deinem Stil treu bleibst, kann dieser Effekt für Dich arbeiten.

Die längere Antwort baut darauf auf. Sie ist der Schlüssel zu allem, was in diesem Buch folgt: Wir formen das Bauchgefühl, indem wir das Denken lenken – und damit die Wahrnehmung steuern. Lass uns das an einem persönlichen Beispiel konkret machen.

Lange Zeit habe ich es gehasst, zu telefonieren – und Akquiseanrufe waren mein Endgegner. Schon der Gedanke, eine Nummer zu wählen, löste eine Kettenreaktion aus inneren Bildern und Stimmen aus:

Ich kann da doch nicht einfach anrufen! Die Leute sind bestimmt mitten in etwas Wichtigem. Und dann komme ich – die fleischgewordene Störung. Bestimmt sind sie genervt und sauer auf mich, wenn sie nur schon meine Stimme hören. Wie kann ich es nur wagen, sie so zu belästigen? Sie haben jedes Recht, mich durch den Hörer anzubrüllen, zurechtzuweisen oder einfach abblitzen zu lassen. Puh! Das wird ein Graus …

Wenn so ein Chor aus inneren Bedenkenträgern im Einklang singt, ist jedes Telefonat zu Ende, bevor es begonnen hat. Doch sobald ich verstand, was in meinem Kopf ablief, schnappte ich mir den Dirigentenstab und stimmte ein neues Lied an:

Youri, wenn Du da gleich anrufst, rettest Du jemandem den Tag! Die Leute da draußen knabbern seit Ewigkeiten an ihren Problemen. In wenigen Sekunden beglückst Du sie mit der Lösung. Hör doch nur, wie sie erleichtert aufatmen, jubeln und Dir mit Tränen in den Augen um den Hals fallen, weil Du endlich da bist und ab jetzt alles besser wird. Sie sitzen gebannt neben dem Telefon und warten auf Deinen Anruf. Gönn Dir diesen Moment!

Ein vollkommen anderer Film, der ein vollkommen anderes Gefühl produziert. Mit dieser inneren Einstellung wirke ich im Telefonat deutlich souveräner und charismatischer als das Häufchen Elend aus dem ersten Beispiel. Ja, das ist überzogen, doch die Frage ist doch: Behindert mich mein Denken oder unterstützt es mich dabei, die Dinge zu erreichen, die ich mir vorgenommen habe?

So produzieren wir Gefühle und Stimmungen. Unser Gehirn hat keine Augen. Es unterscheidet nicht, ob wir uns etwas nur lebendig genug vorstellen oder es wirklich erleben. Wir denken, bewerten, imaginieren – und basteln uns daraus unsere Realität. Dieser Prozess läuft fast immer unter dem Radar ab. Bewusst bekommen wir davon oft nur wenig mit – zum Glück!

Stell Dir nur vor, wir müssten beim Spaziergang durch den dunklen Wald erst einmal bewusst eine Angst produzieren, um dann mit einem Adrenalinschub vor dem Wildschwein davonrennen zu können. Wir wären evolutionär definitiv nicht dort angelangt, wo wir heute stehen. Vielleicht würden dann Delfine über die Erde herrschen, Unterwasserstädte errichten und in ihren Schulbüchern über uns lesen: »Der Mensch – ein faszinierender, aber leider wenig überlebensfähiger Versuch der Natur.«

Eine der wertvollsten Fähigkeiten für ein gelingendes Leben liegt darin, uns diesen unbewussten Denkprozess bewusst zu machen. Damit rauben wir den Gefühlen die Macht über uns und gewinnen ein Stück emotionale Souveränität. Jedes Ergebnis im Außen beginnt zwischen Deinen beiden Ohren. Was Du Dir im Oberstübchen ausmalst, entwickelt sich leicht zu einer selbsterfüllenden Prophezeiung.

Was ist im Telefonat also passiert? Ich habe genau das getan: mein Denkmuster bewusst verändert – und damit mein Gefühl. Das ist der Kern dessen, worum sich meine NLP-Seminare drehen: verstehen, warum wir ticken, wie wir ticken – und lernen, unser Denken, Fühlen und Handeln gezielt in die Richtung zu lenken, die uns wirklich dienlich ist.

Ein paar Worte dazu, falls Du gerade eine Augenbraue hochziehst: *NLP (Neurolinguistisches Programmieren)* hat in manchen Kreisen einen miesen Ruf. Und ich verstehe, warum. Manche Trainer lassen Menschen wie Tiere durch Seminarräume hüpfen oder ködern sie mit unterschwelligen Beeinflussungstricks in jahrelange Folgekäufe. Das hat mit dem wahren Geist des NLP nichts zu tun. Im Kern ist NLP ein Werkzeugkasten – gefüllt mit jeder Menge wirkungsvoller Tools. Die Disziplin sammelt Strategien aus Psychologie, Therapie, Rhetorik und vielen weiteren Bereichen und fügt sie zu einem Best-of zusammen. Dahinter steckt die Idee des Modelling of Excellence: Wenn jemand richtig exzellent in einer Sache ist – zum Beispiel sehr selbstbewusst, charismatisch oder gelassen –, dann hat er oder sie dafür eine Strategie. Arbeite ich sie heraus, kann ich sie für mich nutzen und ähnliche Ergebnisse erzielen. All diese Tools drehen sich um einen Kern: Sie zeigen, wie unsere Sprache unser Denken formt – und wie wir dieses Wissen nutzen, um klarer zu denken, bessere Entscheidungen zu treffen und überzeugender zu kommunizieren.

Doch NLP ist mehr als eine Sammlung von Techniken. Es ist eine Haltung. Die Haltung, dass Dein Denken, Fühlen und Handeln kein Schicksal ist, das feststeht. Dass Du es in der Hand hast, Deine Innenwelt und Deine Wirkung auf andere bewusst zu gestalten – ausgerichtet auf Deine Wünsche, Ziele und Sehnsüchte. Selbstbewusster werden, fokussierter arbeiten, charismatischer auftreten, kreativer denken – all das beginnt damit, die eigene Programmierung zu verstehen und dort, wo sie Dich einschränkt, bewusst zu verändern.

Genau das machen wir in diesem Buch. Falls Du also bisher schlechte Erfahrungen oder seltsame Assoziationen mit diesen drei Buchstaben hattest: Gib ihnen bitte hier eine neue Chance. Der Wert der Werkzeuge spricht für sich.

Dieser Dreiklang – Denken, Fühlen, Handeln – durchzieht meine gesamte Arbeit. Was Du denkst und worauf Du Deine Aufmerksamkeit richtest, beeinflusst, wie Du Dich fühlst. Und wie Du Dich fühlst, bestimmt, welche Entscheidungen Du triffst und wie Du handelst.

Für unsere Arbeit im Brandwriting heißt das: Will ich beeinflussen, wie sich meine Zielgruppe fühlt, darf ich ihr Denken lenken – mit meinen Botschaften, meinem Storytelling oder den Bildern, die ich in ihre Köpfe male. Das ist die Macht der Sprache in Aktion.

Im Copywriting lenken wir das Denken, um Menschen ins Handeln zu bringen. Sie sollen den Wert für sich erkennen und aus einem guten Gefühl heraus eine stimmige Kaufentscheidung treffen. Im Brandwriting lenken wir das Denken mit einem anderen Ziel: Resonanz. Die fruchtbare Basis für alles, was später kommt.

Dazu teilen wir unsere Perspektive auf die Welt. Wir lassen die Zielgruppe durch unsere Brille schauen und erleben, wie wir denken, fühlen und handeln. Wo sich ihre Perspektive mit unserer überschneidet, kann Resonanz entstehen.

Die Schlüsselfrage im Branding lautet also: Welches Bauchgefühl will ich bei meiner Zielgruppe kultivieren – und wie darf ich ihr Denken lenken, damit mir das gelingt? Die Antwort liegt in der unverwechselbaren Perspektive Deiner Marke auf die Welt. Bestimmte Filter formen diese Perspektive. Und die schauen wir uns als Nächstes an.

2.1 Filtersysteme, die unsere Perspektive formen

Eine Marke formt sich durch eine Perspektive – die Art, wie die Markenpersönlichkeit auf ihr Thema, auf den Markt und auf die Menschen blickt. Wie denkt sie? Wie fühlt sie? Wie handelt sie? Was zählt für sie? Wofür brennt sie und wofür ist sie nicht zu haben? Wie bei Menschen prägen auch bei Marken bestimmte Faktoren die Perspektive. Um diese Faktoren zu greifen, tauchen wir jetzt in die Wahrnehmungspsychologie ein. Du wirst Deine Marke besser verstehen – und Dich selbst gleich mit.

2.1.1 Der Laserstrahl, mit dem wir die Welt beleuchten

Unser Gehirn nimmt pro Sekunde etwa 11 Millionen Sinneseindrücke aus der Umwelt auf. Bewusst verarbeiten kann es davon nur einen winzigen Bruchteil – ungefähr 40 Eindrücke pro Sekunde. All das Übrige, also die ungeheure Menge von all dem, was wir in jeder Sekunde sehen, hören, fühlen, riechen und schmecken, filtert es fast vollständig weg. Zum Glück! Ohne diesen mentalen Spamfilter wären wir als Menschen ständig überfordert und wahrscheinlich dauerhaft lahmgelegt. Wie sollen wir uns aufs Schreiben konzentrieren, wenn wir gleichzeitig darauf achten, wie unser Herzschlag in uns trommelt, die Zunge am Gaumen reibt oder die Schwerkraft an unseren Ohrläppchen zerrt? Die übrigen 10.999.960 Eindrücke landen nicht im Papierkorb, sondern sie fließen in unser Unbewusstes. Hier können diese Informationen indirekt unsere Wahrnehmung, unsere Emotionen und Entscheidungen beeinflussen.

Wie begrenzt unsere bewusste Verarbeitungskapazität ist, hast Du vielleicht bei Deiner ersten Fahrstunde erlebt: kuppeln, lenken, Gas geben, blinken, in die Spiegel schauen, Schilder lesen und dabei darauf achten, bloß niemanden zu überfahren – ich war nach meiner ersten Stunde schweißgebadet. Je mehr wir lernen, üben und verinnerlichen, desto mehr übernimmt das Unbewusste. Heute höre ich entspannt Hörbuch und lasse mich von meiner Fantasie tragen, während mich mein Unbewusstes – gespeist von 11 Millionen Sinneseindrücken pro Sekunde – souverän über die Straßen leitet.

Das Beispiel zeigt: Unser Unbewusstes ist oft die weisere Instanz als unser bewusster Verstand. Der Verstand ist wie ein winziger Lichtkegel – fast ein Laserstrahl –, mit dem wir die Welt beleuchten und entdecken. 40 von 11 Millionen! Das ist der Ausschnitt, den wir bewusst erleben. Und hier lauert eine der größten Illusionen unseres Alltags: Wir halten unseren Ausschnitt für *die* Realität. Wir glauben, unsere Wahrnehmung bilde die Welt ab, wie sie ist. Dabei trifft unser Laserstrahl nur einen mikroskopisch kleinen Ausschnitt all dessen, was wir erleben könnten. Links und rechts davon liegen Möglichkeiten, Ideen, Perspektiven und Potenziale, die wir schlicht nicht bemerken, weil unser Lichtkegel gerade woanders hinleuchtet. Während manche Menschen zum Beispiel überall Krisen wittern, entdecken andere in der gleichen Zeit und gleichen Welt neue Geschäftsmodelle und einzigartige Gelegenheiten.

Worauf Du Deine Aufmerksamkeit richtest, formt Deine ganze Welt.

Zusammengefasst bedeutet das: Es gibt da draußen jede Menge Potenzial. Mehr, als wir jemals ausschöpfen können. Und wir treffen – bewusst oder unbewusst – eine Auswahl. Jeden Tag und in jedem Moment. Worauf richten wir unsere Aufmerksamkeit? Womit beschäftigen wir uns bewusst? Was blenden wir aus? Und wie bewerten wir das, was wir wahrnehmen? Diese Auswahl formt unsere Realität. Und diese Realität formt, wer wir sind und wie wir ticken – wie wir denken, fühlen und in der Welt handeln.

Diese Auswahl ist zutiefst individuell. Kein Mensch trifft sie auf die gleiche Weise. Und – das ist mir besonders wichtig – auch keine künstliche Intelligenz kann sie in exakter Übereinstimmung für uns treffen. Denn diese Auswahl speist sich aus etwas, das keine Datenmenge ersetzt: aus dem, was wir erlebt, gefühlt und für wahr genommen haben. Aus unserem gelebten Leben.

2.1.2 Die Filter, die unsere Auswahl formen

Wie also entscheidet das Gehirn, welche 40 von diesen 11 Millionen Reizen es bewusst macht? Genau bei dieser Frage greift unsere individuelle Programmierung. Dazu gehören unsere Werte, Ziele, Überzeugungen, Erwartungen, Erfahrungen und unsere gesamte kulturelle Prägung.

Wie diese Faktoren Deine Sicht auf die Welt verändern, kannst Du jederzeit an Dir selbst beobachten. Wenn Du Nachwuchs erwartest, sieht Deine Welt über Nacht anders aus: Plötzlich siehst Du überall Kinderwagen und Windelwerbung, kleine Strampler und lächelnde Eltern. Sobald Du beginnst, Dich für Hunde zu interessieren, scheint plötzlich jeder Zweite einen Welpen zu haben, und im Park fällt Dir jede Leine ins Auge. Oder denk an den Moment, wenn Du eine Reise planst: Kaum hast Du Dich für ein Ziel entschieden, stößt Du überall auf Artikel, Fotos oder Gespräche, die genau dieses Land betreffen – als hätte das Universum selbst mitgehört.

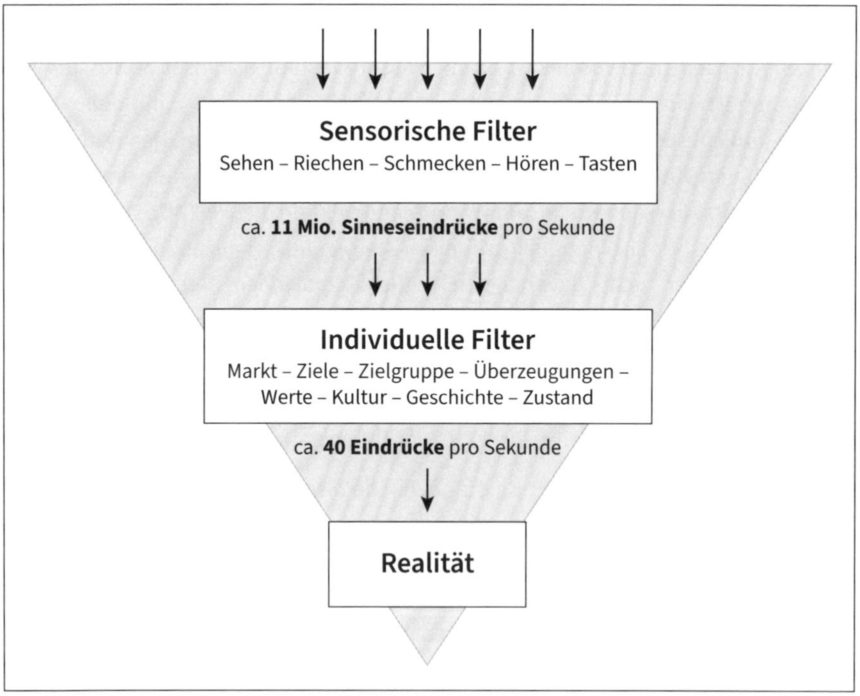

Abbildung 2.1: Die Filtersysteme unserer Wahrnehmung

Was nach Magie aussieht, ist in Wahrheit Dein Filtersystem bei der Arbeit. Deine Filter justieren sich fein auf das, was Dir wichtig ist und was Dich im Kern gerade beschäftigt. Sie formen Deine Perspektive auf die Welt. Oder wie wir im NLP folgern:

Wir sehen die Welt nicht, wie sie ist – wir sehen sie, wie wir sind.

Dieser Satz klingt philosophisch, hat aber handfeste Konsequenzen für unsere Arbeit. Die Filter wirken in zwei Richtungen. Beide sind fürs Brandwriting entscheidend.

Richtung 1: Die Wirkung des Filters nach innen

Die erste Richtung zeigt nach innen – zu Dir und Deiner Marke. Deine Filter formen einen einzigartigen Fingerabdruck Deiner Wahrnehmung. Ich nenne ihn den *Filterabdruck*. Er bestimmt, worauf Du achtest, was Dich berührt, was Dich aufregt und was Du für selbstverständlich hältst. Er bestimmt, welche Geschichten Du vergisst und welche Du für erzählenswert hältst. Er bestimmt, welche Beispiele Dir einfallen, welche Metaphern Du wählst und welche Schlüsse Du ziehst. Kurz: Er bestimmt, wie Du denkst, fühlst und handelst – und damit auch, wie Du schreibst.

Das ist die wahre Quelle von Stil. Satzbau, Wortwahl und rhetorische Figuren sind sein Ausdruck. Doch seine Quelle liegt tiefer. Er entsteht aus der Art, wie Du die Welt wahrnimmst, verarbeitest und das Erlebte wieder ausdrückst. Wenn zwei Menschen über dasselbe Thema schreiben, entstehen zwei völlig verschiedene Texte, weil sie die Welt durch verschiedene Brillen sehen. Der eine bemerkt das Detail, das der andere übersieht. Der eine zieht einen Schluss, den der andere nie gezogen hätte. Genau darin steckt die Magie, die Ausdruck lebendig, überraschend und unverwechselbar macht.

Für Deine Arbeit im Brandwriting heißt das: Je bewusster Du Deine eigenen Filter kennst, desto klarer kannst Du Deine Sicht der Welt in Worte fassen und Deinen Stil skalieren. Du entdeckst, was Dich wirklich antreibt. Du verstehst, warum Du bestimmte Dinge für richtig hältst und andere ablehnst. Und aus diesem Selbstverständnis heraus fließen die Ideen, die tiefe Resonanz erzeugen können.

Richtung 2: Die Wirkung des Filters nach außen

Die zweite Richtung zeigt nach außen – zu Deiner Zielgruppe. Denn natürlich hast nicht nur Du Filter. Auch die Menschen, die Du erreichen willst, scannen die Welt durch ihre ganz eigene Brille. Auch sie nehmen pro Sekunde nur 40 von 11 Millionen Reizen bewusst wahr. Auch bei ihnen entscheiden Werte, Überzeugungen, Ziele und Erfahrungen darüber, was durch den Filter dringt und was im Rauschen untergeht.

Bühne frei für den entscheidenden Punkt: Wenn Deine Botschaft durch die Filter Deiner Zielgruppe passt – wenn sie etwas berührt, das diesen Menschen wichtig ist, das sie bewegt oder das ihre Sicht auf die Welt bestätigt –, dann springt sie ihnen ins Auge. Sie bleibt hängen und erzeugt ein Gefühl. Dafür muss Deine Botschaft nicht unbedingt laut oder verrückt gewesen sein, sie muss nur an etwas andocken, das bei ihnen bereits angelegt war.

So können wir in der Praxis zu Resonanz einladen. Wenn eine Botschaft an den Filtern der Zielgruppe vorbeizielt, nehmen die Menschen sie nicht wahr – egal, wie oft wir sie wiederholen und egal, wie viel Budget wir investieren.

Je klarer und stärker Du aus Deiner Welt heraus kommunizierst, desto kraftvoller kommt genau das auch bei der richtigen Zielgruppe an. Also nicht bei allen Menschen, aber dafür bei den richtigen. Bei denen, deren Filter Deinen ähneln und die die Welt mit ähnlichen Augen sehen. Die beim Lesen Deiner Worte innerlich nicken und denken: *Ja. Genau so sehe ich das auch!*

Beide Richtungen greifen ineinander. Nach innen sortierst Du Deine Gedanken und findest Deine Stimme. Nach außen erreichst Du damit die Menschen, die zu Dir und Deiner Welt passen. Der Filterabdruck Deiner Marke bildet die Brücke zwischen Deiner Perspektive und der Deiner Zielgruppe. Und auf genau dieser Brücke kann Resonanz entstehen.

2.2 Die Filter, die den Unterschied machen

Im NLP geht es darum, unsere Filter bewusst zu verändern, damit wir unser Denken, Fühlen und Handeln – und damit unser ganzes Leben – Stück für Stück mehr in die Richtung lenken können, die wir uns wünschen. Für die Arbeit im Branding fokussieren wir uns auf einige ausgewählte Filter, die den größten Unterschied machen, weil sie die unverwechselbare Perspektive der Markenpersönlichkeit zum Leben erwecken.

Durch die Auseinandersetzung mit diesen Filtern arbeitest Du systematisch die Perspektive Deiner Marke auf die Welt heraus. Du schaffst damit die strategische Basis für Resonanz bei den richtigen Menschen. Und gleichzeitig geschieht etwas, das über Marketing hinausgeht: Du verstehst Dich selbst besser. Du erkennst klarer, wofür Du stehst. Und Du erlebst, dass der Content deutlich leichter fließt, wenn er aus dem Kern statt aus dem Kopf kommt.

2.2.1 Der Markt, die Nische, die Kategorie

Der erste Filter, der die Perspektive Deiner Marke prägt, ist zugleich der grundlegendste. Er stellt eine Frage, die so einfach klingt, dass man sie leicht überspringt: Worauf richtest Du Deinen Blick? Welchen Themen widmet sich Deine Marke – und, noch entscheidender, welche lässt sie bewusst weg?

Bei dieser Grundfrage rund um Deine Positionierung ist die Versuchung groß, zuerst auf den Wettbewerb zu schauen. Wir wollen anders sein, uns abgrenzen, und wir schielen dabei ständig nach links und rechts, wer gerade was macht. Doch wenn Du den Wettbewerb zum Maßstab machst, beobachtest Du den Markt nur aus zweiter Hand. Du studierst die Antworten anderer auf eine Frage, statt sie Dir selbst direkt zu stellen. Damit erbst Du fremde blinde Flecken und übersiehst die Potenziale, die im Markt bereits aufkeimen.

Verschiebe den Fokus Deiner Fragen daher weg von »Wovon hebe ich mich ab?«. Und richte sie lieber auf »Wonach sehnen sich die Menschen, die ich erreichen will?«. Mit einem Schlag wandert Dein Blick dorthin, wo er hingehört: auf Deine Zielgruppe und ihre konkrete Lebensrealität. Dadurch siehst Du schärfer. Du erkennst die Potenziale, die andere übersehen. Und darin liegt Deine Gelegenheit, Dich einzigartig zu positionieren. So fällst Du auf, ohne krampfhaft anders sein zu wollen. Du schöpfst Deine Ideen direkt aus der Wirklichkeit der Menschen – aus ihren Bedürfnissen, ihren Sehnsüchten und ihren ungelösten Fragen. Kein Umweg über den Wettbewerb und kein indirektes Spiel über Bande. Mit diesem Blick gehst Du auf eine Entdeckungsreise – nah dran, neugierig und offen für das, was die Menschen wirklich bewegt.

Nimm einen Anbieter im Lebensmittelhandel. Er könnte bei genau diesem breiten Fokus bleiben: Lebensmittel, für alle, irgendwie. Oder er richtet den Blick schärfer: aufs Frühstückssortiment. Schärfer noch: auf Backwaren. Und ganz nah herangezoomt: auf zucker- und glutenfreie Backwaren. Mit jedem Schritt schrumpft der Markt – und mit jedem Schritt wächst die Klarheit.

Du spürst es selbst: Je enger das Thema, desto schärfer die Botschaft und desto mehr Orientierung bekommen alle, die lesen und zuhören.

Und jetzt dreh die Perspektive um – weg vom Anbieter, hin zu Dir als Mensch mit einem echten Problem. Stell Dir vor, Du verträgst kein Gluten und willst weniger Zucker essen. Du stehst vor zwei Läden. Im einen: ein Allrounder, der alles ein bisschen kann. Im anderen: jemand, der nur das macht, was Du brauchst. Beide mögen gleich gut sein. Aber zu welchem gehst Du? Du gehst zu dem, der Deine Sprache spricht und seinen ganzen Fokus auf das legt, was für Dich zählt. Nicht der Bessere gewinnt. Der Passendere gewinnt.

Die beiden Wirkrichtungen dieses Filters

Nach innen bündelt dieser Filter Deinen Fokus – wie eine Linse das Sonnenlicht. Er legt fest, mit welchem Ausschnitt der Welt Du Dich Tag für Tag beschäftigst und welchen Du bewusst ausblendest. Wenn Du klar hast, auf welchen Markt sich Deine Marke richtet, triffst Du leichter Entscheidungen: Du sagst schneller Ja zu dem, was zu Dir und Deiner Arbeit passt – und Nein zu der reizvollen Gelegenheit, die Deine Marke verwässern würde.

Und genau dieses Nein ist die eigentliche Arbeit hinter diesem Abschnitt. Je schärfer der Filter, desto seltener musst Du bei jedem neuen Impuls von vorn überlegen, ob er zu Dir passt. Dein Alltag sortiert sich von selbst. Du baust Inhalte, Angebote und Kooperationen rund um ein Spielfeld, das Dir entspricht – statt Dich in alle Richtungen zu zerfasern. Der Filter wirkt wie hilfreiche Scheuklappen, die Dich dabei unterstützen, Dich voll und ganz auf Deinen Weg zu fokussieren.

Nach außen wird aus derselben Linse ein Schild über Deiner Tür. Es sagt dem, der vorbeigeht: *Hier geht es um dieses eine Thema – für Menschen wie Dich.* Ein klar gewählter Markt gibt Orientierung. Die Menschen erkennen in Sekunden, ob sie richtig sind, und können innerlich ein klares Ja oder Nein fühlen.

Bleibt der Filter unscharf, sendet Deine Marke Mischsignale. Und Mischsignale erzeugen ein unangenehmes Gefühl: Die richtigen Menschen fühlen sich zwar irgendwie gemeint und gleichzeitig nicht wirklich gesehen. Um volle Klarheit zu bekommen, muss ihr Gehirn extra Arbeit investieren. Daher bleiben sie mit einem Fuß auf der Bremse. Ein fokussierter Marktfilter nimmt diese Bremse weg. Er hilft Deiner Zielgruppe, Dich leicht einzuordnen, Dir innerlich ein Etikett zu geben und Dich genau in dem Moment wiederzufinden, in dem ihr Bedarf in Dein Spielfeld fällt.

Die Angst vor dem Fokus

Ich weiß, was einige Menschen jetzt denken. Ich höre es in fast jedem zweiten Coaching – und meist klingt es genau so: *Aber wenn ich mich so eng festlege, verliere ich doch all die anderen Kunden!* Diese Angst ist verständlich. Und sie ist einer der häufigsten Gründe, warum Marken im Niemandsland verschwinden. Aus lauter Furcht, jemanden auszuschließen, wollen sie alle ansprechen und erreichen am Ende niemanden wirklich.

Immer wieder kommen Menschen und Unternehmen zu mir mit einer Positionierung, die so breit ist, dass sie auf praktisch jeden passt. Dann wundern sie sich, dass sich niemand wirklich angesprochen fühlt. Die Texte klingen professionell, die Angebote sind durchdacht, aber niemand bleibt beim Scrollen stehen und denkt: *Moment. Das bin ja ich!*

Sobald wir den Mut aufbringen, den Fokus zu verengen, passiert regelmäßig etwas Paradoxes: Auf dem Papier schrumpft die Reichweite, doch in der Außenwirkung wächst die Resonanz. Die Menschen, die jetzt kommen, kommen schneller, sind überzeugter und bleiben länger. Du führst vielleicht zunächst weniger, dafür aber bessere Gespräche. Du argumentierst weniger und verkaufst mehr. Manchmal öffnet sich durch die Spezialisierung sogar ein Markt, den Du vorher gar nicht gesehen hast. Dein Laserstrahl wird schärfer und beleuchtet plötzlich Ecken, die im diffusen Streulicht unsichtbar waren.

Das Schaufenster: Warum Fokus nichts wegnimmt

Und falls Du gerade im Kopf Dein Angebot zerlegst und denkst: *Aber ich kann doch so viel mehr!* – hier noch ein beruhigender Gedanke.

Stell Dir Deine Außenwirkung wie das Schaufenster eines Ladens vor. Ins Fenster kommt nicht alles, was Du kannst. Ins Fenster kommt das eine, das Deine Kernzielgruppe magisch anzieht – das, was sie stehen bleiben und denken lässt: *Da muss ich rein!*

Sind die Menschen erst einmal in Deiner Welt, öffnet sich der ganze Laden dahinter. Genau so habe ich als Werbetexter früher hinter meinem sichtbaren Angebot auch Kreativ-Workshops, Team-Trainings und sogar Hypnose-Coachings angeboten. Aber erst dann, wenn die Verbindung schon stand. Wer einmal Vertrauen aufgebaut hat, ist anschließend auch offen, tiefer zu gehen.

Überschüttest Du die Menschen jedoch von der ersten Sekunde an mit allem, was Du draufhast, passiert das Gegenteil: Du überforderst sie, und sie kommen gar nicht erst herein. Ein gutes Schaufenster zeigt nicht alles; es setzt das Richtige in Szene.

Wie der Marktfilter Deine Sprache verändert

Dieser Filter prägt mehr als Deine Positionierung. Er verändert die Art, wie Du schreibst – und damit die Art, wie Deine Zielgruppe Dich erlebt. Je schärfer Dein Fokus, desto konkreter werden Deine Worte – fast wie von selbst. Lass uns das an einem offenen Beispiel beobachten: dieselbe Person, zwei Etiketten.

Einmal nennt sie sich »Ernährungsberaterin«. Was schreibt sie? *Gesunde Ernährung für mehr Wohlbefinden und Lebensqualität.* Korrekt. Seriös. Und vollkommen austauschbar. Diesen Satz könnten zehntausend andere genauso geschrieben haben.

Einmal nennt sie sich »Spezialistin für glutenfreie Backwaren«. Und plötzlich schreibt sie: *Dein Croissant am Sonntagmorgen sollte kein Kompromiss sein.*

Spürst Du, was dieser zweite Satz macht? Er erzeugt sofort ein Bild – und ein Gefühl. Wer glutenfrei lebt, kennt genau diesen Moment: Du sitzt am Frühstückstisch, alle greifen selbstverständlich zu, und Du rechnest innerlich nach – verzichten oder doch zugreifen und es nachher bereuen? Dieser eine Satz sagt Dir, ohne es auszusprechen: *Ich kenne Deine Welt. Bei mir musst Du nicht wählen.*

Gleicher Mensch, anderer Filter, andere Worte. Der engere Fokus hat sie ganz natürlich zur Konkretheit gezwungen – weg vom abstrakten Versprechen, hin zum Bild, in dem sich die Zielgruppe sofort wiedererkennt.

Hier wirkt der *Selbstbezugseffekt*. Was ein Mensch als auf sich selbst bezogen erkennt, verarbeitet er bevorzugt, hält er für relevanter, und er erinnert sich besser daran als an alles andere. Genau das leistet ein enger Markt: Er erlaubt Dir, so spezifisch zu schreiben, dass die richtigen Personen denken: *Das bin ja ich*, und erst unbeteiligte Leserinnen und Leser zu Betroffenen zu machen.

> **Menschen interessieren sich nicht für Dein Thema. Sie interessieren sich für sich – in Deinem Thema.**

Wählst Du den Markt, wählst Du gleichzeitig die Bilder, die Geschichten und die Tiefe, mit der Du Deine Zielgruppe berührst. Der Marktfilter schreibt unsichtbar mit und entscheidet im Stillen, ob Deine Worte durchrauschen oder hängenbleiben.

Von der Nische zur eigenen Kategorie

Manchmal ist der Fokus so eng und so neu, dass etwas Größeres entsteht als eine Nische: eine eigene Kategorie.

Das Buch, das Du gerade liest, ist selbst ein Beispiel dafür. Würdest Du es lesen, wenn es »im weitesten Sinne um Kommunikation« ginge? Wahrscheinlich wäre es Dir nie aufgefallen. Wenn es »allgemein vom Schreiben« oder »allgemein vom Branding« handelte? Auch unwahrscheinlich – zumal Du auf diesen Gebieten vermutlich schon belesen bist. Außerdem müsste es in beiden Fällen mit Hunderten anderer Titel um Deine Aufmerksamkeit kämpfen. Aber Brandwriting? Das ist ein neuer Begriff. Eine neue Kategorie. Ein Wort, dem schon im Kern ein neuartiges Versprechen innewohnt: schreibend eine Marke entwickeln.

Suchst Du Dir eine Nische, konkurrierst Du. Erschaffst Du eine Kategorie, herrschst Du. Du definierst den Markt, statt um einen Platz darin zu kämpfen. Diese eine Verschiebung hat einige der größten Marken überhaupt erst groß gemacht:

1. **Red Bull**: Statt die nächste Cola oder eine neue Limo auf den Markt zu bringen, hat die Marke eine neue Kategorie geprägt: den Energy Drink.
2. **Airbnb**: Hotels? Ferienwohnungen? Nö! Das Unternehmen hat das Potenzial erkannt und machte aus ungenutztem Wohnraum eine neue Art zu reisen.
3. **Netflix**: Die Online-Videothek. Einfach streamen statt ausleihen. Die Marke erfand eine neue Kategorie und schuf gleich eine neue Sehgewohnheit mit.
4. **GoPro**: Statt bessere Kameras zu bauen, hat die Marke die Action-Kameras erfunden.
5. **Peloton**: Das Unternehmen kombinierte Spinning, Hardware, Software und eine Community zu einer neuen Kategorie: der interaktiven Trainingsgemeinschaft für zu Hause.
6. **Cirque du Soleil**: Die Marke verzichtet auf Tiere, Klamauk und klassischen Zirkus. Sie kultivierte eine anspruchsvolle Show für Erwachsene und konnte plötzlich Broadway-Preise verlangen.
7. **Kindle**: Bücher kaufen oder in die Bibliothek gehen? Der Kindle bietet Zugang zu einer ganzen Online-Bibliothek – entspannt von zu Hause aus.

Keine dieser Marken fragte: *Wie werden wir besser als X?* Sie fragten: *Was wäre, wenn wir etwas völlig anderes machen?* Statt um ein Stück des großen Kuchens zu kämpfen, backen sie ihren eigenen – und sind darin von der ersten Sekunde an Marktführer.

Wie aber findest Du Deine eigene Kategorie?

Doch wie kommen wir dorthin? Wie finden wir eine eigene Kategorie? Nach meiner Erfahrung sind solche Geistesblitze weniger eine Frage von wildem Brainstorming als von genauer und geduldiger Marktbeobachtung.

Das Wort *Brandwriting* kam mir das erste Mal 2023 in einem Copywriting-Coaching über die Lippen. Ich sprach darüber, wie fundamental wichtig eigener Stil im Business ist, und nannte den Begriff halb scherzhaft nebenbei. Doch er pflanzte sich wie ein Samenkorn in meinem Hirn ein und begann zu keimen, als die LLMs Einzug in die breite Masse fanden. Einzigartiger Schreibstil mit Persönlichkeit war seit Langem meine Spezialität, aber erst das neue Marktumfeld zeigte mir, welches Potenzial darin geschlummert hatte.

Manchmal liegt das Gold direkt vor unseren Füßen begraben und wir sehen es nicht, weil der gewohnte Blick blinde Flecken hat. Dann braucht es einen Perspektivwechsel – einen branchenfremden Blick von außen, für den Markt und Thema noch nicht selbstverständlich sind.

Mein Denkweg führte dabei vom Ergebnis zur Methode: Was ist ein Ergebnis, das immer mehr Menschen heute dringend brauchen? Im Zeitalter von Einheitsbrei und Zombiewriting war die Antwort eindeutig: ein zutiefst menschlicher, eigener Stil. Die gängigen Lösungen wie Brandvoice und Wording griffen mir zu kurz, weil sie am Ausdruck ansetzten, nicht an der Quelle. Es brauchte etwas anderes – eine Methode mit eigener Philosophie. Und einen Namen, der das Versprechen schon in sich trägt.

Sieben Denkwege zur eigenen Kategorie

Auch hier gilt mein Motto: Fragen lenken Dein Denken dorthin, wo das Gold liegt. Die folgenden sieben Denkwege können Dich zu einer starken Kategorie führen. Du musst nicht alle durchlaufen – manchmal genügt ein einziger für den entscheidenden Funken. Doch je mehr Blickwinkel Du ausprobierst, desto wahrscheinlicher der Durchbruch. Jeder Denkweg beleuchtet Deinen Markt aus einer anderen Richtung. Und jeder endet mit einer Leitfrage, die Du schreibend für Dich erkunden kannst.

1. Die Frustration

Was ist an den bestehenden Lösungen Deines Marktes unbefriedigend? Was ärgert die Zielgruppe? Gegen welchen Feind tritt ein neuer Ansatz an – ein überholtes Denkmuster oder eine alte Logik? Und wie ließe sich das nicht nur verbessern, sondern ganz ersetzen?

Dieser Weg sucht die stille Frustration – das leise Murren, das eine Branche so lange ausgeblendet hat, bis es wie ein Naturgesetz wirkt. Während alle am nächsten kleinen Feature feilen, hältst Du Ausschau nach der fundamentalen Veränderung, die das alte Spiel überflüssig macht.

So könnte Spotify entstanden sein. Das alte Paradigma hieß Besitz: Ich kaufe Musik, um sie zu hören. Die stille Frustration darin: Am Ende besitze ich viel und höre wenig – warum für Songs zahlen, die ich gar nicht haben wollte und auch nie wieder abspiele? Spotify überwand dieses Besitzdenken und schuf zugleich ein neues Ungleichgewicht: Musik genießen, ohne dass die Kunst dahinter fair entlohnt wird. Vielleicht liegt genau hier schon der Keim der nächsten Kategorie – einer, in der Menschen die Kunst, die sie lieben, besonders stark honorieren können.

Leitfrage: *Welche stille Frustration akzeptiert Deine Zielgruppe noch immer, obwohl eine bessere Lösung längst überfällig wäre?*

2. Der Blick in die Zukunft

Welche technische oder gesellschaftliche Entwicklung ist unaufhaltsam? Wohin führt sie in den nächsten fünf Jahren? Was werden Menschen dann brauchen – und welche heutigen Annahmen über ihr Verhalten verlieren ihre Gültigkeit?

Trendbeobachtungen sind ein Teil dieses Denkwegs, doch er geht noch weiter. Es geht darum, überholte Denkmodelle zu entlarven, bevor der Markt es tut. Wer früh spürt, wie sich die stillen Erwartungen und Wünsche der Menschen verschieben, kann Lösungen bauen, die im Rückblick unvermeidlich wirken. Ein Gespür für den Zeitgeist hilft genauso wie ein Blick in Nachbarbranchen, wo sich kommende Entwicklungen oft früher zeigen.

Netflix hat genau das getan. Die wachsende Bandbreite des Internets machte den Versand großer Datenmengen möglich – wo wir früher DVDs hin- und herschickten, entstand eine rein digitale Lösung. Doch die Technik war nicht der alleinige Treiber der Veränderung. Den Ausschlag gab die Erwartung der Menschen. Das alte Paradigma: Filme sind Güter, die man besitzt, ausleiht oder zu festen Zeiten schaut – der Mensch richtet sich nach dem Medium. Netflix drehte das um: Das Medium richtet sich nach dem Leben. Das Unternehmen erkannte diesen Wunsch nach Flexibilität früher als alle anderen.

Leitfrage: *Welche Annahme über Deine Branche wird in fünf Jahren nicht mehr gelten – und was müsstest Du heute anders machen, um darauf vorbereitet zu sein?*

3. Das radikale Gegenteil

Was tut die Branche standardmäßig? Welche Annahmen gelten als unumstößlich? Was wäre das exakte Gegenteil dieser Logik? Und wie sähe ein Ansatz aus, der diese Annahmen bewusst negiert, statt sie weiter zu optimieren?

Hier setzt Du bei den Gewissheiten an und stellst die eine Frage, die kaum jemand stellt: Ist das, was alle tun, überhaupt noch der richtige Ausgangspunkt?

Cirque du Soleil ist das schönste Beispiel. Klassische Zirkusse folgten Jahrzehnte derselben Logik: Tiere als Hauptattraktion, Star-Artisten, Einzelnummern, billige Tickets und natürlich ein Programm für Kinder. Der Wettbewerb lief über spektakulärere Acts und immer höhere Risiken. Cirque du Soleil drehte jeden einzelnen dieser Punkte um. Keine Tiere. Keine Einzelnummern, dafür thematische Shows mit Storyline, Musik und einer einheitlichen Ästhetik. Kein Kinderpublikum, dafür Theatergänger. Keine billigen Tickets, dafür Broadway-Preise.

So entstand etwas Neues zwischen Theater, Tanz und Akrobatik – und plötzlich gab es keine Konkurrenten mehr, weil Cirque du Soleil ein ganz anderes Spiel spielte.

Leitfrage: *Welche scheinbar unumstößliche Regel Deiner Branche würdest Du bewusst umkehren, wenn Du bei null anfangen könntest?*

4. Rückbesinnung auf das Ergebnis

Welches tiefe Ergebnis erwartet Deine Zielgruppe – jenseits des sichtbaren Produkts? Was kaufen Menschen in Wahrheit, ohne dass es jemand klar benennt? Oder was ist längst da, braucht aber einen neuen Namen, damit die Menschen seinen wahren Wert überhaupt erkennen?

Viele Branchen verkaufen das Falsche. Sie reden über Funktionen, Prozesse und Methoden. Doch ihre Zielgruppe sucht etwas ganz anderes: ein Gefühl, eine Zugehörigkeit oder ein Stück Identität. Niemand kauft eine Rolex, um die Zeit abzulesen. Niemand bucht ein Yoga-Retreat, um Dehnübungen zu machen. Niemand kauft Kaviar, weil er Hunger hat. Wer das Ergebnis hinter dem Ergebnis erkennt und beim Namen nennt, schafft Innovation, ohne das Produkt selbst zu verändern. Was sich ändert, ist die Bedeutung, die wir ihm geben.

Headspace zeigt das perfekt. Meditation gab es lange vor der App – etabliert, erforscht und kulturell tief verankert. Aber verkauft wurde sie über Disziplin, Spiritualität und Selbstoptimierung. Dadurch wirkte sie für viele abstrakt und schwer zugänglich. Headspace benannte das eigentliche Ergebnis neu: weniger Stress, mehr Fokus und Ruhe im Alltag – verpackt in kurze, geführte Sessions mit alltäglicher und damit für jedermann zugänglicher Sprache. Headspace hat nichts erfunden. Es hat auf neue Art präsentiert, was schon da war.

Leitfrage: *Welches Ergebnis sucht Deine Zielgruppe in Wahrheit – und was würdest Du anbieten, wenn Du dieses Ergebnis direkt verkaufen würdest statt den Weg dorthin?*

5. Die fehlende Möglichkeit

Welches Problem besteht weiterhin, obwohl es viele Angebote gibt? Welche Möglichkeit fehlt unter all dem bis heute? Was müsste es eigentlich geben, woran bisher niemand konkret gedacht hat?

Dieser Denkweg richtet den Blick auf die Lücke. Innovation entsteht, weil ein Bedürfnis existiert, für das es noch keine passende Antwort gibt. Das Problem ist meist bekannt – aber die bisherigen Lösungen greifen zu kurz.

Airbnb zeigt das exemplarisch. Wer reisen wollte, hatte lange viele Möglichkeiten: Hotels, Pensionen oder Ferienanlagen. Doch ein wichtiges Bedürfnis blieb unerfüllt. Menschen wollten mehr als irgendwo übernachten. Sie wollten erleben, wie Einheimische leben, an einem Ort wirklich ankommen und sich zugehörig fühlen. Die Möglichkeit, temporär Teil eines Ortes zu werden, gab es schlicht nicht. Airbnb hat sie geschaffen: Wohnen statt Übernachten, Zugehörigkeit statt Service und Beziehung statt Anonymität.

Die eigentliche Frage hieß nicht: »Wie optimieren wir das Hotel?«, sondern: »Wonach suchen die Menschen, das der Markt bisher nicht liefern konnte?«

Leitfrage: *Was bräuchten Menschen in Deiner Branche eigentlich – und warum gibt es dafür bis heute kein überzeugendes Angebot?*

6. Die dritte Möglichkeit

Welche zwei Alternativen beherrschen Deinen Markt? Und warum eigentlich nur diese zwei? Wo zwingt die Branche die Menschen seit Jahren zu einer Wahl zwischen zwei unbefriedigenden Optionen – und wie sähe eine dritte aus, die die Vorteile beider vereint, ohne ihre Nachteile mitzuschleppen?

Dieser Denkweg ist überall da fruchtbar, wo Märkte in einem Entweder-oder gefangen sind. Statt eine der beiden Seiten weiter zu optimieren, hinterfragen wir die zugrunde liegende Annahme: dass es überhaupt nur diese zwei Optionen geben könne.

Peloton hat genau das getan. Im Fitnessmarkt galt lange das Entweder-oder: Studio oder Heimtraining. Das Studio bringt Motivation, Gemeinschaft und Anleitung – kostet aber Zeit, Anfahrt und feste Routinen. Das Heimtraining ist flexibel und bequem – fühlt sich aber isoliert an und ist allein schwer durchzuhalten. Peloton fragte: Warum eigentlich entweder-oder? Und schuf eine dritte Möglichkeit: gemeinsames, angeleitetes Training zu Hause. Die Energie des Studios trifft die Freiheit des Heimtrainings – ohne die Nachteile von beidem. So entstand eine neue Kategorie: die interaktive Trainingsgemeinschaft für zu Hause.

Leitfrage: *Zwischen welchen zwei unbefriedigenden Alternativen muss Deine Zielgruppe wählen – und wie sähe eine dritte aus, die diese Wahl überflüssig macht?*

7. Das eigentliche Bedürfnis

Was ist das zugrunde liegende Bedürfnis Deiner Zielgruppe – jenseits von Funktionen, Formaten oder Lösungen? Was suchen Menschen in Wahrheit, wenn sie ein Angebot nutzen? Und wie ließe sich dieses Bedürfnis besser, direkter oder auf eine ganz andere Weise erfüllen?

Dieser Weg ist mit dem vierten verwandt – und geht doch einen Schritt weiter. Die Rückbesinnung auf das Ergebnis fragt: Wie benennen wir das Bestehende neu? Dieser Denkweg fragt: Wie erfüllen wir das tieferliegende Bedürfnis radikal einfacher? Er trennt streng zwischen dem, was Menschen tun, und dem, was sie eigentlich wollen. Viele Unternehmen perfektionieren Werkzeuge, obwohl das Bedürfnis auf einer ganz anderen Ebene liegt.

Canva ist genau diesen Weg gegangen. Wer etwas visuell gestalten wollte, musste sich lange mit komplexen Programmen herumschlagen oder einen Profi engagieren – Fachwissen, Zeit oder Budget waren Pflicht. Doch das eigentliche Bedürfnis vieler Menschen war ein anderes: Sie wollten ihre Ideen professionell sichtbar machen, ohne Designer sein zu müssen. Canva hat dieses Bedürfnis mit radikaler Einfachheit erfüllt. Vorlagen, Drag-and-drop und klare visuelle Logiken erlauben einen professionellen Auftritt ohne kreative oder technische Vorkenntnisse.

Leitfrage: *Welches menschliche Bedürfnis versuchst Du zu erfüllen – und wie würdest Du es angehen, wenn Du bestehende Funktionen, Formate und Branchenlogiken komplett ausblendest?*

Abbildung 2.2: Die sieben Denkwege zur eigenen Kategorie

Den Marktfilter schreibend erkunden

Bei diesem ersten Filter geht es also um einen einzigen, großen Kern: Wie blickst Du auf Deinen Markt? Wie scharf ist Dein Laserstrahl? Wie nah zoomst Du heran? Worauf richtest Du Deine Aufmerksamkeit – und was lässt Du bewusst draußen?

Diese Schärfe zahlt sich dreifach aus: für Dich, für Deine Zielgruppe und für Deine Ideenfindung. Deine Worte dringen schneller durch das Rauschen des Marktes, wenn Du Dein Angebot spitz auf den Punkt bringst. Und sie gleiten leichter durch das Filtersystem Deiner Zielgruppe, weil die Beschreibung in den Menschen einen Aha-Moment auslöst: *Yes. Genau das habe ich gesucht. Du bringst es besser auf den Punkt, als ich es sagen könnte. Erzähl mir mehr.*

Die sieben Denkwege sind dabei mehr als ein Positionierungswerkzeug. Sie sind Steilvorlagen – für Deine Produktentwicklung, für die Namensfindung und für ein tieferes Verständnis der Menschen, für die Du schreibst.

Und vielleicht spürst Du es jetzt schon: dass einer dieser Denkwege etwas in Dir angestoßen hat. Eine kleine Unruhe. Eine Idee. Ein leises *Was wäre, wenn …* Dann warte nicht. Nimm Dir die Leitfrage und erkunde sie schreibend. Lass die Gedanken kommen, wie sie kommen, ohne sie gleich zu bewerten. Denn die größten Aha-Momente tummeln sich oft genau da, wo Du im ersten Moment eine Nebensächlichkeit vermutest.

Eine bahnbrechende Idee erkennst Du übrigens an einem ganz bestimmten Gefühl: Du fasst Dir an die Stirn und denkst: *Das war doch so offensichtlich – da hätte ich auch gleich drauf kommen können!* Genau dieses Gefühl ist die trügerische Seite unserer Filter. Sie zeigen uns immer nur das, was zu dem passt, was wir ohnehin schon kennen und erwarten – so wie damals beim Inhaber der Ledermanufaktur. Das Naheliegende lag die ganze Zeit vor ihm. Er sah es nur nicht, weil sein Blick es längst zur Selbstverständlichkeit abgeschliffen hatte.

Bei diesem Filter – wie bei allen, die noch folgen – gilt deshalb derselbe Satz: Das Gold liegt selten in der ersten Antwort, die Dir durch den Kopf schießt. Es liegt in dem, was sich beim Schreiben langsam zeigt und danach nicht mehr aufhört, in Dir nachzuhallen.

2.2.2 Das Ziel

Im vorherigen Abschnitt haben wir den Blick auf den Markt geschärft – auf den Raum, in dem Deine Marke sich bewegt. Der nächste Filter richtet den Blick nach vorne: auf das Ziel, das Deine Marke verfolgt. Wenn Du willst, dass Menschen Dir folgen, dann beginne damit, ihnen zu sagen, wohin Du gehst. Ein Ziel ist die kürzeste Einladung der Welt.

Die beiden Wirkrichtungen dieses Filters

Nach innen wirkt dieser Filter wie ein Booster für Produktivität und Kreativität. Setzt Du Dir das Ziel, ein neues Branding zu entwickeln, springen Dich plötzlich von allen Seiten Inspirationen an. Hier ein schönes Logo-Beispiel, da ein passender Farbton und hier noch eine Typografie, die das gewisse Etwas hat. Haben wir unserem Unbewussten nur klar genug gemacht, wo wir hinwollen, legt es im Hintergrund mit der Arbeit los und spielt uns lauter Pässe zu. Die Ergebnisse erleben wir in Form von plötzlichen Erkenntnissen, Aha-Momenten und Geistesblitzen. Über diesen faszinierenden Weg filtern wir aus den 11 Millionen Eindrücken pro Sekunde genau die Impulse heraus, die uns unseren Zielen näherbringen. Daher sage ich in meinem Seminar auch gerne:

> **Wenn Du es Dir leicht machen willst, setze Dir große Ziele.**

Ein klares Ziel kalibriert Deinen Filter. Du entdeckst passende Geschichten im Alltag, Dir fallen treffende Beispiele ein und Du kommst auf schärfere Formulierungen. Du siehst plötzlich Zusammenhänge, die Dir vorher verborgen waren – weil Dein Unbewusstes jetzt weiß, wonach es suchen soll.

Die Bäckerin, die »gutes Brot backen« will, schreibt andere Texte als die Bäckerin, die »Menschen daran erinnern will, wie echtes Brot schmeckt und Handwerk riecht«. Beide backen dasselbe Brot. Aber die zweite hat ein Ziel, das über das Produkt hinausreicht – und genau das verändert ihre Sprache, ihre Geschichten, ja ihren gesamten Content. Sie schreibt plötzlich über den Moment, wenn der Duft von frischem Sauerteig durchs Treppenhaus zieht. Über die Hände ihres Großvaters, die jeden Morgen um vier Uhr den Teig kneteten. Über die stille Freude, wenn jemand zum ersten Mal in ein besonderes Brot beißt und für einen Augenblick innehält. Das Ziel schärft ihre Wahrnehmung und bereichert damit ihren Ausdruck.

Nach außen wirkt ein klares Ziel wie ein Magnet auf die Filter Deiner Zielgruppe. Menschen, die ein ähnliches Ziel verfolgen oder sich davon berühren lassen, erkennen Deine Marke sofort als relevant. Du stichst heraus, gewinnst ihre Aufmerksamkeit und schaffst die Voraussetzungen für Resonanz – weil Dein Ziel durch ihre Filter dringt.

Die Bäckerin aus dem vorherigen Beispiel erreicht mit ihrem Ziel nicht mehr »alle, die Brot mögen«, sondern gewinnt genau die Menschen, die beim Einkaufen die Zutatenliste lesen. Die am Wochenende bewusst zum Markt gehen statt zum Discounter. Die ihren Kindern zeigen wollen, wie Lebensmittel entstehen. Ihr Ziel filtert die Zielgruppe – und die Zielgruppe erkennt sich im Ziel wieder.

Was ein klar formuliertes Ziel bewirkt

Ein Ziel ist keine Tätowierung. Es darf sich entwickeln. Viele der stärksten Marken haben ihre Ziele im Laufe der Jahre geschärft, erweitert oder neu ausgerichtet. Entscheidend ist, dass Du *jetzt* eine Richtung wählst – aus der heraus Du kommunizierst, Entscheidungen triffst und Deine Marke lebendig werden lässt. Auch ein Ziel, das sich in zwei Jahren verändert, ist so viel kraftvoller als gar keins.

Leiten können Dich dabei die Fragen: Was ist das, was Deine Marke in der Tiefe anstrebt? Welches Bedürfnis führt die Menschen zu Dir? Und woran erkennt sie, dass dieses Bedürfnis voll erfüllt ist? Ich sammle bei diesem Gedankengang erst einmal alles, was mir einfällt. Aus der Masse entsteht schließlich im Ausschlussprinzip die Klasse. Wenn zu viele Punkte Dir richtig und wichtig erscheinen – was von all dem ist für die Zielgruppe entscheidend?

Ein Architekturbüro, das sich auf Licht und Raumgefühl spezialisiert, kann das Ziel formulieren: »Wir schaffen Räume, die Dir Energie geben, statt sie Dir zu rauben.« Ein Unternehmen für Erlebnisreisen wirbt: »Wir verbinden Menschen mit der Welt und sich selbst – durch echte Begegnungen statt touristischer Kulissen.« Ein Schreiner schafft individuelle Unikate mit dem Ziel: »Statt Wegwerfware aus Pressholz entwickeln wir Möbel, die Generationen verbinden und Geschichten erzählen.« Ein Malerbetrieb will für Dich ein Zuhause mit Seele erschaffen. Der Sanitärbetrieb verfolgt die Vision, das heimische Bad zur Entspannungsoase und zum Gegenpol der lauten und aufgeregten Welt zu machen.

Diese Ziele können je nach Marke mal bodenständig, mal visionär wirken. Wichtig ist, dass sie ausdrücken, wonach die Marke strebt. Und wenn eine Marke ein ähnliches Ziel wie wir verfolgt, entsteht die Resonanz von ganz allein.

Spürst Du den Unterschied? Keines dieser Unternehmen beschreibt, *was* es tut. Alle beschreiben, *wofür* sie es tun. Der Schreiner verkauft keine Möbel – er verkauft Beständigkeit in einer Wegwerfwelt. Der Sanitärbetrieb installiert keine Badezimmer – er schafft Rückzugsorte. Genau in diesem Wofür liegt die Anziehungskraft. Es spricht die Menschen an, die dasselbe fühlen – und lässt alle anderen freundlich weiterziehen.

Vision und Mission: Zwei Seiten derselben Medaille

Wenn wir im Branding von Zielsetzung sprechen, kommen wir an zwei Begriffen nicht vorbei: Vision und Mission. Beide machen für unsere Zielgruppe greifbar, wohin wir wollen – doch mit unterschiedlichen Schwerpunkten.

Die *Vision* ist der Nordstern am Horizont. Das große, visionäre Zukunftsbild. Wie sieht die Welt aus, wenn Deine Marke ihr Ziel erreicht hat? Wofür trittst Du an? Das ist der emotionale Anker, der inspiriert und Richtung gibt – gerne auch idealistisch bis hin zu utopisch. Erst das macht die Vision wirklich magnetisch.

Die Marke Patagonia tritt zum Beispiel an, um unseren Heimatplaneten zu retten. Der Outdoor-Ausrüster behandelt die Natur nie als Kulisse für den Konsum. Er stellt sein gesamtes Geschäftsmodell radikal in den Dienst des Umweltschutzes – bis hin zur Übertragung aller Firmenanteile an eine Klimaschutzstiftung.

IKEA wählt eine andere Größenordnung. Hier richtet sich die Vision nicht auf globale Krisenherde, sondern sie blickt pragmatisch nach innen, ins direkte Umfeld. Mit dem Credo »Für viele Menschen einen besseren Alltag schaffen« hat der Konzern das Thema gutes Design demokratisiert. Gutes Design für alle, nicht für eine elitäre Minderheit. Das zeigt: Eine Vision muss nicht immer politisch sein, um Relevanz zu entwickeln. Sie kann ihre Kraft auch im Kleinen entfalten, im täglichen Zusammenleben.

Und dann gibt es Visionen, die buchstäblich nach den Sternen greifen. SpaceX verfolgt das Ziel, die Menschheit zu einer interplanetaren Spezies zu machen. Man muss kein Fan von Elon Musks Persönlichkeit sein, um zu spüren, welche Sogwirkung ein solches Zukunftsbild entfaltet. Sobald Du es gehört hast, arbeitet es in Dir weiter.

Warum Visionen sich nicht negieren lassen

Das führt mich zu einer Eigenschaft von Visionen, die sie grundlegend von anderen Formen der Kommunikation unterscheidet. Es ist eine Eigenschaft, die in der werblichen Praxis erstaunlich wenig Beachtung findet – und die gerade deshalb so kraftvoll ist.

In der werblichen Kommunikation arbeiten wir in erster Linie mit Vorteilen und Verkaufsargumenten, um die Zielgruppe zu überzeugen. Das ist die Sprache des Copywritings: sachlich, logisch und auf den Nutzen fokussiert. Und genau darin liegt auch ihre Begrenzung. Denn Argumente laden zum Widerspruch ein. Wenn ich sage: *Unsere Software steigert Deine Produktivität um 30 Prozent*, kann mein Gegenüber sofort kontern. *Woher kommt die Zahl? Gilt das auch für mein Set-up? Das klingt übertrieben!* Einwände entstehen und kritische Rückfragen kommen auf, weil wir auf einer intellektuellen Ebene kommunizieren, die den analytischen Verstand aktiviert.

Eine Vision funktioniert anders. Sie argumentiert nicht. Sie diskutiert nicht. Sie will auch gar nicht überzeugen. Sie malt einfach ein Bild. Und Bilder lassen sich nicht negieren.

Wenn Patagonia sagt: *Wir sind im Geschäft, um unseren Heimatplaneten zu retten* – was willst Du dagegen einwenden? Du kannst es für unrealistisch halten. Du kannst es für naiv halten. Du kannst sogar die Augen verdrehen. Doch widerlegen kannst Du es nicht.

Die Vision steht im Raum. Sie umgeht den kritischen Verstand, weil sie ihn gar nicht erst zu überzeugen versucht. Sie liefert kein Argument, das man zerpflücken könnte. Sie malt ein Bild, das man entweder teilt oder nicht. Und genau das ist ihre stille Macht: Bei den Menschen, die das Bild teilen, pflanzt sie ein Samenkorn in den Geist, das mit der Zeit aufgeht und sie für die Sache der Marke öffnet. Eine Vision lässt sich ablehnen, aber ersticken lässt sie sich nicht.

Vor über 20 Jahren hat sich die Marke Dove eine Vision gegeben, die weit über Körperpflege hinausreicht: Eine Welt, in der Schönheit für Frauen und Mädchen eine Quelle von Selbstvertrauen ist und keine Quelle von Angst. Stell Dir vor, Du hörst diesen Satz zum ersten Mal. Vielleicht denkst Du: Das ist doch nur Marketing. Oder Du denkst: Schöne Worte, aber was hat das mit Seife zu tun? Und trotzdem ist die Wahrscheinlichkeit groß, dass der Satz in Dir weiterarbeitet, weil er etwas anspricht, das Du selbst kennst oder bei Menschen in Deinem Umfeld beobachtest: dieses Unbehagen, wenn Schönheit zum Maßstab wird, an dem Menschen sich messen. Du musst der Vision nicht zustimmen, damit sie wirkt. Es reicht, dass sie Dich berührt.

Die Mission: Dein Auftrag im Hier und Jetzt

Die *Mission* ist das Gegenstück zur Vision – konkreter, gegenwärtiger und greifbarer. Sie beschreibt, was Du jetzt tust, um die Vision Schritt für Schritt in Realität zu verwandeln. Welches Problem löst Du? Wie gehst Du dabei vor? Wie stiftest Du Wert?

Im Fall von SpaceX: Schritt für Schritt die Infrastruktur schaffen, die nötig ist, um Menschen sicher und bezahlbar auf andere Planeten zu bringen. Patagonias Mission: die besten und langlebigsten Produkte entwickeln, ohne der Umwelt unnötig zu schaden. IKEAs Mission: gut gestaltete, funktionale Einrichtung zu Preisen anbieten, die sich möglichst viele Menschen leisten können. Und Dove setzt seine Vision um, indem die Marke konsequent mit echten Menschen statt mit retuschierten Models arbeitet und Kampagnen entwickelt, die Schönheitsnormen hinterfragen.

Die Vision wirkt auf emotionaler Ebene und macht Dich anziehend. Die Mission spricht den Verstand an und macht Dich glaubwürdig. Beide Elemente wirken zusammen: Eine Marke ohne Vision wirkt leer und vergänglich; eine Marke ohne Mission unklar und verblendet. Erst in der Kombination entstehen Identifikation und Motivation – nach innen und nach außen.

Vereinfacht könntest Du auch sagen: *Die Vision ist der Traum, die Mission ist das Handwerk.* Die Vision erklärt, was am Ende möglich sein soll. Die Mission erklärt, was wir heute tun, um langfristig dorthin zu kommen. Oder noch eine letzte Variante: Die Mission beantwortet: *Was steht auf Deiner Rechnung?* Die Vision beantwortet: *Was steht auf Deinem Grabstein?*

Den Zielfilter schreibend erkunden

Wenn Du jetzt spürst, dass Dein Ziel noch diffus ist oder dass Du zwar weißt, *was* Du tust, aber noch nicht klar benennen kannst, *wofür* – dann freu Dich! Es gibt noch etwas Großartiges zu entdecken. Nimm Dir die Fragen aus diesem Kapitel und beantworte sie schreibend. Beginne mit der, die Dich am stärksten anspricht:

Was ist das, was Deine Zielgruppe wirklich in der Tiefe will? Welches Bedürfnis führt sie zu Dir? Wie sieht die Welt aus, wenn Deine Marke ihr Ziel erreicht hat? Und was tust Du heute konkret, um diesem Bild einen Schritt näherzukommen?

Sammle erst einmal alles, was Dir einfällt, lass es liegen, und mit etwas Abstand erkennst Du die Klasse in der Masse.

2.2.3 Die Zielgruppe

Schreiben für Journalisten. Schreiben für Fantasy-Autoren. Schreiben für Juristen. Schreiben für Werbetexter. Schreiben für Markenverantwortliche. Auch wenn es bei allen fünf Zielgruppen ums Schreiben geht, kannst Du Dir dennoch vorstellen, dass sich die Erwartungen der Menschen und auch die Inhalte, die der jeweilige Kurs liefern würde, wesentlich voneinander unterscheiden. Jede Zielgruppe hat eigene Erwartungen und Ansprüche, an die wir anknüpfen sollten, wenn unsere Botschaft durch ihre Filter dringen soll. Fühlen sich die Menschen nicht angesprochen, verpufft unsere Botschaft.

Die beiden Wirkrichtungen dieses Filters

Nach innen verändert die Zielgruppe den Blick auf Deine Arbeit. Stell Dir eine Coachin vor, die ihre Zielgruppe als »Unternehmer« definiert. Ihr fallen tausend Themen ein, über die sie schreiben könnte, aber keins entwickelt beim Schreiben wirklich Tiefe, weil sie für alle relevant sein will. Jetzt richtet sie sich auf eine spitzere Zielgruppe aus: selbstständige Frauen in den ersten drei Jahren ihrer Selbstständigkeit, die fachlich brillant sind, aber beim Verkaufen innerlich zusammenzucken. Plötzlich verändert sich alles. Ihr fallen andere Einstiege ein. Andere Geschichten. Sie erinnert sich an ihr eigenes erstes Verkaufsgespräch und das flaue Gefühl im Magen. Sie denkt an die Kundin, die sagte: *Ich will nicht aufdringlich wirken.* Sie schreibt anders – konkreter, wärmer, näher –, weil sie jetzt ein Gesicht vor Augen hat, mit dem sie in Resonanz geht.

Die Zielgruppe formt mit, welche Beispiele Dir einfallen, welche Tonlage Du anschlägst und welche Geschichten Du erzählst. Sie bereichert Deine Ideenfindung, weil Du Dich tiefer in die Lebensrealität dieser Menschen hineindenken kannst. Sie schärft Deine Produktentwicklung, weil Du Deine Angebote auf die Realität konkreter Menschen ausrichtest. Sie schärft Dein Marketing, weil Du Kanäle und Multiplikatoren erkennst, die Du vorher nicht gesehen hast.

Nach außen wirkt eine scharfe Zielgruppenbeschreibung wie ein Schlüssel, der in ein bestimmtes Schloss passt. Menschen, die unter Deine Beschreibung fallen, halten beim Scrollen inne: *Oh, hier geht es um mich! Was sagen die denn da? Haben die Tipps für meine Welt und meine Themen?*

Ein alter Marketingtrick besteht darin, die Zielgruppe wörtlich auszurufen. Ob Uhrmacher, Unternehmerinnen oder Radiologen – wer unter die Bezeichnung fällt, fühlt sich unmittelbar betroffen. Der eigene Name und die eigene Berufsbezeichnung gehören zu den stärksten Aufmerksamkeitsfiltern, die wir besitzen. Die Psychologie spricht vom Cocktailparty-Effekt: Selbst im lauten Party-Getümmel aus Musik und hundert Stimmen dringt Dein Name zuverlässig zu Dir durch.

Doch die wahre Kraft dieses Filters liegt tiefer als bei Berufsbezeichnungen und Altersangaben.

Von der Demografie zur Psychografie

Es gibt zwei Ebenen, auf denen Du Deine Zielgruppe beschreiben kannst.

Die **demografische** Ebene liefert die Fakten auf dem Papier: Alter, Geschlecht, Beruf, Branche, Region, Einkommen. Diese Daten helfen bei der Mediaplanung und der Auswahl der Kanäle.

Die **psychografische** Ebene liefert die Filter im Kopf: Haltungen, Überzeugungen, Werte, Ängste, Sehnsüchte, Lebensgefühl etc.

»Frauen zwischen 30 und 45« ist eine demografische Beschreibung. »Menschen, die spüren, dass ihr Beruf nicht mehr zu dem passt, wer sie geworden sind« ist eine psychografische. Die erste sagt dem Algorithmus, wen er ansprechen soll. Die zweite sagt dem Menschen, dass Du ihn verstehst.

Die stärksten Zielgruppendefinitionen bewegen sich auf der psychografischen Ebene. Sie beschreiben ein inneres Erleben und aktivieren bei den richtigen Menschen genau den Filter, der sagt: *Das hier ist für mich.*

Die Identitätsebene: Wo echte Verbindung entsteht

Es gibt eine Schwelle in der Ansprache, die alles verändert. Sie wirkt klein – nur ein paar Worte – und ist doch einer der größten Hebel in der Kommunikation. Vergleiche diese zwei Sätze:

*Du gehst laufen. Du bist Läufer*in.*

Der erste Satz beschreibt ein Verhalten. Etwas, das jemand tut – heute, morgen und vielleicht auch übermorgen. Der zweite Satz beschreibt eine Identität. Etwas, das jemand *ist.* Was nach einer sprachlichen Nuance klingen mag, hat psychologisch eine fundamental andere Wirkung. Denn Verhalten ist situativ und kann sich jederzeit ändern. Identität ist stabil. Sie formt unser Selbstbild und wird zur Quelle unserer Entscheidungen. Wenn ich mich als Läufer sehe, stehe ich auch bei Regen auf, weil Läufer das eben tun. Identifiziere ich mich mit diesem Selbstbild, entwickle ich wesentlich leichter auch das dazugehörige Verhalten, weil es sich für mich stimmig und richtig anfühlt. Eine Ansprache auf Ebene der Identität hat damit eine verallgemeinernde Kraft:

Verhalten	Identität
Du lügst	*Du bist ein*e Lügner*in*
Du gewinnst	*Du bist ein*e Gewinner*in*
Du malst	*Du bist Künstler*in*

Dieser Unterschied hat enorme Konsequenzen. Die Wahl unserer Worte kann Menschen lähmen und limitieren oder stärken und motivieren. Wenn ich zu jemandem sage: »Das war eine schwache Präsentation, und Du hast das schon viel besser hinbekommen«, kritisiere ich ein situatives Verhalten. Das lässt Raum für Verbesserung und Entwicklung. Wenn ich jedoch sage: »Das war schwach! Du bist kein guter Redner!«, greife ich die Identität an. Ein derartiges Feedback kann das Selbstbild prägen und die weitere Entwicklung eines Menschen nachhaltig gefährden. Das erste Feedback öffnet Türen, das zweite schließt sie.

In meiner alltäglichen Praxis bringe ich Kritik daher nur auf der Verhaltensebene ein und erlaube mir, alles, was stärkt, auf die Identitätsebene zu heben. Mit diesem kleinen Twist wirken meine Worte wertschätzend und aufbauend und sorgen dafür, dass mich Menschen mit einem positiven Grundgefühl in Erinnerung behalten, weil sie sich in meiner Gegenwart gestärkt fühlen.

Was das für Dein Branding bedeutet

Im Branding ist dieselbe Mechanik einer der kraftvollsten Hebel überhaupt. Harley-Davidson verkauft keine Motorräder, sondern die Zugehörigkeit zu einem Stamm – Freigeister, Rebellen und Menschen, die sich weigern, sich in ein Schema pressen zu lassen. Wer eine Harley fährt, tut das als Ausdruck seiner Identität. Deshalb lassen sich Menschen das Logo tätowieren. Niemand tätowiert sich das Logo seiner Waschmaschine.

Der Slogan von Nike macht etwas Ähnliches, nur subtiler. »Just Do it« beschreibt eine Haltung und spricht Menschen an, die handeln, statt zu hadern. Die morgens die Laufschuhe anziehen, obwohl es regnet. Die anfangen, bevor sie bereit sind. Wer sich vom Claim angesprochen fühlt, kauft mit den Schuhen gleichzeitig eine Bestätigung seines Selbstbildes.

Ähnlich verkauft Volvo seit Jahrzehnten Sicherheit, ohne den Begriff immer explizit zu nennen. Stattdessen kommuniziert Volvo auf der Identitätsebene: *Du bist jemand, dem die Sicherheit seiner Familie über alles geht.* Wer einen Volvo fährt, trifft damit eine Aussage über seine Prioritäten, über seine Werte und nicht zuletzt über die Art Mensch, die er sein will. Im nächsten Abschnitt machen wir das praktikabel.

Ego-Labeling: Der Identitätsebene einen Namen geben

Ego-Labeling bedeutet, dass Du dem Selbstbild Deiner Zielgruppe ein Etikett verpasst – eines, das ihrem inneren Wunschbild entspricht. Das hier ist nur für *treue Leserinnen und Leser, anspruchsvolle Kenner oder ambitionierte Tennis-Fans.* Selbst wenn wir die Technik durchschauen, springt unser Ego auf die Schmeichelei an. Wir wollen unbewusst dem zugeschriebenen Bild entsprechen, wenn es zu uns passt. In der Praxis könnte das so klingen:

1. **Craft-Beer-Marke**: Für Feinschmecker, die keine Lust auf Industrieplörre haben.
2. **Indie-Modelabel**: Für alle, die Trends setzen wollen, statt sie zu tragen.
3. **Sachbuchverlag**: Für Menschen, die zwischen den Zeilen denken.
4. **Restaurant**: Für Genießer, die den Unterschied schmecken, bevor wir ihn erklären.
5. **Fitness-Brand**: Für Körperbewusste, die für sich selbst trainieren statt für ihren Social-Media-Feed.

Jedes dieser Statements operiert auf der Identitätsebene und beschreibt ein Selbstbild, dem die Zielgruppe entsprechen will. Damit der Effekt wirkt und nicht in plumpe Schmeichelei kippt, gilt eine einfache Regel: Das Label muss sich wie eine Auszeichnung anfühlen, die sich die Zielgruppe selbst geben würde. Wir wollen also nicht wild übertreiben, sondern genau das treffen, was die Menschen gerne im Stillen über sich sagen wollen würden. Dann entsteht ein Tribe – eine Gemeinschaft von Menschen, die eine Haltung teilen und sich auf besondere Weise mit Deiner Marke verbunden fühlen. Die Marke muss nur den Mut aufbringen, ihre Haltung offen anzusprechen. Mit einem Wort wie *Industrieplörre* kann eine Marke in einem Satz mehr über ihre eigene Haltung sagen als in zehn Seiten Unternehmensprofil.

Den Zielgruppenfilter schreibend erkunden

Nimm Dir einen Moment und beantworte schreibend die folgenden Fragen. Beginne mit der, die Dir am nächsten ist:

- Für wen tust Du das alles?
- Wer sind die Menschen, denen Deine Arbeit am meisten bedeutet?
- Wie sehen sie sich selbst – und wie *wollen* sie sich sehen? Zu wem blicken sie auf?
- Welche Haltung teilen sie, die über Alter, Beruf und Branche hinausgeht?
- Und wenn Du ihnen ein Label geben würdest, das sich wie eine Auszeichnung anfühlt – welches wäre es?

Auf der Identitätsebene berührst Du etwas, das tiefer liegt als jeder Kaufwunsch. Du knüpfst an das sehr persönliche Bild an, das Menschen von sich selbst haben – an all das, was sie an guten Tagen über sich glauben und an schweren Tagen vergessen.

Wenn Deine Marke dieses Bild bestätigt, entsteht eine Geborgenheit und fast schon eine Art Heimatgefühl. Und Menschen kehren gerne dorthin zurück, wo sie sich zu Hause fühlen.

2.2.4 Die Überzeugungen

Was glaubst Du über Deine Branche und die Themen, die sie täglich beschäftigen? Wie siehst Du den Markt? Welche Überzeugungen prägen das tägliche Denken, Fühlen und Handeln Deiner Marke? Von allen Filtern, die wir bisher erkundet haben, ist dieser der kraftvollste. Doch unsere Überzeugungen sind für uns meist so selbstverständlich wie für den Fisch das Wasser, in dem er schwimmt. Daher braucht es manchmal ein bisschen Detektivarbeit, um sie herauszuarbeiten.

Regieanweisungen für das Leben

In meinen NLP-Seminaren verwende ich gerne ein Bild, das ursprünglich vom Trainer und Speaker Tony Robbins stammt und den Kern dieses Filters sofort greifbar macht: *Überzeugungen sind Regieanweisungen für Dein Leben.* Sie sagen Deinem Unbewussten, was wahr ist, was möglich ist und was Du verdient hast. Und Dein Unbewusstes – so präzise und hingebungsvoll wie ein brillanter Schauspieler – setzt diese Anweisungen in die Tat um.

Glaubst Du, Du seist schlecht im Smalltalk? Dann gehst Du verkrampft in jedes Gespräch. Du wirkst verschlossen, Dein Gegenüber spürt es und reagiert kühl – und schon hältst Du den Beweis in den Händen: *Siehst Du, ich kann das einfach nicht!* Die Überzeugung festigt sich, weil sie sich scheinbar bestätigt. Dasselbe Spiel läuft vor dem Bewerbungsgespräch, dem ersten Date oder dem großen Auftritt: Wenn Du überzeugt bist, dass Du scheitern wirst, verkrampfst Du – und lieferst Dir selbst den Beweis.

Jetzt dreh den Spieß um. Glaubst Du, dass Dir Smalltalk liegt und dass Gespräche sich von ganz allein ergeben? Dann gehst Du offen und entspannt auf andere zu. Du lächelst, hörst neugierig hin, Dein Gegenüber öffnet sich und am Ende stehst Du da mit einem schönen Gespräch und denkst: *Läuft doch! Das liegt mir richtig gut!* Derselbe Mensch, dieselbe Party, eine einzige andere Überzeugung – und plötzlich eine völlig andere Realität.

Glaub also nicht immer gleich alles, was Du denkst. Glaube lieber, was Dir hilft. Bist Du überzeugt, dass die Welt voller Chancen ist? Dann wirst Du überall Gelegenheiten sehen, sie ergreifen und am Ende folgern: *Wow, die Welt ist ja wirklich ein ganz schön faszinierender Ort!*

Dieser mächtige Filter lenkt unsere Wahrnehmung so, dass wir in der Welt Beweise für das finden, was wir ohnehin schon glauben. So entstehen selbsterfüllende Prophezeiungen: Unsere Überzeugungen formen unsere Wahrnehmung, unsere Wahrnehmung formt unser Verhalten, und unser Verhalten produziert Ergebnisse, die unsere ursprüngliche Überzeugung bestätigen. Ein geschlossener Kreislauf, der uns stärken oder limitieren kann.

Die Wissenschaft hinter der Kraft

Wie weit dieser Mechanismus reicht, zeigt eine faszinierende Harvard-Studie. 84 Zimmermädchen aus verschiedenen Hotels nahmen daran teil. Alle leisteten täglich schwere körperliche Arbeit – Betten beziehen, Böden schrubben und Möbel verschieben. Doch die meisten waren überzeugt, sich im Alltag kaum zu bewegen. Die Hälfte der Frauen wurde nun informiert, dass ihre tägliche Arbeit den offiziellen Empfehlungen für ein gesundes Maß an Bewegung voll entspricht – inklusive Zahlen zum Kalorienverbrauch. Die andere Hälfte erhielt diese Information nicht.

Vier Wochen später hatten die informierten Zimmermädchen messbar an Gewicht verloren, sie hatten einen niedrigeren Blutdruck und verbesserte Körperwerte. Die tägliche Belastung und ihre Arbeitsweise waren weiterhin dieselben. Was sich verändert hatte, war allein ihre Überzeugung darüber, was ihre Arbeit für ihren Körper bedeutete. Eine veränderte Überzeugung – bei exakt gleichem Verhalten – hat messbare körperliche Veränderungen bewirkt.

Die beiden Wirkrichtungen dieses Filters

Nach innen sind Überzeugungen sowohl Regieanweisungen für Dein Leben als auch für Deine Marke. Sie bestimmen, was Du in Deinem Markt überhaupt wahrnimmst, welche Chancen Du siehst, welche Geschichten Du erzählst – und welche Du übergehst, weil sie in Deinem Weltbild keine Rolle spielen. Wer überzeugt ist, dass echtes Branding von innen kommt, schreibt anders als jemand, der es lediglich als Design-Projekt betrachtet.

Überzeugungen können uns ermächtigen oder limitieren. Wer überzeugt ist, er könne nicht schreiben, wird bei jedem Versuch innerlich zusammenzucken. Er zensiert sich, bevor der erste Satz auf dem Papier steht. Sein Unbewusstes sucht brav nach Beweisen – und findet sie: den holprigen Absatz, den unpassenden Vergleich oder die Formulierung, die nicht »gut genug« klingt. Die Überzeugung bestätigt sich selbst, und der Mensch hört auf zu schreiben, bevor er entdecken konnte, was in ihm steckt.

In dieser Situation hilft es, wenn wir verändern, wie wir mit uns selbst sprechen, und eine neue Überzeugung kultivieren: *Ich muss kein perfekter Autor sein, ich muss nur ehrlich schreiben.* Plötzlich fließen die Worte leichter. Plötzlich traust Du Dich, Dinge zu sagen, die Du vorher für Dich behalten hast. Und plötzlich stehen da Texte, die andere Menschen als brillant empfinden, weil sie echt sind und eine starke Botschaft transportieren.

Deshalb gilt in meinen Seminaren ein einfaches Prinzip: Bevor Du eine neue Fähigkeit trainierst, räume zuerst die limitierenden Überzeugungen aus dem Weg. Ansonsten kannst Du noch so intensiv an neuen Fähigkeiten arbeiten – wenn Dein Unbewusstes mit limitierenden Regieanweisungen dazwischenfunkt, wirkt das Lernen, als würden wir Saatgut auf Beton ausstreuen. Erst wenn der Boden bereitet ist – wenn Du glaubst, dass es möglich ist –, können neue Gedanken und Techniken leichter Wurzeln schlagen.

Nach außen können Deine Überzeugungen bei den Menschen einen Schalter umlegen. Erinnerst Du Dich an den Brand-Placebo-Gedanken aus Kapitel 1? Eine Marke kann wie ein Placebo wirken, weil die Bedeutung, die Menschen mit einer Marke verbinden, ihre gesamte Erfahrung beeinflusst. Die Überzeugungen sind der treibende Mechanismus hinter diesem Prinzip. Wenn Deine Zielgruppe überzeugt ist, dass Dein Angebot auf eine bestimmte Weise wirkt, verändert das buchstäblich, wie sie das Angebot erlebt.

Die Bäckerei, die nicht einfach nur Brot verkauft, sondern »kleine Momente der Achtsamkeit«, lässt sich von der Überzeugung leiten, dass ein bewusster Genussmoment den ganzen Tag bereichern kann. Geht die Zielgruppe damit in Resonanz, schmeckt das Brot plötzlich tatsächlich besser und der Moment veredelt den Tag, weil die Überzeugung die Wahrnehmung lenkt.

Das ist die Magie dieses Filters. Überzeugungen prägen drei Ebenen gleichzeitig:

- Dein **Selbstbild** (wie Du Dich selbst siehst und was Du Dir zutraust)
- Dein **Weltbild** (wie die Welt funktioniert, was richtig und was falsch ist)
- Dein **Möglichkeitsbild** (was erreichbar ist und was nicht)

Eine Marke, die aus starken Überzeugungen heraus kommuniziert, berührt ihre Zielgruppe auf allen drei Ebenen. Menschen, die ähnliche Überzeugungen tragen oder offen dafür sind, fühlen sich ermächtigt und gestärkt. Und Menschen, die fundamental anders denken, werden ebenso klar spüren: *Das hier ist nichts für mich.* Beides ist wertvoll.

Überzeugungen in Worte fassen

Wie kommen wir dem Gold in unserer Welt nun auf die Schliche? Die Antwort kennst Du bereits: mit guten Fragen. Eine meiner Favoritinnen kommt aus dem Buch *Zero to One* vom

Gründer und Investor Peter Thiel. Er stellt sie gerne in Vorstellungsgesprächen: »Welche Ihrer Überzeugungen würden nur wenige Menschen mit Ihnen teilen?« Sie zwingt Menschen dazu, eine eigene Haltung zu beziehen und mutig eine eigene Perspektive zu teilen – statt sich hinter dem allgemeinen Konsens zu verstecken.

Genau das macht auch den Kern einer starken Marke aus. Ob bewusst oder unbewusst – sie ist von einer Sache überzeugt, die viele auf dem Markt anders sehen würden. Das ist ihr einzigartiger Standpunkt. Was wäre die Antwort Deiner Marke auf Thiels Frage?

- Die Marke yummy hebt sich mit *No Nasties Needed* von einem Großteil des gesamten Instant-Marktes ab.
- Der frühere Claim von Media Markt *Ich bin doch nicht blöd* schmeichelte meinem Selbstbild und gab mir bei jedem Einkauf das Gefühl, etwas richtig Smartes zu tun.
- Mit *Es gibt immer was zu tun* spricht die Marke Hornbach allen aus dem Herzen, die überzeugt sind, dass es immer ein Projekt gibt, dass es sich anzupacken lohnt.
- Wenn Haribo uns in die Ohren singt, die Leckereien machten Kinder froh und Erwachsene ebenso, dann fokussiert sich unser Filtersystem weniger auf BMI und Blutzucker und mehr auf die Momente, in denen wir tatsächlich Freude erlebt haben.
- Und wenn sich die AOK in einem Umfeld von ähnlichen Krankenkassen als *Die Gesundheitskasse* bezeichnet, wirkt das mit einem Blick auf die tieferliegenden Überzeugungen wie ein Geniestreich.

Unser Ziel im Brandwriting besteht darin, die grundlegenden Überzeugungen der Marke in wenigen Worten auf den Punkt zu bringen. In der lauten Marketingwelt wirken solche Statements wie Punchlines und Realtalk. Da traut sich endlich jemand, klare Kante zu zeigen, statt weichgespülte Floskeln zu bedienen. Solche Sätze können auch mal provozieren und polarisieren. Nicht jeder wird Dir dabei gleich um den Hals fallen – und das ist auch gut so. Die Menschen, die mit Deinen Überzeugungen in Resonanz gehen, fühlen sich Dir noch inniger verbunden.

Oft liegen diese Sätze so nah, dass wir blinde Flecken für sie entwickelt haben. Als Brandwriter erkennst Du, was andere übersehen. Ich erlebe das in jedem fruchtbaren Briefinggespräch: Menschen erzählen mir, was sie tun, wie sie es tun und warum. Ich höre zu, notiere und schmunzle regelmäßig in mich hinein, weil sich die Texte mit ihren kraftvollen Aussagen von allein schreiben. Alles, was ich tue: gute Fragen stellen und genau hinhören, was sich zwischen den Zeilen verbirgt. Folgende Fragen leiten Dich dabei an, die Überzeugungen hinter einer Marke freizulegen:

- Warum tust Du, was Du tust? Was motiviert Dich in der Tiefe?
- Welche Probleme haben Dir seit der Gründung keine Ruhe gelassen?
- Welche Prinzipien und Regeln leiten Dich bei Deiner Arbeit?

- Welche Äußerung oder welches Verhalten in der Branche bringt Dich auf die Palme? Warum?
- Was inspiriert und berührt Dich bei Deiner Arbeit?
- Was glaubst Du über Deine Zielgruppe, was andere nicht glauben oder nicht erkennen?
- Was ist der größte Irrglaube in Deinem Markt?
- Welche branchenübliche Praxis lehnst Du ab?
- Welche Momente mit Deiner Zielgruppe haben Dich am meisten berührt? Warum?
- Was macht Dich stolz, auch wenn es niemand sieht?
- Welche Filmfigur verkörpert Deine Haltung?
- Wenn Deine Marke ein Stamm wäre, welche Rituale hättet ihr?
- Was würdest Du niemals tun – auch wenn es profitabel wäre?
- Was hebt Dich ab von anderen? Was bekommt niemand so gut hin wie Du?
- Was würde fehlen, wenn es Dich morgen nicht mehr geben würde?
- Was war der größte Konflikt, den Du bis heute erlebt hast? Worum ging es dabei im Kern?
- Wofür bist Du in Deiner Branche nicht zu haben? Was verachtest Du vielleicht sogar?
- Welche Schlagzeile über Dein Unternehmen würdest Du gerne in zehn Jahren lesen?

Aus den Antworten auf diese Fragen spricht die Philosophie Deiner Marke. Das ist genau die Art von Tiefenarbeit, die echte Markenbotschaften von austauschbarem Marketing-Blabla unterscheidet. Sie bringen die Haltung der Marke auf den Punkt. Daher sind diese Fragen auch eines meiner bevorzugten Tools, wenn ich zum Beispiel einen Claim oder einen Kampagnen-Slogan für eine Marke entwickle. Ich will erst ein Gefühl für die Essenz bekommen und sie dann anschließend so knusprig wie möglich in Worte kleiden.

Den Überzeugungsfilter schreibend erkunden

Lass Dich von diesen Fragen im Alltag begleiten, erforsche sie schreibend, und Du wirst im Laufe der Zeit wie nebenbei auf kraftvolle Sprüche stoßen, mit denen Deine Marke aus dem weißen Rauschen des Marktes herausragt und einzigartig in Erinnerung bleibt.

Schreib alles auf, was Dir in den Sinn kommt. Zensiere Dich nicht. Besonders die Sätze, bei denen Du kurz zögerst – *Kann ich das wirklich so sagen?* –, treffen meistens einen wichtigen Kern. Die Überzeugungen, die Dich zögern lassen, sind die, die andere Menschen aufhorchen lassen. Sie tragen eine Energie, die glattgebügelte Marketingbotschaften niemals entwickeln.

Überzeugungen müssen dabei nicht immer ihren Weg in Claims oder markante Slogans finden. Sie können auch den alltäglichen Content Deiner Marke bereichern. Ich arbeite beispielsweise seit Jahren mit Botschaften wie *Wer denken kann, der kann auch schreiben* und *Verletzbarkeit macht unverwundbar*. Da Du um die Macht der Überzeugungen weißt, verstehst Du, was ich hier tue: Ich stärke damit das Selbstbild der Menschen und mache ihnen Mut, sich ehrlich zu zeigen. Wer denkt, er könne nicht schreiben, atmet auf, weil ich erläutere, dass 70 Prozent der Arbeit aus klugem Denken bestehen. Und mit der richtigen Anleitung kann das sogar Spaß machen. Auf das Thema Verletzbarkeit gehen wir in Kapitel 3 nochmal gesondert ein.

2.2.5 Die Werte

Überzeugungen beschreiben, wie Du die Welt siehst. Werte beschreiben, was für Dich dabei nicht verhandelbar ist. Werte sind im Grunde eine besondere Form von Überzeugungen – nämlich darüber, was ein gutes Leben und erfolgreiches Handeln ausmacht. Wenn ich mich von den Werten Genuss, Wachstum und Verbundenheit leiten lasse, steckt dahinter die Überzeugung, dass diese drei Qualitäten grundlegend sind für ein gelingendes Leben. Meine Werte sind also ein sehr persönliches Glaubensbekenntnis, das Raum für Identifikation schafft.

Werte bilden den inneren Kompass der Marke. Der Alltag bietet jeden Tag zahllose Möglichkeiten und Verlockungen, nach links oder rechts abzubiegen, doch die Werte halten die Marke auf Kurs – auch dann, wenn es ungewiss oder unbequem wird. Eine Marke, die ihre zentralen Werte kennt und lebt, vermittelt Sicherheit und Orientierung. Die eigenen Werte zu klären, ist eine berechenbare Aufgabe, die mit überschaubarem Aufwand einen großen Aha-Moment bewirken kann. Kein Wunder, dass kaum ein Thema im Branding so viel Aufmerksamkeit genießt wie die Markenwerte.

Die beiden Wirkrichtungen dieses Filters

Nach innen geben Dir Werte Entscheidungssicherheit. Wenn Du weißt, wofür Du stehst, weißt Du auch, was Du ablehnst, selbst wenn es profitabel wäre. Werte sind der Filter, durch den Du Angebote bewertest, Kooperationen prüfst und Entscheidungen triffst. Sie geben Dir Halt, wenn der Markt Druck macht.

Und sie verändern Deinen Ausdruck. Jemand, der Genuss als Wert lebt, schreibt sinnlicher. Jemand, der Klarheit lebt, schreibt knapper. Jemand, der Unverblümtheit lebt, scheut sich nicht vor Sätzen, die anderen zu direkt wären. Der Wert formt den Ton – und damit Deinen Filterabdruck.

Nach außen signalisieren Werte Deiner Zielgruppe, was Dir wichtig ist und zu welchem Stamm Du gehörst. Menschen, denen in Bezug auf Dein Produkt oder Deine Dienstleistung ähnliche Werte wichtig sind, fühlen sich Dir automatisch verbunden.

Patagonia steht zum Beispiel – ohne die offiziellen Werte zu kennen – für Verantwortung, Ehrlichkeit und Naturverbundenheit. Solche Werte ziehen Menschen an, denen Fürsorge, Gewissenhaftigkeit und Zugehörigkeit wichtig ist. Sie wollen zu den »Guten« gehören.

Meine eigene Marke steht für Mut, Tiefe, Wachstum, Verbundenheit und Genuss. Damit spreche ich Menschen an, die Selbstverwirklichung, Neugier und eine eher abenteuerliche Welt jenseits von Larifari und Einheitsbrei suchen.

Warum so viele Marken zu Weichspülern greifen

Echte Werte fühlen sich schon im Wortlaut an wie Charakter: Unverblümtheit, Verspieltheit oder Unerschütterlichkeit. Floskeln wie Qualität, Innovation oder Service dagegen klingen nach nichts, gegen das man sein könnte. Sie sind Weichspüler für die Positionierung.

Warum greifen trotzdem so viele Marken genau dazu? Weil echte Werte unbequem sind. Unverblümtheit bedeutet, dass Du auch dann die Wahrheit sagst, wenn der Kunde es nicht hören will. Mut bedeutet, dass Du auch dann Kante zeigst, wenn es Dich Aufträge kosten könnte. Genuss kann bedeuten, dass Du Dir Zeit nimmst, auch wenn der Markt Geschwindigkeit belohnt. Ein echter Wert zeigt sich daran, dass er Dich etwas kostet. Wenn er nie unbequem wird, ist er vermutlich keiner.

Das Problem liegt dabei selten am Wort selbst. Ein Schreiner, der Aufträge ablehnt, weil die Kunden nicht die nötige Hingabe mitbringen, damit echte Qualität entstehen kann – der lebt Qualität als Wert, und es kostet ihn etwas. Das hat Kraft. Probleme entstehen dann, wenn ein Wort zur Floskel wird, hinter der sich keine echte Substanz und kein echtes Versprechen mehr verbirgt.

Werte mit Leben füllen

Ein zweites Risiko besteht, wenn wir abstrakte Substantive nutzen, um unsere Werte zu beschreiben: Sie können schwammig bleiben. Vom Mut gibt es kein Foto. Jeder verbindet damit andere innere Bilder und Gefühle. Daher lohnt es sich, die Werte für die eigene Marke zu schärfen, damit alle, die an ihr mitwirken, ein einheitliches Grundgefühl dafür entwickeln.

Ein einfacher Weg: Du verwandelst Substantive in Adjektive. *Mutig*, *unverblümt*, *verspielt*, *unerschütterlich* haben mehr Tonalität als ihre nominalen Varianten. Oder Du ergänzt das Substantiv mit einem erläuternden Satz, der die Interpretation in eine engere Richtung lenkt:

- **Mut**: Wir sprechen Wahrheiten auch dann aus, wenn es unbequem für uns werden könnte.
- **Verbundenheit**: Wir bauen Beziehungen auf Augenhöhe auf und nehmen uns Zeit, statt Menschen abzuarbeiten.
- **Genuss**: Wir wollen, dass die Arbeit mit uns voller Haha, Aha und Oho ist.

Spürst Du, wie diese Sätze den abstrakten Begriffen Leben einhauchen? Plötzlich hat der Wert ein Gesicht. Du weißt, wie sich Mut bei dieser Marke anfühlt – und ahnst, dass er sich bei einer anderen ganz anders anfühlen würde. Genau diese Schärfe brauchst Du, damit Deine Werte mehr sind als hübsche Worte auf der Über-uns-Seite.

Deine Werte bestimmen das Grundgefühl Deiner Marke, sie prägen ihre Wortwahl und schärfen ihr Profil, sodass wir die DNA der Marke wiedererkennen – ganz egal, wo wir ihr begegnen. Bleibt sie ihren Werten treu, fühlt sie sich vertraut an, unabhängig davon, über welches Thema sie gerade spricht.

Vier Denkwege zu Deinen Werten

Um Dir die Werte Deiner Marke bewusst zu machen, schlage ich Dir vier verschiedene Denkwege vor, von denen schon ein einziger Dich zu einem guten Ergebnis bringen kann.

Weg 1: Die Highlights

Was waren die erfüllendsten Momente in der bisherigen Markengeschichte? Diese Frage bringt Dich wie keine andere in Kontakt mit den wichtigsten Werten der Marke. Denn Erfüllung spüren wir genau dann, wenn wir auf eine Art wirken, die für uns stimmig ist – wenn wir unsere Werte leben.

Bei Markenwerten geht es deshalb weniger ums Erfinden als ums Erinnern. Schau auf die Momente zurück, in denen Deine Marke lebendig, stimmig und wirksam war. Betrachte die Highlights in der Rückschau: Welche Qualitäten haben diese Momente ausgemacht? Genau hier liegen die zentralen Werte der Marke. Diese Reihe von Fragen kann Dein Denken dabei lenken:

- Was waren die größten, erfüllendsten oder stolzesten Momente in der bisherigen Markengeschichte?
- Bei welchen Projekten, Entscheidungen oder Begegnungen hat sich alles ungewöhnlich stimmig angefühlt? Wo warst Du im Flow? Wo lief alles wie von selbst?
- Was genau hat diese Momente besonders gemacht?
- Welche Qualitäten waren dort spürbar – im Miteinander, im Ergebnis, in der Wirkung?
- Welche Werte haben den Rahmen gebildet, in dem diese Erfolge entstehen konnten?
- Welche positiven Rückmeldungen kommen immer wieder – unabhängig vom konkreten Projekt?

Weg 2: Der Widerstand

Wogegen lehnt sich Deine Marke auf? Werte zeigen sich nicht nur darin, wofür Du stehst. Sie zeigen sich genauso darin, was sich für Dich falsch anfühlt. Ablehnung ist oft der Schatten eines starken Wertes.

Dieser Denkweg besteht aus zwei Schritten: Spüre erst die Werteverstöße auf, die Dich auf die Palme bringen. Übersetze sie dann in ihr Gegenteil: Welche Qualität hat in diesen Momenten gefehlt? Was kam zu kurz? Welcher Wert wurde verletzt oder ignoriert? Weitere Fragen, die Dich leiten können:

- Was hat sich in der bisherigen Geschichte der Marke immer wieder zäh oder falsch angefühlt?
- Welche Kompromisse haben Energie gekostet oder Unbehagen erzeugt?
- Bei welchen Erwartungen von außen entsteht innerer Widerstand?
- Welche Entscheidung war besonders schwer? Steckte dahinter ein Wertekonflikt?
- Welche Prinzipien sind für die Marke nicht verhandelbar – und welche Werte stehen dahinter?

Weg 3: Der Tiervergleich

Dieser Ansatz ist etwas ungewöhnlicher, ermöglicht jedoch eine besonders intuitive und kollektive Annäherung an die zentralen Werte einer Marke. Er eignet sich vor allem für Workshops oder größere Gruppen, in denen unterschiedliche Perspektiven zusammenkommen.

Angenommen, Deine Marke wäre ein Tier: Welche Tiere würden ihre Persönlichkeit am besten repräsentieren? In der ersten Runde sammelst Du mit allen Beteiligten sämtliche Vorschläge, ohne sie zu bewerten oder zu diskutieren. Anschließend bekommt jede Person drei Stimmen, die sie auf jene Tiere verteilen kann, die die Marke aus ihrer Sicht besonders gut charakterisieren. So entsteht eine erste Hierarchie. Die Tiere mit der größten Zustimmung kommen in die nächste Runde.

Jetzt geht es weniger um das Tier an sich als um die Qualitäten, die die Menschen mit ihm verbinden. Diese Eigenschaften sammelt, vergleicht und verdichtet ihr im weiteren Verlauf. Runde für Runde zieht sich der Kreis enger um den Wesenskern der Marke, bis sich zum Abschluss die Essenz zeigt. Lass uns diesen Prozess an einem Beispiel illustrieren:

1. Runde mit offener Sammlung:

   Eule, Delfin, Wolf, Katze, Adler, Elefant, Pferd, Panther, Rabe, Löwe, Schmetterling.
2. Runde mit erster Auswahl:

   Eule, Delfin, Schmetterling, Adler, Katze, Panther.
3. Runde mit Übersetzung in Qualitäten:
   - Eule = Weisheit, Überblick, Tiefgang
   - Delfin = Leichtigkeit, Spielfreude, Intelligenz
   - Schmetterling = Transformation, Wachstum, Vielfältigkeit
   - Adler = Weitblick, Klarheit, Perspektive
   - Katze = Cleverness, Sprachgewandtheit, Genuss
   - Panther = Präsenz, Eleganz, stille Autorität

4. Runde mit Fokus auf die treffendsten Qualitäten:
   - Wachstum mit Tiefe (Schmetterling, Adler)
   - Mut mit Eleganz (Panther)
   - Verspieltheit mit Genuss und Verbundenheit (Delfin, Katze)

Erkennst Du, wie wir uns Schritt für Schritt dem Wesenskern meiner Marke nähern? Mut, Tiefe, Wachstum, Verbundenheit und Genuss – getragen von einer klaren, souveränen und zugleich spielerischen Haltung.

Ein Tipp für die Praxis: Bindet eine neutrale Person ein, die moderiert, vertiefende Fragen stellt und auch mal darauf hinweist, wenn zwei Tiere für ähnliche Qualitäten stehen. Eine kurze Pause oder ein bewusster Themenwechsel zwischen den Runden helfen zusätzlich – die Ergebnisse zeigen sich oft schärfer, wenn man sie mit etwas Abstand und frischem Blick noch einmal anschaut.

Weg 4: Rollenbilder und Archetypen

Dieser Ansatz arbeitet mit verkörperten Haltungen statt mit abstrakten Begriffen. Dabei greifen wir auf Persönlichkeiten oder Figuren aus Film, Literatur, Sport oder dem öffentlichen Leben zurück. Sie machen Werte sofort spürbar – etwa durch ihr Verhalten, ihre verbale Sprache, ihre Körpersprache, ihre Entscheidungen und oft auch schon allein durch ihre Präsenz. Wichtig dabei: Die gewählten Figuren sollten allen Beteiligten vertraut sein. Sonst fehlt der gemeinsame Resonanzraum.

Die Leitidee ist einfach: Wenn Deine Marke eine Person wäre – wer wäre sie? In einer ersten Runde sammelt ihr Persönlichkeiten und Figuren, die sich stimmig anfühlen. Entscheidend ist dabei die konkrete Haltung oder eine spezifische Ausprägung, die sie verkörpern – weniger die Person mit ihrem kompletten Lebenslauf. Auch hier sammelt ihr erst, bevor ihr in der nächsten Runde verdichtet. Ein paar Beispiele aus meiner Arbeit:

- Oliver Kahn: Willenskraft, mentale Stärke, Konsequenz
- Nelson Mandela: innere Größe, Integrität, langfristiges Denken
- Angela Merkel: Besonnenheit, Standhaftigkeit, Kontinuität
- John Wick: Klarheit, Unerschrockenheit, Disziplin
- Hannah Arendt: Denkschärfe, Tiefe, Verantwortung
- Lady Gaga: Selbstannahme, Ausdruck, emotionale Offenheit
- Walt Disney: Fantasie, Vision, Kreativität
- Jim Carrey: Humor, Tiefgang, Bewusstheit
- George Clooney: Gelassenheit, Charme, Eleganz
- Oprah Winfrey: Empathie, Wachstum, Verbundenheit

Anschließend verfahrt ihr wie bei Weg 3, indem ihr die Ergebnisse Runde um Runde in der Diskussion verdichtet.

Werte leben statt labern

Markenwerte sind nicht dazu da, als hübsche Wörter auf der Über-uns-Seite zu landen. Die echte Magie entsteht, wenn Fans der Marke ihre Werte beschreiben können – ohne dass die Marke sie jemals explizit genannt hat. Ob wir über Werte sprechen oder sie wirklich leben, macht einen gewaltigen Unterschied. Mehr noch als überall sonst in der Kommunikation liegt hier der Wert im Prinzip des *Show, don't tell* – zeigen statt labern – oder in diesem Fall: *leben statt labern*.

Wenn ich zum Beispiel schreibe, dass mir beim Schreiben Tiefgang, Ehrlichkeit und Abenteuer wichtig sind, nickt meine Zielgruppe vielleicht innerlich kurz zustimmend. Doch die Worte behaupten etwas, ohne es zu beweisen. Sie spielen auf rationaler Ebene und sorgen nicht dafür, dass sich Menschen auch involviert und emotional aktiviert fühlen. Nur weil ich sage, dass mir diese Werte wichtig sind, heißt das noch lange nicht, dass ich sie auch lebe.

Ganz anders fühlt es sich an, wenn ich Geschichten erzähle von Momenten, in denen meine Werte voll zum Vorschein gekommen sind. Was den Tiefgang angeht, berichte ich davon, wie ich mich beim Schreiben nicht mit smarten Sprüchen zufriedengebe und allgemein akzeptierten Annahmen kritisch auf den Zahn fühle. Ehrlichkeit lebe ich, indem ich offen über die Upsis und Auweias meines Werdegangs spreche. Und der Abenteuergeist kommt durch, wenn ich auf GedankenSafari gehe und mich wie Indiana Jones von einer spannenden Idee zur nächsten texte.

Storytelling und konkrete Szenarien sorgen für Kopfkino. Sie machen Werte erlebbar. Wie genau eine konkrete textliche Umsetzung aussehen kann, schauen wir uns in Kapitel 6 an.

Werte sind ein Destillat Deiner Erfahrung. Und wenn Du sie zeigst, werden sie spürbar als das, was sie sind: ein Versprechen, das Du Dir selbst gegeben hast.

Den Wertefilter schreibend erkunden

Wähle einen der vier Denkwege und folge ihm schreibend. Wenn Du unsicher bist, welcher zu Dir passt: Beginne mit den Highlights. Erinnere Dich an den Moment, in dem Du Dich bei Deiner Arbeit am lebendigsten gefühlt hast – und frage Dich: Welche Qualitäten waren in diesem Moment am Werk?

Wenn Du am Ende drei bis fünf Werte vor Dir siehst, schreibe zu jedem einen erläuternden Satz, der zeigt, was dieser Wert für Dich bedeutet. *Mut* allein ist ein nettes Wort. *Ich spreche Wahrheiten aus, vor denen andere zurückschrecken* ist eine klare Haltung.

2.2.6 Die Kultur

Einer der subtilsten Filter überhaupt ist die Kultur, in der wir leben. Das Wort verrät bereits, worum es geht. *Kultur* und *kultivieren* teilen sich dieselbe Wurzel. Kultivieren bedeutet: pflegen, wiederholen, üben. Eine Kultur ist also das, was eine Organisation – oder eine Gruppe von Menschen – ständig wiederholt, übt und damit belohnt und gutheißt. Was denkt die Marke immer wieder? Was ist das vorherrschende Gefühl? Welche Art von Handeln fördert und belohnt sie? Viel stärker als in den groß inszenierten Leitbildern zeigt sich die Kultur im alltäglichen Handeln, in den kleinen Dingen und vor allem dann, wenn niemand hinschaut.

Warum Kultur ein Filter ist

Wenn wir reisen, erkennen wir zuweilen drastisch, dass vieles von dem, was wir für normal, gut und richtig halten, nur eine Art ist, die Dinge zu sehen und die Welt zu erleben. Pünktlichkeit ist dafür ein anschauliches Beispiel: In Deutschland oder der Schweiz gilt fünf Minuten zu spät oft schon als unhöflich, während in vielen Ländern Südamerikas oder Südeuropas ein deutlich flexiblerer Zeitbegriff herrscht und sich niemand darüber wundert. Ähnlich verhält es sich mit der Direktheit: In Deutschland empfinden wir ein klares »Nein« oder offenes, sachliches Feedback als ehrlich und professionell, während dieselbe Direktheit in Thailand oder Japan respektlos und gar verletzend wirken kann. Dort sind die Menschen wesentlich zurückhaltender und es gilt: Was wir nicht sagen, sagt manchmal mehr als das, was wir aussprechen. Eine Absage kommt in höflichen Andeutungen, eine Kritik in Fragen verkleidet und ein klares »Nein« in Form eines langen Lächelns. Harmonie steht über Klarheit. Und betrachten wir als drittes Beispiel noch körperliche Gesten wie den direkten Blickkontakt. Der kann ein Zeichen von Aufmerksamkeit und Respekt sein, in anderen Kontexten wirkt er jedoch herausfordernd oder respektlos. Je nach kultureller Prägung bewerten Menschen exakt dasselbe Verhalten völlig unterschiedlich.

Die Kultur formt unsere Filter, bevor wir überhaupt anfangen, bewusst darüber nachzudenken. Sie bestimmt, was wir für selbstverständlich halten – und genau deshalb ist sie so schwer zu erkennen. Das Wasser, in dem der Fisch schwimmt. Das Betriebssystem, das im Hintergrund läuft. Die unsichtbare Hand, die lenkt, ohne dass jemand es bemerkt.

Wie im Großen so im Kleinen

Jedes Unternehmen hat seine eigene Kultur. Als freiberuflicher Trainer habe ich in der Zusammenarbeit mit zahlreichen Unternehmen Einblick bekommen, wie unterschiedlich und facettenreich diese sein kann. Hinter der Unternehmenskultur versteckt sich das unsichtbare Regelwerk, das bewirkt, warum eine Organisation tickt, wie sie tickt. Sie zeigt sich ganz konkret im Alltag: Wie löst das Unternehmen Konflikte? Wie geht es mit Fehlern um? Wie sprechen die Menschen miteinander? Wie trifft das Unternehmen Entscheidungen? Wie flach sind die Hierarchien und wessen Stimme zählt?

Die Kultur prägt, was als normal gilt, was unausgesprochen tabu ist und was belohnt wird: Mut oder Gehorsam, Zusammenarbeit oder Ellenbogen, Eigenverantwortung oder Absicherung. Sie bestimmt, ob Menschen sich anpassen oder einbringen, ob sie offen für Neues sind oder sich an Bewährtes klammern. Die Unternehmenskultur steckt in spontanen Gesprächen auf dem Flur, in Meetings, die pünktlich enden oder ausufern, und selbst in der Frage, ob jemand »Ich brauche Hilfe« sagen kann, ohne Angst zu haben. Die wohl treffendste Frage, um Kultur auf den Punkt zu bringen, lautet: *Wie muss ich mich hier verhalten, um dazuzugehören?*

Gründerfiguren und Führungskräfte prägen die DNA oft über Jahrzehnte – durch ihre Persönlichkeitszüge, ihre Werte und dadurch, wen sie einstellen, wie sie auf Krisen reagieren und was sie belohnen oder bestrafen. Je mehr die Organisation jedoch wächst und je mehr unterschiedliche Menschen daran mitwirken, desto mehr neutralisiert sich dieser Einfluss und es können sich innerhalb einer Organisation je nach Abteilung kleine Subkulturen bilden.

Die beiden Wirkrichtungen dieses Filters

Nach innen formt die Kultur, wie die Menschen in einer Organisation denken, schreiben und kommunizieren. Wer in einer Kultur der Offenheit arbeitet, schreibt andere E-Mails als jemand in einer Kultur der Absicherung. Wer in einer Kultur des Muts arbeitet, traut sich andere Social-Media-Posts als jemand in einer Kultur der Vorsicht. Die Kultur prägt den Filterabdruck der Marke, ohne dass es jemand bewusst steuern müsste. Sie ist das Wasser, in dem alle schwimmen – und das jeden Text durchdringt, der in diesem Wasser entsteht.

Nach außen strahlt Kultur durch jede Interaktion hindurch. Die Zielgruppe spürt sie im Tonfall einer Support-Antwort, in der Geschwindigkeit einer Reaktion, in der Art, wie ein Unternehmen mit Kritik umgeht. Kultur ist das, was Deine Marke ausstrahlt, wenn sie nicht darüber nachdenkt, wie sie wirkt.

Kultur bei Solo-Selbstständigen: Du bist die Kultur

Diesen Filter gibt es auch bei Solo-Selbstständigen und kleinen Organisationen – nur zeigt er sich dort auf andere Weise. Wo kein Team ist, gibt es kein unsichtbares Regelwerk zwischen Menschen. Aber es gibt etwas ebenso Wirksames: Deine unbewussten Denk- und Verhaltensmuster.

Wie triffst Du Entscheidungen? Eher spontan aus dem Bauch oder nach längerer Analyse? Tendierst Du zum großen Bild oder zum Detail? Agierst Du proaktiv, indem Du aus eigenem Antrieb loslegst, oder eher reaktiv, indem Du auf Impulse von außen wartest? Suchst Du nach Gemeinsamkeiten mit anderen oder fällt Dir zuerst auf, was anders ist? In meinem Buch *Der Persönlichkeits-Code* beleuchte ich diese Muster als Meta-Programme – die unbewussten Filter, durch die ein einzelner Mensch die Welt verarbeitet.

Wenn Du allein arbeitest, *bist* Du die Kultur Deiner Marke. Deine Muster bestimmen, wie Du kommunizierst, wie schnell Du reagierst, wie Du mit Rückschlägen umgehst und welche Atmosphäre Deine Kunden in der Zusammenarbeit erleben. Und genau wie bei größeren Organisationen gilt: Diese Muster zeigen sich am stärksten, wenn es unbequem wird. Wie reagierst Du, wenn ein Kunde unzufrieden ist? Was tust Du, wenn eine Deadline unrealistisch wird? Wie gehst Du mit Deinen eigenen Fehlern um? Dort zeigt sich Deine Prägung – und Deine Zielgruppe spürt sie in jeder Interaktion.

Marke oder Maske?

Bei diesem Filter kommt weniger Neues ins Spiel als bei den vorherigen. Die Kultur hat zahlreiche Schnittmengen mit den Werten, den Überzeugungen und der Vision. Diese Elemente entstehen nicht im luftleeren Raum, sondern entstammen idealerweise der DNA des Unternehmens. Die Kultur bündelt damit vieles von dem, was wir bisher erarbeitet haben.

Deshalb richtet dieser Filter das Augenmerk vor allem auf eine Frage: *Wurzelt die Marke wirklich in der Unternehmenskultur?* Entspricht die gelebte Realität im Innen dem Bild, das nach außen strahlt?

Ist die Antwort ein klares »Ja«, wirkt die Kultur wie ein stärkendes Fundament der Marke. Ist die Antwort jedoch »Nein«, sollte die Arbeit an der Außenwirkung unbedingt mit einer Arbeit an der Innenwelt einhergehen. Zu groß ist ansonsten die Gefahr, dass das Unternehmen statt einer Marke eine Maske entwickelt – ein idealisiertes Außenbild, das ständig durch Dissonanzen gefährdet ist, weil die Mitarbeiterinnen und Mitarbeiter nach innen eine andere Realität erleben, als das Unternehmen nach außen vorgibt.

Eine solche Situation ist für keine beteiligte Partei angenehm. Wenn ich als Mitarbeiter nicht die Möglichkeiten habe, den äußeren Ansprüchen an meine Arbeit gerecht zu werden, ist die Gefahr groß, dass ich auf Dauer in einer Sinnkrise lande und ausbrenne. Und wenn ich als Kunde in Resonanz mit der Marke gehe, im engeren Kontakt mit dem Unternehmen allerdings nichts von all dem wiederfinde, was ich schätze und erwarte, ist die Enttäuschung kaum zu vermeiden.

Ich habe einmal ein Unternehmen begleitet, das seine Ansprache in allen Medien vom Sie zum Du entwickeln wollte, um moderner und partnerschaftlicher zu wirken. Die Marketingabteilung bestand aus einer Gruppe offener und kreativer Menschen, die diesen Spirit exzellent vorlebten. Doch auf den Unternehmensfluren herrschte ein anderer Umgang: Alle waren beim Sie und es gab strenge Regeln, wer – wenn überhaupt – wem das Du anbieten durfte. Stell Dir nur vor, das IKEA-Team würde Dich vor Ort im Möbelhaus siezen, während die gesamte Außenkommunikation das »Du« feiert. Das ist ein Paradebeispiel für Dissonanz.

Ein anderes Beispiel stammt aus einem Unternehmen, das sich in den sozialen Medien nahbarer und persönlicher zeigen wollte. Die Wunschvorstellung lautete etwa wie folgt: »Die Marke postet wie eine echte Persönlichkeit mit Haltung, Geschichten und Meinungen. Wir wollen Charakter zeigen, damit unsere Zielgruppe an allen Kontaktpunkten eine echte menschliche Verbindung zu uns aufbauen kann.«

Klingt erst einmal nach einem guten Vorhaben, oder? Doch wie sieht das in der Praxis aus? Klar, wenn die Menschen uns Fragen zum Angebot stellen, können wir locker und partnerschaftlich antworten. Wenn sie Erfahrungen teilen, können wir sie wertschätzen. Und wenn sie Witze machen, sticheln oder herumblödeln, dann stimmen wir ein und lachen mit. Doch was ist, wenn das jemandem nicht gefällt? Was ist, wenn kritische Kommentare kommen? Dürfen die Mitglieder des Social-Media-Teams dann aus der Haltung der Marke heraus schnell, eindeutig und bei Bedarf auch schlagfertig antworten?

Bei diesem Beispiel war die Antwort kein beherztes »Ja«. Denn die Unternehmenskultur lebte vor, dass man sich beim kleinsten Zweifel rückversicherte, Risiken vermied und möglichst niemanden vor den Kopf stieß. Schnell war die Rede von Sprachregelungen und Kommunikationsleitlinien, die wohlüberlegte Formulierungen vorgeben sollten, um möglichst alle Eventualitäten abdecken zu können.

Durch die Lektüre dieses Buches spürst Du gewiss jetzt schon, wie viel an diesem Vorhaben falsch ist. Zum einen wäre es ein Ding der Unmöglichkeit, für alle Fälle vorzusorgen, und ein solcher Guide wäre in seiner finalen Fassung wahrscheinlich umfangreicher als dieses Buch. Zum anderen erstickt so ein Ansatz jede Form von Resonanz, weil er die Menschen mit ihren Anliegen abarbeitet, statt in echte Verbindung zu ihnen zu treten. Was das Unternehmen wirklich brauchte, war ein internes Programm: mehr Eigenverantwortung, mehr Vertrauen in das eigene Team und einen produktiven Umgang mit Fehlern – kurz, eine andere Kultur, die es im Innen zu kultivieren galt.

Spürst Du, wie das Wort *kultivieren* hier wieder auftaucht? Das Unternehmen brauchte keine bessere Außenwirkung. Es brauchte eine andere Übung im Innen.

Wenn die Marke zum Monster wird

Es gibt noch ein zweites Muster, das ich in der Praxis beobachte – insbesondere bei Solo-Selbstständigen und kleineren Unternehmen. Während die Marke-Maske-Diskrepanz davon handelt, dass das Außenbild die Innenwelt *übertrifft*, handelt es sich hier um etwas anderes: Das Außenbild *entfremdet* sich vom eigenen Wesen.

Das passiert zum Beispiel dann, wenn sich jemand stark an Vorbildern oder anderen Marktteilnehmern orientiert. Du bewunderst die Klarheit und Direktheit eines Alex Hormozi und versuchst, genauso stark aufzutreten. Dann entdeckst Du die stille Eleganz einer Marke wie Aesop und denkst: *Das will ich auch.* Gleichzeitig fasziniert Dich die Nahbarkeit eines Creators, der alles aus seinem Alltag teilt. Also nimmst Du Dir die Lautstärke von hier, die Ästhetik von dort und die Offenheit von da drüben – und fügst alles zusammen. Im ständigen äußeren Vergleich droht die Marke zu Frankensteins Monster zu werden: Man will Teile von verschiedenen Inspirationen zusammenfügen, nur um am Ende zu merken, dass man sich dabei selbst verloren hat. Das Bild nach außen klingt zwar spannend, entfremdet sich jedoch zunehmend von den eigenen Stärken, Werten und Zielen. Und wenn das eigene Wesen so auf der Strecke bleibt, kann sich das früher oder später auch in Symptomen wie fehlendem Sinn, mangelndem Antrieb und einem beklemmenden Gefühl von innerer Leere äußern.

Nach vielen Gesprächen mit Kolleginnen und Kollegen betrachte ich diese Irrungen und Wirrungen nicht als grobe Fehler, sondern in vielen Fällen sind sie sogar ein wichtiger, produktiver Teil des Prozesses. Immerhin lernen wir Menschen von klein auf, indem wir erst Vorbildern nacheifern und sie imitieren, um anschließend aus den unterschiedlichen Einflüssen unseren eigenen Stil zu kultivieren und den eigenen Weg zu finden. Wir sammeln, kombinieren und kuratieren. So verstehen wir als Menschen und als Unternehmen Stück für Stück besser, wer wir sind, indem wir erkennen, wer wir *nicht* sind.

Bei aller Inspiration von außen gilt eine einfache Regel: Jedes Sammeln und Kombinieren braucht eine regelmäßige Rückkehr zu sich selbst. Sonst verwandelt sich produktives Lernen in endloses Anprobieren. Frag Dich immer wieder: *Was davon klingt nach mir? Was nicht?* Im Abgleich mit dem eigenen Inneren ergibt sich aus der Inspiration langsam ein eigenes Bild.

Kultur als Wachstumsbeschleuniger

Halten wir fest: Die Unternehmenskultur kann eine Marke bremsen oder befeuern. Daher prüfen wir an dieser Stelle, ob beide organisch ineinandergreifen und wo es eventuell noch Baustellen gibt. Manchmal ist die Markenvision in der Praxis schon einen Schritt weiter, und noch nicht alle Beteiligten leben sie auch. Dann kann das gesamte Unternehmen mit etwas Einsatz in das neue Selbstbild hineinwachsen – wohl wissend, dass das kein Wochenendprojekt, sondern ein auf Jahre angelegter Prozess sein darf.

Auch was meine Personal Brand angeht, finde ich kleine Diskrepanzen zwischen meinem Ist- und Soll-Bild beflügelnd. So setze ich die Ansprüche meiner Marke bewusst etwas höher, um mir einen starken Anreiz zu geben, noch schneller und leichter in meine nächste Entwicklungsstufe hineinzuwachsen.

Hier zeigt sich ein feiner, aber entscheidender Unterschied: Eine Diskrepanz, die nach außen sichtbar wird, erzeugt eine Maske. Eine Diskrepanz, die ich im Innen bewusst halte, wird zum Antrieb. Das eine täuscht, das andere motiviert.

Wenn die Diskrepanz das Bild der Marke nach außen also nicht beeinträchtigt, kann Branding als Wachstums- und Entwicklungsbeschleuniger wirken.

Fünf Faktoren, die Kultur greifbar machen

In einigen Fällen – etwa im Recruiting und Employer Branding – kann die Kultur als zusätzlicher Resonanzfaktor dienen. Wenn ich mit dem Gedanken spiele, mich bei einem Unternehmen zu bewerben, kann ich erst einmal prüfen, ob wir mit Blick auf Werte, Vision und

Überzeugungen harmonieren. Doch insbesondere in diesem Kontext kann es sich lohnen, einige Aspekte noch detaillierter zu beleuchten.

Für solche Fälle schlage ich Dir die folgenden fünf Faktoren vor. Sie erheben bewusst keinen Anspruch auf eine vollständige Kulturanalyse – die würde eigene Bücher füllen. Stattdessen ziehen sie die Dimensionen heraus, die für die Markenperspektive am relevantesten sind: die Stellen, an denen Kultur am deutlichsten nach außen strahlt und an denen die Diskrepanz zwischen Marke und Maske am schnellsten sichtbar wird. Alle fünf Faktoren stehen in enger Wechselwirkung und formen gemeinsam ein stimmiges Ganzes.

1. Entscheidungslogik

Die Kultur einer Organisation zeigt sich zuerst darin, wie sie zu Entscheidungen kommt. Wer darf entscheiden? Wem hört man zu? Wer wird übergangen? In manchen Unternehmen zählt Geschwindigkeit, in anderen die sorgfältige Abwägung oder die bestmögliche Absicherung. Mal entscheidet die Expertise, mal die Hierarchie und manchmal die Nähe zur Macht.

Die Entscheidungslogik prägt jeden Tag, ob Menschen Verantwortung übernehmen und sich einbringen oder ob sie sich lieber zurückhalten und darauf warten, dass jemand anderes vorprescht. Und sie zeigt nicht zuletzt auch, ob eigenes Denken erwünscht ist oder ob es vor allem auf gehorsames Ausführen ankommt.

Leitfragen:

- Wer trifft hier tatsächlich Entscheidungen – und auf welcher Grundlage?
- Wessen Stimme hat Gewicht, wessen nicht?
- Wie transparent sind Entscheidungsprozesse?
- Was passiert, wenn jemand eine Entscheidung infrage stellt?

2. Umgang mit Macht und Verantwortung

Verantwortung ist in manchen Organisationen eine Einladung zum Mitgestalten, in anderen ein heikles Pflaster. Während ein Unternehmen Initiative belohnt, kann ein anderes sie mit hochgezogenen Augenbrauen quittieren. Die Führung kann Macht teilen oder fest in ihren Händen halten, sie kann Eigenverantwortung ermutigen oder die kleinste Abweichung als Bedrohung empfinden. Am Ende läuft alles auf eine Frage hinaus: Bekommt Engagement in dieser Organisation Rückenwind oder Gegenwind?

Leitfragen:

- Was passiert, wenn jemand Verantwortung übernimmt und es schiefgeht?
- Wird Initiative belohnt oder misstrauisch beäugt?
- Wo enden einzelne Handlungsspielräume?

3. Fehler- und Lernverständnis

Wie eine Organisation mit Fehlern umgeht, sagt viel über ihre innere Reife aus. In manchen Kulturen sprechen Menschen offen über Fehler und lernen daraus, während sie in anderen schnell unter den Teppich wandern und jeder versucht, sich aus der Schusslinie zu nehmen.

Der wahre Test kommt im Moment des Scheiterns. Wenn wirklich mal etwas schiefgeht, analysieren Führungskräfte und Teams dann gemeinsam, was nicht funktioniert hat, und leiten konkrete Schritte für eine bessere Zukunft ab? Oder suchen sie Schuldige, sichern ihre Positionen und wechseln rasch das Thema?

Hier entscheidet sich, ob Menschen mutig handeln dürfen und Vertrauen genießen – oder ob sie sich für jeden Fehler rechtfertigen müssen, bis ihnen die Lust am Handeln vergeht.

Leitfragen:

- Wie wird über Fehler gesprochen – offen oder hinter vorgehaltener Hand?
- Was folgt auf einen Fehler: Lernen oder Schuldzuweisung?
- Welches Risiko wiegt schwerer: das Scheitern oder offen darüber zu sprechen?

4. Beziehungsqualität

Beziehungsqualität zeigt sich darin, wie Menschen einander im Arbeitsalltag begegnen. Hören sie zu, halten sie Unterschiede aus und lassen sie Unsicherheit zu, ohne die Professionalität zu verlieren? Wenn jemand in einem Meeting eine unbequeme Frage stellt oder offen verunsichert wirkt – wird das aufgefangen? Oder schauen alle peinlich berührt zur Seite, und das Meeting läuft weiter, als wäre nichts gewesen? Finden die Menschen Halt und Geborgenheit? Oder müssen alle funktionieren?

Die wahre Beziehungsqualität zeigt sich erst, wenn es wirklich weh tut. Wenn Projekte schieflaufen, unterschiedliche Erwartungen kollidieren oder sich Menschen zutiefst missverstanden fühlen. Manche Teams rücken in solchen Momenten näher zusammen. In anderen Teams beginnen die Menschen, sich zurückzuziehen, höflich zu lächeln und nur noch das Nötigste zu sagen.

Leitfragen:

- Wie sprechen Menschen über Kolleginnen und Kollegen, wenn diese nicht im Raum sind?
- Fühlen sich Menschen sicher genug, um Kritik zu üben oder Bedenken zu teilen?
- Wie geht das Team damit um, wenn es jemandem nicht gut geht?

5. Energie und Sinn

Kultur entscheidet darüber, wofür Menschen ihre Energie einsetzen, und vor allem entscheidet sie darüber, ob sie überhaupt Energie haben. Jeden Tag gestalten Führungskräfte und

Organisationen bewusst oder unbewusst die Rahmenbedingungen, an denen sich entscheidet, ob Menschen aufblühen oder verkümmern.

Oft reicht schon ein Blick in die Kalender. Reiht sich Termin an Termin ohne Pause dazwischen, schwindet mit jeder Stunde ein Stück Klarheit, Konzentration und Kreativität. Schaffen Teams hingegen bewusste Freiräume und klare Prioritäten, atmet die Arbeit – und die Qualität nimmt spürbar zu.

Auch der Raum, in dem Menschen arbeiten, wirkt leise mit. Wer seine Werkzeuge wählen, sein Tempo anpassen und seinen Tag mitgestalten darf, geht mit anderer Energie an die Sache als jemand, der in starre Vorgaben gepresst wird. Selbst sinnvolle Arbeit zehrt unter solchen Bedingungen mehr, als sie geben kann.

Die gute Nachricht: All das lässt sich gestalten. Ein Unternehmen, das Menschen nur aussaugt, hat irgendwann nur noch leere Menschen. Schafft es mit seiner Kultur jedoch Bedingungen, in denen sich Energie auch wieder aufbauen kann, kommt diese Energie zurück. In Form von Menschen, die mitdenken, statt nur abzuarbeiten, die für die Marke einstehen, wenn niemand zuschaut, und die vielleicht irgendwann selbst zu Botschaftern werden, ohne dass es jemand verlangt.

Leitfragen:

- Wo laden Menschen in dieser Organisation Energie auf – und wo verlieren sie sie?
- Welche Freiräume gibt es, um Arbeitsweisen und Prioritäten anzupassen?
- Wo wird Leistung erwartet, ohne dass die nötigen Bedingungen dafür geschaffen werden?

Den Kulturfilter schreibend erkunden

Dieser Filter lädt weniger zum freien Schreiben ein als die vorherigen – und mehr zum ehrlichen Hinschauen. Die zentrale Frage lautet: *Was kultivierst Du bzw. Deine Organisation?*

Für Teams und Organisationen: Betrachte die fünf Faktoren und beantworte die Leitfragen, die Dich am meisten beschäftigen. Achte dabei besonders auf die Stellen, an denen Du zögerst oder innerlich ausweichst – genau da liegen oft die aufschlussreichsten Erkenntnisse. Stell Dir anschließend die entscheidende Frage: *Wenn ein Kunde morgen meinen Arbeitsalltag beobachten würde – würde er die Marke wiedererkennen, die er von außen kennt?*

Für Solo-Selbstständige: Beobachte Dich eine Woche lang im Alltag. Wie reagierst Du unter Druck? Wie triffst Du Entscheidungen? Welche Muster wiederholen sich? Frage Dich: *Welche Kultur entsteht durch das, was ich täglich übe – und passt sie zu der Marke, die ich nach außen zeige?*

Kultur ist das, was Du ständig wiederholst. Und was Du ständig wiederholst, prägt auch Deine Marke.

2.2.7 Die Geschichte

Jede Marke hat eine Geschichte. Eine Kette von Ereignissen und Erfahrungen, die sie zu dem gemacht haben, was sie heute ist. Die Höhen, die Tiefen, die Rückschläge, die Erkenntnisse, die Durchbrüche – und die Momente, in denen alles auf der Kippe stand. Genau diese Erfahrungen haben die Marke geformt und ihren Blick auf die Welt geprägt.

Dieser Filter ist deshalb so entscheidend, weil er alle anderen erklärt und mit Leben füllt. Deine Überzeugungen sind nicht vom Himmel gefallen. Sie sind aus Momenten gewachsen, in denen Dich etwas zutiefst bewegt hat. Deine Werte sind ein Destillat dessen, was Dich geformt hat: Was hat Dich begeistert? Was hat Dich verletzt? Was willst Du nie wieder erleben?

Auch Dein Ziel hat eine Vorgeschichte und persönliche Beweggründe. Dein Blick auf Deine Zielgruppe hat einen Ursprung – warum arbeitest Du ausgerechnet mit diesen Menschen so gern?

Die Geschichte ist der Filter hinter den Filtern. Die Wurzel, aus der alles andere gewachsen ist – und immer noch wächst. Und genau das macht sie unkopierbar. Andere können Deine Strategie nachbauen, Deine Tonalität imitieren und Deine Themen übernehmen, aber Deine Geschichte können sie nicht haben. Ohne sie bleibt jede Nachahmung eine blasse Fassade – eine Kulisse ohne Innenleben. Erst die durchlebte Geschichte sorgt dafür, dass Dein Universum echt wirkt und Tiefe entwickelt.

Und sie leistet noch etwas, das leicht übersehen wird: Sie macht Deine Marke zeitlos. Trends kommen und gehen, Märkte wandeln sich, Produkte veralten. Die Geschichte aber bleibt ein fester Anker – denn sie erzählt nicht, *was* Du tust, sondern *warum*. Und das Warum überlebt jeden Wandel.

Die beiden Wirkrichtungen dieses Filters

Nach innen gibt Dir die Geschichte Klarheit über Dich selbst. Wenn Du Deine eigene Geschichte kennst und sie Dir bewusst vor Augen führst mit ihren Wendepunkten, Prägungen und Narben, verstehst Du Deine Filter besser. Du weißt, warum Du bestimmte Themen leidenschaftlich verfolgst und andere Dich kaltlassen. Du erkennst, woher Deine Überzeugungen stammen und warum Deine Werte genau diese sind. Du schreibst aus einem neuen Selbstverständnis heraus, weil Du den Stoff kennst, aus dem Deine Perspektive gewoben ist.

Nach außen erzeugt dieselbe Geschichte eine seltene Tiefe von Resonanz. Niemand verbindet sich mit Hochglanz-Storys und Erzählungen, in denen alles immer nur steil bergauf ging. Solche Geschichten lassen uns kalt, weil wir aus unserem eigenen Leben wissen, dass es so nie läuft. Was uns wirklich berührt, sind die Zweifel. Die Rückschläge. Die unbequemen Lernmomente.

Wenn Du also auch von dem erzählst, was schwer war – von der Auftragsflaute, vom Projekt, das gegen die Wand fuhr, von dem Abend, an dem Du fast alles hingeschmissen hättest –, dann öffnest Du einen Raum, in dem Deine Zielgruppe sich selbst wiederfindet. Oft sind es ausgerechnet die Momente, die wir am liebsten verschweigen würden, die Gänsehaut erzeugen.

Die Garage, der Fels und das Versteckspiel

Die berühmte Geschichte von Apple beginnt in einer Garage. Das wissen die meisten. Doch die wirklich prägende Geschichte beginnt später – in dem Moment, als Steve Jobs aus dem Unternehmen geworfen wurde, das er selbst gegründet hatte. Er scheiterte. Er gründete NeXT, kaufte Pixar und formte sich in dieser Verbannung Stück für Stück neu. Als er zwölf Jahre später zurückkehrte, war er nicht mehr derselbe Mensch.

In Walter Isaacsons Biografie kannst Du zwischen den Zeilen lesen, wie sich seine Werte verschoben hatten. Und genau das spiegelt sich in den Produkten danach: iMac, iPod, iPhone. Sie alle tragen den Fingerabdruck dieser Verbannungsjahre – einer Haltung, die nur entstehen konnte, weil das Leben ihn vorher durchgeschüttelt und neu geformt hatte.

Patagonia trägt die Geschichte seines Gründers in jeder Faser. Yvon Chouinard war Kletterer. Er schmiedete seine eigenen Kletterhaken, weil ihm die erhältlichen nicht gut genug waren. Doch dann sah er, was seine Haken anrichteten: Sie beschädigten den Fels, den er liebte. Die Risse, die sie hinterließen, waren für immer da. Also stellte er die Produktion um – auf Klemmkeile, die den Fels schonten. Diese Entscheidung kostete ihn sein erfolgreichstes Produkt. Und sie schenkte der Marke etwas, das kein Wettbewerber je kopieren kann: eine Geschichte, die von Verantwortung nicht nur spricht, sondern das Wort mit Leben füllt.

Für Patagonia ist Nachhaltigkeit darum kein Buzzword. Der Gründer hat mit eigenen Augen gesehen, was geschieht, wenn man die Natur nur als Ressource behandelt. In den Worten von Hartmut Rosa: Chouinard erlebte den Unterschied zwischen einer instrumentellen Beziehung zur Welt – der Fels als bloßes Mittel zum Zweck – und einer resonanten, in der er sich vom Fels berühren ließ. Diese eine Erfahrung wurde zum Fundament einer ganzen Marke.

Und um ein bisschen aus der Welt der riesigen Marken auszubrechen, will ich noch meine eigene Geschichte mit Dir teilen. Sie beginnt in einem Dorf mit rund 250 Einwohnern, in dem ein elfjähriger Junge feststellt, dass er sich nicht in Mädchen verliebt. Als junger Schwuler auf dem Land war das eine Entdeckung, die mir Angst machte. Zehn Jahre lang habe ich mich versteckt. Zehn Jahre, in denen ich nach außen eine Version von mir spielte, die nicht ich war – und nach innen versuchte, mit einer Wirklichkeit klarzukommen, für die es in meiner Umgebung keinen sicheren Raum gab. In dieser Zeit erlebte ich Momente, die mich tief geprägt haben. Auch Mobbing. Doch was mich dabei am meisten verletzte, waren nicht die Leute, die mir ihre Meinung und ihre Ängste ins Gesicht sagten – es waren die Mitläufer. Die Menschen, die einfach einstimmten in die Parolen anderer, ohne selbst nachzudenken oder sich bewusst zu sein, was sie sagen und was sie damit anrichten. Diese Nachplapperei – dieses gedankenlose Übernehmen fremder Stimmen und Ideen – ist mir bis heute ein Dorn im

Auge. Und wenn Du mich fragst, woher mein tiefer Widerwille gegen austauschbare Marketingfloskeln, gegen aufgesetztes Branding und gegen Kommunikation ohne eigene Haltung kommt: Er wurzelt in genau dieser Erfahrung.

In dieser Zeit wurde das Schreiben zu meinem Ventil. Ich schrieb nicht, um zu veröffentlichen oder zu gefallen. Ich schrieb, um nicht in meinen Sorgen und Ängsten zu ersticken. Ich schrieb, um mich selbst besser zu verstehen. Ich schrieb, um meine Innenwelt zu heilen. Zehn Jahre lang habe ich um mein Leben geschrieben. Als ich mich mit 21 schließlich outete – als ich ganz zu mir selbst stand –, war das wie eine Explosion von Potenzial. Ich entdeckte eine neue Seite meiner Kreativität. Ich entfaltete meine Stimme. Und ich konnte all das umarmen, was ich vorher als Schwäche empfunden hatte. Plötzlich war das, was mich jahrelang verletzbar gemacht hatte, meine größte Stärke.

Dieses Muster lässt sich auf alle Bereiche unseres Lebens übertragen: Wenn wir uns die Art zu denken, zu fühlen und zu handeln von außen überstülpen lassen, statt unsere eigene Art aus uns selbst heraus zu entwickeln, läuft es auf ein Unglück hinaus. Ob mit elf, mit einundzwanzig oder mit vierzig – der Mechanismus bleibt derselbe. Und genau daraus ist meine tiefe Überzeugung gewachsen: *Wahres Wachstum beginnt dort, wo Du aufhörst, Dich zu verstecken.*

Diese Überzeugung klingt schon gut, doch die Geschichte dahinter verleiht ihr noch zusätzliches Gewicht. Erst die Erfahrung macht aus einer Behauptung eine spürbare Wahrheit. Ohne die Geschichte ist der Satz ein nettes, schlau klingendes Zitat. Durch den Filter meiner Geschichte bekommt er plötzlich eine neue Tiefe.

Und genau hier zeigt sich sehr deutlich, warum Du in diese Filterarbeit selbst eintauchen solltest – egal, wie viele Werkzeuge Dir die KI dafür heute bereitstellt. Der Satz »Wahres Wachstum beginnt dort, wo Du aufhörst, Dich zu verstecken« lässt sich in Sekunden generieren. Er klingt gut und bringt den Gedanken auf den Punkt. Doch wenn dahinter kein zehnjähriges Versteckspiel steckt, kein Moment, in dem Du die Botschaft selbst durchlebt hast, dann steckst Du nicht in dem Satz drin, und das können wir im längeren Kontakt mit der Marke spüren.

Wenn ich auf diese Weise mit KI-Werkzeugen Texte generiere, fühlt es sich zeitweise so an, als wäre eine Plexiglasscheibe zwischen mir und den Worten. Ich kann das nette Ergebnis sehen und die Eleganz darin erkennen, doch ich fühle sie nicht. Mich verbindet nichts mit den Worten, weil sie keine Wurzeln in mir haben. Ich erlebe das Ergebnis, ohne den Weg dorthin gegangen zu sein. Und es fühlt sich fremd an. Durch diese Art der Textproduktion *entfremde* ich mich dermaßen von mir selbst und meiner Persönlichkeit, dass ich spüre, wie meine mentale Gesundheit darunter leidet. Wenn uns dieser Filter eines lehrt, dann das:

Im Leben wie in der Kommunikation kommt es weniger auf das Ergebnis an als darauf, was der Prozess dorthin aus uns macht.

Er formt uns. Er verankert uns in dem, was wir später aussprechen. Und genau diese Verankerung ist das, was Deine Worte am Ende glaubwürdig macht – egal, mit welchen Werkzeugen Du sie geschrieben hast. Im Prozess und in unserer Geschichte liegt ein wertvolles Geschenk, das wir uns manchmal auf unbequemem Weg verdienen dürfen.

Die Geschichte als Filter in der Praxis

Wie arbeiten wir nun mit diesem Filter? Das Grundvorgehen besteht darin, die biografischen Schichten freizulegen, die Deine Marke geformt haben. Und sie sind bereits da – in den Erfahrungen und Entscheidungen, die Dich zu dem gemacht haben, was Du heute bist. Die Momente, die Dich, Deine Art und Deinen Stil definiert haben. Ich unterscheide dabei drei Ebenen:

1. **Die Gründungsgeschichte** – diese Geschichte skizziert die innere Reise. Was war der Auslöser? Was fehlte auf dem Markt, in Deinem Leben, in Deiner Arbeit? Welches Problem hat Dich so lange nicht losgelassen, bis Du Dich entschieden hast, selbst eine Lösung zu schaffen? Bei vielen Marken liegt in der Gründungsgeschichte bereits der Kern aller späteren Entscheidungen. Bei Apple war es der Wunsch, Technologie menschlich zu machen. Bei Patagonia war es die Liebe zur Natur. Bei mir war es das Wissen, was es kostet, sich zu verstecken – und die Weigerung, jemals wieder eine Stimme zu benutzen, die nicht meine eigene ist.
2. **Die Wendepunkte** – das sind die Momente, in denen sich der Kurs verändert. Die ungeplanten Erschütterungen: ein Scheitern, ein unerwartetes Feedback oder eine Begegnung, die alles in ein neues Licht gerückt hat. Sehr häufig entstehen solche Momente dadurch, dass bestimmte Menschen in unser Leben getreten sind, die unseren Blick auf den Markt, das Leben oder uns selbst verändert haben. Wendepunkte sind deshalb so wertvoll, weil sie zeigen, dass eine Marke lernfähig ist. Sie hat sich nicht starr an einen Plan geklammert und ihn gegen jeden Widerstand durchgezogen. An einem Punkt hat sie sich geöffnet, zugehört und sich berühren lassen. Und aus dieser Bereitschaft, den Kurs zu korrigieren, ist etwas Stärkeres gewachsen als der ursprüngliche Plan. Das sind die überraschenden Wendepunkte, die kein Drehbuchautor so gut planen könnte wie das Leben selbst.
3. **Die stillen Prägungen** – das sind die Erfahrungen, die so tief wirken, dass wir sie kaum noch bemerken. Die Werte, die wir von unseren Eltern übernommen haben. Die Haltung, die ein Mentor uns vorgelebt hat. Der Satz eines Kunden, der uns seit Jahren begleitet, ohne dass wir ihn je aufgeschrieben haben. Diese stillen Prägungen formen den Grundton einer Marke. Sie erklären, warum eine Marke bestimmte Dinge für selbstverständlich hält, die andere nicht einmal bemerken. Und sie sind oft der Schlüssel zu dem, was die Marke wirklich einzigartig macht – denn keine zwei Menschen haben dieselbe Kombination aus Erfahrungen, Prägungen und Wendepunkten durchlebt.

Leitfragen

Die folgenden Fragen begleiten Dich dabei, die Geschichte Deiner Marke freizulegen. Beantworte sie schreibend und lass Dich dabei intuitiv von einem Gedanken zum nächsten tragen. Ich habe dabei schon öfter erlebt, dass mir dabei Details bewusst geworden sind, die meiner Geschichte noch mehr Tiefe verliehen haben.

- **Zur Gründungsgeschichte**
  - Was war der Moment, in dem Du wusstest: »Das muss ich machen.«? Was hat diesen Moment ausgelöst?
  - Welches Problem hat Dich nicht losgelassen – auch dann nicht, als es bequemer gewesen wäre, es zu ignorieren?
  - Was fehlte auf dem Markt, das Du selbst schmerzlich vermisst hast?
- **Zu den Wendepunkten**
  - Welche Erfahrung hat Deinen Blick auf Dein Thema grundlegend verändert?
  - Wann bist Du gescheitert – und was hast Du dabei verstanden, das Du auf keinem anderen Weg hättest lernen können?
  - Gab es einen Moment, in dem Du bereit warst, aufzugeben? Was hat Dich weitermachen lassen?
  - Welches Feedback hat Dich erst schwer getroffen, doch im Nachhinein einen großen Sprung weitergebracht?
- **Zu den stillen Prägungen**
  - Welcher Mensch hat Deine Haltung am stärksten geprägt – und wie zeigt sich das heute in Deiner Arbeit?
  - Was hältst Du für selbstverständlich, was andere erstaunlich finden?
  - Welche Erfahrung aus Deiner Kindheit oder Jugend wirkt bis heute in Deiner Marke nach?
  - Welche Geschichte erzählt Deine Marke, ohne dass Du sie je bewusst erzählt hast?

Den Geschichtsfilter schreibend erkunden

Du hast jetzt drei Ebenen und ein Werkzeug. Aber das Eigentliche beginnt erst, wenn Du anfängst. Denn Deine Geschichte entdeckst Du im Schreiben.

Such Dir eine der drei Ebenen aus – nicht unbedingt die, die am leichtesten klingt. Lieber die, bei der Du innerlich kurz ausweichst. Da liegt meistens das, worüber sich zu schreiben lohnt. Dann setz Dich hin und fang an, ohne zu wissen, wohin es führt.

Was dann passiert, lässt sich schwer erklären, bevor man es erlebt hat: Während Du schreibst, tauchen Dinge auf, von denen Du nicht wusstest, dass Du sie weißt. Ein Detail, an das Du Dich seit Jahren nicht erinnert hast. Eine Verbindung zwischen zwei Momenten, die nie etwas miteinander zu tun hatten – bis Du sie auf derselben Seite siehst. Das Schreiben verbindet die Punkte, die Dein Denken getrennt hielt.

Sei dabei sanft zu Dir. Du reist gerade durch tausende Stunden gelebtes Material – durch Jahre, in denen Du nicht wusstest, dass sie einmal zu einer Geschichte werden. Es darf dauern. Es darf zäh sein. Und es darf an manchen Tagen gar nicht kommen.

In solchen Momenten kannst Du auch zu einem anderen Mittel greifen: Lass andere Dich fragen. Wir sehen unsere eigene Geschichte selten klar – sie ist zu nah, wir stehen mittendrin. Aber wenn ein anderer Mensch, mit dem Du in Resonanz bist, Dich fragt: »Warum hast Du das damals eigentlich gemacht?« – dann hörst Du Dich Dinge sagen, die Du nie aufgeschrieben hättest. Beim Beantworten wird Dir klar, was Du längst wusstest.

Ich habe meine eigene Geschichte nicht ganz am Schreibtisch ergründet. Ich habe sie in Interviews gefunden – als Menschen mir persönliche Fragen stellten, auf die ich keine vorbereitete Antwort hatte. Was dann aus mir herauskam, überraschte mich oft selbst.

Also: Such Dir jemanden, der gut fragt. Und gib ihm die Erlaubnis, nicht beim ersten »Weiß ich nicht« lockerzulassen.

Und wenn die Antwort nicht gleich kommt, kommt sie sehr wahrscheinlich später. Das ist die Magie der Fragen, die an uns nagen.

2.2.8 Der Zustand

Es gibt diese Tage, an denen alles eine Spur zu laut ist. Du bist schon mit einem dumpfen Kopfschmerz aufgewacht, der Kaffee schmeckt nach nichts, die Mail des Kollegen klingt nach Vorwurf und selbst der Himmel hängt wie eine nasse Wolldecke über der Stadt. Du liest denselben Satz dreimal und verstehst ihn nicht. Selbst einfache Dinge kosten Dich immense Kraft. Die Welt zieht sich zusammen – und mit jedem Gedanken wird sie ein Stück schwerer. Puh. Allein darüber zu schreiben, zieht meine Stimmung in den Keller. Also raus aus diesem Film!

Zum Glück gibt es da auch die anderen Tage. Du bist frisch verliebt. Du trägst die rosarote Brille, schwebst durch den Tag und lässt Dir von nichts und niemandem die Laune verderben. Der Regen ist romantisch, der Stau eine Verschnaufpause, und selbst der mürrische Bäcker ist für Dich einfach ein Original. Du begegnest den Menschen um Dich herum offener, wohlwollender und entspannter. Und genau das macht Dich in den Augen anderer selbstbewusst, sympathisch und sogar charismatisch. Nichts an der Welt hat sich geändert. Nur Dein Zustand.

Unser emotionaler Zustand ist ein weiterer kraftvoller Filter. Und der heimtückischste von allen. Denn während alle anderen Filter relativ stabil sind und sich oft – wenn überhaupt – nur im Laufe von Jahren entwickeln, kann sich dieser innerhalb von Minuten verändern. Ein

Anruf, ein Lob oder eine schlaflose Nacht – und Du schreibst wie ein anderer Mensch. Genau das macht ihn so gefährlich. Und so wertvoll.

Was diesen Filter von allen anderen unterscheidet

Wir alle fahren im Alltag auf der Achterbahn der Gefühle: mal neugierig und interessiert, mal euphorisch oder nachdenklich, zwischendurch auch mal traurig, verärgert oder ängstlich. Und trotz dieser Vielfalt haben wir einen Sweetspot – einen *emotionalen Grundzustand*, der unser geistiges Zuhause bildet.

Vielleicht kennst Du Menschen, die immer ein Lächeln auf den Lippen tragen, mühelos Komplimente verteilen und auch in wilden Zeiten erstaunlich gelassen bleiben. Heiterkeit ist ihr Grundzustand. Wenn sie einmal einen grauen Tag haben, fällt uns das sofort auf – gerade, weil es nicht ihrem gewohnten Muster entspricht. Genau diesen emotionalen Grundzustand wollen wir auch für unsere Marke definieren.

Die beiden Wirkrichtungen dieses Filters

Nach innen entscheidet Dein Zustand nicht nur, *wie* Du schreibst, er beeinflusst, *was* Dir überhaupt einfällt. Angenommen, Du sollst einen Werbetext über den Sommer schreiben. An einem schönen, entspannten Tag tauchen die Ideen von selbst auf: das Knistern von Grillkohle, barfuß über warmen Asphalt, das erste kühle Getränk, das nach Ferien schmeckt. Dieselbe Aufgabe, ein bedrückender Tag – und Dir fällt ein: Sonnenbrand. Mückenstiche. Überfüllte Strände. Dein Gehirn kramt eine ganz andere Welt hervor.

Stimmungen lenken unser Gedächtnis: Wir erinnern uns bevorzugt an das, was zu unserem aktuellen Gefühl passt. Eine Emotion aktiviert ein ganzes Netz verwandter Erinnerungen, Bilder und Wörter – und blendet den Rest einfach aus. Bist Du gut drauf, öffnet sich Dein Denken. Angenehme Emotionen weiten das Repertoire an Gedanken und Assoziationen, Du verknüpfst freier und stößt so auch auf unerwartete Bilder. Im guten Zustand traust Du Dich an Formulierungen, vor denen Du an einem unsicheren Tag zurückschrecken würdest. Stehst Du unter Druck, verengt sich Deine Aufmerksamkeit. Cortisol hemmt Hippocampus und Stirnhirn – also genau die Areale, aus denen Du Erinnerungen, Worte und Sätze schöpfst. Auf den mutigen Satz, der Dir gestern bei aller Heiterkeit zugeflogen wäre, hast Du im gestressten Zustand einfach keinen Zugriff.

Deshalb ist mein wertvollster Schreibtipp überhaupt: Experimentiere bewusst mit Deinem Zustand. Wenn ich mich anders fühle, schreibe ich anders – und ich komme auf Ideen, die mir in einem anderen Modus nie eingefallen wären. Nach einer Runde Kraftsport denke ich wilder, mutiger und kühner. Ich traue mich an Sätze, die Kante haben, an Bilder, die provozieren, und an Thesen, die ich am Schreibtisch vorsichtshalber wieder gestrichen hätte. Bei Lavendelduft aus dem Aroma-Öl-Diffusor, gedämpftem Licht und entspannender Musik denke und schreibe ich weicher, sinnlicher und assoziativer. Plötzlich schmuggeln sich Metaphern in meinen Text, die einen Teil von mir ins Staunen versetzen. Und morgens nach zwei Kaffee, mit dem leichten Druck des Tagespensums im Nacken, denke ich schärfer, effizienter und spezifischer.

Unser Gehirn arbeitet zustandsspezifisch. Je nachdem, wie wir uns fühlen, zeigen wir andere Facetten unserer Persönlichkeit und haben leichteren Zugang zu gewissen Fähigkeiten. Diesen Mechanismus kannst Du Dir bewusst zunutze machen, indem Du Dich vor dem Schreiben fragst: »Welcher Zustand dient diesem Text am besten?«, und Dich dann gezielt in ihn hineinbegibst.

Nach außen dringt Dein Zustand durch den Text hindurch und kommt bei den Leserinnen und Lesern an – oft schon lange bevor sie überhaupt inhaltlich ganz erfasst haben, worüber Du schreibst.

Emotionen sind ansteckend. Wenn jemand mit echter Begeisterung von seinem Projekt erzählt, hörst Du anders zu, als wenn jemand pflichtbewusst seinen Punkt abarbeitet. Du spürst es in den ersten Sekunden an Faktoren wie der Stimme, am Sprechtempo und insgesamt an der Energie, die in den Worten steckt. Ähnliches gilt auch für die geschriebene Sprache, mit dem Unterschied, dass der Zustand andere Spuren im Text hinterlässt. Wir spüren ihn in der Wortwahl, in der Satzlänge, im Rhythmus, in der Schärfe der Gedanken bis hin zu dem, was die Person beim Schreiben erwähnt und was sie auslässt. Ein Text, den Du im Flow geschrieben hast, fließt häufig auch beim Lesen harmonisch und leicht. Ein Text, den Du aus Erschöpfung herausgepresst hast, kann auch die Leserinnen und Leser erschöpft zurücklassen – selbst wenn sie nicht gleich benennen können, warum.

Das Grundgefühl, das sich durch Deine Texte zieht, entwickelt sich mit der Zeit zum heimlichen Markenzeichen. Da schwingt dann etwas mit, das nur von Dir kommen kann. Genau für diese Energie, die die Menschen von der Marke kennen und schätzen, kommen sie wieder. In besonders starken Momenten fühlt sich das dann so an wie ein inneres Aufatmen: Ah, hier ist sie wieder, diese Atmosphäre, die ich so mag.

Wie fühlt sich die Marke an?

Bevor Du weiterliest, nehmen wir uns einen Moment zum Sortieren, denn hier werden gerne häufig drei Dinge verwechselt, die nicht dasselbe sind.

Deine Werte sagen, *wofür* die Marke steht. Deine Tonalität sagt, *wie* sie spricht. Der emotionale Grundzustand aber sagt etwas Drittes: wie sie sich anfühlt, wenn wir ihr begegnen. Es geht um das Gefühl, das bei den Menschen zurückbleibt, wenn die Worte längst verblasst sind.

Du erkennst diesen emotionalen Grundzustand an einer einzigen Frage: Wenn Deine Marke ein Mensch wäre und den Raum beträte – wie würde sich die Stimmung im Raum verändern?

Auch hier wirst Du merken, dass dieser Filter in enger Wechselwirkung mit den Werten, Zielen und Überzeugungen der Marke steht. Damit für die Praxis Spielraum für Interpretation bleibt, fasse ich diesen Punkt gerne als Spannungsverhältnis zwischen zwei Polen ein, indem ich präzisiere, wie die Marke sich anfühlen und wie sie explizit nicht wirken will. Lass uns das an drei Beispielen konkret machen.

- **Eine Krankenkasse**

  Diese Marke begegnet Menschen in verletzlichen Momenten. Sie spricht über Krankheiten, Prävention und Risiken, allerdings ohne Angst zu schüren oder Probleme schönzureden. Stattdessen vermittelt sie: Du bist nicht allein! Wir sind an Deiner Seite. Ob es um Vorsorge, Diagnosen oder den individuellen Lebensstil geht – die Kommunikation lässt Raum für Unsicherheit, bleibt dabei jedoch konsequent hoffnungsvoll. Die Marke macht Mut, Verantwortung zu übernehmen, notwendige Schritte zu gehen und handlungsfähig zu bleiben. Selbst bei schwierigen Themen hinterlässt sie das Gefühl von Orientierung, Halt und Handlungsfähigkeit.

  - Wie sie sich anfühlt: beruhigend, stärkend und warmherzig
  - Bleibendes Grundgefühl: Zuversicht
  - Wie sie nicht wirken will: bürokratisch, belehrend oder alarmistisch

  Ihre stille Botschaft: *Du bist nicht allein. Wir kümmern uns – und von nun an wird alles mit jedem Schritt besser für Dich.*

- **Eine Anwaltskanzlei**

  Diese Marke agiert in einem Umfeld voller Unsicherheit und Komplexität. Darum verzichtet sie auf Drama und Fachchinesisch. Sie sortiert, priorisiert und macht Zusammenhänge verständlich, wo andere Probleme aufblasen. Auch unangenehme Wahrheiten spricht sie offen an, aber stets ruhig, sachlich und lösungsorientiert. Entscheidungen fühlen sich dadurch weniger bedrohlich an. Ihre Kommunikation nimmt Druck raus und gibt Struktur. Die implizite Botschaft: Das ist lösbar, und wir gehen das gemeinsam sauber an. Schritt für Schritt.

  - Wie sie sich anfühlt: entlastend, strukturierend und unaufgeregt
  - Bleibendes Grundgefühl: Erleichterung
  - Wie sie nicht wirken will: kühl, distanziert oder technokratisch

  Ihre stille Botschaft: *Das ist lösbar. Atme durch – ab hier übernehmen wir.*

- **Eine Werbeagentur**

  Diese Marke liebt Entwicklung, Klartext und Reibung. Sicherheit langweilt sie, Spannung treibt sie an. Sie sieht in Fehlern Rohmaterial und in neuen Perspektiven Brennstoff. Ihre Kommunikation fordert heraus, macht neugierig und lädt zum Ausprobieren ein: Hör auf, perfekt sein zu wollen oder auf Nummer sicher zu gehen.

- Wie sie sich anfühlt: inspirierend, aktivierend und auch mal frech
- Bleibendes Grundgefühl: Aufbruch
- Wie sie nicht wirken will: naiv, überdreht oder beliebig

Ihre stille Botschaft: *Fang an, mutig zu denken! Du bist von Natur aus eine kreative Urgewalt.*

Drei Marken. Drei Atmosphären. Und kein einziges Mal stand das Gefühl wörtlich im Text. Es entstand zwischen den Zeilen in einer Mischung aus Wortwahl, Rhythmus und Tempo.

So findest Du die stille Botschaft Deiner Marke

Diese eine Zeile in Kursiv – *Du bist nicht allein. Das ist lösbar. Fang an, mutig zu denken!* – ist das Herz des ganzen Filters. Sie steht nie im Text. Aber jeder Satz trägt ihren Spirit. Die Frage ist nur: Wie findest Du sie?

Bei mir hat sich ein einfacher Dreischritt bewährt:

1. **Nenne die Notlage**: Frag Dich: In welcher Verfassung kommt meine Zielgruppe zu mir? Niemand wendet sich an eine Krankenkasse, wenn alles gut ist, und niemand besucht eine Kanzlei aus Langeweile. Schreib in einem Satz auf, was der Mensch fühlt, kurz bevor er Deine Marke trifft. Angst. Überforderung. Lähmung. Sei ehrlich, nicht nett.
2. **Formuliere das Gegenteil**: Was soll dieser Mensch fühlen, nachdem er Dir begegnet ist? Nicht »informiert«. Nicht »beraten«. Benenne ein echtes Gefühl: umarmt, erleichtert, beflügelt. Die Differenz zwischen dem Vorher und Nachher ist Deine Wirkung.
3. **Sag es ihm direkt**: Jetzt forme einen Satz, den Du dem Menschen ins Gesicht sagen würdest, wenn er vor Dir stünde – einfach, warm und ohne Marketing-Blabla. Genau diesen Satz sagst Du nie laut, doch er wirkt immer unter der Oberfläche mit.

Die Probe: Lies den Satz laut. Verändert sich Deine Stimme? Bewegt sich dabei etwas in Dir? Wirst Du wärmer, mutiger oder entschlossener? Dann hast Du ihn. Bleibt die Stimme gleichgültig, findest Du gewiss noch eine treffendere stille Botschaft.

Die Pole spüren: Wie der Zustand unsere Sprache formt

Um den emotionalen Sweetspot Deiner Marke bewusst zu wählen, kann es auch helfen, ihn auf einer Skala zwischen zwei Polen einzuordnen. Doch bevor ich Dir die vollständige Liste zeige, lass uns an sechs Beispielen erleben, wie gewaltig sich der Unterschied zwischen zwei Polen anfühlen kann. Und damit der Kontrast so sauber wie möglich wird, spielen wir alle sechs Paare an derselben Marke durch: einer Bäckerei. Dasselbe Brot, dieselbe Überzeugung, dasselbe Thema. Nur der Zustand ändert sich.

Ernst – leicht

Ernst: *Echtes Brot stirbt aus. Jeden Tag schließt irgendwo eine Backstube, die noch wusste, wie Sauerteig atmet. Was auf dem Spiel steht, ist mehr als Handwerk – wir verlieren ein Stück Kultur, wenn wir nicht aufhören, uns mit Industrieware zufriedenzugeben.*

Leicht: *Bei uns riecht's schon morgens um fünf nach Wochenende.*

Diplomatisch – direkt

Diplomatisch: *Es gibt viele gute Gründe, warum Menschen zum Discounterbrot greifen – zum Beispiel der Preis, die Bequemlichkeit oder einfach aus Gewohnheit. Wir nehmen das niemandem übel. Und trotzdem glauben wir, dass es sich lohnt, einmal innezuhalten und sich zu fragen: »Was esse ich da gerade eigentlich?«*

Direkt: *Das Brot, das Du beim Discounter kaufst, ist kein Brot. Es ist ein Industrieprodukt mit Mehl drin. Zwanzig Zusatzstoffe, drei Stunden Produktion, null Seele. Du verdienst Besseres. Und Dein Körper auch.*

Sanft – kraftvoll

Sanft: *Kannst Du Dich noch daran erinnern, wann Du zuletzt ganz bewusst ein Stück Brot genossen und Dich voll in diesem Moment verloren hast? Nur Du und dieser eine Bissen … Komm rein, atme durch und lass den Tag kurz draußen.*

Kraftvoll: *Hör auf, Deine Ernährung nebenbei zu erledigen. Hör auf, Dinge in Dich hineinzuschieben, die Du nicht mal schmeckst. Gönn Deinen Sinnen mal wieder was, bevor sie verkümmern. Eine Kruste, die knackt, wenn Du reinbeißt. So muss das!*

Nüchtern – sinnlich

Nüchtern: *Unser Sauerteig reift 24 Stunden. Wir verwenden ausschließlich regionales Getreide aus kontrolliertem Anbau. Keine Backmischungen, keine Konservierungsstoffe, keine Enzyme. Drei Zutaten: Mehl, Wasser, Salz.*

Sinnlich: *Stell Dir vor, Du betrittst unsere Backstube um fünf Uhr morgens. Du spürst die Wärme des Ofens auf der Haut und Mehlstaub sanft an Deinen Händen. Der Duft von frischem Roggen liegt in der Luft. Du hörst die Kruste leise knacken, wenn das Brot atmet. Diesen Moment backen wir in jedes Brot hinein.*

Zurückhaltend – expressiv

Zurückhaltend: *Wir backen seit drei Generationen. Nicht mehr und nicht weniger. Wer unser Brot probiert hat, kommt wieder. Wer nicht, hat wohl seine Gründe. Wir machen trotzdem weiter.*

Expressiv: *Wir sind besessen von Brot! Wir reden dauernd über Brot. Wir träumen von Brot und stehen jeden Morgen um drei Uhr auf, weil uns nichts glücklicher macht als Brot. Dieser Mo-*

ment, in dem ein perfekter Laib aus dem Ofen kommt. Und diese Begeisterung schmeckst Du in jedem Bissen!

Pragmatisch – visionär

Pragmatisch: *Frisch ab sechs. Solange der Vorrat reicht.*

Visionär: *Wir backen kein Brot. Wir backen den Anfang eines guten Tages.*

Spürst Du den Unterschied? Dieselbe Bäckerei, dasselbe Brot – und trotzdem klingt jedes Paar, als würden zwei verschiedene Menschen sprechen. Das zeigt: Der Zustand verändert nicht nur, *was* Du sagst – er verändert, *wie es sich anfühlt*. Und dieses Gefühl überträgt sich auf die Leserinnen und Leser. Das ist die ganze Macht dieses Filters – versteckt in einer Kruste Brot.

Erinnere Dich dabei kurz daran, dass Du nicht alle bedienen musst. Im Gegenteil: Eine Marke, die jeden Ton trifft, hat keinen eigenen. Geh die folgende Liste an Polen langsam durch. Achte weniger darauf, was einfach nur gut klingt. Frag Dich: An welchem spürst Du ein leises »Ja« im Bauch? Markiere drei bis fünf – das ist Deine emotionale Stimmlage.

- Ernst – leicht
- Beruhigend – belebend
- Kuratiert – unverstellt
- Diplomatisch – direkt
- Nüchtern – sinnlich
- Bodenständig – erhaben
- Vertraut – geheimnisvoll
- Schlicht – raffiniert
- Etabliert – experimentell
- Bedacht – schnell
- Formell – persönlich
- Sanft – kraftvoll
- Zurückhaltend – expressiv
- Kontrolliert – leidenschaftlich
- Pragmatisch – visionär
- Sachlich – spielerisch
- Strukturiert – gelassen
- Mutig – vorsichtig

Ein Hinweis, der Dir Arbeit erspart: Es geht nicht darum, immer exakt auf demselben Punkt zu stehen. Eine Marke darf *ernst* und *leicht* sein – an verschiedenen Tagen, zu verschiedenen

Anlässen. Entscheidend ist nicht der einzelne Pol, sondern Dein Schwerpunkt. Wohin kehrt Deine Sprache zurück, wenn niemand zuschaut? Da liegt ihr Zuhause.

Emotionale Konsistenz statt emotionaler Starre

Jetzt könntest Du denken: *Also immer dasselbe Gefühl. Immer beruhigend, immer warm, immer auf meiner Linie …* Bitte bloß nicht!

Eine Marke, die unter allen Umständen denselben Ton hält, wirkt irgendwann nicht mehr verlässlich, sondern … cringe. Wie ein Mensch, der auf jede Nachricht – Hochzeit, Kündigung, Todesfall – mit demselben freundlichen Lächeln reagiert. Anfangs beruhigend. Dann unheimlich.

Eine warmherzige Krankenkasse darf in einer Gesundheitskrise ernst werden. Eine freche Werbeagentur darf still werden, wenn der Welt gerade nicht nach Konfetti ist. Das hat weniger mit Inkonsistenz zu tun – das ist schlicht und einfach Anstand. Problematisch wird es erst, wenn die Schwankungen keinem inneren Kompass mehr folgen. Wenn die Marke zum Beispiel heute jubelt und morgen belehrt – weniger, weil die Lage es verlangt, sondern weil der Texter einfach nur schlecht geschlafen hat. Oder eine Marke spricht auf ihrer Website von Vertrauen und Partnerschaft, klingt im Newsletter plötzlich belehrend und begegnet den Menschen im Support nüchtern oder defensiv. Für sich genommen ist jede dieser Haltungen vielleicht erklärbar. In der Summe entsteht allerdings ein Bruch. Der fällt aus der Innensicht nicht immer sofort auf, doch von außen ist er klar zu spüren. Die Menschen fragen sich dann – oft unbewusst –, wer die Marke eigentlich gerade ist. Sie hören vielleicht noch zu, aber sie lassen sich nicht mehr wirklich darauf ein. Das Vertraute fehlt, und das gefährdet das Vertrauen.

Emotionale Konsistenz bedeutet nicht, dass eine Marke immer absolut gleich klingen oder sich immer gleich anfühlen muss. Es kommt also weniger auf die einzelnen Ausschläge an und mehr auf die Mitte, zu der die Marke zurückkehrt. Es geht also nicht darum, die Stimmungen Deiner Marke streng zu kontrollieren. Die Kunst liegt darin, der richtigen Grundstimmung einen verlässlichen Ort anzubieten, an den sie gern zurückkommt.

Den emotionalen Grundzustand der Marke finden

Wie findest Du nun diese Mitte? Eine Warnung vorweg: Schau nicht darauf, wie die Marke sein sollte. Schau darauf, wie sie tatsächlich ist, wenn keiner eine Strategie von ihr verlangt. Manche Marken beschreiben hier ihr Wunschbild – souverän, nahbar, innovativ – und schreiben damit an sich selbst vorbei. Es geht nicht darum, was Du gern wärst. Der emotionale Grundzustand ist das, was sich ganz natürlich einpendelt, wenn Du aufhörst, jemand sein zu wollen.

Wie fühlen sich Begegnungen mit Deiner Marke schon heute an? Welche emotionale Haltung taucht immer wieder auf, selbst wenn sich das Medium, das Format oder der Anlass verändern? Ist es Zuversicht, die überwiegt? Neugier, die antreibt? Spüren wir Mut und Entschlossenheit am Puls der Marke? Gerne auch eine Mischung – solange sie sich stimmig anfühlt und nicht beliebig wirkt.

Diese Fragen kannst Du Dir einerseits aus interner Perspektive stellen, andererseits auch Deine Zielgruppe um ihr Feedback bitten: Wie fühlt sich die Marke für sie an? Welche drei bis fünf Wörter charakterisieren sie am besten? Lass die Menschen Geschichten von Momenten erzählen, in denen die Marke ganz sie selbst war. Oft führt eine implizite Abfrage leichter zu besseren Ergebnissen als die explizite Frage nach Gefühlszuständen.

- Wenn die Marke ein Mensch wäre und den Raum beträte – wie würde sich die Stimmung im Raum verändern?
- Welches Gefühl sollen Menschen mitnehmen, nachdem die Worte längst aus dem Gedächtnis sind?
- Wenn jemand die Marke in *einem* Gefühl beschreiben müsste – welches wäre es?
- An welchem Tag, in welcher Stimmung schreibst Du Deine besten Texte für diese Marke?
- Zu welchem Zustand kehrt sie zurück, wenn der Druck nachlässt?
- Welcher Song trifft den Grundzustand der Marke?

Die letzte Frage ist kein Spiel. Musik versetzt Dich in Sekunden in einen Zustand, den Du allein nicht herstellen könntest. Sie ist die schnellste Abkürzung zu Deinem Sweetspot, die es gibt.

Alltägliche Fallstricke und wie Du sie löst

Du kennst jetzt die Theorie. In der Praxis wartet trotzdem eine Falle – und sie ist so banal, dass kaum jemand sie ernst nimmt: Oft schreiben wir aus einem Zustand, den wir überhaupt nicht transportieren wollen.

Die häufigsten Fallstricke lauern direkt im Schreibprozess selbst. Du sitzt erschöpft am Schreibtisch und sollst einen beschwingten Newsletter texten. Du bist gereizt und sollst Wärme verströmen. Schreiben ist (zum Glück) selten ein linearer, monotoner Vorgang. Wir pendeln zwischen Euphorie (»Das ist genial!«) und Verzweiflung (»Das ist kompletter Schwachsinn.«). Mal fühlen wir uns gestresst, weil neben dem Text noch andere Aufgaben auf unserem Schreibtisch kokeln. Mal sind wir verunsichert, weil wir ein heikles Thema bearbeiten. Die Sätze holpern, stottern und drucksen herum. Und manchmal ärgern wir uns über den Markt, über Kommentare oder schlicht über das Wetter. Dann kann es leicht passieren, dass unsere inneren Zustände am Ende auch auf den Text abfärben.

Das Ergebnis liest sich dann oft auch so. Die Menschen merken es beim Lesen nicht bewusst, doch sie können manchmal spüren, dass etwas nicht stimmt.

Um das zu vermeiden, gibt es eine goldene Regel, und sie kostet Dich nichts außer ein bisschen Geduld: Beurteile keinen Text in der Stimmung, in der Du ihn geschrieben hast.

Schreib, was Du schreiben musst – egal in welcher Verfassung. Dann steh auf. Trink einen Kaffee. Mach zehn Liegestütze, putz Dir die Zähne, geh einmal um den Block. Was auch immer Du tust, verlasse den Zustand, der den Text erzeugt hat.

Denn besonders nach intensiven Momenten habe ich den Eindruck, dass der Text an mir »klebt«. Ich bin dann zu befangen, um Brüche in der Logik und die emotionale Farbe des Textes beurteilen zu können. Zeitliche und räumliche Distanz helfen mir in diesen Situationen, loszulassen. Ich versetze mich selbst bewusst in einen anderen Zustand. Und oft kommen mir die besten Einsichten und Formulierungen nebenbei, während die Kaffeemaschine surrt, ich die Wäsche zusammenlege ... Was machst Du am liebsten?

Erst, wenn Du mit klarem Kopf zurückkommst, lies den Text noch einmal – und fühl in Dich hinein: Bewegt mich dieser Text? Werde ich wärmer, leichter, wacher? Oder bleibe ich kalt? Dein Körper antwortet schneller und ehrlicher als Dein Verstand.

Ein letzter Praxistipp, wenn Du für mehrere Marken schreibst: Spring nicht den ganzen Tag zwischen ihnen hin und her. Jeder Sprung kostet Dich einen Zustandswechsel – und keiner gelingt ganz. Bündle stattdessen. Schreib alle Texte einer Marke am Stück, solange Du in ihrem Gefühl bist. Dann erst wechsle – bewusst, mit Pause – zur nächsten Marke.

Den Zustandsfilter schreibend erkunden

Am Ende führen zwei Wege zum emotionalen Sweetspot Deiner Marke. Du musst nicht beide gehen. Nimm den, der sich am besten anfühlt.

Der erste Weg: die eine Zeile. Such den Satz, den Deine Marke nie ausspricht und der doch in jedem Text mitschwingen sollte – die stille Botschaft. Wie Du sie findest, weißt Du schon: Notlage benennen, Gegenteil formulieren und dem Menschen direkt ins Gesicht sagen. Schreib diesen Satz auf eine Karte und leg sie neben die Tastatur. Er ist Dein innerer Anker. Wenn er sich beim Lesen anfühlt wie nach Hause kommen – dann hast Du Deinen Sweetspot gefunden.

Der zweite Weg: die Pole. Falls sich der eine Satz noch nicht zeigt, geh es von außen an. Nimm Deine drei bis fünf Pole und schreib denselben kurzen Text – eine Begrüßung, einen Newsletter-Auftakt – einmal pro Pol. Du wirst schnell merken, welche Fassung sich anfühlt wie Deine Marke und welche wie ein geliehener Anzug. Manchmal findest Du den Sweetspot nicht, indem Du ihn suchst, sondern indem Du alle unpassenden Möglichkeiten ausschließt.

Beide Wege enden am selben Ort: bei einem Gefühl, das so sehr Deins ist, dass Deine Zielgruppe es für Deine Handschrift hält. Und genau das ist es dann auch.

2.3 Zwischenhalt – von der Perspektive zur Haltung

Das sind sie – die wesentlichen Filter, die den Blick einer Marke auf die Welt formen. Ihr Markt, ihr Ziel, ihre Zielgruppe. Die Überzeugungen, die sie antreiben. Die Werte, die sie nicht verhandelt. Die Kultur, in der sie lebt. Die Geschichte, aus der sie gewachsen ist. Und der Zustand, in dem sie sich zeigt.

Wenn all diese Filter zusammenwirken, entsteht etwas, das sich nicht in einem einzelnen Element fassen lässt: eine ureigene Perspektive auf die Welt. Eine Art Philosophie der Marke – ein Spirit, der Resonanz bei all jenen auslösen kann, die die Welt auf ähnliche Weise sehen und erleben – oder es in Zukunft wollen.

Diese Perspektive ist Dein strategisches Fundament. Doch ein Fundament allein ist noch kein Haus. Die Frage, die sich jetzt stellt, ist nicht mehr, *was* Deine Marke sieht – sondern *wie* sie sich zeigt. Mit welcher Haltung sie spricht. Mit welcher Offenheit sie sich preisgibt. Mit welchem Mut sie ihre Kanten zeigt. Genau darum geht es im nächsten Kapitel.

Kapitel 3
Haltung – die inhaltliche Stilebene

Du hast die Perspektive Deiner Marke freigelegt – Filter für Filter, Frage für Frage. Du weißt jetzt, wie Deine Marke die Welt sieht, woran sie glaubt und woher sie kommt. Doch Perspektive allein macht noch keinen Stil. Zwei Menschen können dieselbe Überzeugung teilen und sie auf völlig verschiedene Weise ausdrücken: der eine vorsichtig und abwägend, der andere direkt und unverblümt. Der Unterschied liegt nicht nur in dem, was sie sehen, sondern auch in der Haltung, mit der sie es zeigen. In diesem Kapitel geht es um genau diese Haltung – die innere Verfassung, aus der heraus Deine Marke spricht, schreibt und sich der Welt zeigt.

Wenn sich die Kommunikation aus der Philosophie der Marke speist, entstehen beim Schreiben wie nebenbei Punchlines – kraftvolle Sprüche, die diese Weltanschauung in wenigen Worten verdichten. Gleichzeitig bildet sich damit die *Tonalität*, also die Art und Weise, wie die Marke spricht. Diese Faktoren definieren den *inhaltlichen Stil der Marke* – den subtilen und doch unverkennbaren roten Faden, der sich durch das gesamte Content-Universum zieht. Die Idee des Brandwritings ist, dass Du Dich ganz mit dieser Perspektive verbindest, sie fühlst, sie atmest und diesen Spirit durch Deine Worte sprechen lässt.

Stil ist dabei sehr viel mehr als die Wahl Deiner Worte und die Länge Deiner Sätze. Natürlich gibt es Merkmale, an denen sich ein Schreibstil festmachen lässt. Genau darum wird sich Kapitel 4 drehen. Doch ohne eine eigene Philosophie, aus der heraus sich Dein Stil speist, sind alle sprachlichen Mittel nur mechanische Spezialeffekte, die eine hübsche Maske erzeugen. Large Language Models können diese Elemente imitieren, doch das bedeutet nicht, dass sie auch auf gleiche Art und Weise inspirieren. Wenn Du Äpfel an eine Tanne hängst, wird daraus noch kein Apfelbaum.

Echter Stil ist mehr als die Summe seiner Teile. Echter Stil ist lebendig, teils irrational und in ständiger Entwicklung. Stil ist, wie Du von einem Gedanken zum anderen kommst. Stil ist, mit welchen Beispielen und Geschichten Du Deinen Content belebst. Stil ist, warum Du manches vertiefst und betonst und andere Punkte lediglich streifst oder ganz auslässt. Stil ist, wie Deine Biografie oder die Deiner Marke ihren Fingerabdruck in Deinem Text hinterlässt. Stil ist, was Du nicht sagst, ich aber dennoch immer wieder zwischen Deinen Zeilen spüren kann. Echter Stil lässt sich nicht prompten – nur leben.

Stil ist der Rhythmus, in dem Deine Gedanken atmen.

3.1 Fallstricke bei der Stilentwicklung

Echter Stil ist gelebter Ausdruck. Er entwickelt sich aus der Art, wie Du die Welt erlebst, was Du für wichtig hältst, was Dich berührt, was Deine Filter schlicht aussortieren – und aus der Lebenserfahrung, die diese Wahrnehmung geprägt hat und Deinen Spirit speist. Sprachmerkmale und Techniken kommen erst danach. Sie sind die Werkzeuge, mit denen sich diese innere Form nach außen zeigt. Doch ohne die innere Form bilden all diese Elemente nur eine Maske.

Unsere Filter formen sich nicht aus dem Nichts. Niemand steht eines Morgens auf und entscheidet, gewisse Werte zu leben oder von bestimmten Dingen überzeugt zu sein. Filter entstehen durch Menschen und Erfahrungen, die uns geprägt haben – und durch die Art, wie wir diese Einflüsse innerlich verarbeitet haben. Welche Bedeutungen haben wir den Dingen gegeben? Welche Schlüsse daraus gezogen? Welche Muster wiederholt, bis sie sich verfestigt haben? Diese innere Verarbeitung zeigt, warum zwei Menschen dieselbe Erfahrung machen und doch völlig verschiedene Stile entwickeln können.

Dein Stil entwickelt sich in der Schnittmenge aus Erfahrung und Interpretation – wo Du eine Haltung zur Welt formst, oft ohne es bewusst zu merken. Diese Haltung drückt sich in jedem Wort aus, das Du schreibst – mit einer wichtigen Ergänzung: *wenn Du es zulässt*.

Hier liegt der häufigste Fallstrick. Die meisten Menschen verbieten sich ihren Stil, lange bevor sie ihn erkundet haben. Sie streichen Sätze, die zu eigenwillig klingen. Sie glätten Formulierungen, die anecken könnten. Sie pressen ihre Stimme in das Korsett dessen, was im Markt gerade gut ankommt. Was übrig bleibt, ist ein höflicher Durchschnitt – sprachlich einwandfrei, aber ohne erkennbare Persönlichkeit dahinter.

Der Prozess des Brandwritings beginnt deshalb mit einer Erlaubnis. Der Erlaubnis, Deinen Standpunkt zu teilen. Deine Erfahrungen zu zeigen und Deinen Blick auf die Welt sichtbar zu machen, auch wenn er sich erst noch sortiert. Stil ist das, was übrig bleibt, wenn Du aufhörst, wie jemand anderes klingen zu wollen.

Dieser Erlaubnisprozess ist Teil des Schreibens. Brandwriting funktioniert wie eine Spirale: Jeder Text bringt Dich einen Schritt näher an Deine Marke heran. Du musst nicht warten, bis Dein Profil und die strategische Basis dahinter zu hundert Prozent geklärt sind. Du erkennst es im Schreiben. Eine Geschichte aus der Praxis legt einen Wert frei, an den Du vorher nicht gedacht hattest. Ein Beispiel offenbart eine Überzeugung, die Du nicht hättest benennen können, bevor sie auf dem Papier stand.

Jeder Satz, an dem Du feilst, feilt auch an Dir.

Jeder Versuch hingegen, Stil künstlich zu konstruieren – nach Vorbild, Marktanalyse oder Trendrecherche –, produziert ein Echo statt einer echten Stimme. Und dieses Echo hat ein Gespür für seine eigene Hohlheit. Wer mit fremder Stimme schreibt, spürt beim Schreiben selbst, dass etwas nicht passt. Doch statt diesem Gefühl zu folgen, polieren die meisten weiter. Sie suchen den besseren Begriff, die elegantere Wendung oder das treffendere Bild – und übersehen, dass das Problem nie auf der Wortebene lag, sondern eine Etage tiefer.

Im Folgenden lade ich Dich zu fünf Aspekten ein, die Dir helfen, Deinen Stil zuzulassen. Lies sie als Werkzeuge zur Selbstbeobachtung, als kleine Ventile, mit denen Du den Zugang zu Deinem Stil weiter öffnen kannst. Manche leuchten Dir wahrscheinlich sofort ein, andere wirken erst Tage später nach und wieder andere wirst Du vielleicht beim ersten Lesen achselzuckend übergehen und ein halbes Jahr später wiederentdecken. Genau so darf es sein.

3.2 Authentizität (Stimmigkeit)

Kaum ein Begriff wurde im Marketing so häufig bemüht, so selten präzisiert und so oft missverstanden wie dieser. Und auch wir kommen an ihm nicht vorbei, weil er – richtig verstanden – einen elementaren Punkt unserer Arbeit berührt.

Mit Blick auf all das, was wir bisher besprochen haben, können wir ihm eine erfrischend konkrete Bedeutung geben: Authentisch kommunizieren bedeutet, die Perspektive Deiner Marke ehrlich, aufrichtig und mutig zu teilen. Wir wollen nicht versuchen, Dinge zu beschönigen, um anderen zu gefallen oder ihre Erwartungen zu erfüllen – wir wollen selbstbewusst die Art teilen, wie wir denken, fühlen und handeln.

Um zu schärfen, was *Authentizität* wirklich ist, hilft ein Blick auf das Gegenteil. *Un*authentisch wirkt eine Marke selten, weil sie bewusst lügt, manipuliert oder schlechte Absichten hegt. In den meisten Fällen ist es subtiler. Nicht authentisch sein bedeutet: Es gibt einen Bruch zwischen innerer Haltung und äußerem Ausdruck. In diesen drei Formen zeigt sich das besonders:

1. **Worte haben keine innere Verwurzelung:** Du kennst dieses Gefühl vielleicht: Du tippst ein Wort, das gerade überall steht – *Nachhaltigkeit*, *radikal ehrlich*, *Game-Changer* –, und während Deine Finger es schreiben, zieht sich innerlich etwas zusammen. Es passt nicht. Es ist geliehen. Eine Marke greift zu Begriffen, weil sie en vogue sind oder andere Erfolg damit haben. Doch bei genauerem Hinsehen passen sie nicht zum eigenen Spirit – und genau diese feine Unstimmigkeit spüren wir auch beim Lesen.
2. **Behauptungen ohne Beweise:** Die Marke gibt nach außen ein Bild ab, das sie innen nicht lebt. Sie nennt sich mutig und weicht jeder Reibung aus. Sie will nahbar sein und spricht in glattpolierten Phrasen, an denen jede Berührung abrutscht. Die innere Haltung wird den Ansprüchen der Worte nicht gerecht. Es ist der Speisekarten-Effekt: Das Foto zeigt einen üppigen Burger, doch auf dem Teller landet eine traurige Frikadelle. Wir vergessen das Gericht nie – und die Marke, die es uns servierte, auch nicht.
3. **Anpassung aus Angst:** Oft entsteht Unauthentizität aus Vorsicht, aus Tendenz zur Anpassung oder aus der Angst, anzuecken oder jemandem nicht zu gefallen. Die Marke beginnt,

> sich selbst zu entschärfen, zu verbiegen und ihre Botschaften weichzuspülen. Sie sagt weniger, als sie eigentlich meint. Sie zeigt weniger, als sie eigentlich ist. Und genau das spüren wir.

Auch Inkonsistenzen im Außenauftritt sowie Übererklärungen und ständige Rechtfertigung können darauf hindeuten, dass die Marke nicht zu sich selbst steht. Sie passt sich an und macht sich klein, statt für ihren Standpunkt einzustehen. Wir erkennen Authentizität also am besten an ihrer Abwesenheit. An Texten, die korrekt sind, aber nichts auslösen. An Botschaften, die glatt, rund und stimmig wirken – und doch genauso gut vom Wettbewerb stammen könnten. An Kommunikation, die alles richtig macht, aber nirgends Haltung zeigt. Wo Authentizität fehlt, fehlt oft auch Reibung. Und wo keine Reibung ist, bleibt auch nichts haften.

Authentizität klingt in der Theorie leicht, doch in der Praxis kann sie sich zuweilen unbequem anfühlen. Ich habe einmal einen Vortrag vor über tausend Menschen mit der Geschichte meines Outings eröffnet. In Abschnitt 2.2.7 habe ich Dir erzählt, was diese Erfahrung für mich bedeutet. Was ich dort nicht erzählt habe: Der härteste Text, den ich jemals geschrieben habe, war kein Vortrag, kein Buch und kein Newsletter. Es war ein kleiner Brief in A5, den ich auf das Kopfkissen meiner Eltern legte – weil ich den Mut nicht fand, es ihnen persönlich zu sagen. Diese Geschichte vor über tausend Menschen zu teilen, war eine andere Art von Mut. Zwei Tage vorher rang ich mit mir. Eine komplette Nacht schlief ich nicht. Ich hatte zwei alternative Einstiege vorbereitet – sicherere, glattere und schmerzlosere. Noch Sekunden bevor ich die Bühne betrat, spielte ich mit dem Gedanken auszuweichen. Niemand hätte es bemerkt. Der Vortrag wäre trotzdem gut geworden. Doch er wäre nicht authentisch gewesen.

Ich bin bei meiner Geschichte geblieben, bei meinem mutigen Vorhaben und damit bei mir. Und ich spüre diesen Konflikt bis heute jedes Mal leicht in mir aufkommen, wenn ich meine persönliche Geschichte in Interviews erzähle – insbesondere in konservativeren Umfeldern. Jedes Mal die gleiche leise Frage: *Muss das sein?* Und jedes Mal die gleiche Antwort: *Ja.* Weil alles andere Verleugnung wäre. Je öfter ich das *Ja* trainiere, desto leichter fällt es mir.

Dieses Muster wiederholt sich in kleinerem Maßstab ständig. Wenn ich auf LinkedIn über NLP spreche, ernte ich regelmäßig harsche, manchmal hämische Kritik – weil einige Anbieter in der Vergangenheit eine Menge Mumpitz daraus gemacht haben. Ich könnte mich wegducken und die drei Buchstaben in meiner Kommunikation möglichst weit ausklammern. Doch NLP gehört zu den wertvollsten Themen, die ich jemals lernen und erforschen durfte. Also gehe ich offen in den Dialog, mit voller Haltung, und schildere meine Perspektive.

Oder wenn ich mit dem Satz »Trau Dich, Scheiße zu schreiben« werbe und jemand fragt, warum es denn so eine obszöne Sprache sein muss. Ich könnte meinen Wortschatz weichspülen und klingen wie alle anderen. Doch ich weiß aus Erfahrung, dass gerade diese erfrischend andere Wortwahl Augen öffnet – *weil* sie aus dem Raster fällt und damit eine besondere Kraft bekommt. Sich selbst die Erlaubnis zu geben, in wichtigen Momenten aus dem Raster zu fallen, ist eine der wichtigsten Übungen in der Markenführung und auch für ein gelingendes Leben im Allgemeinen. Haltung braucht Training.

Ob ein Vortrag vor tausend Menschen oder drei Buchstaben auf LinkedIn – die Größe der Bühne ändert sich, doch die innere Entscheidung bleibt dieselbe: Weiche ich aus – oder stehe ich zu dem, was ich bin? Genau diese Entscheidung macht das Wesen der Authentizität aus.

3.2.1 Authentizität ist kein Exhibitionismus

Lass uns der Vollständigkeit halber auch die gegenteilige Richtung besprechen: Manche Menschen denken, Authentizität bedeute, ungefiltert alles zu sagen, jede Meinung öffentlich zu teilen und den Scheinwerfer auf jeden Aspekt ihres Alltags zu richten. Doch Authentizität ist keine Schonungslosigkeit und erst recht kein Exhibitionismus. Es gibt einen schmalen Grat zwischen persönlich und privat, der ganz unterschiedlich verlaufen kann – ob Du etwa Autos verkaufst oder Spaßspielzeuge für Erwachsene.

Eine weitere Verwechslung führt zu der Annahme, authentisch zu sein bedeute, immer gleich aufzutreten. Doch wer kennt nicht den Unterschied zwischen Kaffee und Kuchen mit Oma am Sonntagnachmittag, einem Meeting mit der Geschäftsleitung am Dienstagmorgen und der Tanzfläche im Club am Samstagabend? Dieselbe Person, drei völlig verschiedene Facetten – und jede davon echt. Authentizität lebt vom Spielraum. Innerhalb dieses Spielraums hat eine Person viele Tonarten, viele Tempi, viele Lautstärken – und alle gehören zu ihr. Bei Oma kommt die zärtliche Facette zum Vorschein, im Meeting die fokussierte und im Club die ausgelassene, ohne dass der zugrunde liegende rote Faden verlorenginge. Welche gerade dran ist, entscheidet der Kontext: Was ist hilfreich? Was ist dienlich? Was fühlt sich stimmig an? Solange Du Dich innerhalb dieses Spielraums bewegst, bleibst Du Du. Erst wenn Du seine Grenzen verlässt – wenn Du im Club die Tonart vom Kaffeekränzchen anschlägst oder bei Oma den Vertriebs-Pitch fährst –, fängst Du an, eine Rolle zu spielen, die nicht von innen kommt. Nach außen ist das unauthentisch und nach innen laugt das dauerhaft aus, weil Du im Stillen gegen Dich selbst arbeitest.

Authentisch ist also auch nicht, wer alles zeigt, sondern wer über alle Berührungspunkte hinweg stimmig ist. Es geht um Kohärenz zwischen Innen und Außen, zwischen Anspruch und Ausdruck, zwischen Haltung und Handlung. Das verlangt Mut. Denn wer authentisch kommuniziert, macht sich sichtbar und fällt auf. Das sind die Regeln unseres Spiels. Nur wenn wir sichtbar sind, können die richtigen Menschen uns finden und in Resonanz mit uns gehen. Gleichzeitig finden ab und an auch jene zu uns, die unsere Perspektive nicht teilen. Eine klare Haltung polarisiert. Sie zieht an – und stößt ab. Genau deshalb ist Authentizität so selten: Sie verlangt Konsequenz und Beharrlichkeit.

3.2.2 Der schrumpfende Spielraum

Authentizität braucht Spielraum. Sie braucht die Freiheit, eine Meinung zu äußern, die nicht jedem sofort gefällt. Eine Wortwahl zu wählen, die aneckt. Eine Haltung zu zeigen, die polarisiert. Doch dieser Spielraum schrumpft heute schneller denn je und stellt uns in der Kommunikation vor große Herausforderungen.

Die Philosophin Svenja Flaßpöhler beschreibt dieses Phänomen in ihrem Buch *Sensibel*: Unsere Gesellschaft hat eine feinere Wahrnehmung für Verletzungen entwickelt. Was früher als Spitze durchging, wirkt heute wie ein Übergriff. Was früher als Provokation eine Debatte anstieß, gilt heute schnell als Bedrohung. Darin steckt viel Gutes. Eine Gesellschaft, die genauer hinhört, wo Menschen verletzt werden, macht in vielerlei Hinsicht einen Schritt nach vorn. Sie nimmt Menschen ernster, die sagen: »Das tut mir nicht gut.« Statt sie reflexhaft als »zu empfindlich« abzustempeln, fragen wir öfter nach. Wir wollen verstehen und unterstützen. Wir achten stärker darauf, wo Macht im Spiel ist – wer eine Bühne hat und wer nicht. Und viele Erfahrungen, die früher unter »Stell Dich nicht so an« liefen, bekommen heute einen anderen Status: Wir sprechen darüber, hören genauer hin und benennen sie als das, was sie sind – etwa Ausgrenzung, Herabsetzung oder Machtmissbrauch.

Doch diese Entwicklung hat auch eine Schattenseite, die Marken und Personen direkt betrifft. Kleine Irritationen können sich innerhalb von Stunden zu großen Empörungswellen auftürmen. Ein einzelnes Wort, aus dem Zusammenhang gerissen; ein flapsiger Kommentar, der im falschen Ausschnitt viral geht, oder eine Pointe, die ein Lager trifft, das ohnehin unter Strom steht. Das Risiko, missverstanden zu werden, ist heute größer denn je. Und mit ihm die Versuchung, die eigene Botschaft schon im Voraus zu entschärfen und weichzuspülen.

So beginnt eine schleichende Verzwergung der eigenen Stimme. Du beobachtest Dich beim Schreiben, wie Du eine Formulierung weichzeichnest, bevor jemand sie als hart auslegen könnte. Du streichst die zugespitzte These, die Aufmerksamkeit wecken und die richtigen Menschen wachrütteln kann, und ersetzt sie durch eine ausgewogene Beobachtung. Du legst das pointierte Wort zurück in die Schublade und greifst nach dem diplomatischen. Jeder dieser Schritte fühlt sich vernünftig und besonnen an. In der Summe entsteht ein Text, der niemandem mehr auf den Schlips tritt – und zugleich niemanden mehr wirklich erreicht. Am Ende hast Du etwas gewonnen, das sich sicher anfühlt: Risikofreiheit. Bezahlt hast Du mit Deiner Authentizität.

An dieser Stelle hilft es, das, was wir in Kapitel 2 erarbeitet haben, in einen anderen Kontext zu setzen: Wir alle schauen durch unterschiedliche Filter auf dieselben Situationen. Du bringst Deine Geschichte mit, Deine Erfahrungen und auch Deine blinden Flecken. Andere bringen ihre mit – und kommen zwangsläufig zu anderen Bewertungen und Schlüssen. Darin steckt neben dem Konfliktpotenzial allerdings auch ein großer Reichtum; wir haben nur immer mehr verlernt, ihn zu erkennen, uns für ihn zu öffnen und uns von anderen Menschen berühren zu lassen. Dabei bekommen wir die Chance, die Welt durch die Augen anderer

Menschen zu sehen und damit andere zu erkennen als jene, auf denen wir seit Jahren herumreiten. Manchmal entdecken wir dabei eigene blinde Flecken, die es zu beleuchten lohnt. Und je deutlicher uns wird, wie subjektiv Wahrnehmung ist, desto weniger plausibel wirkt die Idee der einen Wahrheit – gerade wenn es um Werte, Haltung und Überzeugungen geht. Die Reibung wird nie verschwinden, doch wir können sie von etwas Bedrohlichem in etwas Fruchtbares verwandeln: zu einer Einladung, voneinander zu lernen, einander zu inspirieren und zu stärken.

Reibung lässt uns reifen.

Authentisch zu bleiben, kostet heute mehr Mut als noch vor zehn Jahren. Es braucht täglich eine große Portion davon, um in diesem empfindlicheren Klima trotzdem klar zu sagen, was Du wirklich meinst, und auch dann Haltung zu zeigen, wenn sich jemand an Dir reibt (dann bist Du halt ein Kratzbaum). Gerne ohne Holzhammer und Dauerprovokation, aber eben auch ohne Dich zu verstecken. Du zeigst Dich mit Deiner echten Meinung, Deinen Werten und vielleicht sogar mit Deinen blinden Flecken – im Wissen, dass jemand daran anecken kann.

In dem Moment, in dem Du diesen Teil von Dir zurücknimmst, wird alles glatter. Deine Inhalte laufen zwar problemlos durch die Timelines, aber kaum jemand bleibt daran hängen. Deine Texte klingen korrekt, vielleicht sogar professionell, doch sie klingen immer weniger nach Dir. Mit jeder abgeschliffenen Kante geht ein Stück Wiedererkennbarkeit verloren. Deine Ecken und Kanten sind kein Makel – sie sind Dein Marketing.

Es lohnt sich deshalb, eine bewusste Entscheidung zu treffen: Wofür nimmst Du in Kauf, missverstanden zu werden? Bei welchen Themen ist das Risiko eines Gegenwinds kleiner als das Risiko, Dich zu verleugnen? Für welche Sätze stehst Du ein, auch wenn ein Teil der Menschen sie lieber nicht lesen würde? Diese Fragen sind unbequem. Sie kratzen an Deinem Harmoniebedürfnis, Deinem Kontrollinstinkt und am Wunsch, es möglichst allen recht zu machen. Doch genau die Antworten auf diese Fragen entscheiden, ob Du einfach nur gefällige Inhalte produzierst – oder ob Menschen Dich irgendwann mit einer klaren Haltung verbinden. Je stärker Du in Deiner Perspektive verwurzelt bist, desto stabiler stehst Du, wenn es mal stürmisch wird.

3.2.3 Authentizität als fortlaufender Prozess

Authentizität lässt sich nicht abhaken. Sie ist kein Status, den eine Marke einmal erreicht und dann besitzt. Vielmehr ist sie ein kontinuierlicher Prozess, der sich jeden Tag durch unsere Arbeit zieht.

Willst Du das Phänomen kurz am eigenen Leib erfahren? Mach Dir etwas Platz, stell Dich auf ein Bein, schließ die Augen und halt das Gleichgewicht. Ulkig, oder? Mal stehst Du stabil, mal kippst Du nach links und steuerst sanft gegen, mal nach rechts. Die Balance entsteht durch die ständigen kleinen Mikrokorrekturen. Genau so verhält es sich im Branding. Märkte, Menschen und Marken entwickeln sich. Wenn wir authentisch bleiben wollen, dürfen wir korrigieren und justieren: alte Narrative loslassen, vertraute Perspektiven hinterfragen und die Außenkommunikation nachschärfen, wenn sich die Innenwelt verändert hat.

Und falls Du beim Lesen denkst: *Schön und gut, aber ich weiß noch gar nicht, wer ich bin* – dann ist das kein Authentizitätsproblem. Es ist ein Teil des Prozesses. Viele Marken – gerade am Anfang – befinden sich auf der Suche. Sie probieren aus, verwerfen und experimentieren mit Neuem. Sie sind gerade dabei, ihre Filter auf die Welt zu entdecken und ihre Perspektive freizulegen. Das ist sogar sehr authentisch: Wer in dieser Phase ehrlich sagt: *Ich weiß es noch nicht*, ist authentischer als jemand, der sich vorschnell eine smart klingende Positionierung überstülpt, die aber nicht aus dem Kern der Marke stammt. Schwierig wird es erst, wenn Du eine Klarheit performst, die Du noch gar nicht hast. Das Suchen ist selbst schon eine Form von Authentizität.

Und dieses Buch begleitet Dich dabei. Erinnere Dich an den Grundgedanken des Brandwritings: Du erforschst die Marke schreibend. Die Arbeit muss nicht abgeschlossen sein, bevor Du anfängst zu kommunizieren. Du erledigst sie, *indem* Du kommunizierst.

Authentizität ist das Ergebnis innerer Klarheit. Und diese Klarheit ist die Voraussetzung für alles, was folgt: Stil, Haltung, Wiedererkennbarkeit – und letztlich Resonanz.

3.3 Integrität (Standfestigkeit)

Im vorigen Abschnitt haben wir über Authentizität gesprochen – die Bereitschaft, Dich zu zeigen, wie Du bist. Integrität geht einen Schritt weiter. Authentizität ist der Moment der Offenheit. *Integrität* ist die Konsequenz über die Zeit. Authentizität fragt: *Zeigst Du Dich?* Integrität fragt: *Bleibst Du Dir treu – auch wenn der Preis steigt?*

Was ist Integrität? Etwas salopp würde ich sagen: Sie ist die Kunst, Dich selbst und andere nicht zu bescheißen. Etwas formeller bringt es dieser Dreiklang auf den Punkt:

Hab klar, wie Du fühlst. Sag, was Du denkst. Und lass Deinen Worten Taten folgen.

Integrität beginnt leise – mit innerer Klarheit. Eine Marke mit Integrität weiß, wofür sie steht. Und sie weiß ebenso, wofür sie nicht steht. Sie kennt ihre Grenzen, definiert die Regeln ihres eigenen Spiels und hält sich konsequent daran. Integrität zeigt sich da, wo Haltung, Worte und Taten übereinstimmen. Wo Entscheidungen nicht dem Weg des geringsten Widerstands oder dem schnellen Applaus folgen, sondern der eigenen inneren Logik. Eine Marke mag viel versprechen, doch glaubwürdig wird sie erst dann, wenn sie auch konsequent danach handelt. Wenn sie sagt, was sie denkt, und tut, was sie sagt – vor allem dann, wenn es unbequem wird.

Wie Abbildung 3.1 zeigt, gehen Authentizität und Integrität Hand in Hand. Es fällt Dir leichter, Dich authentisch zu zeigen und auch bei Gegenwind integer zu bleiben, wenn Du weißt, worin Deine Haltung verwurzelt ist. Hier zeigt sich also der Wert dessen, was wir in Kapitel 2 erarbeitet haben.

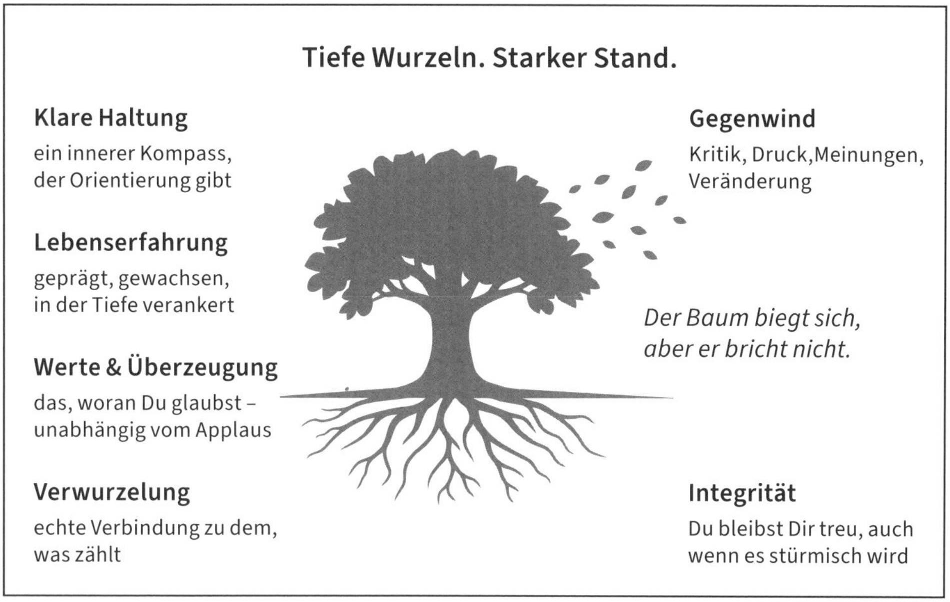

Abbildung 3.1: Authentizität und Integrität durch Verwurzelung

3.3.1 Integrität beginnt bei Dir selbst

Bevor wir über Integrität nach außen sprechen, lohnt sich ein Blick nach innen. Denn die härtere Prüfung ist nicht, ob Du standhaft bleibst, wenn jemand zuschaut, sondern wie Du Dich verhältst, auch wenn niemand hinschaut.

Die Versprechen, die Du Dir selbst gibst. Der Content-Plan, den Du am Montag aufstellst und am Mittwoch verwirfst. Der Qualitätsanspruch an Deine eigene Arbeit, wenn keine Deadline drückt und kein Kunde wartet. Die Werte, die Du nach außen kommunizierst – und die Frage, ob Du sie auch dann lebst, wenn es nur Dich betrifft. Für Solo-Selbstständige, die niemandem Rechenschaft schulden, ist das die eigentliche Herausforderung. Denn es gibt immer jemanden, der uns beobachtet, auch wenn sonst niemand im Raum ist: wir selbst. Unser Unbewusstes hört jedes Versprechen, das wir uns geben – und registriert jedes Mal, wenn wir es brechen.

Und wenn wir uns selbst immer wieder bescheißen, unsere eigenen Regeln brechen und unsere eigenen Versprechen nicht einhalten, dann kaufen wir uns irgendwann selbst nichts mehr ab. Es ist wie mit einem guten Freund: Am Anfang bist Du offen und vertraust. Doch wenn diese Person Dir immer wieder zeigt, dass sie das Gegenteil von dem tut, was sie sagt, kaufst Du ihr irgendwann auch die kleinsten Dinge nicht mehr ab. Genauso funktioniert die Beziehung zu Dir selbst. Die Folge: Dein Selbstvertrauen bröckelt und Dein Selbstbewusstsein leidet. Und beides spürt schließlich auch Deine Zielgruppe.

3.3.2 Integrität nach außen

Lass uns Integrität nach außen an einem Beispiel konkret machen, das wahrscheinlich jeder aus der eigenen Welt nachvollziehen kann. Stell Dir vor, Du führst eine kleine Agentur für Webseiten und Launch-Kampagnen. Du entwickelst ein Angebot, das für Dich glasklar ist: Du begleitest Dienstleisterinnen und Dienstleister, die schon erste Kundenergebnisse vorweisen können, beim nächsten professionellen Schritt. Das Angebot kommt gut an, die ersten Cases sind erfolgreich und Deine Arbeit spricht sich rum. Doch in Gesprächen mit neuen Interessenten zeigt sich regelmäßig: Da sitzen plötzlich Menschen vor Dir, die noch ganz am Anfang stehen, weder ihre Positionierung noch ihr Angebot geschärft haben und sich insgeheim wünschen, dass Deine Arbeit all das für sie ersetzt. Ein Teil der Anfragen passt nicht wirklich zu dem, was das Angebot leisten kann, oder es würde nur mit Abstrichen funktionieren. Wie handelst Du?

Die einfache Lösung wäre jetzt, das Angebotsversprechen weicher zu formulieren oder kritische Punkte erst später anzusprechen. Du könntest zum Beispiel auf der Website ein paar Einschränkungen streichen, die Hürden in der Kommunikation kleiner machen und in Erstgesprächen eher darüber reden, was *theoretisch* möglich wäre, statt darüber, was realistisch ist. Kurzfristig würde das Umsatz bringen, doch langfristig würde diese Haltung Reibung erzeugen – intern wie extern. Denn das Unternehmen würde einen Teil der Zielgruppe auf kurz oder lang enttäuschen und das eigene Team vor Ansprüche stellen, die es nicht bedienen kann oder will.

Integrität zeigt sich in dem Moment, in dem die Marke aus Verantwortung »Nein« sagt. Sie zeigt offen, wo ihre Grenzen liegen, warum sie bestimmte Versprechen nicht geben kann, und verzichtet bewusst auf Aufträge, denen sie nach bestem Wissen und Gewissen nicht gerecht werden kann. Manchmal wollen Zielgruppen Dich umso mehr, je klarer Du sie ablehnst. Nach innen sendet diese Haltung ein klares Signal: Unsere Worte sind mehr als Marketing – sie haben Handschlagqualität.

Ein anderes Beispiel aus meiner eigenen Welt: In den vergangenen Jahren haben einige Anbieter auf dem deutschsprachigen Markt Copywriting als Schnell-reich-werden-Handwerk vermarktet. In Anzeigen und Funnels war die Rede davon, Du könntest Dir das Gehalt eines Arztes an einem Nachmittag »erschreiben« und bräuchtest dafür nur ein bisschen Kreativität, Psychologie und Wissen über die KI. Und ja, ohne Frage: Copywriting ist bis heute eine der wertvollsten und profitabelsten Fähigkeiten im modernen Marketing. Doch diesen Versprechen fehlt ein gewaltiger Sternchentext.

Wie schnell jemand damit erfolgreich wird, hängt davon ab, welches Vorwissen die Person mitbringt, wie ausgeprägt ihr Sprachgefühl ist, ob sie sich bereits vermarkten kann, wie groß ihr persönliches Netzwerk ist und wie realistisch ihre Erwartungen sind. Copywriting mit dem Tiefgang zu lernen, den es im KI-Zeitalter braucht, und gleichzeitig eine Selbstständigkeit aufzubauen, überfordert viele Menschen schlicht. Beides setzt eine intensive persönliche Entwicklung voraus. Wer beide Felder parallel bedient, setzt sich unter enormen Druck und verliert am Ende oft die Freude am Thema und am eigenen Wachstum.

Auf dem Markt führten die überzogenen Versprechen zu großer Desillusionierung, enttäuschten Erwartungen und zum Teil noch schlimmeren Konsequenzen. Menschen verschuldeten sich für Programme mit hohen Preisen, aber wenig Tiefgang. Sie zweifelten nach wenigen Monaten an sich selbst statt an der Story der Anbieter und warfen im schlimmsten Fall ihren ganzen Plan vom beruflichen Schreiben wieder über den Haufen. In dieser Zeit habe ich viele Kundinnen und Kunden abgelehnt, weil sie trotz meiner Erläuterungen mit einer unrealistischen Erwartungshaltung an mein Angebot herantraten. Während einige Anbieter den Umsatz ihres Lebens machten, nahm ich mir die Zeit, die Erwartungen der Menschen kennenzulernen und ihnen offen meine Perspektive zu schildern. Das hat mich kurzfristig Umsatz gekostet, doch es hat mir langfristig etwas gegeben, das sich nicht in Zahlen messen lässt: ein reines Gewissen und das langfristige Vertrauen der Menschen, die sich für mich entschieden haben.

3.3.3 Integrität unter Druck

Integrität zeigt sich in kleinen, alltäglichen Entscheidungen – meist da, wo Anpassung leicht und Standhaftigkeit unbequem wäre. Stell Dir vor, Du hast im Marketing eine Deadline gesetzt, nach der ein Produkt aus dem Verkauf geht. Zum Beispiel, weil Du nur eine bestimmte Anzahl an Plätzen seriös und mit Deinem Qualitätsanspruch betreuen kannst. Danach wollen aber trotzdem noch Menschen kaufen. Die Nachrichten trudeln ein: »Ich habe die Frist verpasst, kann ich trotzdem noch rein?« »Ich wusste nicht, dass es so schnell voll wird.« Nimmst Du ihr Geld oder hältst Du Dich an Deine eigenen Regeln?

Schauen wir uns ein anderes Beispiel an: Ein Unternehmen positioniert sich öffentlich klar zur psychischen Gesundheit im Arbeitsalltag. In einem LinkedIn-Post schreibt die Geschäftsführung: »Wir erwarten keine Helden mehr, die krank ins Büro kommen. Psychische Gesundheit hat für uns denselben Stellenwert wie ein Beinbruch.« Zwei Mitarbeitende erzählen offen von ihrem Burn-out, das Unternehmen sagt deutlich: »Überlastung ist kein Beweis für Einsatz, sondern ein Alarmsignal.« Die Argumente sind sachlich, fundiert und aus tiefer Überzeugung formuliert. Zunächst kommt zustimmendes Feedback, dann tauchen die ersten kritischen Kommentare auf wie: »So gewinnt man keine Ausschreibungen«, »Früher hat man sich nicht so angestellt« oder »Weichei-Unternehmen, das nicht mehr leistungsbereit ist«. Der Ton wird rauer, es fallen Unterstellungen, man wirft der Firma vor, sie wolle sich nur als moderner Feelgood-Arbeitgeber inszenieren. Der Druck steigt. Der einfachste Weg für die Marke wäre jetzt, Ausweichmanöver zu fahren, Formulierungen weichzuspülen, Statements zu löschen oder die ursprüngliche Aussage als »missverständlich« abzutun, um schnell wieder Ruhe zu haben.

Gleichzeitig gibt es Fälle, in denen eine Korrektur tatsächlich Ausdruck von Integrität ist: wenn ein Post unbedacht eine Personengruppe verletzt, wenn Fakten nicht stimmen oder wenn ein Team in einem Shitstorm zum ersten Mal merkt, wie ein blinder Fleck wirkt. Dann kann es ein Zeichen von Größe sein, Fehler klar zu benennen, sich zu entschuldigen und den Inhalt anzupassen. Integrität ist also nicht mit Sturheit zu verwechseln. Es geht um Ehrlichkeit mit sich selbst und anderen.

Integrität bedeutet in diesen Fällen: Die Marke bleibt bei ihrer Position, nimmt sich die Zeit, sie noch einmal zu prüfen, sie intern zu diskutieren und gegebenenfalls nach einer neuen Einsicht zu präzisieren, aber sie opfert sie nicht nur deshalb, weil der Druck unangenehm wird. Sie hört zu, unterscheidet zwischen berechtigter Kritik und bloßer Empörung und bleibt im Dialog, ohne den eigenen Standpunkt zu verraten.

In solchen Szenarien kannst Du häufig beobachten, wie sich neben den kritischen Stimmen oft genauso viele Fürsprecher melden, die für die Marke Position ergreifen. Menschen, die kommentieren, teilen, einordnen und öffentlich sagen: »Ich sehe das ähnlich« oder »Endlich spricht das mal jemand aus«. Und genau das ist ein Zeichen dafür, dass die Marke einen echten Standpunkt hat, mit dem andere in Resonanz gehen. Bevor wir also zu tief nach innen schauen, lohnt sich ein besonnener Blick nach außen.

3.3.4 Warum Integrität heute so selten ist

Diese Form von Souveränität und innerer Standfestigkeit ist heute etwas Besonderes. Sie ist zumindest nach meinem Gefühl selten geworden. Ich beobachte mich selbst dabei, wie ich den Worten der Menschen weniger Beachtung schenke und genauer auf ihre Taten schaue. Ob im Business oder im Privatleben – echte Zuverlässigkeit, Verbindlichkeit und Haltung fallen auf, gerade weil sie nicht mehr selbstverständlich sind. Wir leben in einer Dopaminkultur, die unsere Frustrationstoleranz senkt. Immer mehr Menschen glauben an die Märchen, die ihnen schnelle Ergebnisse auf dem Weg des geringsten Widerstands versprechen. Viele träumen, wünschen und wollen – aber nur wenige machen. Und oft gibt es in den Medien und Feeds schon großen Beifall allein für Worte und Absichtsbekundungen. Wer will seinen Worten noch Taten folgen lassen, wenn er allein schon für die Ankündigung Applaus und Anerkennung bekommt?

Integrität ist da die Spaßbremse. Bequemes Schweigen, ausweichende Antworten und wehrloses Abnicken sind kurzfristig der leichtere Weg. Sie vermeiden Konflikte und sichern den schnellen Konsens. Doch sie haben einen Preis: Wer sich immer wieder verbiegt, verliert mit der Zeit das Gefühl für die eigene Mitte und fällt Entscheidungen opportunistisch statt selbststimmig. Und wenn wir uns selbst immer wieder verbiegen, fühlt sich bald auch unser Leben krumm und schief an. Integrität wirkt nach innen und außen. Hier geht es längst nicht nur um unser Image, sondern auch um unsere Selbstachtung.

3.4 Verletzbarkeit (Offenheit)

Wir mögen keine Helden, die immer alles im Griff haben und unverwundbar wirken. Uns faszinieren vielmehr die Figuren, die hier und da auch mal weiche Knie bekommen. Wir fiebern mit ihnen, weil wir ihre Angst spüren, ihr Hadern sehen und ihre Zweifel teilen. In guten Filmen und packenden Geschichten halten wir erst den Atem an, wenn die Figur strauchelt, stolpert, sich wieder aufrappelt – und wir diesen inneren Kampf miterleben. Wir hoffen, dass sie uns einen Weg hinaus zeigt. Was uns besonders interessiert, ist der Wachstumsprozess zum Ergebnis mit all seinen Dramen, Tiefpunkten und Reibungen.

Für Marken gilt dasselbe. Authentizität zeigt, wer Du bist. Integrität beweist, dass Du dazu stehst. *Verletzbarkeit* zeigt, woraus das alles entstanden ist – die Risse, die Narben, die unbequemen Momente. In dieser erkennbaren Menschlichkeit kann eine besonders tiefe Form von Resonanz entstehen.

Im Marketing wirkt Verletzbarkeit heute immer öfter wie ein mit Kalkül eingesetztes Werkzeug. Ein kleiner Patzer hier, ein angedeuteter Zweifel dort – all das schön kontrolliert und sauber platziert zwischen Erfolgsgeschichten und Verkaufsargumenten. Gerade genug, damit es menschelt und Aufmerksamkeit erzeugt, aber nie so viel, dass man wirklich etwas preisgibt oder riskiert. Menschen spüren das. Sie merken, ob jemand etwas teilt, weil es Verbindung schafft oder weil es sich gut verkauft und Sympathiepunkte sammelt. Verletzbarkeit mit Sicherheitsnetz wirkt nicht länger mutig, sondern einfach nur noch berechnend. Und sie zerstört damit genau das, was sie versprechen soll: Vertrauen und Resonanz.

Nur, damit wir uns richtig verstehen: Ich will nicht zurück zu den alten Zeiten, als Fehler verpönt waren, Gefühle keinen Raum hatten und Unfehlbarkeit als Ideal galt. Perfektion weckt Aggression – und Skepsis. Wir wissen alle, dass niemand perfekt ist. Unsere Upsis und Auweias machen uns menschlich und spannend.

Echte Verletzbarkeit ist unbequem. Sie löst Zögern aus, ein leichtes Unbehagen, manchmal sogar Widerstand in uns selbst, weil sie etwas berührt, das uns zutiefst wichtig ist. Dabei lässt sie sich nie vollständig kontrollieren. Immer birgt sie auch das kleine Risiko, dass man uns missversteht, dass wir anecken oder Ablehnung erfahren.

Wie bei der Authentizität geht es auch hier nicht darum, alles offenzulegen, ins Private abzudriften oder Dich schutzlos auszuliefern. Verletzbarkeit bedeutet nicht, die Kontrolle zu verlieren oder Dich auf offener Bühne zu entblößen. Und es geht auch nicht darum, Dich im eigenen Schmerz zu suhlen, um Mitgefühl zu sammeln. Zwei Dinge machen echte Verletzbarkeit aus:

Zum einen sprechen wir aus Narben statt aus offenen Wunden. Dadurch drängen wir uns der Zielgruppe nicht mit unserem Schmerz auf, sondern geben Einblick in herausfordernde Momente, die wir erlebt, reflektiert und für uns eingeordnet haben. Dabei wecken wir die Gefühle jener Momente wieder zum Leben und sprechen zum Beispiel über Fehler, um zu zeigen, was wir daraus gelernt haben und was sich daraus entwickeln konnte. Wir teilen die Schritte unseres Wachstums.

Zum anderen übernehmen wir konsequent Verantwortung für unser Handeln. Wir machen uns nicht kleiner, als wir sind, und verteilen auch keine Seitenhiebe. Wir fokussieren uns darauf, was diese Momente aus uns gemacht haben.

3.4.1 Wie sich Verletzbarkeit in Deiner Geschichte zeigt

Du hast in diesem Buch bereits mehrere solcher Momente aus meinem Leben kennengelernt. Sich zu verstecken, sich zu verbiegen, gegen die eigenen Werte zu handeln – das sind Muster, die sich durch meine Biografie ziehen. Damit Verletzbarkeit hier nicht theoretisch bleibt, sondern ein Gesicht bekommt, will ich Dir eine weitere dieser Geschichten erzählen, die ich lange für mich behalten habe.

Als ich mich vom Werbetexter zum Trainer entwickelt habe, suchte ich nach neuen Möglichkeiten, mich selbst zu vermarkten. Zuvor kamen meine Kundinnen und Kunden auf Empfehlung, weil ich gute Arbeit machte. Doch die Welt als Trainer verlangte andere Vermarktungsansätze. Ich hatte blinde Flecken, fühlte mich überfragt und orientierungslos. Also buchte ich ein Coaching, das mir Sichtbarkeit, Reichweite und volle Kurse versprach.

In meiner Begeisterung fragte ich allerdings nicht nach den Details. Ein großer Fehler ... Wenig später wachte ich in einem Programm auf, das mir empfahl, mir jeden Morgen abwegige Affirmationen aufzusagen – angeblich, um mein Mindset zu trainieren – und wildfremde Menschen aus meiner Zielgruppe in den sozialen Medien mit vorgefertigten Massennachrichten anzuschreiben. Das verstieß gegen alles, wofür ich stand, und ich teilte meine Bauchschmerzen mit einem der Trainer. Seine Antwort: Ich solle dem Ansatz mindestens zwei Wochen eine Chance geben. Dann würde ich überrascht sein, was sich entwickeln könne. Und ich war überrascht. Denn es kam noch schlimmer als erwartet: Ich landete in einer Sinnkrise. Diese zwei Wochen waren die schlimmsten meiner Selbstständigkeit. Ich verbrannte Kontakte und bekam Feedback mit den Worten »enttäuscht«, »übergriffig« und »Belästigung«. Ich stand sogar kurz davor, das neue Business an den Nagel zu hängen, weil ich ständig gegen meine Werte und Überzeugungen verstieß.

Also schrieb ich das Coaching ab und experimentierte mit anderen Strategien, die zwar nicht so schnell, dafür jedoch nachhaltig fruchteten. Das Invest war nicht verbrannt. Es führte mich zwar nicht zu einem nachhaltigen Weg der Eigenvermarktung, doch stattdessen lernte ich jede Menge darüber, wie ich *nicht* wirken und verkaufen wollte. Ich lernte, dass es nicht nur einen Weg gibt, erfolgreich zu verkaufen, sondern viele Möglichkeiten, und die Wahl der Methode sollte zu meiner Persönlichkeit und meiner Haltung passen. Ich lernte außerdem, dass viele Coachings auf dem Markt eher Beratungskonzepte sind, bei denen die Anbieter ihren Kundinnen und Kunden einen Ansatz von außen überstülpen, statt den optimalen aus den Menschen herauszukitzeln und mit ihnen gemeinsam zu erarbeiten (Arbeit mögen viele nicht). Und schließlich lernte ich, wie wichtig es ist, bei Angeboten zur Weiterentwicklung nicht nur nach dem Ergebnis zu fragen, sondern auch nach dem Weg, *wie* die Entwicklung ablaufen soll. Denn nur dann kann ich beurteilen, ob der Ansatz auch wirklich zu mir passt.

Die Gefahr bei dieser Geschichte ist, dass mein Ansehen bei Dir bröckeln könnte. Ob Du es glaubst oder nicht: Genialität war bei meiner Geburt nicht vorinstalliert. Ich habe mir das, was ich heute zu wissen glaube, Stück für Stück erarbeitet – mit Irrwegen, Umwegen und Experimenten. Und ich bin sicher, ich werde auch in Zukunft Dinge tun, die anders ausgehen, als ich erwartet und geplant habe. Daraus werde ich lernen und weiter wachsen. Ich nutze Verletzbarkeit also nicht, um Dein Mitgefühl zu wecken oder mich selbst zu beweihräuchern, sondern um ein realistisches Bild davon zu vermitteln, wer ich bin und warum ich heute so ticke, wie ich ticke. Ich lade zu Resonanz ein. Dazu spreche ich von einer Narbe und übernehme Verantwortung für mein Handeln. Ich habe die Situation verarbeitet, daraus gelernt, und vielleicht kann ich mit einigen der gewonnenen Erkenntnisse sogar Deine Neugier wecken.

3.4.2 Verletzbarkeit entwaffnet

Lass uns zum Abschluss dieses Abschnitts noch über ein Beispiel sprechen, das eine weitere Dimension der Kraft der Verletzbarkeit beleuchtet. Oren Klaff ist ein international gefragter Investmentbanker und unter anderem Autor des feinen Buches *Flip The Script*. Als Pitch-Berater unterstützt er Unternehmen dabei, ihre Präsentationen und Argumentationen so zu strukturieren, dass sie Investoren und Risikokapitalgeber überzeugen – Methoden, mit denen er selbst über 400 Millionen Dollar eingeworben hat.

Ein Tipp aus seinem Buch lautet etwa wie folgt: Lege gleich zu Beginn Deiner Präsentation Schwächen und Risiken offen. Zeige proaktiv, wo der Haken ist. Statt nur von Deinen Erfolgen, Deinem Angebot und all den Chancen zu schwärmen, sprichst Du gleich am Anfang weniger glamouröse Punkte an, die jeder erfahrene Investor ohnehin sieht oder sucht. Konkret bedeutet das: Du sagst nicht: »Unser Markt wächst um 40 Prozent pro Jahr«, sondern »Der Markt wächst zwar, aber 60 Prozent der Startups in diesem Segment scheitern, weil die Kundenakquise teurer ist als erwartet. Das ist unser größtes Risiko.« Oder: »Ja, wir haben bisher wenige Kundendaten, weil wir erst seit drei Monaten live sind – das ist ein echtes Handicap gegenüber etablierten Playern.«

Warum funktioniert das? Wenn Du zu enthusiastisch nur die Highlights präsentierst, aktiviert das bei Deiner Zielgruppe die innere Skepsis-Maschine: *Was verstecken die hier vor mir? Wo ist der Haken?* Sie fangen an, die Botschaften anzuzweifeln und aktiv nach Problemen zu bohren.

Wenn Du jedoch die Haken selbst benennst, passiert psychologisch etwas anderes: Der Investor kann sich entspannen. Er muss nicht mehr nach den Schwachpunkten suchen, weil Du ehrlich genug bist, sie ihm selbst zu präsentieren. Das zeugt sowohl von Größe als auch von Selbstbewusstsein, und das schafft Vertrauen. Es signalisiert: »Ich kenne mein Business, ich bin kein Blender.« Das Resultat: weniger aktives Hinterfragen, mehr Vertrauen und offenere Ohren für Deine Argumente.

Verletzbarkeit entwaffnet. Indem Du wunde Punkte, Schwächen oder Unzulänglichkeiten ansprichst, nimmst Du den Zweifeln die Energie und Kritikern die Munition. Gleichzeitig zeigst Du, dass Du Dich selbst und Deine Grenzen kennst – und dazu stehen kannst. Daher sage ich auch gerne: Verletzbarkeit macht unverwundbar.

Verletzbarkeit soll weder gefallen noch beeindrucken. Sie schafft Verbindung. Menschen fühlen sich nicht von makellosen Fassaden angezogen, sondern von erkennbarer Menschlichkeit. Gerade in einer Zeit, in der Hochglanz, Übertreibung und Superlative allgegenwärtig sind, wirkt es manchmal souveräner, sagen zu können: *Ich weiß es nicht*, als mit einer halbgaren Antwort und wenig Commitment herumzudrucksen. Verletzbarkeit ist kein Zeichen von Schwäche – sie zeugt von innerer Stärke. Und außerdem:

Ein bisschen Mut zur Lücke schafft Raum für die Seele.

3.5 Lebendigkeit (Bewegung)

Du liest einen Text. Die Sätze klingen richtig. Die Struktur ist klar, die Argumente schlüssig, die Sprache sauber. Und trotzdem merkst Du nach dem dritten Absatz, dass Deine Gedanken längst woanders sind. Du scrollst weiter, ohne etwas zu fühlen. Der Text ist korrekt – aber er ist tot.

Dieses Phänomen begegnet uns heute häufiger denn je. Dank KI-Tools ist es leichter geworden, Texte zu schreiben, die sauber formuliert, logisch aufgebaut und voller kluger Gedanken sind. Doch nach dem Lesen bleibt oft nichts hängen. Wir wissen bereits, warum: Es fehlt die Resonanz, die nur aus echtem Erleben entstehen kann.

Wie kommt das Leben in den Text? Wir ergänzen unsere Botschaften mit dem, was sich nicht imitieren lässt: dem Stoff des Lebens selbst. Welche Geschichte hat mich zu dieser Einsicht geführt? Welche Beispiele haben mir dabei geholfen, theoretische Gedanken in der Praxis zu erleben? Dank welcher Erfahrungen habe ich nicht nur kognitiv, sondern emotional verstanden, was gemeint ist? Diese Elemente sind Content- und Branding-Gold.

Wo waren die Einsichten, bevor sie zu Sätzen wurden? Wir sind hier wieder beim Prinzip *leben statt labern*. Die Theorie setzt Behauptungen in die Welt, das Leben liefert die Szenen dazu. Wir zeigen, dass wir erlebt haben und vorleben, was wir predigen. Wir machen spürbar, wo unsere Gedanken herkommen – aus welcher Situation, aus welcher Beobachtung oder aus welchem Moment. Was nur wirkt wie eine kleine Ergänzung für unseren Text, hat eine große Wirkung auf unsere Zielgruppe.

Mit Geschichten und Beispielen werfen wir den Kopfkinoprojektor bei den Menschen an und machen abstrakte Themen lebendig. Sie müssen uns nicht glauben, weil sie erleben und fühlen können, wovon wir sprechen. Je besser wir von außen erkennen, wie ein Gedanke entstanden ist, desto leichter können wir diesen Gedankengängen folgen und sie in unsere eigene Lebensrealität übersetzen. Gespräche, Beobachtungen sowie Experimente und Irrtümer – das sind die Elemente, die den Text beleben und seine Glaubwürdigkeit erhöhen.

3.5.1 Die größte Gefahr: Erstarrung

Bevor wir uns anschauen, wie *Lebendigkeit* konkret aussieht, ein Wort dazu, warum sie so häufig fehlt. Die größte Gefahr für die Lebendigkeit einer Marke liegt in zu viel Abstraktion und Erstarrung. Die Marke verzettelt sich in Routinen, die sie nicht mehr hinterfragt, oder sprachlich in immer gleichen Botschaften, die einmal funktioniert haben, mittlerweile aber monoton und abgedroschen wirken. Das passiert oft schleichend – insbesondere dann, wenn sich Marken auf ihren Erfolgen ausruhen, nichts Neues mehr erleben und sich nicht mehr entwickeln. Entsprechend fehlen ihnen frische Geschichten aus dem Leben. Stattdessen kochen sie kalten Kaffee wieder auf und erzielen damit nur noch einen Bruchteil der früheren Wirkung. Das Gegenmittel: Erleben. Ausprobieren. Sich dem Leben aussetzen. Und dann davon erzählen.

3.5.2 Leben statt labern

Ich könnte hier zum Beispiel darüber schwadronieren, wie wichtig es beim Schreiben ist, den Kreationsprozess vom Redaktionsprozess zu trennen, Masse statt Klasse zu produzieren und die Bewertung anfangs zurückzustellen. Diese Idee steht in jedem guten Schreibratgeber. Doch inspiriert Dich eine solche Empfehlung? Sagst Du jetzt: »Halleluja! Danke für die Erleuchtung, Youri!«? Wahrscheinlich nicht. Wahrscheinlich hat Dein Hirn kurz genickt. *Klingt logisch. Weiß ich!* Und vielleicht hat es den Satz auch ganz überlesen und ist stattdessen zu Deiner nächsten Mahlzeit gewandert. Ich nehme es ihm nicht übel, denn der Satz ist tot.

Ganz anders wirkt die Idee, wenn wir sie mit einer konkreten Situation aufladen. Wir würzen sie mit einer Prise Leben:

Dieses Buch begann mit einem großen Akt wilder Kotzerei. Mir war übel, als ich die ersten Seiten schrieb. Ich ekelte mich vor dem weißen Blatt. Denn ich hatte keine Ahnung, wohin sich dieses Projekt entwickeln würde. Natürlich will ich, dass es mindestens so großartig wird wie meine bisherigen Bücher. Doch die Stimmen in meinem Kopf krächzen: »Du hast doch keine Ahnung! Was ist, wenn das nix wird und Du Dich blamierst?! Dann erkennen alle, was für ein Hochstapler Du bist ...« In den Momenten hilft nur eins: Scheiße schreiben. Die ganze Innenwelt – jeden Gedanken, jedes Gefühl, jede Idee – einfach raus aufs Papier kotzen, in den Zweifel und in die Angst hineinschreiben. Dann passiert immer wieder eine besondere Magie: Frustration weicht Faszination. Die Ideen entwickeln sich, ich verstehe mich selbst besser. Und später, mit etwas Abstand, wenn der Gestank verzogen ist, kann ich die Scheiße zu Gold machen.

Ja, da ist sie wieder, die obszöne Sprache. Und sie ist Ergebnis dessen, dass ich mit Dir in die Situation wandere und den Ursprung meiner Erkenntnis sinnlich wieder durchlebe. Dabei springen automatisch meine Filter an und es kommen mir unzensiert die Worte in den Kopf, die zu meiner ureigenen Art und Haltung passen. Wenn ich also in die Beispiele und Geschichten eintauche und es mir erlaube, einfach frei vom Herzen zu schreiben, hinterlasse ich automatisch meinen Filterabdruck im Text.

3.5.3 Show, don't tell

Lass uns ein paar weitere Beispiele betrachten, wie Geschichten und Beispiele aus dem Alltag besser überzeugen und dabei noch Persönlichkeit zeigen:

- Eine Uhrenmarke kann behaupten, ihre Produkte seien langlebig und robust. Oder sie erzählt die Geschichte einer ihrer Uhren, die mittlerweile in fünfter Generation ist.
- Ein Fitness-Coach will vermitteln, dass eine gute Figur auch ohne Genussverzicht möglich ist. Also erzählt er davon, dass der Lieferdienst öfter bei ihm klingelt als die besten Freunde – und warum er dennoch ein Sixpack hat.
- Ein Hotel schreibt Service groß. So ausgesprochen würden wir bei der Aussage die Augen verdrehen. Stattdessen erzählt das Social-Media-Team, wie es einem Gast die vergessene Lesebrille per Express in die Heimat geschickt hat.
- Eine selbstständige Texterin und Mutter will sagen, dass Elternsein anstrengend ist. Das gibt vielleicht ein paar Daumen hoch, doch kraftvoller ist ihre subtile Momentaufnahme: »Mein Frühstückskaffee steht noch auf dem Küchentisch. Es ist 17 Uhr. Die Tasse ist noch voll.«
- Ein Restaurant verwendet nur frische Zutaten. Statt das runterzubeten, teilt der Koch jeden Morgen ein Video davon, wie er um 5 Uhr zum Großmarkt fährt und die Ware des Tages aussucht.

- Statt zu sagen, sie liebe Tiere, erzählt die Tierpflegerin, dass sie auch an freien Tagen in den Zoo fährt – »nur kurz kucken«.
- Ein Startup stellt in den sozialen Medien seine neue Ecke für das kleine Nickerchen zwischendurch vor (vielleicht auch sein Best-of an Schnarchgeräuschen), statt davon zu schwadronieren, wie wichtig ihm Balance und gesunde Produktivität sind.

Ich bin mir sicher, Du hast den Dreh raus. Das ist Leben statt Labern, und das erzeugt deutlich mehr Aufmerksamkeit. Es zeigt außerdem sehr schön: Wir alle sprechen in einer Branche über ähnliche Dinge. Doch *wie* wir das tun – mit welcher Haltung, mit welchen Beispielen und welchen Erlebnissen –, das macht unseren Stil aus und bestimmt, ob die Leute lieber uns zuhören oder dem Wettbewerb.

Je mehr aus dem Leben Du in Deine Texte steckst, desto lebendiger fühlen sie sich an.

3.5.4 Den Alltag in den Text lassen

Neben Anekdoten und Situationen aus der Vergangenheit kann es spannend sein, aktuelle Gedanken zu teilen, an denen Du noch arbeitest – eine Beobachtung, die Dich beschäftigt, oder auch eine Frage, auf die Du noch keine fertige Antwort hast. Damit lädst Du Deine Zielgruppe zum Mitdenken ein. Ein paar Ansätze, die ich selbst nutze:

- **Die halbgare Erkenntnis:** Du teilst einen Gedanken, der Dich beschäftigt: »Ich beobachte gerade etwas, kann es aber noch nicht ganz greifen – vielleicht hilfst Du mir ...« Statt einer Antwort von oben gibst Du einen Denkprozess zum Mitdenken frei. Oft sind die Kommentare darunter klüger als mein ursprünglicher Post.

  Ich habe das Gefühl, mein Hirn baut ab. Prompten ist so bequem, dass ich faul werde und meine Fähigkeiten verkümmern. Daher mache ich es mir unbequem und baue mir gerade ein geistiges Fitnessstudio, damit sich mein Hirn nicht ganz auflöst. No Pain, no Brain! Geht's jemandem ähnlich?

- **Der laute Zweifel:** Du widersprichst Dir selbst – öffentlich. »Letztes Jahr habe ich noch X behauptet, weil ... Inzwischen bin ich mir nicht mehr sicher.« Wirkt etwas menschlicher als jemand, der sich beim Umdenken zuschauen lässt?

  Ich dachte erst, bald sei es aus mit dem Texten und die KI erobere bald wirklich die Welt. Doch langsam beschleicht mich das Gefühl, dass das Thema voll ist mit Marketing-Propaganda, die Börsenkurse antreiben soll. Sollten wir nicht schon vor 10 Jahren selbstfahrende Autos gehabt haben? Urlaub auf dem Mars machen? Und wann fährt eigentlich der erste Hyperloop zwischen Köln und Berlin?

- **Die Reaktion aus dem Hier und Jetzt:** Etwas passiert in Deiner Branche, in der Gesellschaft oder im Markt. Du ordnest es ein, solange es noch warm ist. Und das darf gerne auch mit einer offenen Frage enden.

> *Ich redigiere gerade mein Buch und bekomme bei jedem »sondern« Bauchschmerzen. Eigentlich ein gutes Wort, doch die KI-Tools haben es durch ihre Dauerübertreibung ungenießbar gemacht. Gruselig, wie das mein Sprachgefühl auf den Kopf stellt. Denkst Du, das heilt wieder? Oder sind solche Wörter für immer kaputt?*

Verdrehst Du gerade die Augen?! Ich kann das sehen! Und ich nehme es Dir nicht übel ... Du hast von diesen Beiträgen gewiss zwei Billionen gelesen. Doch viele davon sind auf große Resonanz gestoßen, weil es ein Thema ist, das direkt aus dem Leben kommt.

Das gelingt Deiner Marke bestimmt auch mit anderen Themen, wenn sie auf das reagiert, was gerade passiert – ein gesellschaftliches Thema, eine Veränderung im Markt oder eine Entwicklung, die viele betrifft. Wähle die Themen aus, die zu Deiner Welt passen, ordne sie ein und teile Deine Perspektive.

Lebendigkeit ist ein Nebenprodukt, das ganz natürlich entsteht, wenn Deine Marke aus dem Leben heraus denkt und spricht. Das Leben ist bereits da – wir müssen es nur in den Text lassen.

3.6 Provokation (Zuspitzung)

Neulich fiel jemand in einem Reel darüber her, dass Menschen ihre Mobilfunknummer in ihrer E-Mail-Signatur teilen. Die Botschaft: Wer das tue, habe ein »Loser-Mindset« und wisse den Wert von Zeit und Fokus nicht zu schätzen. Auf mich wirkte das billig und zutiefst befremdlich. Denn seit wann sind Service und Erreichbarkeit eine Schwäche? Und wer sagt, dass mich die Nummer, wenn ich sie dort angebe, jederzeit persönlich erreichen muss?

An anderer Stelle riet neulich jemand bei LinkedIn allen Ernstes davon ab, Selbstständige zu beauftragen, die Mitglied in der Künstlersozialkasse sind. Diese seien »nicht seriös«. An dieser Aussage ist so viel falsch und unverschämt, dass es Buchstabenverschwendung wäre, sie zu kommentieren.

Leider könnte ich diese Liste an Beispielen noch lange fortsetzen, doch das erspare ich Dir mit Blick auf Deinen Blutdruck und Deine gute Laune. Provokation garantiert Emotion und ist damit eine sichere Bank für Aufmerksamkeit. Diese Logik ist nicht neu, doch sie hat sich in den letzten Jahren immer weiter zugespitzt. All diese Botschaften funktionieren nach einem ähnlichen Muster: Sie spitzen zu, um zu verurteilen. Sie erniedrigen, um aufzufallen. Doch echten Mehrwert bieten sie nicht. Und wer andere kleinmacht, wird dadurch selbst nicht größer. Die Provokation ist hier reiner Selbstzweck und billige Effekthascherei.

Diese Art von Empörungsökonomie ist auf dem Vormarsch. Manche Marken haben daraus sogar ein Geschäftsmodell gemacht. Sie monetarisieren Wut und leben von der Aufregung anderer. Und das ist das eigentlich Perfide daran: Sie wühlen Menschen emotional auf und lassen sie dann hilflos zurück, ohne diese Energie in eine konstruktive Richtung zu lenken. Sie schüren Wut, aber zeigen keinen Ausweg. Sie säen Zweifel, aber reichen keine Hand. Sie spalten, aber bauen keine Brücken. Und sie ernten Aufmerksamkeit, ohne Wert zu säen. Das ist billige Emotionalisierung ohne Verantwortung. In dem Fall müssen sich die Menschen selbst ein Ventil suchen, um mit diesen unangenehmen Emotionen umzugehen. Als hätten wir davon nicht schon genug.

3.6.1 Die Kraft der heilsamen Provokation

Heißt das nun, wir sollten lieber die Finger von allem lassen, wo jemand das Näschen rümpfen könnte? Gewiss nicht. Provokation kann eines der wirkungsvollsten Werkzeuge sein, die wir haben – wenn wir sie produktiv und konstruktiv verstehen. Ich nenne sie deshalb auch *heilsame Provokation*: Sie spricht aus, was jemand dringend hören sollte. Sie will nicht verletzen oder spalten, sondern aufwecken und Augen öffnen.

Was sie von der billigen Variante unterscheidet, kannst Du an einer einzigen Frage festmachen: Was ist die Absicht dahinter?

Die billige Provokation will um jeden Preis provozieren. Das ist ihr ganzer Zweck. Sie wühlt auf, um aufzufallen. Sobald die Aufmerksamkeit verpufft, bleibt nichts übrig außer ein Gefühl von Leere und Hilflosigkeit. Das sorgt für noch mehr Lärm in einer ohnehin lauten Welt.

Die heilsame oder produktive Provokation will etwas ganz anderes: Sie will klar sein. Du spitzt einen wichtigen Gedanken zu, damit er verständlich wird, damit er hängenbleibt und damit er überhaupt eine Chance hat, die richtigen Menschen zu erreichen. Dass er dabei aneckt, ist nicht das Ziel, sondern eine Nebenwirkung von Klarheit und Haltung.

Ob Deine Worte als Provokation ankommen, entscheidest am Ende nicht Du. Die Wirkung entsteht in den Filtern Deiner Zielgruppe. Wer Deine Perspektive teilt, spürt Resonanz: *Endlich sagt das mal jemand.* Manche finden sie vielleicht auch erfrischend, amüsant oder befreiend. Wer sie nicht teilt, erlebt dieselben Worte vielleicht erst als Zumutung. Und manche Menschen reißt Deine Botschaft aus ihrem gewohnten Film und konfrontiert sie mit einer Sicht auf die Dinge, die sie bisher gemieden haben. Die Reaktion macht Deine Botschaft zur Provokation.

Das gehört zur Faszination unserer Kommunikation und ist eine direkte Auswirkung davon, wie wir die Welt filtern und unsere Realität erschaffen. Du kannst die Wirkung Deiner Worte nie zu hundert Prozent steuern – Du kannst nur ehrlich sein. Streng genommen und etwas zugespitzt könnten wir sagen:

> **Du kannst nicht nicht provozieren.**

Denn die Wahrscheinlichkeit ist immer da, dass sich irgendjemand auf der Welt provoziert fühlt – vielleicht schon durch die Art, wie Du Deine Tasse hältst.

Damit ist die Zuspitzung allerdings erst die halbe Miete. Wer nur zuspitzt und es dabei belässt, landet wieder bei der billigen Variante von vorhin. Der entscheidende zweite Schritt heißt: auflösen.

Erst provozieren, dann differenzieren – so bringt es der professionelle Ver-rückte Niels Koschoreck auf den Punkt. Du teilst einen kraftvollen Gedanken, der aufhorchen lässt. Und dann lieferst Du: Du erklärst differenziert und nuanciert, was genau Du damit meinst, woher der Gedanke kommt und wo auch er seine Grenzen hat. Idealerweise mit einer Geschichte, einem Beispiel oder einer Erfahrung aus Deinem eigenen Leben.

Dein oberstes Ziel ist der Erkenntnisgewinn Deiner Zielgruppe. Jenes leise, innere *Wow! So hatte ich das noch nie gesehen.* Hauptsache, am Ende ist der Mensch einen Gedanken weiter als vorher und er kann sagen: *Das war es wert!* Nettigkeit ist zwar sozial wertvoll, doch sprachlich nicht immer der wirkungsvollste Weg zu kommunizieren.

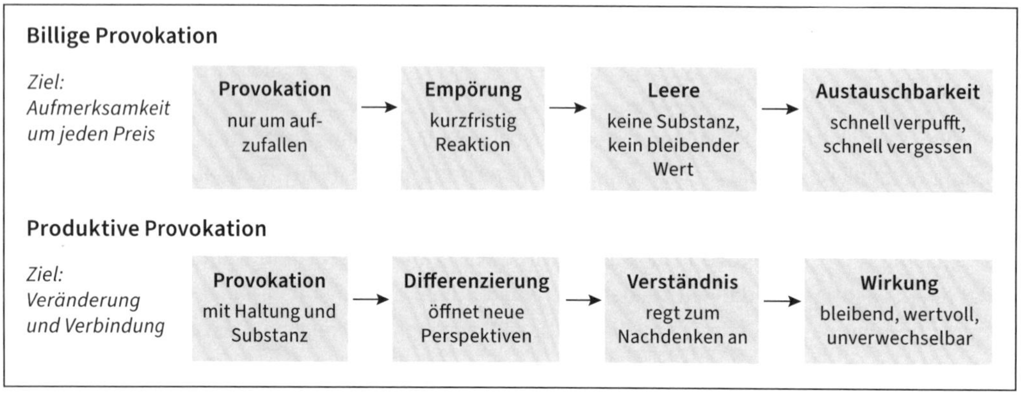

Abbildung 3.2: Provokation: zwei Wege, komplett unterschiedliche Wirkung

3.6.2 Verbindung und Provokation

Resonanz herzustellen heißt nicht, um jeden Preis nett zu sein. Manchmal ist das Freundlichste, was Du für jemanden tun kannst, ihn offen auf einen blinden Fleck hinzuweisen. Der Mehrwert liegt dann nicht darin, die Menschen mit dem zu füttern, was sie hören *wollen* – sondern mit dem, was sie hören *sollten*.

Mir hat zum Beispiel mal einer meiner Mentoren den Kopf gewaschen. Ich beklagte mich darüber, dass ich nach einer Stunde Einsatz noch auf keinen guten Slogan gestoßen war. Er sah mich trocken an und fragte: »Youri, ist das wirklich so schwierig, oder bist Du einfach nur eine faule Sau?!« Ist das unnötig forsch? Vielleicht. Doch das hatte gesessen. Ich konnte damit umgehen und habe an dem Tag aufgehört, mich selbst zu bemitleiden, und begonnen, die Energie zu investieren, die es braucht, um das zu erreichen, was ich mir wünsche.

Solche Zwischenfälle (ich nenne sie effiziente Kurskorrekturen) gab es mehrere in meinem Leben. Heute sind mir genau diese Menschen am sympathischsten in Erinnerung, weil sie mich weitergebracht haben, als jedes Schulterklopfen oder Heititeiti es je gekonnt hätte. Es braucht viel Vertrauen, jemandem direkt die Meinung zu sagen, statt Botschaften so lange weichzuspülen, bis nichts mehr von ihnen übrig ist. Auch das ist Haltung. Und auch die kommt mit einem Sternchentext.

Es gibt ein spannendes Konzept in der Psychotherapie, das diesen Zusammenhang auf den Punkt bringt: die *provokative Therapie*. Ihre Idee ist es, beim Klienten eine Art psychische Immunreaktion auszulösen – ihn so herauszufordern, dass er gegen seine eigenen Symptome und Probleme in Widerstand geht und dabei seine vollen Kräfte mobilisiert.

Der Klient beklagt sich zum Beispiel seit zehn Sitzungen immer wieder: »Ich bin so ein Loser – ich kann nichts, mir gelingt einfach nichts und ich werde ganz sicher nie etwas erreichen in meinem Leben.« Wenn der Klient mit dieser Haltung jede Intervention zunichtemacht, könnte der Therapeut ihn herausfordern: »Da haben Sie wohl recht. Wahrscheinlich sind Sie der talentierteste Versager, der mir je gegenübergesessen hat. 40 Jahre Übung im Aufgeben – das ist quasi olympisches Niveau! Wäre doch schade das jetzt wegzuwerfen – bleiben Sie lieber dabei.« Sitzt die Provokation, beginnt der Klient instinktiv, sich gegen die übertriebene Zustimmung aufzulehnen und für sich selbst zu argumentieren: »Na hören Sie mal! So ein Versager bin ich nun auch nicht. Ich habe eine Frau, zwei tolle Kinder und …« Die Provokation reißt den Klienten raus aus seinem Film und lenkt seine Wahrnehmung in eine konstruktive Richtung. Sie wird zum Katalysator und bringt Menschen in Kontakt mit ihren Potenzialen.

Die entscheidende Voraussetzung für diese Art von Therapie oder Coaching ist eine tiefe Verbindung. Der Therapeut kann nur deshalb so direkt sein, weil die Beziehung auf sicherem Boden steht. Der Klient spürt: *Diese Person meint es gut mit mir, auch wenn ihre Worte gerade unbequem sind.* Ohne dieses Fundament läuft der Therapeut Gefahr, keine produktive Reaktion zu provozieren, sondern den Bruch der Beziehung.

Die Psychologin Noni Höfner prägte dafür ein markantes Kürzel: **LKW** – das **l**iebevolle **K**arikieren des **W**eltbildes. Alles hängt am L. Liebevoll heißt: Du traust dem anderen zu, dass er sich aus seiner Sackgasse selbst befreit. Diese Haltung spürt er, ganz ohne Worte. Stimmt die Haltung, darfst Du fast alles sagen. Fehlt sie, kann eine Zuspitzung leicht ins Vorführende oder gar Zynische kippen – und die Menschen machen dicht.

Erst auf diesem Boden kommen K und W ins Spiel. Du steigst in das Weltbild der anderen Person ein, genau an der Stelle, wo sie feststeckt. Und Du karikierst ihren Stolperstein mit so viel warmem Humor, dass sie selbst darüber lacht. In diesem Lachen löst sich die Blockade und die Menschen gehen in Widerstand gegen ihre Selbstsabotage.

Für Deine Marke ist die Frage dieselbe: Steht die Beziehung zu Deiner Zielgruppe auf sicherem Boden? Tust Du genug, um für Vertrauen, Mehrwert und echte Begegnung zu sorgen, damit Deine Zuspitzung als das ankommt, was sie ist: eine Einladung zum Wachstum statt ein Angriff?

Wenn die Beziehung steht, kannst Du tiefer gehen. Du kannst direkter sein, unbequemere Wahrheiten aussprechen und auch mal härter herausfordern, weil Deine Zielgruppe Deine Absicht kennt. Sie weiß, dass Du nicht provozierst, um Dich zu profilieren, sondern weil Dir etwas an ihr liegt. Jetzt bekommt die Provokation etwas Heilsames. Sie spricht aus, was die Menschen hören *sollten* – nicht, was sie hören *wollen* –, und die Beziehung hält das aus.

Doch Verbindung ist nicht immer die Voraussetzung. Manchmal ist sie das *Ergebnis*. Wenn jemand zum ersten Mal auf Deine Marke trifft und über eine zugespitzte Botschaft stolpert, die ihn innehalten lässt, dann kann genau dieser Moment die Tür für eine Verbindung öffnen. Vorausgesetzt, Du löst ein, was Du versprichst: Die Differenzierung muss schnell kommen, der Erkenntnisgewinn spürbar sein. Dann denkt der Mensch: *Die Person hat etwas zu sagen. Sie ist zwar sehr direkt, doch das lohnt sich für mich.* Die Provokation hat die Beziehung nicht gefährdet – sie hat sie überhaupt erst ermöglicht.

Zwei Wege also: Provokation *aus* bestehender Verbindung – da kannst Du tiefer gehen, persönlicher werden und mehr riskieren. Und Provokation *als* Tür zur Verbindung – die Auflösung muss schnell kommen und sofort liefern. Beide Wege sind legitim. Beide verlangen dasselbe: eine wohlwollende Haltung und dass am Ende mehr steht als die Reibung.

3.6.3 Provozieren, um zu differenzieren

Wie das in der Praxis aussieht? Ich rate Dir zum Beispiel: *Bitte schreib NICHT, wie Du sprichst.* Mit einem Satz habe ich die Aufmerksamkeit von jedem, der schreibt – denn er widerspricht geradewegs dem populärsten, am meisten abgenickten Schreibtipp überhaupt. Doch wer provoziert, muss auch liefern. Also differenziere ich:

Jeder kennt den Rat, so zu schreiben, wie wir sprechen. Und er ist wertvoll – er holt die gestelzte Stock-im-Po-Sprache aus dem Text und führt zu einem natürlichen, partnerschaftlichen Ton. Doch er kann auch nach hinten losgehen – nämlich dann, wenn wir ihn als Freifahrtschein zum Schwafeln interpretieren. Die Sätze fließen zwar leichter, doch dabei leiden oft Klarheit und Qualität.

Denn Sprechen und Schreiben sind nicht dasselbe. Beim Sprechen tragen Mimik, Gestik und Stimme die halbe Botschaft. Wir sehen unser Gegenüber, wir reagieren und können situativ experimentieren. Beim Schreiben fällt all das weg, und dafür kommt anderes hinzu: Rhythmus, Interpunktion, Sprachbilder etc. Vor allem aber Zeit. Zeit, über unsere Worte nachzudenken. Wir verdichten, präzisieren und spitzen Gedanken zu, damit sie noch leichter überspringen können.

Genau das ist Dein Service. Und der hat eine unbequeme Kehrseite: Machst Du es Dir leicht, haben es die Menschen schwer – Dir zu folgen, Dich zu verstehen und sich in Deine Welt zu verlieben. Schreib den ersten Entwurf also ruhig, wie Du sprichst. Aber gib Dich nicht damit zufrieden. Deine Zielgruppe wird es Dir danken.

Ein zweites Beispiel mit einem anderen Mechanismus. Eine Headline wie *Warum kluge Menschen dumme Texte schreiben* weckt bestimmt auf. Diesmal provoziere ich nicht gegen einen Tipp, sondern halte einer ganzen Gruppe einen Spiegel vor. Genau deshalb muss ich danach umso schneller differenzieren.

Was ich meine: Viele Menschen, die in ihrem Fach brillant sind, drücken sich unnötig kompliziert aus. Für Menschen mit großer Expertise wirkt alles wichtig – und dabei verlieren sie häufig den Blick fürs Wesentliche. Mit der Komplexität wirkt der Text zäh, unappetitlich und schwer zugänglich. Das ist dumm im ganz pragmatischen Sinn: Der Text steht seiner eigenen Wirkung im Weg.

Unsere Aufgabe beim Schreiben ist das Gegenteil – strukturieren, priorisieren und illustrieren. Ein kluger Text kleidet einen zentralen Gedanken in klare Bilder und einfache Worte. Er wirkt doppelt smart: inhaltlich, weil er Substanz hat, und formal, weil er verständlich ist. Denn echte Kompetenz zeigt sich vor allem darin, komplexe Dinge einfach auf den Punkt zu bringen.

Du siehst das Muster: Erst die Reibung, die wachrüttelt, dann folgt die Auflösung, die einen Erkenntnisgewinn liefert. In einer lauten Medienwelt ist diese Zuspitzung oft der einzige Weg, überhaupt noch durchzudringen. Und steht die Verbindung erst, geht es leichter: Die Menschen kennen Dich, sie wissen, was sie von Dir erwarten dürfen. Genau dafür investierst Du in starkes Branding – damit Du morgen schneller zu den Menschen durchdringst als heute.

3.6.4 Laut ist nicht gleich überzeugender

Wie laut eine Marke sein darf, ist am Ende eine Frage ihrer Philosophie. Denn es gibt kraftvolle Marken, die auf leisem Weg groß geworden sind.

Denk nur an Manufactum: »Es gibt sie noch, die guten Dinge.« Ein einziger, ziemlich leiser Satz. Kein Influencer-Marketing, keine Social-Media-Hysterie. Nur ein Katalog, der sich liest wie eine Liebeserklärung an Handwerk und Haltbarkeit.

Oder dm. Ein Drogeriemarkt, der unter seinem Gründer Götz Werner über Menschenbild und Unternehmensphilosophie sprach statt über Preiskampf. Während die Konkurrenz mit Prozenten schreit, redet dm mit Wärme und auf Augenhöhe – getragen vom Gedanken, dass Wirtschaft dem Menschen dienen soll. Leise. Und trotzdem Marktführer.

Beide Marken fallen auf, gerade weil sie sich weigern, laut zu sein. Damit ziehen sie genau die Menschen an, die von der Lautstärke erschöpft sind.

In der Musik ist das ähnlich: Erinnerst Du Dich an kleine, feine Melodien – oft schon wenige Pianotöne –, die Dich auf intensive Weise aufwühlen? Lautstärke ist kein Garant für Substanz und Wirkung. Ich bin überzeugt: Je mehr Tiefe Deine Arbeit hat, desto weniger Spezialeffekte braucht sie, damit man Dich hört.

Wie viel Provokation eine Marke verträgt, hängt letztlich von zwei Seiten ab. Wie tickt die Marke? Wie direkt, wie konfrontativ, wie spielerisch ist sie von Natur aus? Und wer empfängt? Eine selbstbewusste Zielgruppe, die stabil ist im eigenen Selbstwert und offen für Herausforderungen, verträgt mehr Reibung – die Provokation geht nicht so tief, weil die Menschen auf sicherem Boden stehen. Eine Zielgruppe, die verunsichert ist oder sich in einem sensiblen Prozess befindet, braucht erst die Sicherheit der Beziehung, bevor Zuspitzung wirken kann. Es bleibt ein Zusammenspiel – und das verlangt Fingerspitzengefühl.

3.6.5 Eine Frage der Verantwortung

Die Marke darf also spüren, wo die Grenzen sind. Die Frage ist nicht: *Darf man das so sagen?* Sondern: *Kann ich dahinterstehen? Kann ich das argumentieren? Und passt dieser Stil zu mir?*

In einem Land mit freier Meinung dürfen wir fast alles sagen. Und genauso müssen wir bereit sein, die Konsequenzen zu tragen. Denn Freiheit hat immer Verantwortung im Gepäck. Also wäge ich ab: Ist der Effekt die Konsequenz wert? Nicht immer lohnt es sich, andere Menschen mit reißerischen Botschaften zu behelligen, die sich mit etwas Selbstreflexion schnell als geistiger Durchfall entpuppen. Um das zu vermeiden, habe ich mir antrainiert, bei besonders provokanten Aussagen erst selbst den Gegenstandpunkt einzunehmen. Ich versuche, mich zu widerlegen, und fühle meinen eigenen Gedanken auf den Zahn, um sicherzugehen, dass sie Substanz haben. Ich gehe also dem Gedanken nach: Warum lohnt es sich doch, so zu schreiben, wie man spricht? Welche Stärke liegt in der Art, wie Menschen mit großer Expertise Texte schreiben? Dieser Gedankengang verleiht meiner Argumentation wahre Tiefe.

Am Ende zählt nicht so sehr, wie wir die Aufmerksamkeit der Menschen gewinnen. Viel wichtiger ist, was wir daraus machen und was wir ihnen im Tausch dafür geben. Wie fühlen sie sich nach der Begegnung mit Deinem Content? Erniedrigt oder aufgebaut? Klarer oder verwirrter? Erschöpft oder inspiriert? Sie werden sich nicht an Deine cleversten Sprüche erinnern. Aber sie werden sich erinnern, wie sie sich in Verbindung mit Deiner Marke gefühlt haben. Genau dieses Gefühl nistet sich auf Dauer im Bauch Deiner Zielgruppe ein.

Ich habe Dir gestanden, dass ich ein großer Freund der Zuspitzung bin. Zum Schluss teile ich mit Dir noch den Impuls, der mich auf Kurs hält: Ich setze mich täglich dafür ein, jeden Menschen, dem ich begegne, in einem besseren Zustand zurückzulassen, als ich ihn angetroffen habe. Das kann von belustigt über erleichtert bis hin zu inspiriert reichen. Das sind bescheidene Gesten mit gewaltiger Wirkung. Stellen wir uns nur einmal vor, jeder Mensch auf diesem Planeten würde 24 Stunden lang dieser Haltung folgen. Wir würden unsere Welt nicht wiedererkennen.

Es gibt einen verantwortungslosen Weg zur Aufmerksamkeit: am lautesten schreien, am härtesten urteilen, am krassesten spalten. Das ist Aufmerksamkeitsdiebstahl – schnell und billig, doch auf Dauer unbezahlbar teuer. Der bessere Weg: Sei ganz Du selbst, teile durchdachte Perspektiven und biete echten Erkenntnisgewinn.

Unsere Arbeit besteht darin, Aufmerksamkeit in etwas Wertvolles zu verwandeln. Denn nicht jede Provokation ist sinnvoll. Nicht jede Zuspitzung ist mutig. Und nicht jede Reibung stärkt eine Marke.

Damit ich mich im Alltag schnell orientieren kann, lasse ich mich in unsicheren Fällen von einer einzigen Frage leiten: Stärkt oder schadet das der Marke? Stärkt es sie und beschert meiner Zielgruppe einen Erkenntnisgewinn, setze ich gern auf mehr Lautstärke. Geht es nur ums Ego oder ums Auffallen, verkneife ich mir die Stichelei. Starke Marken müssen nicht laut sein – sie dürfen nur nicht beliebig sein.

3.7 Haltung ist kein Monolog

Authentizität, Integrität, Verletzbarkeit, Lebendigkeit, Provokation – diese fünf Dimensionen beschreiben, wie sich eine Marke zeigt: Wofür sie steht, wie sie spricht, wie viel sie von sich preisgibt. Bis hierhin ging es vor allem darum, was aus ihr herausströmt, wenn sie es zulässt. Doch jede Haltung hat eine zweite Seite. Eine Marke *sendet* nicht nur. Sie trifft immer auch auf Menschen, die *empfangen* – die hören, fühlen, deuten und antworten. Erst an dieser Schnittstelle entscheidet sich, ob aus Haltung wirklich Resonanz wird.

Du kannst authentisch sein, integer, verletzbar, lebendig und direkt – und trotzdem an den Menschen vorbeireden. Das passiert, wenn Du Deine Botschaften wie Vorträge behandelst: sauber aufgebaut, in sich logisch, aber ohne echtes Gegenüber. Haltung, die keinen Raum für die andere Seite lässt, verhärtet zur Rede. Reden können beeindrucken. Sie erzeugen Respekt, manchmal sogar Ehrfurcht. Doch aus Ehrfurcht entsteht selten Nähe. Eher das Gefühl, belehrt zu werden, statt wirklich gemeint zu sein.

Resonanz – und damit sind wir wieder bei Hartmut Rosas Grundgedanken – ist keine Einbahnstraße. Sie braucht zwei Seiten, die sich berühren und sich dabei ein Stück bewegen lassen. Sie entsteht, wenn Du sprichst und zugleich zuhörst. Wenn Du Dich zeigst und zugleich wahrnimmst, wer vor Dir steht. Das gilt zwischen zwei Menschen genauso wie zwischen einer Marke und ihrer Zielgruppe.

In der Praxis beginnt diese Qualität in winzigen, unspektakulären Momenten. Jemand kommentiert Deinen Beitrag, antwortet Dir auf Deinen Newsletter oder erzählt Dir, was Dein Text in ihm ausgelöst hat. Diese Rückmeldungen wirken auf den ersten Blick wie Kleinigkeiten. Doch in Wahrheit markieren sie den Punkt, an dem Resonanz entsteht. Jetzt liegt es an Dir, sie zu entwickeln und zu verstärken. Was machst Du daraus?

Ich habe für mich eine einfache Regel eingeführt: Ich reagiere auf alles, was Menschen mir schicken. Manchmal mit einem durchdachten Kommentar und manchmal, wenn die Zeit eher eng ist, mindestens mit einem Satz oder auch nur einem Emoji. Das mag banal wirken, doch im Alltag macht es einen enormen Unterschied. Viele Marken feuern Content in die Leere, zählen Likes und Kommentare und tragen sie in ihre Reports ein. Wer stattdessen antwortet, sticht heraus. Menschen fühlen sich wahrgenommen. Und wer sich wahrgenommen fühlt, zeigt schrittweise immer mehr von sich.

In den Reaktionen Deiner Zielgruppe erkennst Du, wo ihr eigentlicher Nerv liegt. Und im Umgang mit diesen Reaktionen zeigt sich, ob Deine Haltung wirklich Dialog sucht – oder ob sie am Ende doch nur ein sehr elaborierter Monolog bleibt.

3.8 Zwischenhalt – von der Haltung zum Stilmittel

Haltung zeigen und dem anderen begegnen – das sind keine Gegensätze. Sie bedingen einander. Die stärkste Haltung nützt nichts, wenn sie in einem leeren Raum verhallt. Und die aufmerksamste Zugewandtheit bleibt blass, wenn dahinter keine Substanz steht.

Damit haben wir die inhaltliche Stilebene Deiner Marke beleuchtet: die Philosophie, aus der heraus sie spricht, und die Haltung, mit der sie sich der Welt zeigt. Bis hierhin ging es darum, was Du sagst – und aus welcher inneren Position heraus.

Jetzt wechseln wir die Ebene. Wir schauen darauf, wie Deine Worte Gestalt annehmen: welche Wörter sich stimmig anfühlen, welche Bilder Deine Perspektive tragen, welche Satzmelodie zu Deiner Marke passt, wie Zeichensetzung Tempo, Betonung und Subtext steuert.

Kurz gesagt: Wir übersetzen Haltung in Handwerk. Wir machen sichtbar, welche Stilmittel, Muster und Zeichen Deinen Text unverwechselbar machen – und wie Du eine Sprache findest, die sich nach Dir anfühlt, ohne gekünstelt zu wirken.

Kapitel 4
Die Stilkiste

In diesem Kapitel öffnen wir die Stilkiste. Wir schauen uns an, welche Werkzeuge die deutsche Sprache bereithält, um eine Stimme zu formen, die markant in Erinnerung bleibt.

Beherrschst Du die gesamte Bandbreite unserer Satzzeichen (einige nutzt kaum jemand), kannst Du mit diesen kleinen Elementen eine große Wirkung entfachen. Wir klären außerdem: Was macht Verben so wertvoll? Wie setzt Du Adjektive kreativ ein? Und sind Füllwörter wirklich so böse?

Bilder machen Abstraktes in Sekunden greifbar, sinnliche Wörter umgehen den Verstand und sprechen direkt zum Körper. Mit Personifikationen machst Du selbst trockene Themen interessant. Und mit den vielfältigen Gedankenfiguren – Ironie, Übertreibung oder dem Oxymoron – zauberst Du Deiner Zielgruppe ein Lächeln ins Hirn.

Setzt Du diese Elemente gekonnt ein, hinterlässt Du Eindruck durch einzigartigen Ausdruck.

Wenn Du bis hierher gelesen hast, weißt Du bereits mehr über Stilmittel, als Du denkst. Keine Sorge, Du hattest keinen Blackout – explizit haben wir darüber bisher nicht gesprochen. Doch implizit habe ich Dir auf den bisherigen Seiten schon viele Stilmittel vorgestellt. Du hast sie erlebt. Seite für Seite. Absatz für Absatz. Du hast gespürt, wann ein Satz Sog entfacht und wann er nachklingt – wie Bilder für Kopfkino sorgen und Emotionen wecken.

Vielleicht hast Du schon einige Schreibratgeber gelesen, Stilmittel-Listen studiert oder Schreibkurse belegt. Dann wirst Du hier manches wiedererkennen – und hoffentlich ebenso viel entdecken, das Dir in dieser Kombination oder Tiefe noch nicht begegnet ist.

Ich lade Dich ein, dieses Kapitel wie eine modulare Werkzeugkiste zu nutzen: Du kannst Dir gezielt die Elemente herausgreifen, die Dich am meisten reizen, und damit Stück für Stück in Deinem Alltag experimentieren. Oder Du gehst einmal alle komplett durch und schaust, welche Mittel Deine bisherige Praxis ergänzen könnten.

Außerdem verknüpfen wir viele dieser Werkzeuge mit ihren psychologischen Hintergründen – also mit der Frage, warum bestimmte Formen bei Leserinnen und Lesern so wirken, wie sie wirken. Dieses Wissen hilft Dir, Stilmittel nicht nur »schön« einzusetzen, sondern bewusster zu entscheiden, wann Du Tempo rausnimmst, Spannung aufbaust oder Nähe entstehen lassen willst. Jede Entscheidung – wie lang ein Satz ist, warum ein Wort kursiv steht und wie viele Punkte eine Aufzählung hat – ist eine bewusste Wahl. Ich bin mir sicher, Du wirst staunen, welche sprachlichen Werkzeuge und Instrumente die deutsche Sprache bereithält – und wie Du sie einsetzen kannst, um Deiner Marke nicht nur inhaltlich, sondern auch formal eine einzigartige Ausdruckskraft zu verleihen.

Doch bevor wir diese Schatzkiste an Stilmitteln öffnen, hier noch ein wichtiger Disclaimer: Stilmittel wirken wie Spezialeffekte und besondere Würze. Auch das edelste Gewürz kann uns den Geschmack verderben, wenn wir es in großen Mengen auf jeden Bissen kippen. Und würden wir an 364 Tagen im Jahr den Nachthimmel in ein Feuerwerk tauchen, würde uns die Aussicht darauf in der Silvesternacht kaum noch vor die Tür locken.

Die Wirkung entsteht durch Kontraste, nicht durch die Menge.

Jedes Stilmittel verliert seine Kraft, wenn wir es damit übertreiben. Aus hunderten Coachings und Trainings weiß ich, dass sich viele beim Entdecken dieser Tools fühlen wie jemand, der zum ersten Mal ein All-you-can-eat-Buffet betritt und sich fragt, warum der Teller so klein ist. Sie wollen am liebsten das ganze Sortiment auf einer Seite ausprobieren. Und damit stehlen sie ihren Botschaften die Show, weil die Form die ganze Aufmerksamkeit auf sich zieht und der Inhalt dabei untergehen kann.

Eine gut platzierte Metapher, ein unerwartetes Wort oder eine feine Prise Ironie können vollkommen ausreichen, um einem Text eine unverwechselbare Note zu verleihen. Der Effekt entsteht durch eine ausgewogene Dosierung und das richtige Timing.

Ein letzter Hinweis zu Übung und Umsetzung: Je vertrauter Du mit den Stilmitteln bist, desto leichter finden Dich die richtigen Tools in der richtigen Situation. Du trainierst einen Teil in Dir, der die Stilmittel schon bald intuitiv beherrscht, Dir beim Schreiben über die Schulter schaut und sich automatisch meldet, wenn er Gelegenheiten und Möglichkeiten erkennt. Bis dieser Teil von Dir fest genug im Sattel sitzt, empfehle ich Dir, Dich zunächst nach dem ersten Entwurf Deines Textes auf die Stilmittel zu konzentrieren. Die Form sollte immer dem Inhalt folgen. Unterbrichst Du den Fluss Deiner Gedanken, um stilistisch an einer Formulierung zu feilen, kannst Du Dich damit selbst blockieren. Wenn der Entwurf des Textes jedoch erst einmal steht, erkennst Du leichter die Stellen, die noch Feinschliff und die ein oder andere Würze vertragen können.

Wie dieses Kapitel aufgebaut ist

Wir beginnen mit dem Fundament: den unsichtbaren Entscheidungen, die den Grundcharakter einer Stimme definieren – Satzlänge, Aktiv und Passiv, Nominalstil, der Umgang mit Adjektiven und Füllwörtern. Wir arbeiten also erst auf Ebene der Sätze und einzelner Wörter.

Dann tauchen wir eine Ebene tiefer ein in die Partitur der Sprache – also in das, was Satzzeichen und Typografie leisten. Eine Partitur ist in der Musik das Notenblatt, das einem Orchester sagt, wann welches Instrument wie laut spielt, wann es schweigt und wann es so richtig explodieren soll. Genau das tun Satzzeichen in einem Text: Sie dirigieren den inneren Rhythmus beim Lesen. Wir nehmen jedes einzelne Zeichen unter die Lupe – vom kaum genutzten Semikolon bis zu den stillen und unterschätzten Möglichkeiten der Klammer. In diesen Elementen steckt mehr Magie, als viele Menschen denken.

Danach widmen wir uns den Elementen, die für eingängigen Sound und großes Kopfkino sorgen können. Dazu gehören Bilder und Vergleiche, Gedankenfiguren, und am Ende landen wir beim einzigartigen Wortschatz, der die Welt Deiner Marke prägt.

Durch das gesamte Kapitel begleitet uns eine fiktive Marke: die Bäckerei Madeleine. Eine Handwerksbäckerei, die sich darauf spezialisiert hat, unsere Resonanz mit unserem Essen zu fördern. Für sie ist Genuss eine Form der Entschleunigung und ein Weg zu mehr Lebensqualität. Der Name ist eine Hommage an Marcel Proust, der in seinem Roman *Auf der Suche nach der verlorenen Zeit* beschreibt, wie ein einziger Bissen einer Madeleine, getaucht in Tee, eine ganze Welt an Erinnerungen und Empfindungen zum Leben erweckt.

Du wirst dieselbe Botschaft der Madeleine immer wieder in verschiedenen Stilversionen erleben – mal blass und bürokratisch, mal lebendig und unverwechselbar. Die Botschaft bleibt dieselbe, nur die Form ändert sich – und damit der gesamte Ausdruck des Textes. Lass uns mit dem Fundament starten.

4.1 Das Fundament

Es gibt Stellschrauben in der Sprache, die kaum jemand bewusst wahrnimmt. Hier geht es noch nicht um Reime, Metaphern oder clevere Wortspiele. Es geht um kleine, viel wesentlichere Entscheidungen, die so tief im Text vergraben sind, dass sie wie Selbstverständlichkeiten wirken. Und genau deshalb sind sie so mächtig. Sie definieren den Grundcharakter einer Stimme, noch bevor wir ein einziges rhetorisches Mittel einsetzen.

4.1.1 Die Satzlänge: Der Herzschlag Deines Textes

Kurze Sätze wecken auf. Sie reißen mit. Sie betonen und pointieren. Damit saugen sie uns tief in den Text hinein. Mutig und wuchtig – schnell und souverän. Und wenn Du die Aufmerksamkeit erst einmal gewonnen hast und das Vertrauen in die Relevanz Deiner Worte wächst, darfst Du den Bogen weiter spannen und den Gedanken den Raum geben, den sie brauchen, um sich voll zu entfalten, Zusammenhänge logisch zu verknupfen und eine erzählerische Tiefe zu entwickeln, die uns beim Lesen sicher durch das Thema führt, bis wir schließlich genau da ankommen, wo die nächste wesentliche Erkenntnis wartet. Ein kurzer Satz. Ein Moment der Stille. Wir halten inne. Die Worte wirken nach. Das ist der Herzschlag des Textes.

Warum wirkt das?

Unser Gehirn liest nicht Wort für Wort. Es sucht nach Mustern, Pausen und vor allem nach Orientierung. Kurze Sätze geben ihm genau das: klare Signale mit angenehmen Pausen, um die Informationen zu verarbeiten. Lange Sätze hingegen erzeugen Spannung – sie halten das Gehirn in Bewegung, weil der Gedanke noch nicht abgeschlossen ist. Der Wechsel zwischen beiden erzeugt Rhythmus. Und Rhythmus haucht Deinem Text Leben ein.

Wer nur kurze Sätze schreibt, erzeugt denselben Effekt wie ein Stakkato in der Musik: kurzzeitig kraftvoll und belebend, doch bei übermäßigem Einsatz mechanisch, ermüdend und atemlos. Wer hingegen nur mit langen Sätzen arbeitet, verliert sich leichter in verschachtelten Konstruktionen, die Geduld fordern, statt Neugier zu wecken. Die Kunst liegt darin, eine interessante Spannung zwischen beidem zu finden. Achtest Du auf die Länge Deiner Sätze und lässt regelmäßig eine Frage einfließen, vermeidest Du 90 Prozent der typischen Stilfehler.

Wie setzt Du es ein?

Fang an zu schreiben, ohne auf die Länge Deiner Sätze zu achten. Folge dem natürlichen Fluss Deiner Gedanken. Anschließend liest Du Dir den Text laut vor, denn so spürst Du den Rhythmus Deiner Worte am besten. Stolperst Du? Gerätst Du außer Atem? Oder fühlt sich ein Teil zäh an wie Kaugummi? Dann greife bewusst ein. Lass wichtige Aussagen nachwirken, indem Du sie in kurze Sätze verpackst. Nutze längere Sätze, wo Du eine Entwicklung zeigen oder eine Stimmung aufbauen willst. Mische kurze Sätze mit langen. So hältst Du die Menschen am Ball und sorgst für einen abwechslungsreichen Rhythmus.

Eine Idee pro Satz

Lass Dich von einer einfachen Grundregel leiten: Eine Idee pro Satz. Der Hauptsatz trägt den Hauptgedanken. Der Nebensatz ergänzt, präzisiert oder begründet, doch er übernimmt nie die Führung. Er widmet sich den Nebensächlichkeiten. Sobald der Nebensatz wichtiger wird als der Hauptsatz, stimmt die Hierarchie nicht mehr. Das kann beim Lesen frustrieren, denn der Text präsentiert uns den Kern nicht – wir müssen ihn mit viel Mühe selbst suchen gehen.

Die größte Gefahr bilden verschachtelte Nebensätze, die sich in sich selbst verlieren:

Das Brot, das wir backen, weil wir glauben, dass Qualität, die wirklich überzeugt, Zeit braucht, schmeckt anders.

Hier ist die Gefahr groß, dass Dein Gehirn den Schleudersitz auslöst. Die guten Gedanken sind zwar da, doch sie sind fragmentiert. Wir müssen sie sortieren, analysieren und zusammenfügen. Wir müssen uns abrackern, statt zu entdecken und zu genießen. So ein Text erzeugt Frust und enttäuschte Erwartungen. Arbeite wichtige Aussagen klar heraus und gib ihnen mit einem Hauptsatz eine starke Bühne:

Überzeugende Qualität braucht Zeit. Den Unterschied schmeckst Du in allem, was wir backen.

Beispiel 1 – Alles gleich lang, alles gleich laut

Die Bäckerei Madeleine backt täglich frische Brote. Wir verwenden nur hochwertige Zutaten. Unser Team arbeitet mit viel Leidenschaft. Wir öffnen um sieben Uhr morgens. Wir freuen uns auf Deinen Besuch.

Klingt ein bisschen wie ein billiger Roboter, oder? Jeder Satz ist gleich gebaut, gleich lang und gleich betont. Alles wirkt gleich wichtig. So müssen wir beim Lesen die ganze Arbeit machen, zu unterscheiden, was entscheidend ist und wie wir die Sätze bewerten sollen.

Beispiel 2 – Alles in einem Atemzug

Die Bäckerei Madeleine ist ein Ort, an dem täglich frische Brote und feine Patisserie nach traditionellen Rezepten und mit sorgfältig ausgewählten Zutaten aus der Region hergestellt werden, weil wir glauben, dass echtes Handwerk Zeit braucht und dass Menschen, die sich diesen Moment des Genusses gönnen, es verdienen, wirklich Besonderes zu bekommen.

Puuuuuh. Konntest Du das in einem Atemzug lesen? Ich nur kaum (hab früher mal geraucht). Hier stimmt zwar inhaltlich alles, doch wir ringen beim Lesen nach Luft. Die Gedanken sind alle da, doch wir haben die ersten Wörter schon wieder vergessen, wenn wir bei den letzten angekommen sind.

Beispiel 3 – Rhythmischer Wechsel

Wir backen nicht für den schnellen Hunger. Wir backen für den Moment, in dem Du den ersten Bissen nimmst, der Genuss Deinen ganzen Körper belebt und Du kurz alles andere vergisst – weil etwas so gut ist, dass es Deine volle Aufmerksamkeit bekommt. Dafür stehen wir jeden Morgen auf.

Der letzte Satz bekommt sein gesamtes Gewicht durch den langen Satz davor. Allein stünde er leer, einsam und flach. Im Kontrast zum vorherigen steht er wie ein Ausrufezeichen.

> **Der kurze Satz weckt auf. Der lange Satz nimmt mit. Beide im harmonischen Wechsel lassen Deine Texte atmen.**

4.1.2 Aktiv vs. Passiv: Eine Frage der Haltung

In der Bäckerei Madeleine wird täglich frisches Brot gebacken. Hochwertige Zutaten werden verwendet. Große Sorgfalt wird auf die Auswahl der Rohstoffe gelegt. Genuss wird großgeschrieben.

Hier fühlt sich etwas seltsam an, oder? Vergleich es mal hiermit:

Wir backen. Wir wählen aus. Wir stehen jeden Morgen um vier Uhr auf – weil wir glauben, dass ein gutes Brot Zeit verdient. Damit der erste Bissen Deines Tages kein Kompromiss ist.

Spürst Du den Unterschied? Im ersten Abschnitt *passiert* alles … irgendwie … von alleine. Da sind keine Gesichter, keine Hände und keine Menschen. Im zweiten steht jemand dahinter. Jemand, der eine klare Entscheidung trifft. Jemand, der sein Gesicht zeigt und Verantwortung übernimmt. Genau das ist der Unterschied zwischen Passiv und Aktiv – und er ist größer, als er auf den ersten Blick wirkt.

Warum wirkt es?

Das Passiv ist die Sprache der Distanz. Es lässt Handlungen geschehen, ohne dass jemand Verantwortung übernimmt. »Es wurde entschieden.« Von wem? »Fehler wurden gemacht.« Von wem? Das Passiv versteckt die handelnde Person – manchmal bewusst, doch meistens unbewusst. In der Bürokratie hat das System. In der Wissenschaft ist es Konvention. Im Brandwriting ist es ein stilles Signal: Hier spricht eine Marke, die nicht voll hinter dem steht, was sie sagt und macht.

Das Aktiv hingegen benennt und aktiviert. Es zeigt offen und ehrlich, wer hier denkt, fühlt und handelt. Diese Direktheit erzeugt Nähe und Vertrauen, noch bevor ein einziges Argument fällt. Menschen spüren den Unterschied. Aktive Sprache strahlt Präsenz aus. Passive Sprache strahlt Vorsicht aus und wirkt durch die Distanz unpersönlich. Je nach Kontext kann auch das genau richtig sein. Doch dazu mehr in den nächsten Absätzen.

Wie setzt Du es ein?

Markiere jedes Passiv in Deinem Text und frag Dich bei den einzelnen Formulierungen: *Verstecke ich mich hier? Oder warum gehe ich auf Distanz?* In manchen Fällen kann es daran liegen, dass Du inhaltlich noch nicht ganz hinter der Botschaft stehst. Ein Teil von Dir merkt das. Spür ihm nach und passe die Botschaft so an, dass sie sich stimmig anfühlt. In den meisten Fällen wirst Du allerdings feststellen: Es gibt keinen Grund für das Passiv. Dann ersetze es durch eine aktive Formulierung und benenne ganz klar, wer handelt. Du wirst sofort spüren, wie der Text an Persönlichkeit und Aktivierungskraft gewinnt, weil er überzeugender, mutiger und aufrichtiger wirkt.

Eine einfache Faustregel: Wenn Du *werden* und ein Partizip Perfekt im selben Satz findest, schau genauer hin: »wird angeboten«, »wird hergestellt«, »wird gewährleistet« – das sind die klassischen Verstecke des Passivs. Dahinter steckt fast immer ein Mensch, der sich zeigen darf.

Beachte jedoch, dass nicht jedes *werden* ein Passiv markiert. »Wir werden morgen früh backen« – das ist Futur, also kein Versteck, sondern eine Zeitform. »Das Brot wird knusprig« – das ist eine Zustandsbeschreibung, kein Vorgang. Beide sind völlig in Ordnung. Worauf Du achten willst, ist das Vorgangspassiv: »Das Brot wird gebacken« – also immer dann, wenn hinter dem *werden* ein Partizip Perfekt steckt und die handelnde Person unsichtbar bleibt. Das ist der Moment, in dem Du Dich fragst: Wer backt hier eigentlich?

Wann das Passiv Dein Freund sein kann

Das Passiv ist nicht grundsätzlich böse. Es ist einfach ein Werkzeug, das wir bewusst einsetzen wollen. Es gibt Momente, in denen es genau den richtigen Ton treffen kann – zum Beispiel immer dann, wenn Distanz eine bewusste Entscheidung und ein wertvolles Mittel ist.

Im medizinischen Kontext kann das Passiv zum Beispiel eine professionelle Neutralität schaffen: »Der Eingriff wird unter Vollnarkose durchgeführt.« Das klingt sachlicher und beruhigender als »Wir führen den Eingriff unter Vollnarkose durch«. Hier gibt die Distanz Sicherheit.

Wenn Du Kritik üben willst, ohne jemanden direkt anzugreifen: »In diesem Projekt wurden wichtige Entscheidungen zu spät getroffen« ist weniger konfrontativ als »Ihr habt wichtige Entscheidungen zu spät getroffen«. Das Passiv nimmt die persönliche Schärfe und den anklagenden Ton heraus und öffnet den Raum für ein konstruktives Gespräch.

Wenn Du über gesellschaftliche Missstände schreibst, ohne mit dem Finger zu zeigen: »Lebensmittel werden heute oft unter Bedingungen produziert, die wir uns lieber nicht vorstellen wollen« lenkt den Fokus auf den Zustand statt auf einzelne Schuldige.

Die Wahl des Stilmittels ist also auch eine Frage, welchem Gedanken wir eine Bühne geben wollen. Achte darauf, dass sich die Muster nicht einfach einschleichen, sondern dass Du Dich bewusst für den Effekt entscheidest, den Du erzielen möchtest. Und wenn wir in Resonanz treten und bewegen wollen, ist das Aktiv in vielen Fällen die bessere Wahl.

Beispiel 1 – Passiv und zurückgenommen

Bei Madeleine werden ausschließlich regionale Zutaten verwendet. Auf künstliche Zusatzstoffe wird vollständig verzichtet. Jedes Produkt wird mit größter Sorgfalt hergestellt.

Das klingt alles richtig, solide und ziemlich fad. Die Bäckerei existiert, aber niemand backt. Niemand entscheidet. Niemand steht dafür ein.

Beispiel 2 – Aktiv mit Haltung

Wir kaufen nur ein, was wir selbst essen würden. Keine Zusatzstoffe, die erklärungsbedürftig wären. Und wir machen auch keine Kompromisse, die wir vor unseren Großeltern nicht rechtfertigen könnten. Wir backen aus Tradition mit gutem Gewissen.

Jetzt steht jemand dahinter. Die Bäckerei hat eine Haltung, eine Geschichte und einen Maßstab. Hier spricht jemand, der mit jedem Wort meint, was er sagt.

> **» Aktiv aktiviert. Passiv macht passiv. Deine Sprache entscheidet, ob Handelnde sich zeigen oder bewusst zurücktreten.**

4.1.3 Nominalstil vs. Verbalstil: Bewegung oder Stillstand

Im Hinblick auf die Herbeiführung einer signifikanten Effizienzsteigerung bezüglich der Informationsaufnahme durch die Applikation stilistischer Optimierungsparameter zur Gewährleistung einer erhöhten Verarbeitungsflüssigkeit erfolgt im unmittelbar nachfolgenden Textsegment die entsprechende Zurschaustellung.

Noch da? Oder hab ich Dein Hirn kaputtgemacht? Vielleicht hast Du irgendwo in der Mitte aufgehört zu lesen. Dein Gehirn hat abgeschaltet, die Augen sind weitergewandert – und trotzdem ist nichts angekommen. Kein Bild. Kein Film. Keine Bewegung. Nur weißes Rauschen, das sich anfühlt wie ein Behördengang vor dem ersten Kaffee.

Was Du gerade erlebt hast, hat einen Namen: Nominalstil. Das optimale Mittel, wenn Du Leserinnen und Leser abschrecken willst. Die kommen danach so schnell nicht wieder. Wenn der gegenteilige Effekt jedoch Dein Ziel ist, passt der Verbalstil wesentlich besser.

Warum wirkt es?

Nominalstil verwandelt Handlungen in Dinge. Er macht aus Prozessen einbetonierte Standbilder. Aus »wir entscheiden« wird »die Entscheidungsfindung«. Aus »wir entwickeln« wird »die Entwicklung«. Aus »wir backen täglich frisch« wird »die tägliche Frischbackproduktion«. Die Handlung existiert noch, doch sie ist eingefroren, substantiviert und leblos.

Im NLP gibt es dafür ein wunderbares Bild: die *Schubkarrenprobe*. Alles, was Du in eine Schubkarre legen kannst, ist ein Ding. Ein Apfel. Ein Laptop. Ein Sofa. Doch versuch mal, »Erfolg« in eine Schubkarre zu legen, »Kommunikation« oder »Transformation«. Das sind keine Dinge, sondern eingefrorene Prozesse. Abstrakte Konzepte, die unser Gehirn nicht greifen kann, weil es nichts zu sehen, zu hören oder zu fühlen gibt.

Und genau das ist das Problem. Wenn das Gehirn eine Nominalisierung verarbeitet, sucht es automatisch nach einem Bild, nach etwas Greifbarem, nach einem Film auf der inneren Leinwand. Doch da ist nichts. Der Kopfkinoprojektor läuft, doch die Leinwand bleibt weiß. Um solche Texte zu verstehen, muss unser Gehirn die Nomen erst einmal dekodieren.

»Wahrhaftigkeit, Kongruenz und Transzendenz sind die Wegweiser auf dem Pfad zur Individuation.« Verstanden? Ich kann mein Gehirn gerade beim Denken beobachten, wie es Wahrhaftigkeit entpacken will. Es versucht, eine Antwort darauf zu finden, was denn das konkret bedeutet und wie ich das mit meinen Sinnen greifbar machen könnte. Auf meinem inneren Desktop erscheint derweil eine Sanduhr. Es rieselt und rieselt – und kriselt. Dieser Prozess ist extrem erschöpfend, verlangsamt die Verarbeitung und wir sind weniger bereit, ins Handeln zu kommen.

Studien zeigen, dass Texte voller Nominalisierungen deutlich schlechter aktivieren als Texte mit starken, konkreten Verben. Anders verhält es sich, wenn die Nomen in die Schubkarre passen oder wenn sie der Zielgruppe geläufig sind. Wenn ich mich täglich stundenlang mit

Wahrhaftigkeit beschäftige, entpackt mein Gehirn das Wort leichter, weil es viele Geschichten, Beispiele und insgesamt ein enges Netzwerk an Assoziationen rund um das Wort gebildet hat. In akademischen Kreisen, die derartige Begriffe täglich leben und diskutieren, sind sie reich besetzt und sofort greifbar. Hier richtet ein Nominalstil also deutlich weniger Schaden an. Wollen wir abstrakte Nomen bei einer breiteren Zielgruppe einsetzen, helfen ergänzende Mittel dabei, sie verständlich zu machen: ein Bild, ein konkretes Beispiel oder eine Geschichte, die einen Film auf die weiße Leinwand bringt.

Der Verbalstil arbeitet anders. Er fragt nicht: Wie nenne ich diesen Vorgang? Er fragt: Wer tut was? Sobald ein Verb im Satz steht, springt der Kopfkinoprojektor automatisch an. Plötzlich gibt es Schritte, Entwicklung und Bewegung. Und Bewegung aktiviert – in Werbetexten, in Gesprächen und in jedem Satz, der Menschen zum Handeln bringen soll.

Nominalstil hat dabei noch eine zweite, subtilere Wirkung: Er entzieht Verantwortung. Stell Dir vor, jemand kommt 30 Minuten zu spät zum geplanten Meeting und entschuldigt sich mit: »Es kam zu einer Verzögerung.« Kreativ, oder? »Es gab Kommunikationsprobleme.« Was war da genau los und woran lag es? Das Nomen entpersonalisiert, entlastet und verschleiert. Und eine Passivkonstruktion kann diesen Effekt noch verstärken. Kein Wunder, dass Verwaltungen, Konzerne und Politiker Nominalisierungen lieben. Sie klingen gewichtig und sachlich, doch sie sagen herzlich wenig und laden nur mal wieder zum Versteckspiel ein. Vertiefen wir das kurz.

Drei Gründe, weshalb Menschen zum Nominalstil greifen

1. **Nomen klingen wichtig und sind unverfänglich**: »Die Implementierung der Strategie« fühlt sich gewichtiger an als »wir setzen die Strategie um«. Dabei sagen beide dasselbe, nur dass eine Version nichts zeigt. Das ist die Falle: Je abstrakter ein Begriff, desto bedeutsamer klingt er – und desto weniger muss man liefern. Wer »Optimierungsmaßnahmen zur Effizienzsteigerung« ankündigt, klingt nur so, als habe er einen großen Plan. Wer sagt: »So und so wollen wir schneller mehr erreichen«, muss sich daran messen lassen.
2. **Nomen verschleiern Unsicherheit**: Wer nicht genau weiß, was er konkret tut, spricht lieber über abstrakte »Konzepte« und »Ansätze« – also über Begriffe, die klingen, als hätte jemand einen Plan, ohne zu verraten, wie er aussieht. Das passiert nicht immer mit böser Absicht. Manchmal steckt ein Mensch selbst noch mitten im Denken und greift zum Nomen, weil er noch nicht weiß, was er konkret tun will. Der Nominalstil ist hier ein Denkaufschub, also eine Art Platzhalter für eine Klarheit, die noch nicht da ist. Nach außen klingt alles fertig, doch der Schein trügt.
3. **Nomen suggerieren Kompetenz**: Das ist der subtilste der drei Gründe und der gefährlichste. Nominalisierungen klingen nach Fachsprache, nach Expertise und nach jemandem, der die Welt in Kategorien denkt, die anderen verborgen bleiben. »Der Qualitätsverlust ist auf Optimierungslücken zurückzuführen« klingt nach Analyse. Doch lass uns

genauer hinschauen: Wer hat hier Qualität verloren? Wer hat welche Lücken übersehen? Niemand zeigt sich und keiner trägt Verantwortung. Der Satz klingt zwar nach Substanz, liefert jedoch keine. Sobald Du anfängst, Nomen durch Verben zu ersetzen und Subjekte zu benennen, merkst Du sofort, ob hinter einem Text wirklich Klarheit steckt – oder nur gut klingende Luft.

Wie setzt Du das ein?

Markiere in Deinen Texten alle Wörter, die auf »-ung«, »-heit«, »-keit«, »-tion« oder »-ismus« enden. Das sind die fünf üblichen Verdächtigen des Nominalstils. Hinter jedem steckt fast immer ein Verb, das darauf wartet, dass Du es befreist. Frag Dich bei jedem: *Wer tut hier gerade etwas?* Benenne die handelnde Person – und gib ihr ein Verb. Damit belebst Du den Text.

Ein einfaches Beispiel: »Die Beratung führt zur Verbesserung Deiner Situation« – wer berät hier wen? Was verbessert sich konkret? Sobald Du diese Fragen stellst, kommt Bewegung rein: »Wir beraten Dich, damit Du Deine Situation veränderst.« Und wenn Du noch einen Schritt weitergehst und benennst, was »Situation verbessern« konkret bedeutet, zündet der Kopfkinoprojektor vollständig: »Wir arbeiten gemeinsam daran, dass Du in sechs Monaten weißt, wofür Deine Marke steht – und das so klar formulieren kannst, dass Deine Zielgruppe es sofort fühlt.« Jetzt wissen wir, was uns erwartet, und können entscheiden.

Eine letzte Nuance, die der Ehrlichkeit halber dazugehört: Der Nominalstil kann Texte kompakter machen. Ein Nomen nimmt manchmal weniger Raum ein als ein Verb mit all seinen Begleitern. Vergleich: »Lieferung in 3–5 Werktagen« – kurz und knusprig. »Wir liefern Deine Bestellung in drei bis fünf Werktagen zu Dir nach Hause« – das ist dreimal so lang, für denselben Inhalt. In Überschriften, Tabellen oder knappen Hinweisen, wo Orientierung wichtiger ist als Aktivierung, ist das Nomen die bessere Wahl. Der Unterschied liegt also auch hier nicht im *Ob*, sondern im *Wann*. Brauchst Du Geschwindigkeit, Kürze und Orientierung, greif zum Nomen. Willst Du bewegen, aktivieren und Kopfkino erzeugen, greif zum Verb.

Beispiel 1 – Vollständiger Nominalstil

Die Herstellung unserer Backwaren erfolgt unter Verwendung ausschließlich regionaler Zutaten und unter Einhaltung traditioneller Verarbeitungsmethoden zur Gewährleistung höchster Qualitätsstandards.

Der Satz klingt wie ein Auszug aus den AGB. Er lässt uns allein – ohne Appetit und ohne Kopfkino.

Beispiel 2 – Verbalstil mit Kopfkino

Wir kaufen nur ein, was wir selbst essen würden. Wir backen nach Rezepten, die seit Generationen funktionieren – weil wir glauben, dass sie perfekt sind, wie sie sind. Und jeden Morgen schmecken wir ab. Wir müssen zwar nicht, doch wir genießen es, wenn etwas wirklich gut ist.

Jetzt läuft der Projektor. Du siehst jemanden einkaufen, abschmecken und entscheiden. Die Bäckerei denkt, glaubt, handelt. Sie ist lebendig.

›› Nomen sind Standbilder, Verben starten den Film – wer bewegen will, lässt Taten sprechen statt Begriffe.

4.1.4 Adjektive und Adverbien: Behaupten oder beweisen

Erlebe die kulinarische Exzellenz unseres unvergleichlich deliziösen Premium-Meisterwerks: Das handwerklich vollkommene Croissant der Bäckerei Madeleine besticht durch eine einzigartige Symbiose aus exquisiter Goldbraun-Optik und einer atemberaubend zarten Textur, die selbst Gourmets mit höchsten Ansprüchen in Ekstase versetzt.

Diese Beschreibung trägt so dick auf, als wäre die Marketingabteilung im Vollrausch gewesen. Doch in unserem Gehirn kommt nur Blablabla an. Der Text versucht, uns mit Wortgewalt zu erschlagen und uns so dazu zu überreden, die Beschreibung zu glauben. Er behauptet, ohne zu beweisen. Das sorgt für Skepsis und bei vielen Menschen sogar für Widerstand.

Wer nach 10 Uhr zu Madeleine kommt, findet nur noch Krümel. Wer eines der 100 Croissants ergattern will, muss schnell sein. Hinter dem täglichen Ansturm stecken 187 Schichten Blätterteig, 3 Tage Ruhezeit und Butter aus der Normandie – zertifiziert durch ein strenges Herkunftssiegel. Seit mehr als 20 Jahren perfektioniert die Bäckermeisterin diese Kunst und hegt das Rezept dazu in vierter Generation.

Kein einziges wertendes Adjektiv. Und trotzdem wissen wir jetzt, dass dieses Croissant außergewöhnlich ist. Dabei wirkt der Text noch viel stärker, weil das Urteil nicht durch Behauptung von außen, sondern durch die Schlussfolgerung zwischen unseren beiden Ohren entstanden ist.

Wie wirken sie?

Adjektive behaupten, doch Fakten beweisen. Hier geht es neben Stil auch um Glaubwürdigkeit und Vertrauen.

Wenn eine Marke ihr eigenes Angebot als »premium«, »exklusiv« und »hochwertig« bezeichnet, steht das zunächst als nackte Behauptung im Raum. Das Gehirn registriert: Hier spricht jemand über sich selbst. Und wir alle wissen, dass wir nicht allein auf Eigenlob vertrauen sollten. Die Skepsis steigt, das Vertrauen sinkt, noch bevor wir ein Argument gelesen haben.

Nehmen wir ein konkretes Beispiel. Ich könnte Dir sagen: Mein Copywriting-Programm sei premium, exklusiv und hochgradig wertvoll. Oder ich zeige Dir, was das konkret bedeutet:

Ich arbeite höchstpersönlich mit maximal fünf Personen zusammen. Keine Assistenten, die Fragen beantworten. Ich schaue mir Deine Texte persönlich an, gebe Feedback und teile Methoden, die ich in 15 Jahren Praxis entwickelt habe und die Du in keinem Buch findest.

Die Worte »premium«, »exklusiv« und »wertvoll« tauchen in dieser Beschreibung kein einziges Mal auf. Und trotzdem – oder gerade deshalb – entsteht der Eindruck davon beim Lesen. Dein Gehirn zieht seine eigenen Schlüsse. Und ein Urteil, das wir selbst gefällt haben, sitzt tiefer, wirkt stärker und hält länger als das, was uns jemand anderes aufzudrängen versucht.

Beweisen statt behaupten – das gilt besonders für Adjektive, die durch inflationären Gebrauch fast jede Wirkung verloren haben. »Leidenschaftlich«, »authentisch«, »innovativ«, »nachhaltig« – diese Wörter klingen nach Hochglanzprospekt. Nach dem Versprechen, das jeder gibt und niemand mehr ernst nimmt. Die Inflation der Adjektive ist eine stille Mitschuldige an der Vertrauenskrise im Marketing.

Superlative sind die extremste Ausprägung dieses Problems. »Das beste Brot der Stadt«, »die höchste Qualität«, »der günstigste Preis« – je lauter die Behauptung, desto automatischer schaltet das Gehirn auf Skepsis. Es gibt zwei Ausnahmen. Erstens: wenn der Superlativ beweisbar ist. »Wir öffnen als einzige Bäckerei in München bereits um 5 Uhr morgens« – das ist eine Tatsache, kein Versprechen. Zweitens: Wenn der Superlativ mit einem Augenzwinkern kommt, das signalisiert, dass man sich seiner eigenen Größe bewusst ist. »Das vermutlich beste Croissant diesseits des Rheins« – das klingt mehr nach Selbstironie statt nach Eigenlob. Wir schmunzeln. Und wer schmunzelt, baut leichter Vertrauen auf. Aber – und das ist entscheidend – das bedeutet nicht, dass Adjektive grundsätzlich schlecht und verboten sind. Es kommt darauf an, welche Du wählst und wie Du sie einsetzt.

Drei Wege, Adjektive kreativ einzusetzen

Ein präzises, unerwartetes Adjektiv kann einen Gedanken schärfen. Erinnere Dich an die »heilsame Provokation« – zwei Wörter, die auf den ersten Blick nicht zusammenpassen. »Provokation« kennen wir als etwas Scharfes, Herausforderndes mit dem Potenzial zu verletzen. »Heilsam« kennen wir als etwas Sanftes und Fürsorgliches. Die Kombination überrascht und erzeugt genau dadurch ein neues, präzises Bild. Oder »leiser Luxus« – Luxus erwarten wir laut, sichtbar und protzig. »Leise« dreht das Bild um und trifft damit genau jene Menschen, die Luxus anders denken. Das überraschende Adjektiv verändert die Bedeutung des Substantivs – und damit die Bedeutung des gesamten Gedankens. Wir greifen das später nochmal auf, wenn wir über das Oxymoron sprechen.

Besonders stark wirken Adjektive, die unsere Sinne einbeziehen. »Ein warmes Wort«, »ein schwerer Blick«, »ein heller Moment« – diese Verbindungen erzeugen sofort ein körperliches Empfinden, weil sie das Gehirn auf eine unerwartete Fährte schicken. Wenn ein Adjektiv einen Sinn anspricht, den wir in diesem Kontext nicht erwarten, bleibt das Bild besser hängen. Die Überraschung intensiviert das emotionale Erleben. Auch dazu kommen wir später im Buch noch ausführlicher – denn das ist ein eigenes Kapitel wert.

Und dann gibt es Adjektive, die Haltung zeigen. »Unbequeme Wahrheiten«, »unfertige Gedanken«, »stille Momente« – das sind Weltanschauungen in Adjektivform. Sie illustrieren, wie eine Marke auf die Welt blickt.

Bitte behalte bei aller Kreativität eine handwerkliche Regel im Blick: Adjektive schwächen sich gegenseitig. Je mehr Du stapelst, desto weniger wirkt jedes einzelne. »Ein frisches, knuspriges, goldbraunes, duftendes Brot« – beim vierten Adjektiv ist die Aufmerksamkeit längst weitergezogen. Ein einziges, gut gewähltes Adjektiv ist stärker als vier mittelmäßige zusammen. Wähle also bewusst. Und wähle weise.

Adverbien: Verstärker oder Weichmacher?

Während Adjektive Nomen beschreiben – das *knusprige* Brot, der *stille* Moment –, beschreiben Adverbien Verben, Adjektive oder ganze Sätze. Sie sagen, *wie* etwas geschieht: »Wir backen *täglich* frisch.« »Sie sprach *leise*.« »Das klingt *erstaunlich* gut.« Kurzum: Adjektive sagen, wie etwas *ist*. Adverbien sagen, wie etwas *passiert*.

Viele Adverbien lassen sich durch treffendere Verben ersetzen. »Leise sprechen« ersetzen wir durch »flüstern«, »schnell rennen« durch »hasten«, »angestrengt nachdenken« durch »grübeln«, »skeptisch betrachten« durch »mustern« und »schnell essen« durch »verschlingen«. So sorgen weniger Wörter für eine stärkere Wirkung.

Es gibt Adverbien, die Deine Aussagen schwächen können: »wirklich«, »eigentlich«, »grundsätzlich«, »natürlich«, »irgendwie« – sie tarnen sich als Verstärker und verraten in Wirklichkeit Unsicherheit. »Der Fisch ist wirklich frisch!« Entspannt Dich das? Oder macht es Dich skeptisch, wenn jemand das so beteuert? »Wir liefern wirklich schnell.« Hier klingt das »wirklich« nach Rechtfertigung, nach dem verzweifelten Versuch, einer Aussage Gewicht zu geben, die es allein nicht hat. Wer seiner Aussage vertraut, braucht sie nicht abzusichern. Streich diese Wörter aus Deinem Text – und prüfe, ob der Satz dadurch schwächelt. In den meisten Fällen gewinnt er an Kraft.

Und dann gibt es Adverbien, die präzisieren und Rhythmus geben. »Plötzlich«, »still«, »langsam«, »genau«, »kaum« – diese Wörter fügen etwas hinzu, das ohne sie fehlen würde. Sie geben einem Satz Tempo, Stimmung und Präzision. »Plötzlich war die Stille lauter als alles andere« – ohne »plötzlich« verliert der Satz seine Energie. Der Unterschied liegt darin, ob das Adverb etwas hinzufügt oder nur absichert, was wir ohnehin schon gesagt haben. Zu viel Absicherung erzeugt Unsicherheit.

Wie setzt Du sie ein?

Markiere jedes wertende Adjektiv in Deinem Text und frag Dich: *Behaupte ich hier oder beweise ich? Wie kann ich konkret zeigen, was dahintersteckt? Welche Zahl, welche Geschichte, welches Detail illustriert und beweist, was ich meine?* Und dann schreib genau das.

Ist Dein Angebot transformativ? Dann schildere einen konkreten Vorher-Nachher-Vergleich. Agiert Dein Unternehmen nachhaltig? Dann gib Beispiele, woran wir das erkennen können. Sorgst Du für tiefgreifende Veränderung? Dann erzähle Geschichten von Menschen, die plötzliche Durchbrüche hatten, die sie selbst nicht mehr für möglich gehalten haben.

Schreib die Adjektive ruhig zu Beginn auf, um den wertvollen Gedanken als Platzhalter festzuhalten. Anschließend kannst Du fokussiert nach einem geeigneten Weg suchen, die Behauptung erlebbar zu machen.

Dieser Mechanismus funktioniert übrigens ähnlich wie bei den Nomen: Hast Du Beweise geliefert und die Idee erlebbar gemacht, kannst Du sie anschließend mit einem präzisen Adjektiv aufgreifen, um Deine Texte kürzer zu halten. Was Adverbien angeht: Streiche die Weichmacher und alles, was Du durch stärkere Verben ersetzen kannst. Behalte nur das, was Deine Aussagen stärkt und schärft. Du präsentierst Deiner Zielgruppe die pure Essenz Deiner Gedanken.

Beispiel 1 – Adjektiv-Inflation

Die Bäckerei Madeleine bietet außergewöhnlich hochwertige, handwerklich perfekte und leidenschaftlich zubereitete Backwaren für anspruchsvolle Genießer, die wirklich Qualität zu schätzen wissen.

Jedes Wort will beeindrucken. Keins beweist etwas. Das Gehirn liest und glaubt nichts davon.

Beispiel 2 – Fakten statt Adjektive

Bei Madeleine beginnt der Tag um 3 Uhr morgens. Denn gutes Sauerteigbrot braucht 12 Stunden, bevor es in den Ofen kommt. Die Butter stammt aus der Normandie, das Mehl von einer Mühle, die wir persönlich besucht haben. Und das Rezept für unser Croissant? Das hat die Inhaberin von ihrer Großmutter geerbt. Es steht nicht im Internet.

Kein einziges wertendes Adjektiv. Und trotzdem weißt Du jetzt alles, was Du wissen musst.

>> Adjektive behaupten. Fakten beweisen. Lass Deine Zielgruppe das Urteil selbst fällen – das sitzt tiefer, ist glaubwürdiger und hält länger.

4.1.5 Füllwörter: Zwischen Nähe und Nebel

Naja, eigentlich wollte ich Dir hier irgendwie erklären, was Füllwörter so grundsätzlich sind und warum sie gewissermaßen ein Problem darstellen können, das quasi jeden Text ein bisschen schwächer macht, als er im Grunde sein könnte.

Spürst Du, wie der Text herumdruckst? Unser Gehirn schaltet schnell in einen kritischen und vielleicht auch ungeduldigen Modus. Der Inhalt ist nicht falsch, doch die Sprache signalisiert: Hier steht jemand nicht wirklich hinter dem, was er sagt.

Füllwörter füllen Deinen Text mit Schwammigkeit, Zögerlichkeit und Skepsis, während sie ihn gleichzeitig leeren – denn sie rauben ihm Souveränität, Glaubwürdigkeit und jede Form von echter Verbindlichkeit.

Wie wirken sie?

Füllwörter sind Weichmacher. Sie polstern Aussagen ab, um weniger anzuecken. Sie signalisieren Deiner Zielgruppe – unbewusst und doch zuverlässig –, dass die Person, die hier schreibt, nicht ganz hinter ihren Worten steht. Sie traut ihrem Text nicht. Und wenn das Vertrauen nicht im Text steckt, wie soll es dann auf andere überspringen?

Die häufigsten Kandidaten: *eigentlich*, *irgendwie*, *gewissermaßen*, *sozusagen*, *quasi*, *grundsätzlich*, *ja*, *doch*, *eventuell*, *im Grunde*, *ein bisschen*, *durchaus* und *einfach*.

Das Heimtückische an Füllwörtern ist, dass sie sich natürlich anfühlen. Beim Sprechen fließen sie wie selbstverständlich in unsere Sprache. Im Gespräch haben sie sogar eine Funktion – sie geben uns Denkzeit, sie mildern Schärfe, sie machen uns menschlich und zugänglich. Doch beim Schreiben gelten andere Regeln. Was im Gespräch verbindet, schwächt auf dem Papier. Denn beim Lesen sinkt unsere Geduld für Absicherungen. Die Zielgruppe liest schnell, filtert hart und entscheidet in Sekunden, ob jemand weiß, wovon er spricht.

Füllwörter sind also ein Haltungssignal. Und Haltung – das haben wir in diesem Buch bereits gelernt – ist das Herzstück jeder starken Marke.

Wie setzt Du sie ein?

Schreib zunächst frei, ohne auf Füllwörter zu achten. Lies Deinen Text danach laut vor und halte bei jedem »eigentlich«, »irgendwie« und »einfach« inne. Frag Dich: *Brauche ich dieses Wort – oder verwässert es die Kraft meiner Aussage?* In den meisten Fällen wirst Du feststellen: Der Satz gewinnt an Wirkung, wenn Du auf das Füllwort verzichtest.

Wenn Du nach diesem Prinzip redigierst, wirst Du in einigen Fällen jedoch merken, dass der Satz ohne das Füllwort eine wertvolle Nuance verliert.

Gute Texte klingen irgendwie vertraut, auch wenn wir sie zum ersten Mal lesen.

Das »irgendwie« ist hier kein Weichmacher, sondern ein präzises Gefühlswort. Es beschreibt genau das Ungreifbare, das gemeint ist. Ein konkretes Wort würde das Gefühl zerstören.

Dieser Song fühlt sich fast wie Heimweh an.

Ohne das »fast« fühlt sich der Satz an wie eine klinische Diagnose. Das Wort lässt den nötigen Raum für die individuelle, melancholische Färbung, die wir nicht exakt vermessen konnen.

Ich habe das Gefühl, wir reden ein bisschen aneinander vorbei.

Würden wir schreiben: »Wir reden aneinander vorbei«, klingt das nach einem harten Urteil oder sogar wie eine Anklage. Das »ein bisschen« sorgt für diplomatisches Fingerspitzengefühl, um das Gegenüber nicht zu bedrängen.

Manchmal willst Du vielleicht bewusst zugänglich klingen, menschlich und nahbar. Nicht das Füllwort an sich ist das Problem, sondern das unbewusst gesetzte Füllwort. Um beides voneinander zu unterscheiden, hilft Dir der schnelle Test: Streiche das Füllwort und lies den Satz erneut. Fehlt etwas? Dann nimm es wieder auf. Klingt der Satz klarer, direkter und überzeugender? Dann war es ein Weichmacher, der draußen bleiben sollte.

Beispiel 1 – Vollgestopft mit Weichmachern

Bei Madeleine versuchen wir eigentlich, irgendwie besondere Backwaren herzustellen, die grundsätzlich aus hochwertigen Zutaten bestehen und die quasi ein bisschen mehr sind als gewöhnliches Brot.

Jedes Füllwort ist eine kleine Kapitulation. Zusammen ergeben sie ein Bild von jemandem, der seinen Worten nicht traut. Die Bäckerei klingt unsicher.

Beispiel 2 – Klar, direkt, mit Haltung

Bei Madeleine backen wir kein Brot, das einfach nur sattmacht. Wir backen nicht für den Hunger. Den stillt jede Tankstelle. Wir backen für den Moment, in dem Du die Augen schließt und kurz vergisst, dass Du eigentlich noch etwas erledigen wolltest.

Jeder Satz hat Rückgrat. Die Füllwörter »einfach« und »eigentlich« sind bewusst eingesetzt. Die Bäckerei weiß, wer sie ist – und das spüren wir in jedem Wort.

» Füllwörter füllen den Text, aber leeren die Botschaft. Streich die Rumdruckserei – behalte nur das Fingerspitzengefühl.

4.2 Interpunktion – die Partitur der Sprache

In der Musik ist eine Partitur das Notenblatt, das einem Orchester sagt, wann welches Instrument einsetzt, wann es schweigt, wann es flüstert und wann es explodiert. Ohne Partitur spielen alle gleichzeitig – laut, chaotisch, unharmonisch.

Satzzeichen sind die Partitur Deines Textes. Sie dirigieren den inneren Rhythmus im Kopf Deiner Leserinnen und Leser. Sie sagen, wann sie innehalten oder Luft holen sollen und wann sie in flottem Tempo über die Zeilen gleiten sollen. Wer Satzzeichen nur als grammatische Pflicht behandelt, verschenkt eines der mächtigsten Stilwerkzeuge der deutschen Sprache.

In diesem Kapitel gehen wir jedes Zeichen einzeln durch. Du wirst einige alte Bekannte mit neuen Augen sehen. Und Du wirst Zeichen entdecken, die Du vielleicht kaum nutzt, obwohl sie Deiner Stimme genau das geben könnten, was ihr noch fehlt.

4.2.1 Der Punkt: Härter, als er aussieht

Deine Worte sind mächtig. Sie lenken das Denken. Wer anders denkt, fühlt anders. Wer anders fühlt, entscheidet anders. Nutze die Macht der Sprache.

Nur fünf Sätze, fünf Punkte. Und trotzdem – oder gerade deshalb – haben diese Worte mehr Gewicht als manche langen Absätze. Jeder dieser Sätze bekommt seinen Raum. Dadurch kann er nachwirken. Souverän und selbstsicher. So macht der Punkt wichtige Aussagen zu kraftvollen Statements.

Wie wirkt er?

Der Punkt ist das härteste Satzzeichen. Er lässt keinen Zweifel und keinen Raum für Relativierung. Was vor ihm steht, muss für sich stehen können und bekommt eine starke Bühne. Ein kurzer Satz mit Punkt erschafft eine Stille um sich herum. Diese Stille zwingt uns beim Lesen innezuhalten. Wir lassen den Gedanken wirken. Und wir lesen erst dann weiter, wenn wir dazu bereit sind.

Im Deutschen neigen wir dazu, Gedanken zu verlängern, anzuhängen oder weiterzuführen, weil wir das Gefühl haben, noch nicht alles gesagt zu haben, noch nicht vollständig erklärt zu haben, was wir meinen, und weil der Punkt sich manchmal anfühlt wie ein abruptes Ende, das dem Gedanken nicht gerecht wird.

Spürst Du, was der Text für einen langen Atem entwickelt, wenn der Punkt fehlt? Auch das kann ein starker Effekt sein, wenn wir ihn bewusst einsetzen. Der Text erhöht sein Tempo. Er entwickelt einen unaufhaltsamen, mitreißenden Sog, der den Lesefluss beschleunigt und eine unmittelbare, fast atemlose Spannung erzeugt. Doch er kann auch dazu führen, dass Gedanken verblassen, weil unser Auge beim Lesen in so hohem Tempo darüberjagt, dass sie sich kaum entfalten können.

Der Punkt knüpft nahtlos an das Thema Satzlänge und Rhythmus an. Er ist ein Verstärker, der wichtige Botschaften in Szene setzt, ihnen mehr Substanz verleiht und sie damit souverän wirken lässt.

Wie setzt Du ihn ein?

Lies Deinen Text laut vor und achte auf die Stellen, an denen Du Luft holst. Da, wo Du natürlich pausierst, gehört oft ein Punkt hin – auch wenn der Satz grammatisch noch weitergehen könnte. Trenn die Gedanken und gib so jedem einzelnen seinen eigenen Raum.

Experimentiere gerne auch damit, den Punkt mal früher zu setzen, als Du es gewohnt bist. Mitten im Gedanken. Bevor alles erklärt ist. Damit entschleunigst Du den Text. Wir denken automatisch langsamer und tiefer. Und wir haben mehr Raum, ein Gefühl für Deine Worte zu entwickeln.

Eine besondere Form ist der Punkt nach einem einzelnen Wort oder einer kurzen Phrase als eigenständiger Absatz. Dann funktioniert er wie ein Ausrufezeichen ohne Ausrufezeichen. Ruhiger. Und doch genauso entschieden. Während ein Ausrufezeichen dem Text schnell eine aufgeregte Stimmung verleiht, wirkt der Punkt deutlich souveräner.

Beispiel 1 – Alles aneinandergehängt

Das Canelé ist ein kleines französisches Gebäck mit einer dunkel karamellisierten Kruste und einem weichen, wachsartigen Innenleben, das wir in speziellen Kupferformen bei sehr hoher Hitze backen, weil dieser aufwendige Prozess genau den Unterschied macht, den Menschen spüren, auch wenn sie ihn nicht benennen können.

Hier jagt ein Gedanke den nächsten. Kein Halt. Nichts kann nachwirken. Am Ende ist zwar alles gesagt, aber nichts in Erinnerung geblieben.

Beispiel 2 – Punkte als Atempausen

Außen dunkel und knusprig karamellisiert. Innen weich, fast wachsartig. Ein Canelé braucht seine spezielle Kupferform, extrem hohe Hitze – und mindestens 24 Stunden Geduld. Hingabe lässt sich nicht abkürzen.

Jetzt atmet der Text. Jeder Gedanke bekommt seinen Moment. Und der letzte Satz hat Raum, um nachzuwirken.

» Der Punkt gibt einem Gedanken Raum, sich zu entfalten und nachzuwirken.

4.2.2 Das Komma: Der Atem des Satzes

Wir backen. Jeden Morgen. Bevor die Stadt aufwacht. Bevor der erste Kunde klingelt. Bevor irgendjemand auch nur daran denkt, dass er Hunger haben könnte.

Jetzt nochmal – diesmal mit Kommas:

Wir backen jeden Morgen, bevor die Stadt aufwacht, bevor der erste Kunde klingelt, bevor irgendjemand auch nur daran denkt, dass er Hunger haben könnte.

Beide Versionen sagen dasselbe. Doch sie fühlen sich grundverschieden an. Die erste hämmert und stottert. Die zweite fließt und trägt Dich mit einem einzigen Atemzug – von Wort zu Wort, von Komma zu Komma, bis ans Ende des Gedankens. Das ist die Kraft des Kommas. Es verbindet, was zusammengehört. Es gibt dem Satz seinen Puls und einen besonderen Flow.

Wie wirkt es?

Das Komma ist das flexibelste und vielseitigste Satzzeichen überhaupt. Es erzeugt Rhythmus und Tempo, ohne den Fluss zu unterbrechen. Es portioniert Informationen idealerweise in logische und verdauliche Happen, damit das Gehirn sie leichter verarbeiten kann.

Dabei hat das Komma zwei sehr unterschiedliche Gesichter.

1. **Tempo und Aufzählung**

   Kommas in einer Aufzählung erzeugen Geschwindigkeit und Dichte zugleich. »Frisch. Regional. Handgemacht.« wirkt mit Punkten hart und abgehackt – drei separate Aussagen, die nebeneinanderstehen. »Frisch, regional, handgemacht« fließt. Die drei Begriffe gehören zusammen, und das Komma zeigt das.

2. **Pause und Gewichtung**

   Ein Komma mitten im Satz kann einen Nebensatz einleiten, der dem Hauptgedanken Tiefe verleiht. »Wir backen Brot, das nicht nur Deine Zunge genießt.« Das Komma trennt hier Hauptaussage und Ergänzung. Es sagt: Halt kurz inne. Was jetzt kommt, gehört dazu, doch es ist eine eigene Gedankenebene.

Und dann gibt es die subtilste Funktion des Kommas: Es kann durch seine Position die Betonung im Satz verschieben.

Vergleiche »Wir backen jeden Morgen für Dich« mit »Wir backen, jeden Morgen, für Dich«. Im zweiten Satz hebt das Komma »jeden Morgen« fast zärtlich hervor. Die umschließenden Kommas heben es aus dem Satz heraus und stellen es in den Vordergrund. Dasselbe Wort, dieselbe Position im Satz und doch ein völlig anderes Gefühl. So kann das Komma entscheiden, worauf wir uns fokussieren – und was wir überlesen.

Wie setzt Du es ein?

Zunächst ein vielleicht spaßverderbender Hinweis: Während Du im Englischen und im Französischen mehr stilistischen Freiraum in der Kommasetzung hast und sie zuweilen nach Gefühl setzen kannst, folgt die Kommasetzung im Deutschen sehr klaren Regeln. Vor Nebensätzen, bei Infinitivgruppen oder zwischen Aufzählungen gibt es wenig Spielraum. Und das ist eigentlich ein Geschenk. Denn diese Regeln arbeiten für uns, wenn wir lesen. Sie strukturieren den Satz so, dass wir Bedeutung schneller und leichter erfassen können. Ein korrekt gesetztes Komma ist wie ein unsichtbarer Wegweiser – wir folgen ihm, ohne es zu merken. Ein fehlendes oder falsch gesetztes Komma hingegen kann uns aus dem Text herausreißen, wie ein falscher Ton in einer Melodie.

Was Du jedoch gestalten kannst – und was stilistisch wirklich zählt –, ist die Frage, wie Du Deine Sätze baust. Denn das Komma folgt der Struktur. Und über die Struktur entscheidest Du.

Auch hier startest Du wieder damit, Dir Deinen Text laut vorzulesen, um zu spüren, ob der Satz atmet. Lahmt er? Stottert er? Hetzt er? Lieferst Du zu viele Informationen auf einmal in langen Nebensatzketten? Setzt Du Akzente? Erkennen wir beim Lesen leicht, was wichtig ist? Hast Du ausreichend Luft zwischen den Gedanken? Wenn das nicht passt, greife zu den zahlreichen alternativen Satzzeichen, um die Wirkung in die optimale Richtung zu lenken.

Und lass uns abschließend noch über einen besonderen Kniff sprechen: das Komma als Rhythmusinstrument in Aufzählungen. Drei Begriffe mit Komma fließen. Vier oder mehr können schnell erschlagen. Und wenn Du die Aufzählung ohne *und* vor dem letzten Begriff schreibst – »frisch, regional, handgemacht« – entsteht eine Offenheit, als könnten noch mehr Eigenschaften folgen. Mit *und* – »frisch, regional und handgemacht« – wirkt die Liste abgeschlossen, rund und beruhigt. Beide Versionen sind grammatisch richtig. Die Entscheidung zwischen ihnen ist eine Stilentscheidung.

Beispiel 1 – Kein Komma, kein Atem

Unsere täglich frisch gebackenen und aus sorgfältig ausgewählten regionalen Zutaten nach seit Generationen überlieferten Rezepten mit größter handwerklicher Sorgfalt und Leidenschaft hergestellten Backwaren und Patisserieprodukte werden in unserem familiär geführten Betrieb für genussorientierte sowie qualitätsbewusste und dem schnellen Konsum abgeneigte Menschen gebacken.

Grammatisch korrekt. Stilistisch eine Tortur. Wenn wir versuchen, uns irgendwie durch den Satz zu kämpfen, müssen wir jede Menge Infos im Kurzzeitgedächtnis behalten. Gute Texte sollten ein Service für unsere Zielgruppe sein. Wir denken nach, strukturieren und feilen, damit die Menschen unsere Gedanken leicht verstehen können. Dieser Text tut genau das Gegenteil. Wir müssen uns mühsam durch den Satz kämpfen, um irgendwie die Bedeutung zu erfassen. Wenn es hier nicht um ein Schreiben vom Finanzamt geht, bei dem viel auf dem Spiel steht, wird niemand so viel Energie investieren.

Beispiel 2 – Kommas als Portionierung

Wir backen täglich frisches Brot, aus regionalen Zutaten, nach traditionellen Rezepten – langsam, sorgfältig und mit Hingabe.

Jetzt atmet der Satz. Jede Information bekommt ihren Moment. Und der letzte Teil entfaltet sich, weil er Raum hat.

» Das Komma teilt, ohne zu trennen. Es schenkt dem Satz einen Atem und portioniert Gedanken, damit sie leichter ins Hirn gehen.

4.2.3 Das Semikolon: Der Exot unter den Satzzeichen

Gute Texte brauchen Rhythmus; guter Rhythmus braucht Pausen. Das Semikolon sorgt für eine besondere Art von Pause.

Die meisten kennen es, doch kaum jemand benutzt es. Meist, weil niemand so sicher weiß, wo es hingehört. Dabei sitzt das Semikolon genau da, wo ein Komma zu weich und ein Punkt zu hart wirkt – und es kann etwas, das keines der beiden anderen kann: eine Grenze setzen, ohne den Satz abzuschließen.

Wie wirkt es?

Das Semikolon ist das seltenste Zeichen im Alltag – und genau deshalb das auffälligste. Wenn es jemand einsetzt, erkennen wir sofort: Hier wägt jemand ab und denkt in feinen Zusammenhängen. Das Semikolon verbindet zwei gleichwertige Gedanken, die sich gegenseitig kommentieren, ergänzen oder in Spannung zueinander stehen – ohne erklärendes *und*, *aber* oder *denn*. Dabei hat es eine besondere emotionale Qualität. Ein Punkt klingt entschieden. Ein Komma klingt fließend. Das Semikolon klingt nachdenklich.

Wie setzt Du es ein?

Das Semikolon eignet sich vor allem in drei Situationen.

1. **Zwei verbundene, aber eigenständige Gedanken trennen**

   Wenn zwei Gedanken so eng zusammengehören, dass ein Punkt sie zu weit auseinanderreißen würde, aber ein Komma ihre Eigenständigkeit verschlucken würde.

   Wir haben nie ein Rezept digitalisiert; was nicht aufgeschrieben ist, lässt sich nicht kopieren.

   Ein Punkt wäre zu endgültig, denn er würde die Verbindung zwischen Entscheidung und Konsequenz kappen. Ein Komma wäre zu schwach, denn die zweite Aussage verdient ihren eigenen Raum. Das Semikolon hält beides in der Schwebe. Wir können beim Lesen die Tiefe dieser Verbindung spüren.

2. **Aufzählungen mit Nebensätzen trennen**

   In langen Aufzählungen, die selbst bereits Kommas enthalten. Wenn Du Elemente aufzählst, die jeweils aus mehreren Wörtern bestehen, schafft das Semikolon Übersicht, wo Kommas nur noch verwirren würden.

   Wir backen Sauerteigbrot, das drei Tage reift; Canelés, die 24 Stunden Geduld brauchen; und Tartes, die wir erst kurz vor dem Verkauf fertigstellen.

3. **Weiche Kontraste ohne »aber« setzen**

   Wenn Du zwei Gedanken in Kontrast setzen willst, ohne ein hartes und zum Teil wertendes *aber* einsetzen zu wollen. »Andere Bäckereien öffnen um sechs; wir fangen um drei mit dem Backen an.« Das *aber* wäre zu laut. Das Semikolon lässt den Kontrast für sich sprechen.

Beispiel 1 – Punkt trennt zu hart

Wir backen seit drei Generationen. Manche Rezepte haben wir nie aufgeschrieben.

Beide Sätze wirken, doch sie stehen zu weit voneinander entfernt. Die Verbindung zwischen ihnen – das Geheimnis, das in der Tradition steckt – geht verloren.

Beispiel 2 – Komma verschluckt die Eigenständigkeit

Wir backen seit drei Generationen, manche Rezepte haben wir nie aufgeschrieben.

Die beiden Gedanken verlieren ihre Eigenständigkeit und verbinden sich zu einem einzigen Atemzug, obwohl sie eigentlich zwei verschiedene Welten beschreiben.

Beispiel 3 – Das Semikolon hält die Balance

Wir backen seit drei Generationen; manche Rezepte haben wir nie aufgeschrieben.

Jetzt stimmt die Spannung. Beide Teile stehen für sich und gehören doch zusammen. Das Geheimnis der nicht aufgeschriebenen Rezepte bekommt sein Gewicht, weil das Semikolon ihm Raum lässt, ohne den Zusammenhang zu kappen.

>> **Das Semikolon ist das nachdenklichste Zeichen. Es bildet besondere Zusammenhänge, die kein Bindewort erklären muss.**

4.2.4 Der Doppelpunkt: Das Tadaaa-Zeichen

Es gibt Momente im Schreiben, in denen wir ganz besondere Highlights verarbeiten. Wir präsentieren eine Pointe, einen wichtigen Kerngedanken oder wir liefern die Erkenntnis, auf die der gesamte Text hingearbeitet hat. Für diese besonderen Momente gibt es ein besonderes Satzzeichen: den Doppelpunkt.

Er kündigt an, er baut Spannung auf und er enthüllt. Er baut eine effektvolle Bühne für das, was folgt – und hebt dann den Vorhang mit ordentlich Tamtam und Trommelwirbel (all das in Bruchteilen von Sekunden). Ich nenne ihn deshalb auch gerne das Tadaaa-Zeichen. Denn genau das sagt er, jedes Mal, wenn er auftaucht: Achtung, jetzt kommt etwas Wichtiges. Bleib am Ball, sei gespannt!

Wie wirkt er?

Der Doppelpunkt funktioniert wie ein Moderator, der etwas effektvoll ankündigt und in Szene setzt. Was vor ihm steht, bereitet vor. Was nach ihm kommt, enthüllt und präsentiert. Und weil das Gehirn dieses Muster sofort erkennt, entstehen beim Lesen automatisch Erwartung, Sog und Spannung – eine kleine, kaum bewusste Neugier, die uns beim Lesen in den nächsten Satz zieht. Das macht den Doppelpunkt zu einem der stärksten Komplizen für mitreißende Texte.

Er eignet sich zum **Präsentieren**:

Das Geheimnis unseres Sauerteigs: Zeit.

Er eignet sich zum **Ankündigen**:

Drei Dinge, die uns von anderen Bäckereien unterscheiden: Geduld, Handwerk und die Überzeugung, dass langsamer oft besser ist.

Und er eignet sich zum **Enthüllen** – für den Moment, in dem Du eine Pointe setzt, eine Erkenntnis lieferst oder mit einer Erwartung brichst:

Unsere Kunden fragen oft, wie wir diese perfekt ungleichmäßige, rustikale Kruste bei jedem einzelnen Brot hinbekommen. Unser streng gehütetes Geheimnis: Wir sind keine Maschinen.

Der Doppelpunkt hat darüber hinaus noch eine andere, weniger bekannte Funktion: Er paraphrasiert und konkretisiert einen Gedanken. »Wir backen für einen bestimmten Moment: den ersten Bissen, bei dem die Sorgen des Alltags mal kurz die Klappe halten.« Der zweite Teil erklärt den ersten – präziser, sinnlicher und greifbarer. Der Doppelpunkt wirkt hier wie ein Vergrößerungsglas, mit dem wir tiefer in den Gedanken hineinzoomen.

Wie setzt Du ihn ein?

Frag Dich bei jedem Satz, der eine Aussage macht: Gibt es einen Kern, eine Essenz oder eine Pointe, die ich noch stärker in Szene setzen will? Dann setz einen Doppelpunkt und bereite diesem Gedanken eine besondere Bühne.

Eine wichtige Regel dabei: Was nach dem Doppelpunkt kommt, muss das Gewicht tragen, das der Text davor aufgebaut hat. Ein schwacher Nachsatz nach einem starken Vordersatz enttäuscht – wie ein Vorhang, der sich hebt und eine leere Bühne zeigt. Der Doppelpunkt macht ein Versprechen, das der Text danach halten sollte.

Und noch eine stilistische Feinheit: Der Doppelpunkt verträgt sich besonders gut mit kurzen, prägnanten Nachsätzen – ja, sogar einzelne Wörter sind erlaubt. Je kürzer das ist, was nach ihm kommt, desto mehr Gewicht bekommt es. *Das Geheimnis unseres Sauerteigs: Zeit.*

Beispiel 1 – Ohne Doppelpunkt, alles auf einmal

Das Besondere an unserem Sauerteigbrot liegt darin, dass wir ihm mindestens 48 Stunden Ruhezeit geben, weil gutes Brot Zeit braucht und weil dieser Prozess einen Unterschied macht, den man beim ersten Bissen sofort spürt.

Hier ist alles drin, aber alles wirkt gleich wichtig. Der entscheidende Gedanke – die Zeit – geht unter.

Beispiel 2 – Doppelpunkt als Präsentation

Unser Sauerteigbrot hat ein Geheimnis: 48 Stunden Ruhezeit. Mehr braucht es nicht.

Jetzt steht die Zeit im Rampenlicht. Der Doppelpunkt hebt den Vorhang – und dahinter steht etwas, das das Warten wert war.

Beispiel 3 – Doppelpunkt als Zoom

Wir backen für einen ganz bestimmten Moment: den ersten Bissen, bei dem Du kurz die Augen schließt und alles andere vergisst.

Der erste Teil macht eine Aussage, der zweite Teil zoomt rein und vertieft.

›› Der Doppelpunkt baut eine Bühne. Was danach kommt, steht im Rampenlicht.

4.2.5 Der Gedankenstrich: Das persönlichste Satzzeichen

Kaum ein Satzzeichen wurde in den letzten Jahren so unterschätzt – und gleichzeitig so missbraucht – wie der Gedankenstrich. Durch seinen inflationären Einsatz in KI-Texten gilt er heute oft als verdächtiges Indiz für maschinelles Schreiben. Doch das ist ein Irrtum. Text-Genies kannten und nutzten seine Kraft schon lange, bevor ein Algorithmus das erste Mal ein Wort generierte.

Der Gedankenstrich ist weit mehr als ein bloßer Trenner. Wer ihn beherrscht, schreibt mit dem beweglichsten Werkzeug der deutschen Sprache. Denn der Gedankenstrich liefert Dir etwas, das kein anderes Zeichen so vollständig beherrscht: die absolute Kontrolle über den Rhythmus Deiner Sprache. Er ist die bewusste Atempause, die Deinen Leserinnen und Lesern Zeit zum Verstehen gibt – und Dir die Freiheit, Akzente zu setzen, wo und wie es Dir passt.

Wie wirkt er?

Der Gedankenstrich ist das vielseitigste Satzzeichen überhaupt. Er kann pausieren – wie hier. Er kann einen Gedanken einschieben – überraschend, kommentierend, erweiternd –, ohne den Hauptsatz zu unterbrechen. Er kann eine Pointe vorbereiten und dann liefern. Und er kann kurz schweigen, wo ein Komma zu geschwätzig und ein Punkt zu abrupt wäre: »Ich wollte das Croissant – meine Kalorien-App sagte nein.«

Was ihn so besonders macht, ist die dramaturgische Spannung, die andere Zeichen nicht haben. Ein Komma sorgt für Fluss. Ein Punkt stoppt. Der Gedankenstrich hält inne. Er schafft eine leicht dynamischere Pause als das Semikolon. Damit bereichert er unsere Texte auf eine Art, die uns beim Lesen auf bestimmte Aspekte aufmerksam macht, ohne uns aus dem Gedanken zu reißen. Er sagt: Da kommt noch was – bleib dran.

Diese Dynamik verleiht dem Text eine besondere Grundstimmung. Wir haben das Gefühl, den Autorinnen und Autoren beim Denken zuzuschauen. Die Gedanken sind noch warm und der Text atmet.

Wie bei jedem anderen Akzent gilt auch hier: Taucht der Gedankenstrich zu oft auf, verliert er sein Gewicht – und wird tatsächlich zum Marker für gedankenloses Aneinanderreihen. Der Gedankenstrich braucht Sätze ohne ihn, damit er bei seinem Auftritt eine willkommene Unterbrechung ist.

Wie setzt Du ihn ein?

Der Gedankenstrich eignet sich in vier Situationen besonders gut.

1. **Als dramaturgische Pause vor einer Pointe oder Enthüllung**

   Wir haben jahrelang an unserem Rezept gefeilt – dann haben wir aufgehört und das Original unserer Großmutter genommen.

   Der Gedankenstrich baut Spannung auf und lässt sie dann entweichen.

2. **Als Einschub, der kommentiert oder ergänzt – ohne den Fluss des Hauptsatzes zu brechen**

   Er funktioniert hier ähnlich wie Klammern, wirkt aber offener und weniger beiläufig. Was zwischen zwei Gedankenstrichen steht – und das ist das Paradoxe –, bekommt sogar mehr Aufmerksamkeit als das, was außerhalb steht.

   Sprache – das mächtigste Werkzeug, das wir haben – formt, wie wir die Welt sehen.

   Der Einschub unterbricht und bekommt damit mehr Gewicht.

3. **Als Rhythmusinstrument am Satzende**

   Ein Gedankenstrich kurz vor dem letzten Wort oder der letzten Phrase erzeugt eine kurze Dehnung und gibt dem Abschluss mehr Gewicht:

   Wir backen jeden Morgen für – das Mhhhhhhh-Gefühl.

4. **Als bewusste Alternative zum Doppelpunkt**

   Der Gedankenstrich eignet sich, wenn die Enthüllung eher beiläufig als feierlich wirken soll. Der Doppelpunkt hebt den Vorhang. *Der Gedankenstrich öffnet eine Tür – leise, fast wie nebenbei.*

Beispiel 1 – Gedankenstrich als Pausenzeichen vor der Pointe

Wir haben alles versucht, um unser Sauerteigbrot zu perfektionieren – am Ende war die Lösung: weniger tun.

Die Pause vor *am Ende* erzeugt Erwartung. Was danach kommt, hat mehr Kraft, weil der Gedankenstrich Raum dafür geschaffen hat.

Beispiel 2 – Gedankenstrich als Einschub

Unser Canelé – außen karamellisiert, innen wachsartig weich – braucht 24 Stunden, bevor es in den Ofen kommt.

Der Einschub beschreibt, ohne zu unterbrechen.

Beispiel 3 – Gedankenstrich als Rhythmusinstrument

Brot kneten lernst Du in zwei Wochen – Brot fühlen in zwanzig Jahren.

Der Gedankenstrich dehnt die Erwartung und schafft eine Bühne für den letzten Teil.

>> Der Gedankenstrich gibt Dir Kontrolle über den Rhythmus – und die Freiheit, persönliche Akzente zu setzen.

4.2.6 Das Ausrufezeichen: Emotion auf den Punkt

Hör auf zu zögern. Schreib. Lass alles raus. Warte nicht auf die Muse oder den perfekten Moment. Schreib jetzt! Denn der einzige Text, der niemanden erreicht, ist der, den Du nie geschrieben hast.

Ein einziges Ausrufezeichen. Mitten in einem Absatz voller ruhiger, starker Punkte. Hier entfaltet es seine volle Kraft. Es bricht den Rhythmus und zieht den Fokus auf sich, ohne zu schreien oder zu drängeln. Das Ausrufezeichen ist das emotionalste und lauteste Zeichen in unserem Repertoire. Daher sollten wir es sehr bewusst einsetzen.

Wie wirkt es?

Das Ausrufezeichen hebt eine Aussage aus dem Fließtext heraus, verleiht ihr Nachdruck, schafft Dringlichkeit und gibt der Botschaft Energie. Es kann uns aufwecken, durchrütteln und es macht klar: Das hier ist wichtig. Nimm es Dir zu Herzen.

Seine Kraft entsteht maßgeblich durch seine Seltenheit. Ein Ausrufezeichen in einem Text voller ruhiger Punkte zieht den Blick auf sich und aktiviert. Zu viele Ausrufezeichen in einem Absatz oder gar mehrere hintereinander nach einem Wort wirken wie Neonreklame – laut und aufdringlich, billig und ermüdend. Manchmal haben wir sogar den Eindruck, jemand schreit uns an.

Ist Dir aufgefallen, dass ich in diesem Buch bisher kaum Ausrufezeichen gesetzt habe? Je größer Deine Bandbreite an stilistischen Ausdrucksmitteln, desto effektvoller und facettenreicher kannst Du Struktur, Rhythmus und Wortwahl einsetzen. Es gibt stilistisch viele Wege, Deinen Gedanken Nachdruck zu verleihen. Je kraftvoller Deine Botschaften und je einzigartiger Deine Perspektive, desto weniger Ausrufezeichen oder andere Spezialeffekte brauchst Du, um ihnen Geltung zu verschaffen. Die Sätze stehen für sich. Es zeugt außerdem von Souveränität und Vertrauen in die eigenen Texte, wenn Du ihnen Wirkung zutraust, ohne sie um jeden Preis künstlich verstärken zu wollen.

Wie setzt Du es ein?

Schreib Deinen Text zunächst ohne Ausrufezeichen. Lies ihn dann laut vor und frag Dich: Gibt es einen einzigen Satz, der so wichtig ist, dass er alle anderen überragt? Einen Moment, in dem Du die Stimme heben würdest, wenn Du diesen Text laut vortragen würdest? Genau da – und nur da – sollte das Ausrufezeichen stehen. Wenn Du unsicher bist, ob ein Ausrufezeichen wirklich nötig ist, dann streich es und lies den Satz ohne. Verliert er etwas? Dann behalte es. Wirkt er genauso stark? Dann braucht er es nicht.

Beispiel 1 – Inflation der Ausrufezeichen

Wir backen das beste Brot der Stadt! Frisch, regional und handgemacht! Komm vorbei und überzeuge Dich selbst! Wir freuen uns auf Dich!

Vier Sätze, vier Ausrufezeichen. Jeder Satz schreit gleich laut. Und weil alle gleich laut schreien, fällt keine Aussage mehr wirklich ins Gewicht. Der Text klingt nach unbeholfener Marktschreierei. Als wüsste jemand sich nicht anders zu helfen, als seine Botschaften mit einem Ausrufezeichen stark und wichtig klingen zu lassen. Souverän ist anders …

Beispiel 2 – Ein einziges Ausrufezeichen, bewusst gesetzt

Wir backen seit vier Generationen. Vieles hat sich verändert. Abläufe, Maschinen, vielleicht auch der Alltag. Aber die Rezepte? Die haben keinen Grund gesehen, sich anzupassen. Was gut ist, wird nicht alt!

Eine ruhige Passage, in der sich langsam ein starker Gedanke entwickelt. Die Aussagen steigern sich, und genau da, wo wir denken, dass wir den Höhepunkt schon gesehen haben, kommt noch eine Info, die das Ausrufezeichen betont.

» Ein Ausrufezeichen im richtigen Moment weckt auf. Drei hintereinander schläfern ein.

4.2.7 Das Fragezeichen: Mach Texte zu Gesprächen

Hast Du Dich jemals gefragt, warum sich manche Texte wie ein Monolog anfühlen und andere wie ein Gespräch? Warum Du bei manchen Seiten das Gefühl hast, jemand rede auf Dich ein – und bei anderen, jemand denke mit Dir? Und warum Du bei einem Text, der Dich direkt anspricht, automatisch anfängst, innerlich zu antworten?

Das Fragezeichen ist die Antwort auf all diese Fragen. Es ist das einzige Satzzeichen, das Deinen Leserinnen und Lesern den Ball zuspielt und sie aktiv einbindet. Es verwandelt einen Monolog in einen Dialog, ohne dass Dein Gegenüber auch nur ein Wort sagen muss.

Wie wirkt es?

Fragen aktivieren unsere Hirne. Wir können sie nicht ignorieren. Sobald wir eine Frage lesen, beginnt unser Gehirn automatisch, nach einer Antwort zu suchen. Das führt dazu, dass wir einen Text nicht länger passiv konsumieren, sondern beim Lesen aktiv mitdenken.

Damit ist das Fragezeichen eines der stärksten Werkzeuge, um Zielgruppen mit Texten zu aktivieren. Es lenkt Aufmerksamkeit, es erzeugt Neugier, weil wir die Antwort wissen wollen, und es gibt uns beim Lesen das Gefühl, dass der Text uns meint.

Doch seine tiefste Wirkung ist subtiler: Fragen lenken das Denken. Sie entscheiden nicht nur, worüber wir nachdenken, sondern auch, aus welchem Blickwinkel wir die Dinge betrachten. Das haben wir in Kapitel 2 bereits in aller Tiefe erforscht. Wer die richtigen Fragen stellt, lenkt das Denken der Menschen, ohne dass diese es bemerken. Dabei hat das Fragezeichen zwei sehr unterschiedliche Gesichter.

1. **Die echte Frage**

   Sie spielt uns den Ball zu. »Was bedeutet Genießen für Dich?« Hier gibt es keine vorbestimmte Antwort. Wir füllen den offenen Raum beim Lesen mit eigenen Erfahrungen. Wir spiegeln uns in der Frage und bringen uns in den Text ein.

2. **Die rhetorische Frage**

   Diese Art der Frage hat kein echtes Interesse an einer Antwort. Sie will vielmehr eine Aussage betonen, die längst im Raum steht. »Wann hat Effizienz eigentlich den Geschmack verdrängt?« Niemand antwortet hier wirklich, aber jeder nickt innerlich. Die rhetorische Frage erzeugt Zustimmung, ohne sie einzufordern.

Und dann gibt es noch eine dritte, seltenere Form:

3. **Die Frage als Strukturelement**

   Eine Frage am Anfang eines Abschnitts wirkt wie eine Überschrift mit Sog. Sie zieht uns beim Lesen in den Text, weil unser Gehirn die Antwort sucht. Deshalb lesen wir weiter.

Wie setzt Du es ein?

Frag Dich bei jedem längeren Abschnitt: Gibt es einen Moment, in dem ich die Menschen aktivieren, einladen oder aus der passiven Konsumhaltung herausholen will? Dann setz eine Frage. Am besten so kurz und direkt formuliert, dass die Menschen innerlich gleich anfangen, ihre eigenen Antworten in den Text einzubringen. Wenn Du Deine Zielgruppe gut kennst und ahnst, wohin ihre Gedanken wandern, dann greife diese wieder auf. So entsteht ein Dialog, der Aufmerksamkeit bindet und sich zugleich sehr wertschätzend und persönlich anfühlen kann.

Beachte jedoch: Zu viele Fragen hintereinander können Unruhe erzeugen – bis hin zu einem Gefühl der Orientierungslosigkeit. Drei Fragen in Folge sind ein beliebtes Stilelement, das die Menschen in den Text saugt und eine Haltung der Offenheit erzeugt. Doch mehr hintereinander verlangen viel Fingerspitzengefühl. Hier kann sich der Text schnell anfühlen wie ein Verhör statt wie ein Gespräch. Natürlich steht es Dir offen, damit zu experimentieren. In meinem Studium habe ich mal eine dreiseitige Kurzgeschichte geschrieben, die nur aus Fragen bestand. Wenn Du die Regeln beherrschst, darfst Du sie auch brechen. Alles ist erlaubt, solange Du weißt, was Du tust.

Beispiel 1 – Die Frage als Türöffner

Wann hast Du zuletzt etwas gegessen, das Dich wirklich überrascht hat?

Die Frage startet einen inneren Film und lenkt das Denken. Wir suchen automatisch nach einer Erinnerung – und sind damit bereits mitten in der Welt von Madeleine. In uns kann ein leises Bedürfnis oder eine feine Sehnsucht nach Genuss entstehen, noch bevor wir ein Produkt der Bäckerei gesehen haben.

Beispiel 2 – Die rhetorische Frage

Ist gutes Brot wirklich zu teuer? Oder haben wir uns nur an falsche Preise gewöhnt?

Die erste Frage klingt skeptisch. Die zweite bringt einen Twist ein. Zusammen erzeugen sie einen Effekt, den eine bloße Aussage nicht erzielen würde.

Beispiel 3 – Frage als Strukturelement

Was unterscheidet ein Canelé von einem gewöhnlichen Gebäck? Es sind nicht die Zutaten. Und auch nicht die Form. Es sind die 24 Stunden Zubereitungszeit, die zwar niemand sieht, aber jeder schmeckt.

Die Frage zieht uns in den Absatz. Die Antwort überrascht, weil sie das Erwartete (Zutaten, Form etc.) sofort verwirft und auf etwas Unsichtbares zeigt.

» Fragen lenken das Denken und geben uns das Gefühl, Teil eines Textes zu sein.

4.2.8 Die Auslassungspunkte: Wenn Schweigen spricht

Dieser Einstieg ist schwierig. Ich will mir nicht ausmalen, was passiert, wenn ich ihn vermassle … Manchmal können uns Sätze auf heftige Weise … Ich traue mich kaum, es auszusprechen … kitzeln. Auslassungspunkte sind dafür Dein bestes Mittel. Du spürst sofort, was sie bewirken …

Vom dramatischen Cliffhanger bis zur bedächtigen Stille zwischen den Worten, die oft mehr sagt als jede Erklärung – sie beherrschen beides. Und sie können noch mehr. Das Unausgesprochene hinterlässt eine Lücke, die wir beim Lesen unweigerlich selbst füllen. Wir führen den Gedanken weiter und schließen den offenen Bogen, weil unser Gehirn das Unvollendete kaum aushält.

Drei Punkte hintereinander, und der Text steht für einen kurzen Augenblick auf stumm … Genau das ist ihre Kunst. Ein Punkt allein schließt ab. Der Gedankenstrich hält den Text in der Schwebe. Doch die Auslassungspunkte lassen den Text runterkommen. Damit sagen sie erstaunlicherweise oft mehr, als es unsere Worte könnten. Wo wir beim Schreiben aussteigen, kann unsere Zielgruppe beim Lesen einsteigen. Sie rätseln herum und versuchen, die Lücken mit eigenen Bildern, Mutmaßungen und Erwartungen zu füllen. Indem sie sich gedanklich so intensiv einbringen, werden sie selbst zum Teil des Textes und merken gar nicht, wie sie einen Satz nach dem anderen verschlingen.

Wie wirken sie?

Auslassungspunkte runden nicht ab und schließen nicht ab. Sie verzichten auf das Korsett der Vollständigkeit und signalisieren: Hier entwickelt sich ein Gedanke weiter, selbst wenn die Worte enden. Das entfaltet drei Kräfte gleichzeitig.

1. **Neugier**

   Dein Gehirn will offene Muster ergänzen und abschließen. Findet es keine Antwort im Text, beginnt es zu spekulieren und die Lücken selbst zu füllen. So machst Du Deine Leserinnen und Leser zu aktiven Komplizen Deiner Gedanken.

2. **Unmittelbarkeit**

   Die Auslassungspunkte klingen wie ein Gedanke, der noch warm ist. Wie jemand, der laut denkt und uns dabei zuschauen lässt. Wir fühlen uns ganz nah dran und direkt eingebunden.

3. **Emotionale Dehnung**

   Ein Satz, der offen endet, klingt nachdenklicher und melancholischer als ein harter Abschluss mit einem Punkt. Vergleiche selbst: »Vieles verändert sich.« Das ist eine Feststellung. »Vieles verändert sich …« Das ist ein Gefühl.

Wie setzt Du sie ein?

Auslassungspunkte entfalten ihre Kraft vor allem in drei Momenten:

1. **Das offene Ende**

   Du lässt einen Gedanken bewusst im Raum stehen, damit Deine Leserinnen und Leser ihre eigene Antwort ergänzen können. Beispiel: »Vielleicht bist Du gar nicht unmotiviert. Vielleicht willst Du nur endlich …«

2. **Die Unmittelbarkeit**

   Du erzeugst das Gefühl, dass Du live denkst und gerade erst nach den richtigen Worten suchst. Das lässt eine vermeintliche Unsicherheit menschlich und ehrlich wirken. »Ich versuche, es zu greifen. Es ist nicht Faulheit. Es ist eher … eine Art innerer Widerstand.«

3. **Die emotionale Pause**

   Du setzt einen Moment des Innehaltens, bevor der nächste Gedanke folgt. Diese Zäsur wirkt weicher und offener als die harte Kante eines Gedankenstrichs. »Ich habe nach der perfekten Textformel gesucht ... und dabei vergessen, überhaupt mal zu schreiben.«

Doch Vorsicht: Auslassungspunkte nutzen sich schnell ab. Inflationär verwendet, können sie unentschlossen wirken – als wüsstest Du nicht, wie es weitergeht. Setze sie selten und bewusst, damit sie ihre Magie behalten.

Beispiel 1 – Auslassungspunkte als offene Einladung

Es gibt diese Momente, in denen der Duft frischer Brötchen alles verändert ...

Der Satz endet nicht – weil er nicht enden soll. Wir wollen die Fantasie unserer Leserinnen und Leser anregen, damit sie Brücken zu ihrer eigenen Lebenswelt bauen.

Beispiel 2 – Auslassungspunkte als Unmittelbarkeit

Ich weiß nicht, ob man Liebe backen kann ... Aber manchmal fühlt es sich so an.

Die Auslassungspunkte machen die Unsicherheit zur Stärke und lassen den Gedanken kurz in uns nachhallen.

Beispiel 3 – Auslassungspunkte als emotionale Dehnung

Der erste Schnitt durchs Brot ... Und es knistert leise.

Wir halten kurz die Luft an, die Zeit steht still. Das schafft eine dramatische Pause, nach der die Auflösung nur umso stärker wirkt.

» Auslassungspunkte regen das Denken an, indem sie Worte weglassen.

4.2.9 Die Klammer: Das Flüstern im Text

Manche Texte verzichten auf Stilmittel, weil sie professionell bleiben wollen (was auch immer das heißen soll). Der Hauptsatz marschiert voran – ernst, schlau und seriös (mit Krawatte und so). Doch dann öffnet sich plötzlich eine Klammer – und sagt das, was der Hauptsatz sich nie trauen würde (das spießige Ding!). Sie grätscht dazwischen, flüstert Wahrheiten, die niemand bestellt hat (aber alle denken), sie zwinkert uns zu (die Spezialität dieses Satzzeichens) und tut dabei ganz unschuldig. Doch in Wahrheit übernimmt sie kurz die Regie (und dafür lieben wir sie).

Klammern bringen Leben und Nähe in Deine Zeilen. Sie schaffen Raum für einen kleinen Kommentar oder ein Augenzwinkern, das nur jene bemerken, die wirklich aufmerksam lesen. Wenn Du eine Klammer öffnest, trittst Du kurz aus dem Rampenlicht des Haupttextes heraus und flüsterst: Das hier bleibt unter uns.

Wie wirken sie?

Die Klammer erschafft eine zweite Stimme im Text. Während der Hauptsatz spricht, darf die Klammer kommentieren und ergänzen – gerne auch mit einem Hauch Sarkasmus oder Ironie. Diese Zweigleisigkeit verleiht Deinen Zeilen eine besondere Tiefe, weil sie überrascht und zeigt: Hier denkt jemand auf mehreren Ebenen gleichzeitig.

Dabei besitzt die Klammer eine interaktive Qualität, die viele unterschätzen. Das Auge springt beim Lesen in die Klammer hinein – und wieder zurück. Diese bewusste Unterbrechung reißt Deine Zielgruppe kurz aus dem Hauptstrom des Textes heraus. Der Hauptgedanke, der nach dieser kurzen Verzögerung weiterläuft, gewinnt dabei oft an Gewicht – einfach, weil er kurz warten musste.

Zudem triffst Du mit der Klammer eine hierarchische Entscheidung. Was Du einklammerst, stellst Du in den Halbschatten gegenüber dem Rampenlicht des Hauptsatzes. Das ist ein mächtiges Instrument der Gewichtung: Du kannst Kritik äußern und sie gleichzeitig entschärfen. »Wir backen langsam (manchmal zu langsam für Ungeduldige).« Die Kritik steht im Raum, doch die Klammer nimmt ihr den Wind aus den Segeln, noch bevor sie als Gegenargument ins Gewicht fallen kann.

Und die Klammer hat auch eine ganz besondere emotionale Kraft: Sie schafft Nähe. Ein eingeklammerter Satz wirkt wie ein Geheimnis, ein vertraulicher Einschub oder ein Eingeständnis. Du weihst Deine Leserinnen und Leser ein – und wer sich eingeweiht fühlt, baut eine tiefere Verbindung zu Dir auf.

Wie setzt Du sie ein?

Frage Dich bei jedem Gedanken, den Du ergänzen willst: Was ist die Aufgabe der Klammer? Soll sie präzisieren, weil eine Information zu wichtig zum Weglassen, aber zu klein für einen eigenen Satz ist? Soll sie kommentieren, weil Du kurz aus dem Text heraustreten willst, um etwas Persönliches zu sagen? Soll sie ironisch distanzieren, weil ein Begriff ein Augenzwinkern verdient? Oder soll sie einem Einwand den Wind aus den Segeln nehmen, bevor er überhaupt Fahrt aufnimmt? Jede dieser Entscheidungen erzeugt ein anderes Gefühl – und eine besondere Verbindung zu den Menschen, die Du erreichen willst.

Beachte dabei zwei Warnungen:

1. **Die Relevanz-Falle**: Wenn der Inhalt einer Klammer wirklich wichtig ist, gehört er in den Hauptsatz. Wenn er unwichtig ist, streiche ihn ganz. Die Klammer ist der Ort für das wertvolle Dazwischen.
2. **Die Koketterie-Gefahr**: Zu viele persönliche Klammern wirken schnell abgehoben. Sie klingen dann wie ein angestrengtes »Kuckuck! Hier bin ich wieder. Schau mal, wie klug ich nebenbei noch denke«.

Die Klammer darf Persönlichkeit zeigen, sollte sich jedoch niemals wichtiger nehmen als das, was sie kommentiert.

Beispiel 1 – Die sachliche Präzisierung

Unser Sauerteigbrot reift mindestens 48 Stunden (manchmal bis zu 72, je nach Jahreszeit und Temperatur) – weil Geschmack sich nicht beschleunigen lässt.

Die Klammer liefert hier punktgenaue Tiefe für alle, die es genau wissen wollen. Wer die Details nicht braucht, liest einfach darüber hinweg, denn der Hauptgedanke bleibt völlig unberührt.

Beispiel 2 – Die stille Hierarchieentscheidung

Unsere Auslage ist abends manchmal halb leer (wir wissen, das kann frustrieren) – weil wir nur so viel backen, dass nichts in die Tonne wandert.

Hier steht die Kritik zwar im Text, doch sie bleibt im Halbschatten. Die Klammer entschärft den Einwand, bevor er sich entwickeln kann – und rückt die eigentliche Haltung der Marke souverän ins Rampenlicht.

Beispiel 3 – Der persönliche Kommentar

Wir backen nach dem Rezept unserer Großmutter (sie maß Zutaten in »ein bisschen« und »ach komm«).

Diese Klammer macht die Marke menschlich. Sie erzählt eine Geschichte, offenbart eine Beziehung und teilt ein Geheimnis. Das alles geschieht mit einem einweihenden Augenzwinkern, das sofort Nähe schafft.

» Was in Klammern steht, wirkt nebensächlich (und darum doppelt so stark).

4.2.10 Die Anführungszeichen: Worte auf ein Podest setzen

Manche Texte behaupten, sie hätten eine »Stimme«. Andere sprechen von »Ton«, von »Haltung« oder »Persönlichkeit«. Irgendwann fallen Begriffe wie »Authentizität«, »Wahrheit« oder gar »Genialität«. Das sind große Worte – und genau deshalb setzen wir sie in Anführungszeichen.

Damit hebst Du einzelne Begriffe aus dem Fließtext heraus auf ein kleines Podest. Doch gleichzeitig stellst Du sie unter Beobachtung. Anführungszeichen sind Deine Distanzmarker. Sie signalisieren: *Ich zeige Dir dieses Wort, ich benutze es – aber ich verschmelze nicht mit ihm.*

Manchmal sitzt dabei auch eine leise Ironie zwischen den Zeilen. So textete ich zum Beispiel mal für einen Vermögensberater: »Die wahrscheinlich ›langweiligste‹ Vermögensverdopplung der Welt.« Eben richtig schön langweilig, weil sie statt auf viel Sensation und Spekulation auf moderne Kapitalmarktforschung setzt. So entsteht eine zweite Ebene im Text, die zugleich reflektiert, was sie gerade behauptet.

Warum wirken sie?

Anführungszeichen sind die vielseitigsten Taktgeber, wenn es um Bedeutungsebenen geht. Sie können zitieren, distanzieren, ironisieren oder hervorheben – und verändern ihren Charakter je nach Kontext radikal.

1. **Das Zitat als Herkunftssignal**

   »Qualität ist, wenn der Kunde zurückkommt – nicht das Produkt.«

   Hier dienen die Anführungszeichen als Ausweis. Sie sagen: *Diese Worte stammen von jemand anderem* (in diesem Fall wahrscheinlich von Hermann Tietz). Du leihst Dir diese Expertise aus, weil sie einen Gedanken präziser trifft, als Du es selbst könntest. Zitate verleihen Deinem Text sofortige Tiefe und Autorität.

2. **Die ironische Distanzierung**

   Wenn eine Marke sich als »innovativ« bezeichnet, wirken die Anführungszeichen, als würde ich als Texter eine Augenbraue heben. Sie signalisieren: *Ich weiß, dass dieser Begriff abgenutzt ist. Ich benutze ihn, stehe aber nicht bedingungslos dafür ein.* Sparsam dosiert wirkt diese Distanzierung elegant – manchmal allerdings auch kritisch bis bissig.

3. **Die eigene Definition**

   Du betonst einen Begriff, den Du für Dich selbst neu definierst. »Was wir unter ›Handwerk‹ verstehen, hat wenig mit Effizienz zu tun.« Hier lädst Du Deine Leser ein, ein bekanntes Wort völlig neu zu denken. Die Zeichen sagen: *Dieses Wort ist Dir vertraut, doch ich meine damit etwas völlig anderes.*

Wie setzt Du sie ein?

Anführungszeichen können zitieren, distanzieren, einen Begriff neu definieren oder Umgangssprache markieren. Insbesondere, wenn Du bei einem Wort auf Distanz gehst, achte darauf, diesen Effekt nicht überzustrapazieren. Das kann schnell besserwisserisch und anstrengend klingen – manchmal auch ein bisschen so, als würdest Du Deinen eigenen Worten nicht trauen.

Beispiel 1 – Anführungszeichen als Zitat

»Das Brot ist das älteste Kulturgut der Menschheit.« Diesen Satz haben wir nicht erfunden, doch wir füllen ihn jeden Morgen mit Leben.

Ein solches Zitat schenkt der Marke eine Geschichte, die weit über das eigene Produkt hinausgeht. Es verleiht Autorität, während der folgende Satz klarmacht: Wir meinen das ernst.

Beispiel 2 – Anführungszeichen als ironische Distanzierung

Wir sind keine »trendige« Bäckerei. Wir backen kein Avocado-Brot und keine Instagram-Croissants. Wir backen für den Geschmack – nicht für den Feed.

Die Anführungszeichen um »trendige« wirken wie eine hochgezogene Augenbraue. Sie signalisieren Distanz zum Zeitgeist und betonen die eigene Haltung.

Beispiel 3 – Anführungszeichen als Neudefinition

Was wir »frisch« nennen? Weder aufgebacken noch aufgewärmt und bitte auch nicht aus der Tiefkühltruhe gerettet. Frisch heißt bei uns: heute geknetet, heute gebacken und am besten heute genossen.

Hier laden die Zeichen dazu ein, einen oft abgenutzten Begriff völlig neu zu denken und mit einer eigenen Haltung aufzuladen.

» Anführungszeichen zitieren, distanzieren oder definieren – sie stellen Wörter unter Beobachtung.

4.2.11 Der Bindestrich: Der kreative Verkuppler

Eine meiner Lehrerinnen nannte den Bindestrich einen Graus. Sie fand, er verleite dazu, Wort-Monstrositäten zu züchten, Gedanken-Giganten zu basteln und endlose Kettenmänner-Begriffe ineinander zu verhaken. Und ja – optisch mag das gewöhnungsbedürftig wirken. Doch genau darin kann für Dich und Deine Marke der Reiz liegen.

Nutze diese Ich-mach-mir-die-Sprache-wie-sie-mir-gefällt-Einstellung. Der Bindestrich erlaubt es Dir, bewusst zu übertreiben und Deiner kreativen Verrücktheit freien Lauf zu lassen. Er ist viel mehr als nur ein kleiner Unfall im Schriftbild. Mit ihm baust Du herrlich illustrative Begriffe, die es vorher nicht gab. Du kannst damit besonders präzise sein, unverwechselbare Sprachperlen erschaffen und manchmal auch herrlich absurd sein. Keine andere Sprache erlaubt Dir Komposita wie die deutsche. Also nutze sie.

Wie wirkt er?

Im Deutschen ist die Zusammenschreibung die Regel. Ein Wort wie »Handwerksbäckerei« ist zwar fehlerfrei, aber es gleitet am Gehirn vorbei, ohne einen bleibenden Eindruck zu hinterlassen. Der Bindestrich kommt ins Spiel, wenn Du Übersicht schaffen, fremdsprachige Begriffe integrieren oder radikal neue Wortwelten erschaffen willst.

Ein »Slow-Food-Bäcker« nutzt den Bindestrich als Brücke zwischen den Sprachen. Ein »Less-Hype-more-Taste-Versprechen« tut noch mehr: Es presst eine ganze Lebensphilosophie in einen einzigen Begriff, den kein Standardwort der Welt so präzise einfangen könnte.

Seine wahre Meisterschaft zeigt der Bindestrich jedoch bei Wortneuschöpfungen, die Deine Marke unverwechselbar machen. Erfinde Begriffe, die es eigentlich gar nicht geben dürfte: die »Mhhhhh-Garantie«, die »Wochenend-Gönnung« oder das »Kruste-mit-Knistern-Versprechen«. Solche Wörter stehen weder im Duden noch im Lexikon – und doch versteht jeder sofort, was Du meinst.

Wie setzt Du ihn ein?

Nutze den Bindestrich gezielt, um komplexe Bedeutungen sofort greifbar zu machen. Er ist Dein Werkzeug für vielsagende Komposita, die nahtlose Integration englischer Begriffe und mutige Wortneuschöpfungen.

Oh, ein feiner, aber entscheidender Unterschied trennt dabei den Profi vom Amateur: Verwechsle nicht den Bindestrich (-) mit dem Gedankenstrich (–). Sie mögen sich ähneln, doch Du weißt, dass ihre Aufgaben grundverschieden sind.

» Der Bindestrich baut Brücken zwischen Wörtern – und manchmal ganz neue Welten.

4.2.12 Das Emoji: Der digitale Blickkontakt

Manche halten Emojis für eine bloße Spielerei. Doch eigentlich sind sie eine eigene Zeichensprache – der emotionale Farbklecks, der viel zu lange nur aus grauen Buchstaben bestand. Ein Emoji ist ein Signalton für die Stimmung Deines Satzes. Es kann darüber entscheiden, ob wir eine Aussage als Befehl, als Bitte oder als ironisches Kompliment verstehen. Gerade in kurzlebigen, digitalen Kontexten übernehmen sie oft die Rolle, die in der mündlichen Kommunikation Mimik und Tonfall haben.

Wie wirkt es?

Das Emoji erfüllt eine fundamentale soziale Funktion: die emotionale Orientierung. In der rein textlichen Kommunikation fehlen Dir der Tonfall der Stimme und das Zucken der Mundwinkel. Studien der Hirnforschung zeigen: Dein Gehirn verarbeitet ein lächelndes Emoji ähnlich wie ein menschliches Gesicht – es springen Muster der Gesichtserkennung an, und die kleinen Symbole wecken unbewusst soziale Reaktionen. Sie lösen messbare Belohnungsimpulse aus und laden selbst neutrale Texte positiv auf. Mit ihnen kannst Du sympathischer wirken und Deine Texte gleichzeitig visuell aufwerten. Richtig eingesetzt, verbessern sie neben der Lesbarkeit auch die emotionale Anschlussfähigkeit Deiner Botschaft.

Die drei Hauptrollen des Emojis

1. **Der Interpretationslotse**

   Wenn Deine Botschaft Raum für Spekulationen lässt, schubst das Emoji die Lesenden sanft in die richtige Richtung.

   - *Deine Idee ist interessant.* (Klingt ohne Kontext oft nach einer höflichen Absage.)
   - *Deine Idee ist interessant.* 🤔 (Du signalisierst echtes Nachdenken.)
   - *Deine Idee ist interessant.* 😏 (Du lässt anklingen, dass Du schon Kopfkino hast oder schelmische Gedanken.)

2. **Die rhetorische Entschärfung**

   Ein Emoji mildert Deine Provokation ab oder lockert eine sehr direkte Ansage auf. Du nutzt es als digitales Augenzwinkern, um eine sehr direkte Botschaft abzumildern. Das ist besonders dann wertvoll, wenn Du Haltung zeigen willst, ohne unnötige Reibung zu erzeugen.

   - *Das ist keine gute Idee!* (lässt uns betroffen zurück)
   - *Das ist keine gute Idee!* 🙊 (signalisiert Vorsicht und Empathie)
   - *Das ist keine gute Idee!* 😅 (lockert auf und nimmt den Ernst)

3. **Der Rapport-Baustein**

   Menschen, die gerne viele Emojis nutzen, können ein völliges Schweigen auf der Bildebene oft als Kälte interpretieren. Wenn es zum Kontext und zu Deiner Marke passt, kannst Du Emojis hier nutzen, damit andere bei Deiner Antwort keine Dissonanzen empfinden, sondern sich zum Teil in Deinem Stil gesehen und gespiegelt fühlen. Gerade in dialogischen Formaten kann das ein entscheidender Faktor für Nähe und Vertrauen sein.

Warnung: Wenn Emojis Deinen Worten die Show stehlen

Emojis sind wie Instant-Gewürz. Sie liefern Dir schnellen Geschmack, aber sie erzeugen niemals echte emotionale Tiefe. Und genau darin liegt ihre Stärke: Sie ergänzen, was bereits da ist, aber sie ersetzen es nicht. Zwischen all den Vorteilen solltest Du daher auch diese drei Gefahren im Blick behalten:

1. **Emojis schaden Deiner Kreativität**

   Ein standardisiertes »Sadface« tippst Du schnell weg. Doch wenn Du beschreibst, wie Dir »beim Lesen fast ein bisschen Kotze hochkam«, erschaffst Du ein eigenes, unverwechselbares Bild. Texte mit zu vielen Emojis fühlen sich schnell an wie alle anderen und Du begräbst Deine einzigartige Stimme unter einem Einheitsbrei aus Pixeln. Achte darauf, neben Emojis auch kraftvolle Sprachbilder zu verwenden. Am stärksten wirken Texte dann, wenn beides zusammenspielt.

2. **Zu viele Emojis wirken unsicher**

   Wenn Du hinter jeden zweiten Satz ein gelbes Gesicht setzt, untergräbst Du Deine Souveränität. Es wirkt wie ein ständiges »Bitte versteht mich nicht falsch«-Signal – ein Zeichen, dass Du Deiner eigenen Wortwahl nicht traust. Soll eine starke Aussage ihre volle Kraft entfalten, lass das Emoji weg oder setze es so bewusst ein, dass es Deine Aussage um eine zusätzliche Nuance bereichert statt lediglich absichert.

3. **Emojis stehlen Deinen Worten die Show**

   Manchmal begegnen mir kraftvolle Sätze und wunderschöne Punchlines – mit einem Emoji im Schlepptau. Die Emotionalität, die sich gerade bei den Worten noch aufgebaut hat, verpufft plötzlich, weil ihnen das gelbe Grinsegesicht das Scheinwerferlicht raubt. Hast Du starke Botschaften, dann stiehl ihnen die Show nicht mit Emojis.

Wie setzt Du es ein?

Nutze das Emoji niemals, um eine schwache Formulierung zu retten. Frage Dich immer: Würde dieser Satz auch ohne das Emoji funktionieren? Wenn die Antwort »nein« ist, arbeite lieber inhaltlich nochmal nach oder feile an Deinem Satzbau statt an Deinen Emojis. So stellst Du sicher, dass Du fehlende Substanz nicht mit Emojis kaschierst. Wenn die Antwort auf die Frage jedoch »ja« ist, kann ein Emoji Deiner Aussage eine zusätzliche Ebene geben. Es schärft die Tonalität, verkürzt Interpretationswege und hilft Deinem Gegenüber, Deine Intention schneller und sicherer einzuordnen. Gerade in der digitalen Kommunikation, in der Zwischentöne oft verloren gehen, kann ein bewusst gesetztes Emoji den Unterschied machen zwischen Missverständnis und sofortigem Verstehen.

Als glühender Verfechter des geschriebenen Wortes lege ich Dir dennoch ans Herz: Übe Dich darin, erst einmal bewusst auf die Instant-Emotion zu verzichten. Du wirst merken, wie Du Deinen Schreibstil trainierst und ein feineres Näschen für die wahre Kraft der Worte entwickelst.

Ich streiche Emojis oft im ersten Schritt und setze sie später gezielt an den Stellen wieder ein, wo sie meine Sätze durch eine wertvolle Nuance ergänzen. Die schönste Wirkung entsteht, wenn Worte und Emojis so zusammenspielen, dass sie gemeinsam eine neue Bedeutung formen.

» Emojis sind die Würze. Deine Worte sind die Mahlzeit.

4.2.13 Das Textbild: Was Du siehst, bevor Du liest

Bisher haben wir uns mit Zeichen beschäftigt, die im Text stehen – mit Punkten, Kommas, Gedankenstrichen und allem, was der Sprache Rhythmus verleiht. Jetzt widmen wir uns der Ebene, die alles umschließt: dem Textbild mit seinen typografischen Elementen.

Lange bevor Du diesen Satz gelesen hast, traf Dein Gehirn bereits eine Entscheidung. Es scannte die Länge der Absätze, suchte nach Hervorhebungen und orientierte sich im Text. In Bruchteilen einer Sekunde fiel das Urteil: Will ich das hier lesen? Oder steige ich aus?

Das Textbild ist die Architektur Deines Textes. Es entscheidet über die Wirkung, noch bevor Du ein einziges Wort bewusst verarbeitest. Die folgenden Elemente sind mehr als Text-Deko. Mit ihrer Hilfe kannst Du dafür sorgen, dass der Text nicht nur gut aussieht, sondern sich für das Gehirn auch auf Anhieb gut anfühlt.

Auszeichnungen: Fett, Kursiv, Versalien, Kapitälchen

- **Fettdruck** setzt Prioritäten. Er sagt: »Hier, das ist jetzt wichtig.« Er erzwingt Aufmerksamkeit und lenkt Deinen Blick. Öffne eine gute Website und Du erlebst, wie Deine Augen von einem gefetteten Element zum nächsten hüpfen – das ist der »zweite Leseweg«. Beachte allerdings: Wenn zu viele Stellen fett markiert sind, verliert sich der Effekt. Nutze Fettdruck für Kernthesen und radikale Zuspitzungen. Entscheidend ist dabei nicht, was aus Deiner Sicht wichtig ist, sondern was Deiner Zielgruppe hilft, sich im Text zu orientieren und die wichtigsten Gedanken schnell zu erfassen.
- *Kursiv* ist die leisere Variante. Kursivschrift betont, ohne zu schreien. Sie markiert Deine innere Stimme und subtile Einschübe. Schau, wie ein einziges kursives Wort die gesamte Bedeutung verändert:

  »Ich habe nicht gesagt, dass er lügt. Ich habe nicht gesagt, dass *er* lügt. Ich habe nicht gesagt, dass er *lügt*.«

  Derselbe Satz eröffnet drei verschiedene Welten. Kursiv erzeugt ironische Distanz oder kennzeichnet Buchtitel, doch zu viel davon wirkt theatralisch und nervös. Es fühlt sich an, als würde Dein Text ständig flüstern und doch um Aufmerksamkeit betteln.
- VERSALIEN sind laut und mächtig. Du setzt normale Großbuchstaben in voller Höhe ein. Sie fordern Raum und wirken massiv, autoritär und fast einschüchternd. Damit eignen sie sich für klare Statements: SPRACHE IST MACHT. Versalien dulden keinen Widerspruch und kennen keine Nuancen. Das ist gleichzeitig ihre Stärke und ihre größte Schwäche. Wer nur in Versalien schreibt, schreit seine Leser an. Das kann dann schnell so wirken, als würden Dir die Argumente ausgehen und Du wüsstest Dir nur noch mit plumper Lautstärke zu helfen. Sparsam eingesetzt sind sie ein Hammerschlag; im Übermaß eine Zumutung.
- KAPITÄLCHEN sind die edle Form der Hervorhebung. Sie besitzen das Aussehen von Großbuchstaben, aber nur die Höhe von Kleinbuchstaben. Dadurch wirken sie ruhiger, kontrollierter und souveräner als Versalien. Ein Wort in Kapitälchen tritt nur entspannt einen Schritt nach vorne, ohne sich aufzudrängen. Nutze diese Auszeichnung für Markennamen oder Konzepte, denen Du Gewicht verleihen willst. Sie sind das Siegel der Profis.

Ein wichtiger Hinweis für die Praxis: Echte Kapitälchen sind eine eigene Schriftschnitt-Eigenschaft – das heißt, nicht jede Schrift unterstützt sie. Viele digitale Umgebungen simulieren sie durch verkleinerte Versalien, was nicht immer ganz so edel wirkt. Vor dem Einsatz lohnt sich daher ein Blick auf die technischen Möglichkeiten.

Architektur: Absatz, Zeilenlänge, Weißraum, Ein-Wort-Zeilen, Listen

- Der **Absatz** kontrolliert – ähnlich wie die Satzlänge – das Tempo und die Atemgeschwindigkeit Deines Textes. Kurze Absätze erzeugen Dynamik; sie portionieren Deine Gedanken in kleine, leicht verdauliche Snacks. Du generierst Tempo und schenkst Deiner Zielgruppe das Gefühl, beim Lesen schnell voranzukommen. Lange Absätze hingegen entschleunigen. Sie fordern Geduld, belohnen Deine Leserinnen und Leser aber mit intellektueller Tiefe und einer stabilen Argumentation.
- Und dann gibt es die **Einzelzeile**.

  Sie steht allein.

  Sie gönnt sich den Luxus, viel Raum für sich allein einzunehmen.

  Mit einer Einzelzeile verleihst Du Deiner Botschaft ohne Firlefanz mehr Gewicht und Autorität, als es Fettdruck, Versalien und Ausrufezeichen gemeinsam jemals könnten. Damit ist sie Dein stärkster typografischer Akzent – doch Vorsicht: Er verliert seinen Effekt sofort, wenn Du ihn zu oft einsetzt. Ein wildes Stakkato aus Einzelzeilen wirkt ermüdend, weil das Gehirn die ganze Arbeit wieder allein machen muss: sortieren, priorisieren und differenzieren.
- Neben der Absatzlänge beeinflusst auch die **Breite der Zeile** die Wirkung Deiner Texte. Das menschliche Auge erfasst beim Lesen häufig mehrere Wörter gleichzeitig. Die größte Herausforderung liegt im Zeilenwechsel: Je länger Deine Zeilen sind, desto mühsamer findet das Auge den Weg zurück zum Anfang der nächsten Zeile. Gut gelayoutete Magazine setzen daher auf schmale Spalten (ca. 50–75 Zeichen), während Taschenbücher meist 9–12 Wörter pro Zeile halten. Zu breite Zeilen ermüden das Auge und zu schmale fragmentieren den Text. Gute Typografie findet die Balance.
- Wähle bewusst zwischen **Blocksatz und Flattersatz**. Blocksatz wirkt formal, kontrolliert und institutionell. Flattersatz hingegen kommt organischer, lebendiger und persönlicher daher, weil er dem natürlichen Zeilenfall folgt. Weder das eine noch das andere ist per se besser – beide sind eine bewusste Entscheidung. Und jede dieser Entscheidungen erzählt eine Geschichte über Deine Marke.
- **Weißraum** ist kein Nichts. Er bedeutet Fokus, Raum und Luxus. Was Du nicht auf die Seite schreibst, wirkt genauso stark wie das, was dort steht. Wer Raum lässt, signalisiert Souveränität und weiß, dass weniger manchmal mehr sagt. Ein Text, den Du bis in jeden Winkel füllst, atmet nicht. Und was nicht atmet, macht beim Lesen müde.

- **Listen** strukturieren Deine Gedanken. Sie erzeugen Klarheit, machen Informationen vergleichbar und wirken transparenter als Fließtext. Sie können allerdings auch den Lesefluss hemmen. Was als zusammenhängender Gedanke oft mehr wäre als die Summe seiner Teile, wird in einer Liste zu isolierten Häppchen. Nutze daher die Faustregel: Verwende Listen für gleichgewichtige Informationen und Fließtext für Gedanken, die sich organisch entwickeln.

Visuelle Dramaturgie: ein zusammenfassendes Beispiel

Dein Text kann visuell ein Crescendo bauen. Er erzeugt Spannung durch die bloße Art und Weise, wie er auf der Seite steht.

Ein schöner Satz. Noch ein schöner Satz. Und noch ein hübscher.

Gleichmäßiger Rhythmus, gleichmäßiges Tempo. Das Auge gleitet dahin. Und dann:

Ein Bruch.

Diese kurze Zeile – so ganz allein nach einer Leerzeile – gewinnt ihr Gewicht durch alles, was Du davor in regelmäßigem Takt aufgebaut hast. Das ist visuelle Dramaturgie: Du baust bewusst Spannung auf, spielst mit ihr und löst sie im richtigen Moment wieder auf. Wenn Du dieses Handwerk beherrschst, machst Du aus Deinen Texten ein echtes Erlebnis.

Das Gehirn beurteilt, bevor es liest

In Sekundenbruchteilen entscheidet es: Lese ich das – oder steige ich aus?

Die folgenden Beispiele in Abbildung 4.1 und Abbildung 4.2 veranschaulichen das.

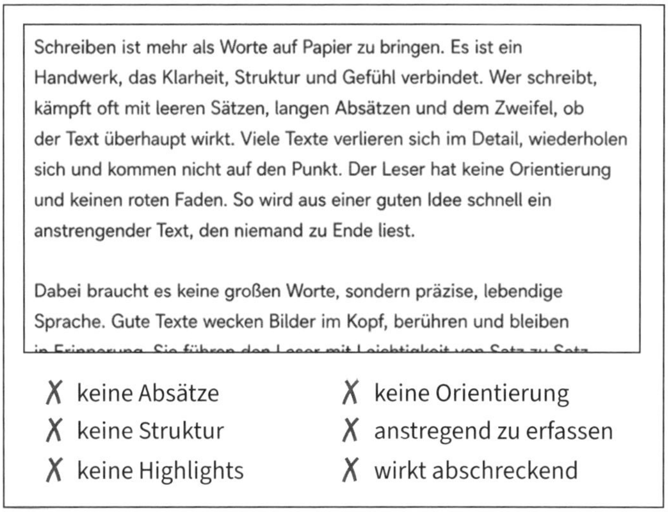

Schreiben ist mehr als Worte auf Papier zu bringen. Es ist ein Handwerk, das Klarheit, Struktur und Gefühl verbindet. Wer schreibt, kämpft oft mit leeren Sätzen, langen Absätzen und dem Zweifel, ob der Text überhaupt wirkt. Viele Texte verlieren sich im Detail, wiederholen sich und kommen nicht auf den Punkt. Der Leser hat keine Orientierung und keinen roten Faden. So wird aus einer guten Idee schnell ein anstrengender Text, den niemand zu Ende liest.

Dabei braucht es keine großen Worte, sondern präzise, lebendige Sprache. Gute Texte wecken Bilder im Kopf, berühren und bleiben

Abbildung 4.1: Eine Textwand ist wenig überzeugend.

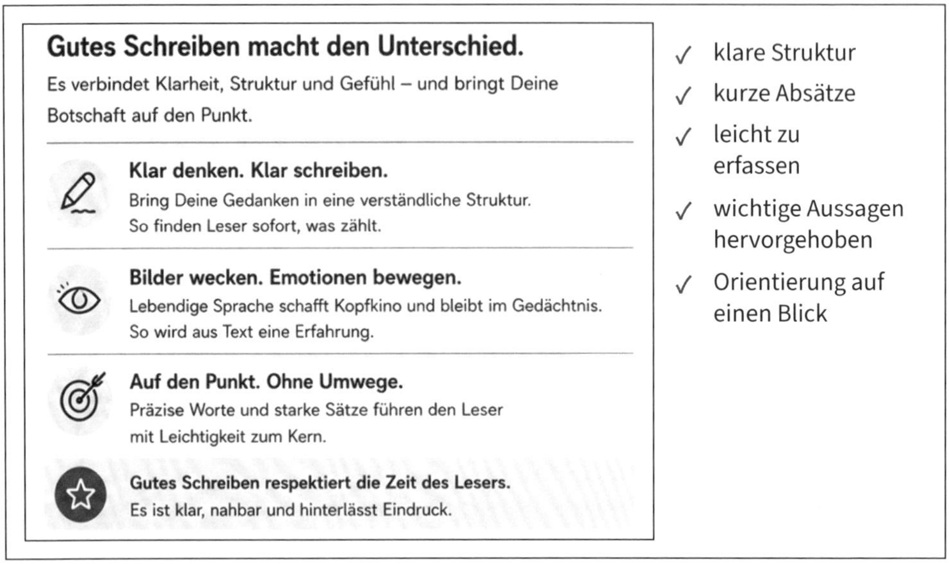

Abbildung 4.2: Ein gut strukturierter Text schafft Klarheit.

Abbildung 4.3 zeigt, was genau passiert, wenn wir einen Text betrachten.

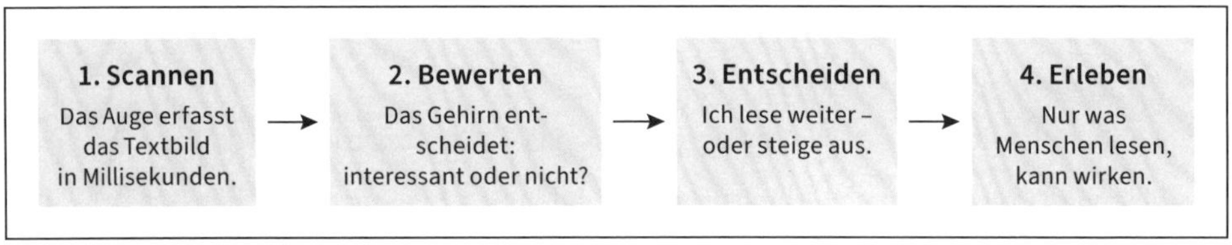

Abbildung 4.3: Vom visuellen Eindruck zur Wirkung.

Die visuelle Textgestaltung durchzieht alles, ist aber nicht alles

Die visuellen Elemente unterstützen Deinen Stil, doch sie können starke Botschaften nicht ersetzen. Ein schwacher Gedanke gewinnt durch Fettdruck keine Kraft, und eine leere Aussage erhält durch Versalien keine Tiefe. Betrachte diese typografischen Elemente als die Kleidung Deiner Worte: Selbst das edelste Outfit ist nur Effekthascherei, die schnell verpufft, wenn kein Charakter darin steckt.

Starker Stil entfaltet sich erst, wenn Inhalt, Tonfall, Rhythmus und Typografie harmonisch ineinandergreifen – wie die Instrumente in einem perfekt abgestimmten Orchester.

» Das Textbild ist sichtbarer Stil. Was Du siehst, bevor Du liest, entscheidet, ob Du überhaupt anfängst.

4.3 Klang und Kopfkino für großes Textvergnügen

Ein Text kann wie ein eingespieltes Ensemble klingen, in dem jedes Instrument perfekt auf das andere abgestimmt ist. Er besitzt eine Melodie, die uns berührt, und einen Rhythmus, der uns unaufhaltsam mitreißt. Wenn hier alles passt, verschwindet jede Anstrengung: Deine Augen und Dein Gehirn gleiten genüsslich über die Zeilen und verinnerlichen jeden Gedanken mit spielerischer Leichtigkeit. Genau das ist die Magie, die wir hier entfesseln.

Hinter Dir liegt die Partitur der Sprache – jene Zeichen, mit denen Du Tempo, Pausen und das Gewicht Deiner Worte steuerst. Jetzt tauchen wir tiefer in die Stilmittel ein, die Sounds in unsere Innenwelt bringen und großes Kino auf unsere innere Leinwand.

4.3.1 Die Alliteration: Der Sound der Wahrheit

Wohlklingende Worte wirken wahrer. Brillante Botschaften bannen den Blick. Mächtige Muster manipulieren. Sichere Strukturen stiften Sinn. Doch eine Warnung: Irrational intensives Iterieren infantilisiert Inhalte. Krampfhaft kindische Klänge korrumpieren Kompetenz.

Spürst Du die Kraft? Wenn Du den Anfangslaut in mehreren Wörtern hintereinander wiederholst, erzeugst Du einen akustischen Sog, dem unser Gehirn kaum widerstehen kann. In diesem Moment fühlt sich beim Lesen alles richtig, vollständig und unumstößlich an. Deine Texte gewinnen an Durchschlagskraft und verankern sich als »Wahrheit« im Gedächtnis.

Wie wirkt sie?

Die *Alliteration* nutzt den *Rhyme-as-reason-Effekt*. Dein Gehirn besitzt eine Schwäche für ästhetische Symmetrie: Was rhythmisch harmoniert, stufen wir unbewusst als glaubwürdiger ein. Die Alliteration wirkt hier als kognitiver »Gleitbeschleuniger«. Da sich das Lautmuster wiederholt, verarbeitet Dein Verstand die Information mit weniger Widerstand – und was wir leicht verarbeiten, fühlt sich für uns wahr an.

Zudem spielt die Alliteration mit dem Prinzip von Prognose und Bestätigung: Erscheint ein Anfangslaut zweimal hintereinander, beginnt Dein Gehirn, den dritten vorherzusagen. Liegt es richtig, entsteht ein winziges Belohnungssignal und Du spürst unbewusst ein subtiles Gefühl der Befriedigung.

Vom Stabreim zum Marketing-Tool

Obwohl die Alliteration heute Claims und Slogans im Marketing dominiert, ist sie keine Erfindung der Werbeindustrie. Sie entstammt der germanischen Stabreimdichtung und diente ursprünglich als raffinierte Gedächtnisstütze, um sich in einer Welt ohne Schrift komplexe Texte merken zu können. Märchenformeln wie »mit Kind und Kegel« oder »mit Mann und Maus« beweisen bis heute: Was gleich klingt, bleibt besser hängen.

Die Wissenschaft nennt diesen Mechanismus *Processing Fluency* – Verarbeitungsflüssigkeit. Was Dein Gehirn leicht und berechenbar verarbeiten kann, wirkt vertrauter und sympathischer – selbst wenn der Inhalt identisch mit einer neutralen Variante ist. Ein Claim mit Alliteration fühlt sich schon »richtig« an, noch bevor Dein Verstand seine gesamte Bedeutung analysiert hat.

Die Feinheiten der Profis

Echte Meisterschaft verlangt Präzision in der Anwendung:

- **Der Laut entscheidet, nicht der Buchstabe**: Eine Alliteration bezieht sich auf Anfangs*laute,* nicht auf Anfangsbuchstaben. »Psychologie und Philosophie« bilden keinen Stabreim, da sie mit unterschiedlichen Lauten beginnen. »Köstlich und charakteristisch« hingegen schon, da sie denselben Laut teilen.
- **Charakter durch Phonetik**: Nicht jeder Laut erzeugt die gleiche Stimmung.
  - **Plosive** (K, P, T) klingen hart, kraftvoll und klar – sie brechen explosiv zwischen Zunge, Zähnen und Lippen hervor.
  - **Frikative** (S, F, Sch) klingen weich, fließend und subtil. Hier kuschelt es auch im Mund, da die Laute zwischen der Zunge und den leicht geöffneten Lippen hindurchfließen.
  - **Nasale** (M, N) klingen warm, rund und auf gewisse Weise menschlich. Bei diesen Lauten entweicht die Luft nicht aus dem Mund, sondern der Nase.

Indem Du Laute gezielt wählst, komponierst Du schöne Klänge und verleihst Deinem Text einen unverwechselbaren Charakter.

Wie setzt Du sie ein?

Die Alliteration entfaltet ihre stärkste Wirkung bei Werte-Triaden, Claims, Markennamen und Kernbotschaften. Nutze sie überall da, wo Deine Worte leicht über die Lippen gehen und im Gedächtnis Deiner Zielgruppe haften bleiben sollen. Doch Vorsicht: Im langen Fließtext verpufft ihre Kraft schnell, da sich das Ohr an den Rhythmus gewöhnt. Bei sensiblen oder hochseriösen Themen läufst Du zudem Gefahr, durch zu viel Klangspielerei verspielt oder deplatziert zu wirken.

Eine Faustregel, die mich auf dem Boden hält

Damit Dein Text nicht zur Stilkarikatur verkommt, achte auf das richtige Maß: Der Gedanke sollte immer wichtiger bleiben als der Klang.

- **Drei alliterierende Wörter** in einem Satz wirken elegant und stimmig.
- **Fünf Wörter** wirken oft bereits aufgesetzt und künstlich.
- **Sieben Wörter** verwandeln Deine Botschaft in einen anstrengenden Zungenbrecher, der nervt und müde macht.

Beispiele für volle Alliterationen

- »Milch macht müde Männer munter.« (Westdeutsche Milchwirtschaft, 1950er Jahre) – Ein Musterbeispiel für den rhythmischen Sog durch gleich fünf identische Anlaute.
- »Mars macht mobil.« – Hier verschmilzt der Markenname untrennbar mit dem Versprechen.
- »Actimel aktiviert Abwehrkräfte.« – Rhetorisch brillant, doch juristisch gescheitert. Da die Alliteration eine wissenschaftliche Logik suggerierte, die vor Gericht nicht standhielt (*Health-Claims-Verordnung*), musste der Claim verschwinden.
- »Lidl lohnt sich.« – Kurz, knackig und durch den L-Laut sofort präsent.
- »Gelb. Gut. Günstig.« (Yello Strom) – Die Triade aus drei G-Lauten erzeugt ein Gefühl von Vollständigkeit und Sicherheit.

Beispiele für partielle Alliteration und lautliche Eingängigkeit.

Manchmal genügt ein punktueller Gleichklang, um den Rhyme-as-reason-Effekt zu triggern, ohne den Satz zu überladen:

- »Geiz ist geil.« (Saturn) – Der harte G-Laut am Anfang und Ende des Claims rahmt die Botschaft provokant ein.
- »Bitte ein Bit.« (Bitburger) – Das Spiel mit den B-Lauten macht den Slogan griffig und leicht merkbar.
- »Freude am Fahren.« (BMW) – Die weichen F-Laute unterstreichen das fließende, angenehme Erlebnis des Produkts.

» Was leicht und gleich klingt, fühlt sich wahr an.

4.3.2 Parallelismus und Anapher: Die Macht der Wiederholung

Sprache kann ordnen. Sprache kann klären. Sprache kann überzeugen. Indem wir Worte und Baupläne wiederholen, erzeugen wir Logik. Während sich die Struktur festigt, sendet Dein Text ein Signal an das Lesehirn: Hier herrscht Ordnung. Hier denkt jemand klar. Hier gibt es Substanz.

Zu viel Wiederholung wirkt monoton, doch bewusst eingesetzt, ist sie ein Brandbeschleuniger für Deine Botschaft. Sie schafft einen Rhythmus, der uns tiefer in den Text saugt – manchmal bis zur Gänsehaut. Dafür stehen Dir zwei verwandte Stilmittel zur Verfügung, die sich gegenseitig verstärken können:

- **Der Parallelismus** wiederholt den Bauplan eines Satzes. Nicht die Wörter sind identisch, sondern die grammatische Struktur: »Texte informieren. Bilder berühren. Stil bewegt.« Sechs verschiedene Wörter, aber derselbe Rhythmus und dieselbe Architektur.

- **Die Anapher** geht einen Schritt weiter: Sie wiederholt exakt dasselbe Wort oder dieselbe Wortgruppe am Satzanfang. Martin Luther Kings »Ich habe einen Traum …« ist das ultimative Beispiel. Hier wiederholt sich nicht nur die Struktur, sondern das Wort selbst, und mit jeder Wiederholung wirkt die Botschaft kraftvoller und eindringlicher.

Beide Stilmittel treten oft gemeinsam auf. Der Parallelismus sorgt für die gleiche Satzstruktur, die Anapher wiederholt gezielt Wörter am Anfang. Zusammen eingesetzt verstärken sie sich und erzeugen eine Wirkung, die jedes Element für sich allein nicht erreichen würde.

Warum wirken sie?

Das Wirkprinzip ähnelt dem der Alliteration: Unser Gehirn liebt Muster. Sie sind wunderbar berechenbar, nehmen den grauen Zellen Arbeit ab und hinterlassen ein gutes Hirngefühl.

- **Parallelismus: Die Demokratie der Satzteile**

  Der Parallelismus erzeugt eine spezifische, tiefere Wirkung: *Gleichwertigkeit*. Was in derselben Struktur steht, wird vom Leser als gleich wichtig wahrgenommen.

  Wir backen für den Moment. Wir backen für den Geschmack. Wir backen für Dich.

  Die drei Objekte stehen nebeneinander wie drei gleich große Fenster; keines überragt das andere. Doch die Inszenierung folgt einer klaren Dramaturgie:

  1. Der erste Satz etabliert das Muster.
  2. Der zweite Satz bestätigt es.
  3. Der dritte Satz – das »für Dich« – steht im Rampenlicht. Er schließt das Muster ab und trägt genau deshalb das meiste Gewicht.

- **Anapher: Die Eskalation der Dringlichkeit**

  Die Anapher fügt dem Ganzen eine emotionale Dimension hinzu: *Dringlichkeit*. Sie signalisiert: »Das ist so wichtig, dass ich es nicht nur einmal sage, sondern dreimal. Oder fünfmal. Oder so oft, bis es sich ins Bewusstsein eingebrannt hat.«

  Überall da, wo Sprache nicht nur informieren, sondern bewegen soll – in Reden, Manifesten oder leidenschaftlichen Aufrufen –, ist die Anapher das Mittel der Wahl. Auch sie lebt von der Verarbeitungsflüssigkeit, die wir bei der Alliteration kennengelernt haben: Was wir öfter hören, hält unser bequemes Gehirn für wahrer.

Wie setzt Du sie ein?

Der *Parallelismus* ist Dein Werkzeug, um Struktur und Ordnung in wichtige Botschaften zu bringen. Er eignet sich zum Beispiel optimal für Claims, Werteaufzählungen oder logische Argumentationsketten. Dabei muss die Struktur nicht immer starr und penibel identisch sein. Oft kann ein bewusster Bruch des Musters am Ende – etwa eine Verkürzung oder eine überraschende Wendung – den Effekt sogar noch verstärken, indem er die Erwartung aufbaut und dann gezielt bricht: »Wir hören zu. Wir denken mit. Und manchmal sagen wir auch: Nein«. Weitere populäre Parallelismen:

- »Wohnst Du noch oder lebst Du schon?« (IKEA). Hier stehen sich zwei Sätze mit vergleichbarer Struktur gegenüber.
- »Sind sie zu stark, bist Du zu schwach.« (Fisherman's Friend). Auch hier findest Du die gleiche Struktur, aber mit einem antithetischen Inhalt.

Die *Anapher* ist Dein Mittel der Wahl, wenn Du emotionale Tiefe, Dringlichkeit oder unerschütterliche Überzeugung erschaffen willst. Drei Wiederholungen bilden dabei die magische Untergrenze, ab der unser Gehirn ein Muster sicher erkennt (dazu mehr im nächsten Abschnitt). Ab fünf oder sechs Wiederholungen beginnt die Wirkung ins Überwältigende zu kippen. Das ist legitim, wenn Du eine Art Manifest-Charakter erschaffen willst, erfordert jedoch viel Fingerspitzengefühl. Diese Werbebeispiele für Anaphern sind Dir gewiss auch schon begegnet:

- »Gut für die Region. Gut für die Menschen. Gut für Sie.« (Sparkasse)
- »Hier bin ich Mensch, hier kauf ich ein.« (dm)

» Struktur überzeugt den Kopf. Wiederholung bewegt das Herz.

4.3.3 Die Enumeration: Die Macht der richtigen Menge

Es gibt *Wein und Brot*. Das ist eine vollständige Mahlzeit, reduziert aufs Wesentliche. Es gibt *Wein, Brot und Käse*. Uh, jetzt wird's herzhaft. Und bei drei Dingen fühlt es sich rund und stimmig an, oder? Es gibt *Wein, Brot, Käse und Oliven*. Hier beginnt die Fülle, und mir läuft das Wasser im Mund zusammen. Der Tisch wird reicher, die Beschreibung weiter. Es gibt *Wein, Brot, Käse, Oliven und Schinken*. Na, jetzt ist der Tisch gedeckt! Mehr braucht es eigentlich nicht. Das ist Gastfreundschaft und ein Fest für die Sinne. Es gibt *Wein, Brot, Käse, Oliven, Schinken, Trauben, Kapern und Kerzenlicht*. Huch! Der Tisch biegt sich! Jetzt wird's nicht mehr reicher, sondern nur noch dichter. Mein Hirn ist überfordert ... Zurück bleibt ein Gefühl von Überfluss oder gar Überladung. Die Aufzählung schafft jetzt keine Klarheit mehr, dafür jedoch Atmosphäre (und ein bisschen Exzess).

Was wir gerade erlebt haben, ist die Magie der *Enumeration*: Die Anzahl der Elemente in der Aufzählung entscheidet, ob etwas reduziert, vollständig, üppig oder überladen wirkt. Bis zu einem gewissen Punkt schafft die Aufzählung Ordnung. Mit mehr Elementen lässt dieser Effekt nach und die Aufzählung kann mehr dazu dienen, eine bestimmte Stimmung zu erzeugen.

Warum wirkt sie?

Die Enumeration zählt zu den Urgesteinen der rhetorischen Werkzeuge. Schon Cicero und Luther nutzten sie, um Wortgruppen eine emotionale Textur zu verleihen, die über die bloße Information hinausgeht. Und auch als starke Marke solltest Du sie gezielt nutzen, weil sie das Gehirn dazu zwingt, Informationen blitzschnell und unbewusst zu bewerten.

Die Kognitionswissenschaft nennt diesen Prozess *Chunking*: Das Arbeitsgedächtnis fasst Informationen in handhabbare Einheiten (Chunks) zusammen, um seine Belastungsgrenze zu schützen.

- **Drei Elemente** bilden den idealen mentalen Chunk und lassen sich besonders leicht verarbeiten.
- **Ab vier Elementen** steigt die kognitive Belastung spürbar an.
- **Ab fünf Elementen** entscheidet die Art der Verbindung darüber, ob Dein Text einen Sog erzeugt oder den Leser erschöpft.

Neben der Menge spielt die Reihenfolge eine entscheidende Rolle. Was Du zuletzt nennst, verankert sich am stärksten im Gedächtnis – das ist die *Klimax*, die aufsteigende Intensität. Das stärkste, überraschendste oder emotionalste Element gehört daher immer ans Ende. Doch wenn Du damit bewusst brichst und das schwächste ans Ende stellst, kannst Du eine *Antiklimax* erzeugen. Das ist eine Technik, die Humor, Ironie oder Selbstironie in einen einzigen Satz packt: »Er kam, sah und machte eine Pause.« Dieselbe Struktur wie die von Caesar, aber mit einem Augenzwinkern, das alles auf den Kopf stellt. Ähnlich zum Beispiel auch hier: »Sie liebte ihn für seinen Humor, seine Intelligenz und sein Auto.« Oder ich beim Sport: »Ich liebe den Schweiß, den Schmerz und die Pizza danach.«

Der Zweiklang – Relation und Spannung

Zwei Elemente in einer Aufzählung setzen Dinge in eine direkte Beziehung zueinander. Sie können sich gegenseitig ergänzen, kontrastieren, verstärken oder auch aneinander reiben. Die psychologische Wirkung hängt davon ab, welche Verbindung zwischen diesen beiden Polen beim Lesen im Kopf entsteht.

Ein besonderer Fall des Zweiklangs ist das *Hendiadyoin* (wenn Du das aussprechen kannst, kannst Du auf jeder Party glänzen). Dahinter stecken zwei Begriffe, die zusammen eine semantische Einheit bilden, die keiner der beiden allein tragen könnte. *Sturm und Drang* ist eine Epoche. *Feuer und Flamme* ist Begeisterung. *Dick und Doof* beschreibt ein Traumpaar. Zwei Wörter, eine Bedeutung – stärker und reicher als jedes einzelne.

Davon zu unterscheiden ist das Spannungsduo: *Freiheit und Verantwortung*, *Tradition und Innovation* – hier stehen zwei echte Pole nebeneinander, die eine produktive Spannung erzeugen. Diese Paare zwingen uns, das Gleichgewicht zwischen zwei wichtigen Werten abzuwägen, und der innere Gegensatz hält unsere Aufmerksamkeit wach.

Der Dreiklang – Vollständigkeit und Mustererkennung

Drei Elemente wirken auf uns besonders vollständig. Das ist tief in unserer kulturellen DNA verankert – *Anfang, Mitte, Ende*; *These, Antithese, Synthese* oder *Vergangenheit, Gegenwart, Zukunft*.

Die Zahl drei hat eine fast magische Wirkung. Denn ab dem dritten Element erkennt unser Gehirn ein Muster und beginnt zu verallgemeinern. Zwei Datenpunkte lassen mehrere Möglichkeiten offen: 2, 4 – ist die nächste Zahl in der Reihe 6 oder 8? Erst das dritte Element – 2, 4, 8 – macht das Muster eindeutig: Verdopplung. Dasselbe passiert beim Dreiklang in der Sprache. Das dritte Element bestätigt auch das Muster und gibt dem Gedanken eine Gesetzmäßigkeit, die über die drei Elemente hinausweist.

Für uns ist der Dreiklang (in der Rhetorik: *Trikolon*) deshalb das mächtigste Enumerationswerkzeug. *Veni, vidi, vici. Liberté, égalité, fraternité.* Drei Elemente schließen einen Gedanken ab und verleihen ihm eine fast gesetzesmäßige Gewissheit.

Der Vierklang – Fülle und Erweiterung

Vier Elemente liegen an der oberen Komfortgrenze unseres Arbeitsgedächtnisses. Das Gefühl der bloßen Vollständigkeit weicht einer Wahrnehmung von Fülle, Reichtum und gelegentlich einer leichten Überwältigung. Das Gehirn verarbeitet diese Menge noch stabil, muss dafür jedoch bereits mehr leisten.

Das *Tetrakolon* – der Vierklang – ist das ideale Werkzeug für Momente, in denen eine Marke die Breite ihrer Kompetenz, ihres Angebots oder ihrer Identität demonstrieren will. Das vierte Element öffnet dabei oft eine Dimension, die den ersten drei fehlte. Es wirkt wie ein Nachsatz, der alles zusammenfasst – oder wie ein überraschender Wendepunkt.

Ein paar Beispiele:

- »Gesehen. Gekauft. Geliebt. Weitergesagt.« Die ersten drei bilden die Customer Journey, das vierte ist die Krönung (Loyalität).
- »Zugehört. Genickt. Gelächelt. Vergessen.« Die ersten drei suggerieren Aufmerksamkeit, das vierte enthüllt eine tragikomische Realität.
- »Bio. Vegan. Regional. Frittiert.« Dieser Gourmet-Vierklang durchbricht ein etabliertes Muster und sorgt durch die Überraschung für ein Lächeln im Hirn.

Fünf und mehr – Sog oder Erschöpfung

Ab fünf Elementen ändert sich die Wirkung Deiner Aufzählung fundamental. Die kognitive Belastung steigt deutlich an, und die Art der Verbindung entscheidet nun darüber, ob Dein Text einen packenden Sog erzeugt oder die Menschen erschöpft.

Asyndeton: Die atemlose Jagd

Das *Asyndeton* reiht Elemente ohne Bindewörter aneinander. Kein *und*, kein *oder*, kein Atemraum. Der Text rennt, baut Tempo und Dichte auf und vermittelt ein Gefühl der Unaufhaltsamkeit.

- **Beispiel (Handlung)**: »Wir stehen um vier auf. Wir heizen den Ofen. Wir kneten den Teig. Wir warten. Wir backen.« Fünf Sätze und Handlungen ohne Bindewort verleihen dem letzten Wort ein immenses Gewicht.
- **Beispiel (Gefühl)**: »Wecker. Dusche. Kaffee. Stau. Meeting.« Zack, zack, zack hintereinander transportiert diese atemlose Aufzählung das Gefühl von Getriebensein, bevor der Arbeitstag überhaupt richtig angefangen hat. Wenn die Form die inhaltliche Aussage verstärkt, bekommt Dein Text fast schon poetische Eleganz.

Polysyndeton: Der meditative Rhythmus

Im Gegensatz dazu verbindet das *Polysyndeton* jedes Element mit einem Bindewort wie *und*. Dies verlangsamt den Lesefluss massiv und gibt jedem einzelnen Begriff Zeit, im Kopf nachzuwirken.

- **Beispiel (poetisch)**: »Und es regnete auf die Straßen und auf die Dächer und auf die Blätter und auf die Vergangenheit und auf mein Herz.« Das ständige *und* erzeugt eine melancholische Schwere und einen fast meditativen Rhythmus.
- **Beispiel (Branding)**: »Eine Marke entsteht aus Perspektive und aus Haltung und aus Entscheidungen und aus Konsistenz und aus den Momenten, in denen Du es Dir nicht leicht machst.«

Kreative Fülle und Überraschungseffekte

Lange Aufzählungen eignen sich hervorragend, um komplexe Lebensgefühle oder atmosphärische Klangbilder zu zeichnen:

- **Mein Lebensgefühl als Kind**: »Eis am Stiel, Chlorgeruch, heißer Asphalt, frisches Heu, gackernde Hühner, kühles Wasser, unendliche Freiheit.«
- **Die Baustelle vor meinem Fenster**: »Bohren. Hämmern. Sägen. Schreien. Fluchen. Stille.«
- **Mein Schreibprozess**: »Schreiben. Löschen. Fluchen. Kaffee. Tippen. Zweifeln. Starren. Spielen. Lachen. Kaffee.«

Wie setzt Du sie ein?

Frag Dich bei jeder Aufzählung: Wie viele Elemente benötigt dieser spezifische Gedanke wirklich? Die Anzahl bestimmt maßgeblich die psychologische Wirkung auf Deine Zielgruppe:

- **Zwei Elemente**: Wähle diese Anzahl, wenn Du eine direkte Relation oder eine produktive Spannung zwischen Begriffen erzeugen willst.
- **Drei Elemente**: Nutze den Dreiklang für ein Gefühl von Vollständigkeit, zur sicheren Mustererkennung und um Deiner Aussage eine inhärente Gesetzmäßigkeit zu verleihen.
- **Vier Elemente**: Setze den Vierklang ein, um Fülle und Reichtum zu demonstrieren – achte jedoch darauf, dass jedes der vier Elemente für die Botschaft wirklich notwendig ist.
- **Fünf und mehr**: Diese Menge ist ideal, wenn Du ganz bewusst einen Sog erzeugen, herumblödeln oder die Menschen bewusst kurz emotional überwältigen willst.

Achte bei der Anordnung immer auf die Klimax: Das stärkste Element gehört an das Ende der Aufzählung, weil es dort am längsten nachwirkt. Wenn Du Dich entscheidest, dieses Muster zu brechen, tue es bewusst und mit einem Augenzwinkern. Ein gekonnter Stilbruch zeigt Deinem Publikum, dass Du Dein Handwerk beherrschst und die rhetorischen Regeln gezielt für Deine Zwecke biegst.

>> Die Zahl macht das Gefühl. Zwei erzeugt Spannung. Drei erzeugt Vollständigkeit. Vier erzeugt Fülle. Fünf und mehr erzeugt Sog.

4.3.4 Reim, Assonanz und Binnenreim: Wenn's klingt und singt

Wenn Worte sich reimen, beginnen Gedanken zu keimen. Der *Reim* am Wortende ist der charmante Schelm der Rhetorik: Er bindet und findet, er fesselt und rettet – die Botschaft vor dem Vergessen, weil er sie in einen vertrauten Rhythmus legt. Sein Fluss macht den Satz zum Genuss. Doch Vorsicht: Wer zu viel reimt, wirkt schnell, als ob er schleimt. Dann sind wir nicht amüsiert oder inspiriert, sondern frustriert und irritiert.

Leiser und oft wirkungsvoller wirkt die *Assonanz*. Hier wiederholt sich kein ganzer Reim, sondern nur der Vokal tief im Wort, dort am Ort, wo die Melodie sitzt: *Morgen, Sorgen, Korn, Wolken*. Dieser Gleichklang färbt unterschwellig den Satz; die Sprache beginnt zu schwingen, ohne allzu laut zu singen.

Mitten im Satz setzt der *Binnenreim* einen kleinen Akzent: *mit Rat und Tat, in Hülle und Fülle*. Zwei Wörter greifen ineinander, und plötzlich klingt der Gedanke merkfähiger, als wäre er von selbst entstanden.

Das sind drei Klangstufen, drei Intensitäten und drei Wege, wie wir Sprache zum Singen bringen. Diese klangliche Kulisse flüstert unserem Gehirn zu: Das klingt stimmig – also ist es richtig. Denn was so harmonisch klingt, das muss doch einfach wahr sein.

Assonanz – die unterschwellige Melodie

Die Assonanz ist die leiseste der drei Reimformen. Sie wiederholt denselben Vokalklang in aufeinanderfolgenden Wörtern oder verteilt über einen ganzen Satz.

- »Der Wind weht leise durch die Wiesen.« Das helle E zieht sich wie ein unsichtbarer Faden durch den Satz. Wir hören es beim Lesen, ohne es bewusst zu bemerken. Der sanfte Klang unterstreicht die inhaltliche Idee: Er lässt den Satz hell, leicht und still zugleich klingen.
- »Ruhig ruht der See unter den Buchen.« Die Stärke der Assonanz liegt darin, dass sie wirkt, ohne großartig aufzufallen.

An den beiden Beispielen ist Dir gewiss auch aufgefallen, dass unterschiedliche Vokale verschiedene emotionale Qualitäten mitbringen:

- **Helle Vokale** (*I* **und** *E*) klingen leicht, frisch und lebendig. Damit erzeugen sie Energie und Bewegung. Beispiel: »Ein silbernes Blinken zwischen den Fichten.«
- **Dunkle Vokale** (*A*, *O* **und** *U*) klingen eher schwer und warm. Sie erzeugen eine Stimmung von Ruhe, Melancholie und Tiefe. Beispiel: »Ein dumpfes Fluchen unter den Buchen.«

Wenn Du diese Klänge bewusst einsetzt, kannst Du die emotionale Grundstimmung Deines Textes komponieren, noch bevor sich der eigentliche Inhalt ganz erschlossen hat.

Binnenreim – der Reim im Wort versteckt

Der Binnenreim ist eine Stufe lauter als die Assonanz. Während die Assonanz lediglich den Vokal wiederholt, stimmt beim Binnenreim der gesamte Reimkern – also der Vokal und die folgenden Konsonanten – zusammen. Der Gleichklang sitzt dabei mitten im Wort. Er wirkt überraschend, verspielt und fast wie ein Zufall, wodurch er mühelos klingt, obwohl er es faktisch nicht ist.

Beispiele für den Binnenreim:

- »Bitte ein Bit.«
- »In Hülle und Fülle.«
- »Mit Rat und Tat.«

Im Brandwriting eignet sich dieses Stilmittel hervorragend für Claims, Produktnamen und Slogans, die im Gedächtnis haften bleiben sollen. Der Binnenreim ist merkfähiger als fast jedes andere Werkzeug, da das Gehirn Klangmuster automatisch speichert, noch bevor der Verstand mit der Analyse beginnt. Gehe jedoch behutsam mit diesem Mittel um. Zu viele Binnenreime erwecken schnell den Eindruck von Kindersprache und können verspielt bis infantil wirken.

Endreim – das zweischneidige Schwert

Der *Endreim* ist die lauteste, bekannteste und zugleich riskanteste Form der klanglichen Gestaltung. Er wiederholt denselben Klang am Ende aufeinanderfolgender Wörter und brennt sich dadurch unaufhaltsam in das Gedächtnis ein.

- »Haribo macht Kinder froh, und Erwachsene ebenso.«
- »Willst du viel, spül mit Pril.«
- »Im Falle eines Falles klebt UHU wirklich alles.«
- »Drei, zwei, eins – meins.« (eBay)
- »Zu Daim sagt keiner nein.«

Diese Slogans funktionieren seit Jahrzehnten, weil Klang, Rhythmus und Bedeutung hier eine perfekte Einheit bilden. Trotz seiner Stärke kippt der Endreim schneller als jedes andere Stilmittel. Sobald ein Reim erzwungen wirkt, zerstört er die Glaubwürdigkeit des gesamten Textes. Er klingt nach billiger Werbung und nach einem Text, der den Klang wichtiger nimmt als den Gedanken.

Wenn die Botschaft Deines Satzes durch den Reim leidet, verzichte lieber darauf. Klang und Inhalt sollten so selbstverständlich ineinandergreifen, dass wir beim Lesen gar nicht bewusst wahrnehmen, dass ein Reim im Spiel war.

Wie setzt Du sie ein?

Die Wahl des richtigen Klangmittels hängt davon ab, welche Wirkung Du erzielen und wo Du den Text einsetzen willst:

- **Assonanz**: Setze sie da ein, wo Du die emotionale Grundstimmung eines Textes unterschwellig steuern willst. Sie eignet sich besonders gut für lange Fließtexte oder atmosphärische Beschreibungen. Wenn Du die Wahl zwischen verschiedenen Wörtern hast, lohnt es sich manchmal, nach den Vokalen zu entscheiden.
- **Binnenreim**: Er bringt Raffinesse in Deine Claims, Produktnamen und Slogans.
- **Endreim**: Nutze ihn nur dann, wenn Klang und Inhalt so natürlich zusammenpassen, dass sich der Reim wie die einzig mögliche Formulierung anfühlt.

Egal, für welches Mittel Du Dich entscheidest, die wichtigste Regel für alle drei lautet: *Die Melodie dient dem Gedanken – nie umgekehrt.*

» Klang verführt den Verstand. Was harmonisch klingt, wirkt wahr.

4.3.5 Wörter mit Wucht: Power-Wörter und Neologismen

Kokolores, viel Brimborium und jede Menge Firlefanz – langweilige Texte sind voll davon. Schluss mit dem Mumpitz, her mit den leckeren Texten. Wie das geht? Würze sie mit ungewöhnlichen Wörtern. Die kommen mir zum Beispiel beim GehirnGassi, wenn ich auf GedankenSafari gehe – also wenn ich spaziere, schnabuliere und philosophiere. Ja, es braucht etwas Mut, sich vom Stock-im-Po-Marketing zu verabschieden, ohne dabei ins Zombiewriting zu verfallen oder überdreht wie die Uga-Uga-Writer zu wirken. Wir wollen Sprache, die ein *Oh-lah-lah* im Kopf und ein *Katsching* auf dem Konto auslöst. Ob Du es so weit treibst, dass Du zum Abschluss *bis Baldrian*, *Tschövapcici* oder *Bundesgartenciao* schreibst, überlasse ich Dir.

Peppe Deine Sprache mit ein paar würzigen Worten auf. Sie erlauben es Dir, sehr knackig und knusprig zu schreiben. Denn wer die richtigen Wörter wählt, braucht weniger davon. Je seltener, ulkiger und ungewöhnlicher, desto stärker der Effekt. Stibitz Dir gerne hier ein paar vom Buffet. Oder noch besser: Erfinde gleich Deine eigenen Wörter. Sie bleiben in Erinnerung, bringen ein Lächeln ins Hirn und machen Deine Brand unkopierbar.

Onomatopoesie – Wörter, die wie das klingen, was sie bedeuten

Onomatopoesie (Lautmalerei) gilt als das direkteste Stilmittel unserer Sprache. Das Wort erzeugt im Kopf sofort das entsprechende Geräusch und schafft damit ein unmittelbares Erlebnis.

Das Spektrum reicht von Tierlauten und physikalischen Phänomenen bis hin zu körperlichen Geräuschen:

- **Tierlaute & Natur**: kikeriki, miau, wau-wau, muh, quak, summ, brumm
- **Aktion & Aufprall**: klirr, platsch, plumps, zisch, knall, peng, bumm, plopp, klopf klopf, quietsch
- **Technik & Finanzen**: ticktack, klingeling, katsching
- **Körperlich**: schnarch, hust, schmatz, schnief, hatschi

Zusätzlich gibt es Varianten, die einen ganz eigenen, oft spielerischen Charakter entwickelt haben: holterdiepolter, hickhack, ruckzuck, schwuppdiwupp, potzblitz, heidewitzka, zickzack, klimbim oder rambazamba.

Ohne Frage, diese Wörter passen nicht in jeden Kontext und auch nicht zu jeder Marke (obwohl ich den Einsatz in der Tagesschau sehr amüsant fände). Sie wecken Aufmerksamkeit durch ihren ulkigen Sound und ihre untypische Schreibweise – ideal also, wenn Du zeigen statt labern willst, um Deine Botschaft mit Effekten zu untermalen oder eine spezifische Stimmung zu erschaffen. Jedes dieser Wörter wirkt als kleine akustische Stimulation, die das Gehirn für sich gewinnt, bevor der Verstand dazwischenfunken kann.

Seltene Klangjuwelen – Wörter mit besonderem Charme

Ich nenne diese Kategorie auch gerne Oma-Wörter – kleine sprachliche Juwelen, die wir heute kaum noch aktiv hören. Diese Wörter haben eine magische Qualität: Sie klingen nach etwas – nach einer Stimmung, einer Epoche, einem Gefühl –, das sich schwer mit anderen Worten greifen lässt. Für lässige Marken sind sie eine Goldgrube, um der eigenen Sprache Pep, Punch und Persönlichkeit zu verleihen. Denn gerade, weil kaum jemand sonst diese außergewöhnlichen Wörter verwendet, können sie einer Marke eine einzigartige Klangidentität geben, die kein Claim und kein Slogan erreicht (es sei denn, Du baust sie in Deinen Claim ein).

Ein paar besondere Perlen: Firlefanz, Brimborium, Pillepalle, Kokolores, Mumpitz, Humbug, Potpourri, Kaschemme, Trallafitti, Herrjemine, Papperlapapp, Kladderadatsch, Hallodri, Kuddelmuddel oder Hokuspokus.

Sensorische Wörter – aktiviere die Sinne

Sensorische Wörter sind sinnlich und gehen besonders schnell unter die Haut. Es ist fast so, als würden sie den Verstand umgehen und direkt mit unserem Körper sprechen: *Samtig. Rau. Knusprig. Warm. Schwer. Glänzend. Weich. Kühl.*

Wir haben in Kapitel 1 bereits besprochen, dass Sprache echte körperliche Resonanz erzeugen kann. Wir *fühlen* bestimmte Wörter, was sensorische Sprache so wirkungsvoll macht: Sie weckt Erinnerungen, erzeugt Nähe und erweckt Texte fast mühelos zum Leben.

Im Brandwriting sind sensorische Wörter besonders wertvoll für Produkte und Momente, die sich sonst nur schwer in rationalen Begriffen fassen lassen. Du machst den Text zu einem Erlebnis und lässt Menschen Dein Angebot fühlen, bevor sie es selbst erlebt haben.

Anwendungsbeispiele

- »Die raue Textur des Leders fühlt sich schwer und dicht an, wie ein Stück Geschichte in Deiner Hand.«
- »Ein Hauch von dunkler Schokolade und gerösteten Haselnüssen steigt Dir in die Nase, während der cremige, heiße Schaum Deine Lippen berührt.«
- »Rau und knusprig bricht die Kruste auf und enthüllt das weiche, warme Innere des Brots.«
- »Kein Dröhnen, kein Scheppern – nur das sanfte Schnurren des Motors und das leise Flüstern des Windes an der Karosserie.«
- »Das tiefschwarze Ziffernblatt fängt das Licht ein und bricht es in funkelnden, messerscharfen Reflexen auf den polierten Kanten.«

Neologismen – Wörter, die es geben sollte

Neologismen sind kraftvolle Wortneuschöpfungen, die Du entwickeln kannst, wenn bestehende Begriffe nicht ausreichen, um auszudrücken, was Du meinst und wie Du es meinst. Ein treffendes Wort kann dabei oft ganze Sätze ersetzen. Wenn ich von *Uga-Uga-Writern* oder *Uga-Uga-Verkäufern* spreche, weißt Du intuitiv, was gemeint ist: Diese Leute, die mit viel Lautstärke, Blenderei und Brustgetrommel über dürftige Expertise oder mangelnde Qualität hinwegtäuschen wollen. Warum 17 Wörter einsetzen, wenn eins den Zweck erfüllt und das Thema noch besser trifft?

Die deutsche Sprache ist durch ihre Komposita-Logik (Zusammensetzungen wie *Weltschmerz, Torschlusspanik* oder *verschlimmbessern*) geradezu prädestiniert für solche Schöpfungen. All das sind Neologismen, die irgendwann jemand erfunden hat – und die heute so selbstverständlich klingen, als hätte es sie immer gegeben.

Im Brandwriting sichern Neologismen die Exklusivität Deiner Sprache; einen einmal etablierten Begriff kann niemand kopieren (ohne sich zu blamieren). Bekannte Marken machen es vor:

- *Frappuccino*. Eine Starbucks-Eigenkreation aus *Frappé* und *Cappuccino*.
- *Neuphorie.* Ein Begriff aus der Apple-Werbung für die Freude am Neuen.
- *Aprilfrische.* Die Duftsignatur der Marke Lenor.
- *Unkaputtbar.* Ein von Coca-Cola geprägter Begriff für die PET-Mehrwegflasche.
- *Googeln.* Ein Beispiel dafür, wie eine Marke sich zum Synonym für eine ganze Kategorie entwickeln kann.

Ob moderne Begriffe wie *Edutainment*, *Workation* und *Doomscrolling* oder Alltagsphänomene wie *Smombie* und *Chillmodus* – Neologismen wecken sofort Aufmerksamkeit. Während früher Autoren wie Goethe (*Weltschmerz*) Wortschöpfer waren, fliegen heute jedem, der regelmäßig schreibt, originelle Eigenkreationen zu.

Auf Begriffe wie *Zombiewriting*, *Stock-im-Po-Marketing*, den *LarifariFaktor,* die *Buchstabenerotik* oder die *Deep-Performance* (als Alternative zur High-Performance) bin ich beim täglichen Schreiben meiner Social-Media-Kommunikation »gestolpert«. Hier ein paar Tipps für die eigene Wortwerkstatt:

- **Nicht erzwingen**: Vermeide es, Wörter krampfhaft zu produzieren, da sie sonst oft nicht zur Marke passen oder konstruiert wirken.
- **Aus dem Marken-Spirit schreiben**: Die besten Begriffe entstehen heiter und gelassen direkt aus der Haltung Deiner Marke heraus.
- **Verbiete Dir nichts**: Es geht eher darum, spielerisch zu schreiben und in den Zustand zu kommen, solche Begriffe überhaupt zuzulassen und ihr Potenzial zu erkennen. Erlaube Dir, vom etablierten Wortschatz abweichen zu dürfen und Dein eigenes Ding zu machen.
- **Der ultimative Test**: Ein Neologismus funktioniert optimal, wenn jeder sofort versteht, was gemeint ist, ohne dass er eine Erklärung braucht.
- **Weniger ist mehr**: Geh die Sache entspannt an. Du brauchst nicht jede Woche zwanzig neue Wörter. Schon drei bis fünf markentypische Ausdrücke, die Du regelmäßig einsetzt, bereichern Dein Branding enorm.

» Ein einziges außergewöhnliches Wort kann mehr leisten als ein ganzer Absatz gewöhnlicher.

4.3.6 Metapher, Vergleich und Analogie: Wenn Sprache Bilder malt

Sprache ist Licht. Sprache ist wie ein Scheinwerfer. Sprache funktioniert wie ein Prisma – sie fängt den farblosen Strahl eines abstrakten Gedankens ein und bricht ihn in das gesamte Spektrum der Erfahrung auf, damit wir jede Nuance einzeln betrachten können.

Das sind die drei Geschwister unter den Bildstilmitteln: *Metapher*, *Vergleich* und *Analogie*. Alle drei übersetzen Abstraktes ins Konkrete. Alle drei machen unsichtbare Gedanken sichtbar. Doch jede auf ihre eigene, charakteristische Weise.

1. Die **Metapher** (zum Beispiel »Sprache ist Licht«) malt ein wuchtiges und selbstbewusstes Bild. Ohne das einschränkende Wörtchen *wie* verschmelzen Gedanke und Bild zu einer untrennbaren Einheit. Die Metapher macht eine kraftvolle Behauptung, die sofort ein starkes Bild im Kopf entwirft.
2. Der **Vergleich** (zum Beispiel »Sprache ist wie ein Scheinwerfer«) fungiert eher als Vorschlag und lässt Interpretationsspielraum. Das *wie* schafft Distanz und lässt allen, die lesen, den Raum, die Ähnlichkeit kritisch zu prüfen, anstatt nur passiv anzunehmen.
3. Die **Analogie** (zum Beispiel Prisma) ist das logische Kraftpaket. Sie vergleicht nicht mehr nur Dinge, sondern ganze Abläufe. Damit liefert sie die »Bedienungsanleitung« für den Gedanken gleich mit und macht die unsichtbare Mechanik des Verstehens greifbar.

Warum wirken sie?

Unser Gehirn denkt in lebendigen Bildern – nicht in Abstraktionen. Wie wir in Verbindung mit dem Nominalstil schon besprochen haben, schaut unser Gehirn beim nackten Wort *Effizienz* eher gelangweilt auf die Uhr. Doch wenn wir lesen, dass ein Prozess *wie das satte Einrasten einer Tresortür* funktioniert, kribbelt es im Oberstübchen. Wir hören das befriedigende Geräusch zwischen unseren beiden Ohren, spüren das massive Gewicht des Stahls und fühlen die damit verbundene Sicherheit, noch bevor der Verstand das abstrakte Konzept der *Qualität* überhaupt übersetzt hat.

Das ist die reinste Form von *Show, don't tell*: Während bloße Erklärungen Hirne müde machen, wecken lebendige Bilder es auf. Bildhafte Sprache flutet mehr neuronale Pfade gleichzeitig und gräbt sich dadurch tiefer in unser Bewusstsein ein. Ein gutes Bild ist ein Gedächtnisanker – es verknotet eine Idee mit einer körperlichen Empfindung.

Die fünf Vorteile starker Bilder im Text

1. **Sie reduzieren Komplexität**: Bilder machen Abstraktes greifbar und Komplexes einfach. Das wiederum erhöht die Verarbeitungsflüssigkeit. Das Gehirn begreift in Sekundenbruchteilen, wofür nackte Erklärungen Absätze bräuchten.
2. **Sie aktivieren ganzheitlich**: Sie sorgen für sinnliches Kopfkino. Wir sehen, fühlen, hören, schmecken und riechen. Je mehr Sinne involviert sind, desto stärker ist auch Effekt Nr. 3.

3. **Sie verankern Botschaften**: Während nackte Fakten schnell versickern, verknüpfen Bilder Ideen mit Emotionen. Diese Verbindung verankert sich leichter und stabiler im Langzeitgedächtnis.
4. **Sie vermitteln Persönlichkeit**: Die Wahl Deiner Bilder prägt Deine Botschaften und damit Deinen Stil. Wenn Du auf abgedroschene Phrasen verzichtest und eigene Metaphern entwickelst, hebst Du Dich sofort vom Einheitsbrei ab.
5. **Sie umgehen den inneren Kritiker**: Bilder besitzen eine überlegene Überzeugungskraft, da sie beweisen, statt nur zu behaupten. Sie umgehen den logischen »Türsteher« im Gehirn allein durch ihre Anwesenheit. Gegen eine nackte Behauptung wehrt sich der Verstand sofort, doch ein starkes Bild haben wir im Moment des Lesens längst gefühlt und verarbeitet.

Die Bilder Deiner Sprache sind ein Bekenntnis

Bilder und Vergleiche sind weit mehr als bloße Dekoration; sie haben immer auch eine Haltungsdimension. Sie sind ein Bekenntnis. Sie verraten nicht nur, *was* jemand denkt, sondern vor allem, *wie* jemand denkt. Daher ist es entscheidend, sich nicht mit dem erstbesten Bild zufriedenzugeben, sondern eines zu wählen, das zur eigenen Marke passt.

Unterschiedliche Metapher-Welten und ihre Wirkung

- **Marketing als kriegerischer Akt**: Wer Marketing als *Feldzug* beschreibt, bei dem es darum geht, Wettbewerber zu *besiegen* und Marktanteile zu *erobern*, macht Sprache zur *Waffe* und das logische Ziel ist die *Kapitulation* des Gegenübers in Form eines Kaufs.
- **Verkauf als Jagd**: Wer Verkauf als *Jagd* betrachtet, Leads *generiert* und *einfängt*, sieht im Gegenüber weniger eine echte Person, sondern eine *Beute*. Diese Texte sprechen von *Triggern*, die man drücken muss – ein Bild, das direkt vom Abzug einer Waffe stammt. Der Verkauf ist hier mehr psychologische *Überwältigung* als Begegnung und Austausch.
- **Branding als Leuchtfeuer**: Diese Metapher erzeugt ein völlig anderes, wärmeres Bild. Es geht nicht mehr darum, zu *leuchten* und zu *strahlen*. Ziel ist es, die eigene Identität so *klar* und *hell* zu formulieren, dass Menschen sich angezogen fühlen und sich freiwillig als *Weggefährten* dazugesellen.

Vermeide Stock-Fotos und Vermischungen

Um die volle Wirkung der bildhaften Sprache zu entfalten, solltest Du um zwei Fehlerquellen einen Bogen machen: abgenutzte Phrasen und unlogische Bildkombinationen.

Die Stock-Fotografie der Sprache

Viele Bilder sind so stark abgenutzt, dass sie im Gehirn keine visuelle Reaktion mehr auslösen. Sie erzeugen kein Bild mehr, weil das Gehirn sie längst automatisch verarbeitet, ohne innezuhalten. Beispiele für solche sprachlichen Stock-Bilder sind:

- »Die Spitze des Eisbergs« oder »der maßgeschneiderte Anzug«.
- »Etwas auf Herz und Nieren prüfen« (siehst Du hier noch Organe?) oder »das Licht am Ende des Tunnels sehen«.
- »Den Ball ins Rollen bringen«, »Brücken bauen«, »Grundsteine legen« oder »out of the box denken«.

Diese Bilder sorgen für Augenrollen und Langeweile im Hirn der Zielgruppe. Sie mögen zwar noch als Bilder durchgehen, jedoch eher als solche, die so lange in der Sonne gelegen haben, dass darauf nichts mehr erkennbar ist.

Metaphern-Salat vermeiden

Neben diesem pseudovisuellen Einheitsbrei gibt es noch einen weiteren unappetitlichen Weg, die Gehirne Deiner Zielgruppe zu ärgern: mit Metaphern-Salat. Der schmeckt zum Beispiel so: »Wir müssen jetzt Gas geben, damit das Projekt wieder in ruhiges Fahrwasser kommt und wir endlich den Sack zumachen können.« Erst sitzen wir im Auto, dann im Boot und schließlich in der Lagerhalle. Das wäre selbst für den wildesten Actionfilm ein zu schneller Szenenwechsel.

Die Herausforderung besteht darin, originelle Bilder dosiert und konsequent einzusetzen. In der Praxis erlebe ich es immer wieder, dass die Kreativität mit den Menschen durchgeht und sich ein originelles Bild an das andere schmiegt. Das fühlt sich vielleicht beim Schreiben brillant an, doch beim Lesen ist es eine Qual. Bleib innerhalb einer gewählten Bildwelt. Ein starkes, konsequent durchgezogenes Bild ist wirkungsvoller als mehrere konkurrierende Varianten. Originelle Bilder sind wie starke Gewürze in einem Menü: Eine Prise Safran verleiht dem Gericht eine exzellente Note. Doch wer aus lauter Begeisterung für jede Zutat ein neues, exotisches Aroma wählt, serviert am Ende eine geschmackliche Kakophonie, bei der sich die Aromen gegenseitig übertönen, bis der Gaumen kapituliert.

Die Metapher – das direkte Bild

Die besondere Stärke der Metapher liegt in ihrer Unmittelbarkeit. Sie zwingt das Gehirn dazu, ohne Verzögerung ein inneres Bild zu erzeugen, und setzt zwei Dinge gleich, ohne Umweg über ein *wie* oder eine Erklärung. Durch die Gleichsetzung übertragen sich automatisch alle Eigenschaften des einen Begriffs auf den anderen.

- Wenn ich einen Sauerteig als »lebendiges Wesen« bezeichne, schwingen automatisch Aspekte wie Fürsorge, Wachstum und Unvorhersehbarkeit mit, ohne dass ich diese Begriffe explizit nennen müsste.
- Wenn ich Copywriting eine »Fernsteuerung für fremde Synapsen« nenne, bekommt das Verkaufstexten sofort einen hochmanipulativen und mächtigen Charakter. Wenn ich hingegen sage, dass gute Texte »Türen« und schlechte Texte »Wände« sind, entspannt sich die Stimmung wieder.

- Und wenn ich einem technischen Objekt eine Seele einhauchen will, könnte ich sagen: »Unser Ofen ist das Herz der Bäckerei – und es schlägt seit drei Generationen.«

Spürst Du die immense Überzeugungskraft, die von gut gewählten Metaphern ausgeht? Sie flitzen so flink an unserem kritischen Verstand vorbei, dass der schon mal dazu tendiert, Annahmen oder Bewertungen zu kaufen, die uns vielleicht gar nicht recht sind. Nutzen wir sie hingegen aus voller Überzeugung, spiegelt sich in unseren Metaphern unsere Haltung.

Der Vergleich – das offene Bild

Der Vergleich ähnelt in seiner Funktion der Metapher, unterscheidet sich jedoch durch den expliziten Einsatz von Bindewörtern wie *wie* oder *als*. »Unser Sauerteig ist wie ein lebendiges Wesen.« Dieser eine kleine Zusatz verändert die Wirkung fundamental.

Während die Metapher behauptet, macht der Vergleich nur einen Vorschlag. Er lässt mehr Interpretationsspielraum – so, als würde er sagen: Ich zeige Dir ein Bild, doch Du entscheidest, ob oder wie weit Du mitgehst. Das macht den Vergleich weicher, zugänglicher und manchmal bescheidener. Und das kann ein Vorteil sein, wenn eine Aussage zum Beispiel so stark ist, dass die direkte Gleichsetzung übertrieben wirken würde oder Skepsis wecken könnte. »Diese App ist Dein digitales Gehirn« wirkt übergriffig und weniger überzeugend als der Vorschlag: »Diese App ist wie Dein digitales Gehirn.«

Der Vergleich eignet sich außerdem besonders gut für sensorische oder humorvolle Beschreibungen. Auch damit kannst Du Persönlichkeit zeigen:

- »Meine akademische Schreibe kommt so gut an wie ein Furz im Fahrstuhl.«
- »Deine Idee zündet wie ein nasses Streichholz.«
- »Multitasking funktioniert so gut wie Suppe essen mit der Gabel.«
- »Eine Marke ohne klare Zielgruppe ist wie ein Radiosender ohne Frequenz.«
- »Das Siezen hält uns in der Kommunikation auf Abstand wie ein überdimensioniertes Igel-Kostüm.«

Die Analogie – das entfaltete Bild

Die Analogie ist die ausgefeilteste der drei Formen. Sie zeigt nicht nur, dass zwei Dinge ähnlich sind, sondern auch, warum – und welche Schlussfolgerungen sich daraus ziehen lassen.

Branding ist wie das Dirigieren eines Orchesters. Ein einziges verstimmtes Element – ein falsches Wort, ein falscher Ton – reicht, um das Gesamtbild zu stören. Doch wenn alles aufeinander abgestimmt ist, entsteht eine Melodie, die größer ist als die Summe ihrer Teile.

Die Analogie braucht mehr Raum als die Metapher oder der Vergleich, doch dafür wirkt sie wesentlich überzeugender. Sie führt uns beim Lesen Schritt für Schritt durch eine Logik, die am Ende so selbstverständlich wirkt, dass wir denken: Natürlich! Wie könnte es auch anders sein?

- »Werbetexte sollten lecker sein. Unwiderstehlich wie eine Tüte Chips, ein Eisbecher von Ben & Jerry's oder eine Schale belgische Fritten. Wir fangen einmal an zu naschen, und ehe wir's uns versehen, haben wir den ganzen Text verputzt – und gekauft.«
- »Aufschieben ist wie eine Kreditkarte fürs Gewissen. Heute fühlt es sich gratis an. Die Rechnung kommt trotzdem – nur später und teurer.«
- »Multitasking ist wie ein Browser mit vierzig offenen Tabs. Nichts stürzt sofort ab. Aber alles wird langsamer, der Lüfter dreht auf, und am Ende weißt Du nicht mehr, in welchem Tab eigentlich die Musik läuft.«
- »Sorgen sind wie ein Schaukelstuhl. Sie geben Dir etwas zu tun und das Gefühl, in Bewegung zu sein – nur kommst Du nirgendwo an.«
- »Perfektionismus ist wie ein Bremspedal, das man für ein Gaspedal hält. Je fester Du trittst, desto sicherer fühlst Du Dich – und desto weniger bewegst Du Dich vom Fleck.«

Gleichzeitig bergen Analogien eine große Gefahr: Eine Analogie, die nicht vollständig aufgeht – bei der zum Beispiel die Logik irgendwo bricht –, zerstört die Überzeugungskraft des gesamten Gedankens. Durchdenke Analogien daher gründlich und sorgfältig, bevor Du sie einsetzt. Eine Analogie mit hinkender Logik schadet Deinen Texten mehr, als ganz auf das Bild zu verzichten.

Exkurs: Die Allegorie – das durchgehende Bild

Dieses Kapitel wäre nicht vollständig, ohne dieses vierte Stilmittel zu erwähnen: die Allegorie. Während Metaphern, Vergleiche und Analogien punktuelle Akzente setzen, ist die *Allegorie* ein ganzer Film. Sie breitet einen Grundgedanken über eine komplette Geschichte, einen Text oder eine gesamte Kampagne aus. Dabei funktioniert sie immer auf zwei Ebenen: Auf der einen erzählt sie eine konkrete Geschichte oder beschreibt eine Szene, und auf der anderen Ebene vermittelt sie die eigentliche, oft abstrakte Botschaft.

Mitten in der Betonwüste einer sterilen Metropole, zwischen Glasfassaden, die das Licht nur kalt reflektieren, liegt ein kleiner, wilder Garten. Er kennt keine Eile. Er kennt keine Zahlen. Er zwingt nichts mit Chemie aus dem Boden, und er breitet sich nicht aus, indem er den Asphalt um sich herum verdrängt. Während die Türme ringsum nur den Weg nach oben kennen und mit jedem Stockwerk wackliger werden, kümmert er sich um das, was niemand sieht: Er schlägt Wurzeln. Er vertraut auf Erde, Wasser, Sonne und Zeit. Er ist der einzige Ort im Viertel, der keinen Lärm macht. Und der einzige, an dem die Menschen stehenbleiben, um tief durchzuatmen.

Was sich oberflächlich liest wie eine nette Geschichte über Botanik, entpuppt sich auf tieferer Ebene wie eine Geschichte über authentische und substanzvolle Markenführung. Statt mit dem Höher-Schneller-Weiter des Marktes zu konkurrieren, setzen wir auf tiefe Wurzeln und natürliches Wachstum. Die Betonwüste steht für einen Markt, der nur auf Effizienz und Nachahmung setzt. Der Garten ist das Unternehmen, das sich weigert, seine Identität für kurzfristige Klicks zu opfern. Die Allegorie macht den abstrakten Wert der »Authentizität« physisch spürbar: Wer nur in die Höhe baut (Umsatz), ohne Wurzeln zu schlagen (Branding), stürzt beim ersten Beben ein. Der Garten hingegen überdauert.

Die Allegorie ist die anspruchsvollste aller vier Formen, weil sie auf beiden Ebenen funktionieren muss. Wenn wir sie zu offensichtlich machen, zerstören wir die Wirkung. Wenn wir sie zu subtil gestalten, kann uns vielleicht niemand mehr folgen. Die Kunst liegt darin, eine Geschichte zu erzählen, die vollständig für sich steht – und die gleichzeitig mehr meint, als sie sagt.

In der Kommunikation in Branding, Marketing und Verkauf begegnen uns starke Allegorien heute eher selten. Ihr Anspruch macht klar, warum das so ist. Die Allegorie eignet sich besonders für Kampagnen, Leitbilder und Markenstorys, die eine Philosophie ohne verkopfte Erklärung erlebbar machen wollen.

Wie setzt Du sie ein?

Die Wahl des Stilmittels hängt maßgeblich von Deiner Absicht ab: Nutze die **Metapher**, wenn Du direkt und unverhandelbar argumentieren willst. Setze auf den **Vergleich**, wenn Du den Lesenden Raum für eigene Interpretationen lassen möchtest. Die **Analogie** dient dazu, eine logische Kette konsequent aufzubauen, während die **Allegorie** eine ganze Philosophie über eine Geschichte erlebbar macht, die mehr transportiert, als ihre Oberfläche zunächst vermuten lässt.

Gib Dich dabei nicht mit der ersten Idee zufrieden. Die erste Eingebung ist oft das naheliegendste Klischee. Nutzt Du sie jedoch als Sprungbrett für weitere Entwürfe, landest Du schließlich bei Bildern, die Hirne wirklich zu Höhenflügen inspirieren.

Und damit wir bei all dem Spaß nicht die Bodenhaftung verlieren: Bilder sind nicht immer überlegen. In Kontexten, in denen Präzision wichtiger ist als Resonanz – etwa in juristischen Texten oder technischen Spezifikationen –, können Bilder eher stören, da sie unerwünschten Interpretationsspielraum öffnen. »Ein Rückgaberecht, so grenzenlos und flexibel wie der Horizont« ist auf der Landingpage ein Traum für die Conversion-Rate. In den AGB ist es ein juristischer Albtraum.

Und wie jedes andere Stilmittel sind auch Bilder Spezialeffekte. Eine Überladung erschöpft die Wirkung. Wahre rhetorische Kraft entsteht durch Kontraste – ein einzelnes, starkes Bild innerhalb eines nüchternen Absatzes leuchtet hell, während eine zu dichte Abfolge von Bildern eher blendet und nervt.

>> Ein Bild sagt mehr als tausend Worte? Dann mal doch einfach Bilder mit Deinen Worten.

4.3.7 Die Personifikation: Dinge zum Leben erwecken

Der Cursor blinkt mich höhnisch an. Das weiße Blatt stichelt: »Wann geht's hier endlich los? Kommt da noch was?!« Und die Tastatur zwinkert mir zu: »Na los, Bürschchen! Leg Deine Hände auf, befummele mich und bring mich zum Klimpern!« In der Schreibtischschublade vibriert mein iPhone wie ein Baby, das nach seinem Fläschchen verlangt. Mein Podcast-Mikro sitzt daneben, rollt mit den Augen und empfiehlt: »Lass doch lieber sprechen, statt schreiben ...«

Und da soll noch einer sagen, der Schreiballtag sei langweilig. Um mich herum ist eigentlich alles still. Da sind nur Dinge aus Plastik, Glas, Aluminium und Silizium. Und trotzdem wirkt alles lebendig, bewegt und voller Emotionen. Die *Personifikation* – auch als *Anthropomorphismus* oder *Vermenschlichung* bekannt – ist die Kunst, leblosen Gegenständen, abstrakten Begriffen oder Konzepten menschliche Eigenschaften, Gefühle und Handlungen zuzuschreiben. Sie ist eines der spaßigsten und zugleich effektivsten Werkzeuge, um selbst dröge Themen spannend zu präsentieren und Texten eine echte Persönlichkeit zu geben.

Die Magie dieses Stilmittels liegt darin, dass es das Unpersönliche persönlich macht. Wo vorher nur nackte Information war, sorgt die Personifikation sofort für Kopfkino und emotionale Aktivierung.

Warum wirkt sie?

Als soziale Wesen liegt es in unserer menschlichen Natur, überall Absichten, Charaktere und Beziehungen zu suchen – selbst da, wo eigentlich keine sind. Die Wissenschaft bezeichnet das als *Hyperactive Agency Detection (HADD)*: die Tendenz des Gehirns, selbst in zufälligen Ereignissen eine handelnde Instanz mit Emotionen zu erkennen. Unser Gehirn arbeitet hierbei wie ein interner Sicherheitsbeauftragter mit einer einfachen Regel: »Lieber einmal zu viel ein Gespenst vermuten, als einmal zu wenig einen Tiger übersehen.«

Wenn der Drucker mal nicht läuft, unterstellen wir dem Gerät eine Absicht (oder sogar Boshaftigkeit). Wir erkennen Gesichter in Wolkenformationen oder verbrannten Toastscheiben. Manche Menschen geben ihrem Auto oder ihrer Waschmaschine einen Namen. Und hast Du nicht auch schon mitgelitten, wenn sich der Saugroboter zwischen den Stuhlbeinen verheddert und nicht mehr rauskommt? Unser Gehirn hasst Sinnlosigkeit und Zufall. Es liebt Geschichten – und findet überall welche, ob sie nun echt sind oder nicht.

Die Personifikation greift diesen Mechanismus auf. Sie verleiht Dingen und abstrakten Werten Charakter – und aktiviert damit die neuronalen Pfade, die wir sonst für soziale Beziehungen nutzen. Dadurch entstehen zahlreiche Vorteile:

- **Vertrauensaufbau**: Wir vertrauen Charakteren anders als reinen Dingen. Wir empfehlen sie eher weiter und vermissen sie, wenn sie weg sind.
- **Fehlertoleranz**: Bei Produkten reagieren wir auf Mängel oft hart. Bei vermenschlichten Akteuren sind wir milder. Wir verzeihen ihnen, wie wir Menschen verzeihen.

- **Kreativitätsschub**: Sie zwingt zum Perspektivwechsel. Fragen wie *Was würde dieses Ding sagen, wenn es sprechen könnte? Was würde es wollen? Was würde es ablehnen?* öffnen Türen für Ideen, die rein rationalem Denken verschlossen bleiben.
- **Gegenmittel zum Passiv**: Deutsche Texte leiden oft unter trockenem, distanziertem Passiv. »Die E-Mail wurde als Spam markiert.« »Das Paket ist versendet worden.« »Die Seite konnte nicht geladen werden.« Die Personifikation erweckt diese seelenlosen Sätze zum Leben und macht sie sympathisch: »Die E-Mail hat sich vielleicht vor lauter Aufregung im Spam-Ordner versteckt.« »Das Paket ist voller Vorfreude auf dem Weg zu Dir.« »Unsere Website frischt gerade ihr Make-up auf und ist gleich wieder für Dich da.«

Wie setzt Du sie ein?

Die Personifikation ist das ideale Werkzeug, wann immer ein Text zu schwächeln beginnt. Anstatt Fakten trocken aufzulisten, kannst Du Dich fragen: Was würden die Dinge denken, fühlen oder sagen, wenn sie Personen wären? Manchmal reicht dafür schon ein einziges starkes Verb: Das Buch *fesselt* mich. Der Text *druckst* herum, *atmet* oder *stottert*. Kreativ eingesetzt kann dieser kleine Trick ganze Markenwelten erschaffen:

- »Das Auto muss nicht zum Service-Termin – es geht in Kur! Detox, Massage und große Wäsche. Morgen kommt es frisch, ausgeruht und in Topform zu Dir zurück.«
- »Die Artikel im Supermarktregal, deren Mindesthaltbarkeitsdatum bald abläuft, rufen: ›Rette mich!‹«
- »Der Artikel, den Du im Onlineshop in den Warenkorb gelegt hast, wartet immer noch – es ist dunkel, er ist einsam und er friert. Willst Du ihn nicht endlich zum Check-out begleiten?«

Plötzlich verwandeln sich Dinge in Charaktere, und der Text fühlt sich menschlich an.

» Nichts ist wirklich langweilig. Es hat nur noch keine Stimme.

4.3.8 Sensorische Sprache und Synästhesie: fühlbare Texte

Stell Dir vor, Du nimmst eine frische, reife Zitrone in die Hand. Du drückst sie leicht und sie fühlt sich genau richtig an. Jetzt schneidest Du sie mit einem Messer an und ziehst die Schale ab, ohne dass weißer Pelz hängen bleibt. Dann trennst Du die einzelnen Spalten voneinander ab und schiebst Dir eine zwischen die Lippen. Du spürst das feste Stück Frucht auf Deiner Zunge – und dann … beißt Du rein, und der Saft schießt Dir in den ganzen Mund.

Na, wie fühlt sich das an? Die meisten Menschen überkommt an dieser Stelle ein leichter Schauer, der Speichel fließt stärker und sie schmecken die Säure auf der Zunge. Genau das ist sensorische Sprache: die Kunst, Texte so zu schreiben, dass der Körper sie mitliest. Sie umgeht den Verstand und löst direkte körperliche Reaktionen aus. Wörter, die Gerüche, Geräusche, Texturen oder Geschmäcker heraufbeschwören, verankern Deine Botschaft im Nervensystem Deiner Zielgruppe.

Warum wirkt sie?

Unser Gehirn ist ein ziemlich leichtgläubiges Organ. Es verarbeitet Sprache nicht abstrakt. Wenn wir ein Wort wie *warm* lesen, feuern dieselben neuronalen Pfade, wie wenn wir tatsächlich Wärme empfinden. Das Wort *knusprig* lässt uns das Geräusch innerlich hören, während *samtig* unmittelbar das Tastzentrum anspricht.

Die Kognitionswissenschaft nennt dieses Phänomen *Embodied Cognition* – das verkörperte Denken. Das Gehirn hat weder Augen noch eine Zunge oder Ohren. Es bekommt seine Eindrücke gewissermaßen aus zweiter Hand und kann nicht zuverlässig unterscheiden, ob die Reize wirklich von außen kommen oder wir uns nur eine ziemlich überzeugende Show daraus zaubern. Eine sinnliche Beschreibung schaltet eine gespeicherte Erinnerung an, und wir erleben sie im Moment des Lesens noch einmal mit. Ich hätte zum Einstieg übrigens auch das Beispiel wählen können, wie Fingernägel langsam und quietschend über die Tafel in Deinem alten Klassenzimmer kratzen. Na, angenehm?

Sensorische Wörter aktivieren mehr Gehirnareale gleichzeitig als abstrakte. Und wenn wir mehrere Sinne gleichzeitig aktivieren, entsteht eine tiefere, reichhaltigere Erfahrung als bei einem allein. Der Text liest sich intensiver und er bleibt auch hartnäckiger im Kopf hängen. Wenn Du das beim Schreiben bewusst einsetzt, erzeugst Du Texte, die die Menschen unwillkürlich mitfühlen.

Dabei entfaltet sich die volle Kraft auf zwei Ebenen der sensorischen Sprache, die sich gegenseitig verstärken.

Ebene 1: Sensorische Wörter – direkte Stimulation

Die einfachste und wirkungsvollste Form ist der direkte sensorische Treffer. Ein einziges Wort, das einen Sinn so präzise anspricht, dass das Gehirn sofort eine körperliche Reaktion simuliert.

- **Visuell**: Bilder, die Du im Kopf siehst, sobald Du sie liest – *glänzend, schummrig, leuchtend, rostig*.
- **Akustisch**: Wörter, die Du im inneren Ohr hörst – *knistern, brummen, krachen* oder *flüstern*
- **Taktil**: Berührungsempfindungen, die Du fast unter den Fingern spürst wie *rau, samtig, schwer* oder *klebrig*
- **Olfaktorisch**: Gerüche, bei denen Du reflexhaft die Nase rümpfst – *würzig, frisch, harzig* oder *modrig*
- **Gustatorisch**: Geschmäcker, die beim Lesen schon den Speichelfluss erhöhen wie bei *bitter, cremig, süßlich* oder *salzig*

Je konkreter und unerwarteter das sensorische Wort, desto stärker die Wirkung. *Weich* ist gut. *Butterweich* ist besser. Und eine ganze Szene wirft den Kopfkinoprojektor an: »so gemütlich wie die Wärme eines knisternden Kamins nach einem Wintertag im Schnee.«

Ebene 2: Synästhesie – Sinne, die sich vermischen

Synästhesie geht einen Schritt weiter. Sie überträgt einen Sinneseindruck auf einen anderen. *Ein silberner Sound. Ein rotes Gefühl. Eine helle Stimme. Eine spritzige Idee*. Logisch betrachtet ergibt das alles keinen Sinn – und genau deshalb funktioniert es so gut.

Unser Gehirn trennt die Sinne nicht säuberlich in fünf Fächer. Es vernetzt sie, vermischt sie, lässt sie ineinanderfließen. Jeder versteht, was mit einer *warmen Stimme* gemeint ist, obwohl die Stimme keine Temperatur hat. Eine Person kann *Ecken und Kanten* haben, ohne aus Metall zu sein. Ein Text kann *müffeln und fahl schmecken*, ohne jemals den Mund zu erreichen.

Synästhesie nutzt diese Vernetzung. Sie aktiviert zwei Sinne gleichzeitig und produziert damit doppelte Resonanz für den Preis einer Formulierung. Coca-Colas *Taste the Feeling* verknüpft Geschmack mit Gefühl – eine Formel, die jeder versteht, ohne dass sie eine Erklärung braucht.

Ein paar weitere Beispiele:

- Der Gedanke schmeckte *bittergrün*, wie eine *unreife Erkenntnis*.
- Die Website sieht viel zu *laut* aus.
- Das Gefühl beim Schreiben *färbt* auf den Text *ab*.
- Die Botschaft kommt nicht *sauber* an.
- Die Headline fühlt sich zu *weich* an.

Es gibt allerdings einen Haken: Manche Synästhesien sind so abgegriffen, dass wir sie kaum noch wahrnehmen: *warme Stimme*, *scharfer Kommentar*, *helles Lachen*. Die Kunst liegt im Unverbrauchten. Wo eine Synästhesie unerwartet auftaucht, stutzen wir für einen Moment: *Das ist anders. So habe ich das noch nicht gelesen.* Und genau dieses kleine Stutzen bleibt besonders stark in Erinnerung.

Wie setzt Du sie ein?

Geh bei jedem abstrakten Begriff oder jeder Produkteigenschaft in zwei Schritten vor.

1. **Den primären Sinn identifizieren.** Hinterfrage zunächst, welcher Sinn im Kern angesprochen wird. Qualität ist oft *taktil* (sie fühlt sich nach etwas an), Frische ist *olfaktorisch* (sie riecht nach etwas) und Präzision ist *akustisch* (sie klingt nach etwas). Suche gezielt nach dem sensorischen Wort, das diesen Kern trifft.

2. **Die Sinnesübertragung (Synästhesie) nutzen.** Frage Dich im zweiten Schritt, ob es eine Übertragung in einen anderen Sinn gibt, die noch präziser oder origineller wirkt. Wenn Qualität sich nach etwas anfühlt – wie könnte sie klingen? Wenn Frische riecht – wie sieht sie aus? Dieser Weg führt oft zu den überraschendsten und unvergesslichsten Formulierungen.

Sensorische Sprache ist ein mächtiges Werkzeug, kann jedoch bei falscher Anwendung überladen wirken. Wenn jeder einzelne Satz einen neuen Sinn anspricht, erschöpft sich die Wirkung schnell. Setze diese Reize daher punktuell und gezielt ein.

» **Wer nur den Kopf anspricht, erreicht einen Teil des Menschen. Wer den Körper anspricht, erreicht den ganzen.**

4.4 Gedankenfiguren

Es gibt Sätze, bei denen Du beim Lesen kurz stockst. Da ist ein winziger Moment der Verwunderung, doch dann macht es klick – und Du verstehst, was der Autor oder die Autorin da gerade getan hat. Das ist die Welt der Gedankenfiguren. Sie spielen mit unseren Erwartungen und überraschen uns durch die Art, wie sie Gedanken zuspitzen oder auf den Kopf stellen.

Dazu zählen Ironie, Paradox und Oxymoron, Hyperbel und Understatement sowie der Chiasmus. Diese Figuren sind mächtige Werkzeuge, um zu provozieren, zu begeistern und zu verblüffen. Und weil sie uns beim Lesen aktiv zum Mitdenken zwingen, verankern sich die so vermittelten Botschaften besonders nachhaltig im Gedächtnis.

4.4.1 Die Ironie: Wenn Worte das Gegenteil meinen

Branding-Geheimtipp: Mach das Logo größer! Ein gutes Logo ist das Wichtigste überhaupt. Dein Logo muss hübsch sein – und vor allem unübersehbar groß im Layout stehen. Denn die meisten Menschen entscheiden auf Basis des Logos, ob sie kaufen oder nicht.

Diese Sätze meinen das Gegenteil von dem, was sie sagen. Und trotzdem verstehst Du sofort, was gemeint ist. Du hast die Marketing-Welt lange genug beobachtet, um zu wissen, wie es wirklich läuft. Während Du die Sätze liest, ergänzt Dein Kopf automatisch die Wirklichkeit dahinter – und genau in diesem Spalt zwischen Worten und Bedeutung wirkt die Ironie. Sie kitzelt im Hirn, weil Du die Lücke selbst füllst.

Die *Ironie* behauptet und zweifelt gleichzeitig. Sie zwinkert Dir zu, während sie eine Wahrheit ausspricht, die direkt ausgesprochen eher belehrend klingen würde. Niemand mag Belehrung. Aber jeder mag ein gut gesetztes Augenzwinkern. Genau deshalb ist Ironie eines der elegantesten Stilmittel überhaupt: Sie liefert die Erkenntnis und lässt die Leserinnen und Leser im Stolz baden, sie selbst entdeckt zu haben.

Warum wirkt sie?

Ironie ist das einzige Stilmittel, das zwei Dinge gleichzeitig tut: Es macht eine Aussage und kommentiert sie im selben Moment. Wir müssen beim Lesen aktiv mitdenken, um die Lücke zwischen Wort und Bedeutung zu schließen. Und genau das schafft eine besondere Nähe und Verbindung. Wer die Ironie versteht, fühlt sich eingeweiht und zugehörig.

Gleichzeitig signalisiert die Ironie: Wir nehmen uns nicht zu ernst. Wir trauen Dir zu, zwischen den Zeilen zu lesen, und hoffen, dass Du beim ein oder anderen Witz mitlachen kannst.

Außerdem hat Ironie noch eine schärfere Qualität: Sie kann entlarven. Sie benennt Missstände, Absurditäten und unbequeme Wahrheiten, ohne sie direkt auszusprechen. Das ist oft wirkungsvoller und wirkt wesentlich souveräner als jede direkte Kritik, weil wir die Schlussfolgerung beim Lesen selbst ziehen. Und was wir selbst denken, überzeugt uns stärker als das, was uns jemand anderes aufdrängt.

Wo es so viele Vorteile gibt, lauert natürlich auch eine Gefahr: Die Ironie funktioniert nur, wenn wir sie auch verstehen. Ist sie zum Beispiel zu subtil, kann es sein, dass die Menschen sie wörtlich nehmen. Kommt sie hingegen zu plump daher, wirkt sie billig. In beiden Fällen kann die Wirkung nach hinten losgehen.

Hinzu kommt noch eine zweite Herausforderung: In der mündlichen Kommunikation können wir noch auf den Tonfall setzen, um zu signalisieren: Das war ironisch. Beim Texten haben wir dieses Auffangnetz nicht. Daher verlangt geschriebene Ironie ein gutes Gespür für Kontext, Timing und Markenpassung. Denn Ironie steht nicht jeder Marke. Was für eine Craft-Beer-Marke passt, kann für ein Bestattungsunternehmen fatal sein (oder auch einfach tiefschwarzer Humor).

Wie setzt Du sie ein?

Ironie funktioniert am stärksten bei geteilten Überzeugungen – also bei Themen, über die Deine Zielgruppe sowieso schon heimlich lacht oder die sie insgeheim nerven. Wir können mithilfe von Ironie also an eine vorhandene Haltung bei den Menschen appellieren, ohne sie direkt auszusprechen. Frag Dich dazu: Was weiß meine Zielgruppe, das alle wissen, aber niemand ausspricht? Was nervt sie? Worüber lachen die Menschen untereinander?

- »Wir bieten keine Obstkörbe und keinen Kicker-Tisch – wir wissen, das ist ein herber Schlag für Deine kulinarische und sportliche Entfaltung. Dafür bieten wir Dir aber etwas völlig Verrücktes: sinnvolle Aufgaben und echte Verantwortung.«
- »Ich liebe es, wenn Kunden meine Designentwürfe mit ›mach es mal mehr wie Apple‹ kommentieren. Das ist genau die Art von konkretem, fachlichem Feedback, die zu authentischen Marken führt.«

- »Vielen Dank für dieses herrlich vage Briefing. Es ist ein Privileg, drei Tage lang im Nebel zu stochern und zu raten, was Sie eigentlich wollen, nur um dann zu hören, dass es ›ganz anders‹ gedacht war.«

Mit einer guten Portion *Selbstironie* zeigst Du, dass Du Dich selbst nicht allzu ernst nimmst und auch mal Witze auf eigene Kosten machen kannst. Das wirkt fast paradox: Wer sich selbst auf die Schippe nimmt, demonstriert damit Stärke. Selbstironie macht Dich nahbar, sympathisch und zeigt Dich verletzbar – und genau das schafft Vertrauen. Sie sagt zwischen den Zeilen: *Ich kenne meine Eigenheiten und bin mir meiner selbst dennoch so sicher, dass ich über mich lachen kann.* Eine These, der ich aktuell nachgehe: Je weniger wir uns selbst ernst nehmen, desto ernster nimmt uns die Zielgruppe. Wackelt noch etwas, aber ich glaube, sie hat einen wahren Kern.

Wo darfst Du Dich ein bisschen selbst auf die Schippe nehmen? Wo hast Du kleine Eitelkeiten? Wo übertreibst Du vielleicht ein bisschen? Was kauft Dir Deine Zielgruppe wahrscheinlich nicht zu 100 Prozent ab? An genau diesen Stellen kannst Du mit einer Prise Ironie Deine eigenen Aussagen relativieren und eine sympathische Wirkung hinterlassen.

- »Gestern habe ich fünf Stunden an zwei Seiten in meinem Buch geschrieben. Manchmal beschleicht mich der Verdacht, ich könne gar nicht schreiben. Doch zum Glück bin ich viel zu naiv, mir das einzugestehen.«
- »Mein Alltag als Texter besteht aus großen Entscheidungen: Ich verbringe den Vormittag damit, das perfekte Adjektiv zu suchen, nur um es am Nachmittag zu streichen.«
- »Selbst als Vollprofi muss ich alle zwei Monate *Rhythmus* googeln, weil ich wieder vergessen habe, wie man es schreibt … Bin aber auch schon fast 40. Also wahrscheinlich normal.«

Und dann gibt es noch die schärfere Form – Ironie als Angriff oder Entlarvung. Sie richtet sich gegen Klischees oder Unzulänglichkeiten Deiner Branche sowie gegen Branchenwahrheiten, die niemand mehr hinterfragt.

- »Coaching ist der schnelle Weg zum Reichtum – mancher Anbieter.«
- »Klar, noch eine Studie wird endlich die Entscheidung bringen.«
- »Einfach länger und härter arbeiten wird das Problem bestimmt lösen.«

» Ironie flüstert unbequeme Wahrheiten mit einem charmanten Lächeln.

4.4.2 Paradoxon und Oxymoron: Wenn Widersprüche die Wahrheit sagen

Ein starkes Brandvokabular ist im Marketing ein *leiser Luxus*. Kraftvolle, direkte und zum Teil freche Statements können wirken wie eine *heilsame Provokation*. Und manchmal lasse ich beim Texten alles stehen und liegen und gönne mir eine Dosis *produktive Langeweile*.

In jedem dieser drei Wortpaare steckt ein kleiner Widerspruch. Und trotzdem verstehst Du sofort, was gemeint ist. Die Wörter beißen sich – und genau in dieser Spannung entsteht eine Bedeutung, die keines der beiden Wörter allein hätte vermitteln können. Beim Lesen erlebst Du einen kleinen Aha-Moment, weil Du die Auflösung selbst gefunden hast.

Das ist die Magie des Oxymorons und seines engen Verwandten, des Paradoxons. Das *Oxymoron* stellt zwei widersprüchliche Wörter direkt nebeneinander – *süßer Schmerz, strukturiertes Chaos, leiser Luxus*. Das *Paradoxon* spannt den Widerspruch über einen ganzen Gedanken: *Weniger ist mehr. Wer schweigt, sagt am meisten. Die einzige Konstante ist die Veränderung.* Beide arbeiten mit demselben Prinzip: Sie setzen zwei Dinge zusammen, die eigentlich nicht zusammenpassen, und schaffen daraus eine Wahrheit, die normale Worte nicht fassen könnten.

Warum wirken sie?

Beim Lesen stolpert das Gehirn kurz über die eleganten Widersprüche. Es will den Knoten lösen, sucht nach dem Sinn dahinter und macht sich dabei automatisch eigene Gedanken. Dabei ist es besonders stolz auf alles, was es selbst aufgelöst hat, und gibt solchen Botschaften gerne einen Logenplatz im Gedächtnis (ganz schön eitel, oder?). Bei diesem Prozess geschehen drei Dinge gleichzeitig.

- **Sie brechen mit Erwartungen**: Unser Gehirn ist darauf programmiert, Muster zu erkennen. Wenn ein vertrautes Muster plötzlich bricht – wenn die sonst eher aufwühlende Provokation auf einmal heilsam wirkt und die verpönte Langeweile plötzlich produktiv wird –, horcht das Gehirn auf. Es ist, als würden wir beide Wörter in ein Reagenzglas geben und damit eine semantische Reaktion anzetteln, aus der eine völlig neue Bedeutung erwächst.
- **Sie schaffen elegante Bilder**: Widersprüche können mit minimalem Aufwand vielsagende Bilder zeichnen. *Leiser Luxus* liefert in zwei Wörtern eine ganze Markenphilosophie: Exklusivität ohne Protz, Klasse ohne Prahlerei. Zwei Wörter sagen zusammen mehr als eine lange Erklärung.
- **Sie bleiben länger in Erinnerung**: Das Gehirn betrachtet einen guten Widerspruch wie eine harte Nuss, an der es immer wieder gerne knabbert. Ein gutes Oxymoron hallt oft noch nach, lange nachdem der Rest eines Textes längst vergessen ist.

Der Unterschied zwischen Oxymoron und Paradox

Das **Oxymoron** verdichtet den Widerspruch auf zwei Wörter – häufig in Kombination von Adjektiv und Substantiv. *Elegante Einfachheit. Brutale Ehrlichkeit. Schöpferische Zerstörung. Organisiertes Chaos* (meine Frisur). *Charmante Arroganz. Stilvolle Entgleisung. Kreative Untätigkeit.* Das macht Spaß im Hirn, oder? Alternativ gibt es auch Kombinationen aus zwei

Substantiven wie bei *Hassliebe* oder *Freizeitstress* – oder Kombinationen von Verb und Adverb wie in *lautstark schweigen*, *gefühlvoll ignorieren* oder *diszipliniert prokrastinieren*.

Das **Paradoxon** entfaltet den Widerspruch in einem ganzen Satz oder Gedanken. Es führt uns beim Lesen durch eine Logik, die sich erst zu widersprechen scheint, sich jedoch am Ende als tiefe Wahrheit erweist.

- »Je mehr Du verkaufen willst, desto weniger verkaufst Du.«
- »Oft erreichen wir so viel mehr, indem wir einfach weniger machen.«
- »Die besten Ideen zeigen sich, wenn wir aufhören, nach ihnen zu suchen.«
- »Wer keine Fehler macht, macht meistens auch keinen Fortschritt.«
- »Die stärksten Botschaften sind die, die nicht alles sagen.«

Wie setzt Du sie ein?

Das Oxymoron eignet sich hervorragend, um die Philosophie und Haltung Deiner Marke zu illustrieren. Frag Dich zum Beispiel bei zentralen Begriffen Deines Textes: Welches Adjektiv würde niemand erwarten? Was steht dem Begriff scheinbar entgegen – und trifft ihn trotzdem? Suche nach dem unverbrauchten Widerspruch. So entstehen originelle Wortpaare, die Hirne entzücken, weil sie scheinbar widersprüchliche Pole in eine neue, überraschende Beziehung setzen. Besonders treffende Paare kannst Du ähnlich wie Neologismen zu einem zentralen Bestandteil Deiner Markensprache machen.

Für das Paradoxon: Frag Dich, wo in Deiner Markenwelt eine tiefe Wahrheit steckt, die sich selbst widerspricht. Wo ist das Langsame eigentlich schnell? Wo ist weniger eigentlich mehr? Wo ist die Schwäche eigentlich eine Stärke? An diesen Stellen tummeln sich Paradoxe am liebsten.

Behalte dabei im Hinterkopf: Ein Widerspruch funktioniert nur dann, wenn er beim Auflösen eine neue Bedeutung erzeugt – also eine Art Spannung mit einer Erkenntnis, die es ohne den Widerspruch nicht gäbe. *Trockene Nässe*, *radikale Balance* oder *komplexe Einfachheit* funktionieren nicht. Wenn nur Verwirrung oder ein müdes Lächeln entstehen, dann verzichte lieber auf die Wortspielereien. Beim Paradox achte ich außerdem darauf, die Sätze in einen Kontext einzubetten, der die Bedeutung konkret erlebbar macht. Fehlt der klare Bezug zur Praxis, können die Wortspiele schnell wie billige Kalendersprüche wirken.

Abschließend gilt ein wichtiger Disclaimer sowohl für Oxymora als auch für Paradoxa: Sie brauchen Raum, um sich zu entfalten. Ich sage das aus eigener Erfahrung. Auch wenn ich auf diesen Seiten große Freude daran habe, Dir eine Kombination nach der anderen zu präsentieren, halte ich mich im Alltag zurück. Ein Widerspruch zaubert den Menschen ein Lächeln ins Hirn. Übertreiben wir es, dann rollen sie mit den Augen.

>> Manchmal malen zwei Gegensätze die harmonischsten Bilder.

4.4.3 Hyperbel und Understatement: Die Kunst der Übertreibung

Diese Lösung dauert so lange, dass ich in der Zeit ein neues Problem bekomme. Ich habe solchen Hunger, dass meine Tastatur schon Bissspuren hat. Ich habe so viele schlechte Bücher gelesen, dass ich sie inzwischen an der ersten Seite erkenne.

Nicht jeden dieser Sätze würden wir wörtlich nehmen, doch wir verstehen sofort, was gemeint ist. Die Übertreibung präsentiert das Thema, wie es nüchterne Sätze nicht könnten, und würzt die Sprache mit Persönlichkeit. Wir fühlen hinter den Worten, wie der Absender tickt. Und dann das Gegenteil:

»Könnte schlimmer sein«, sagt der Agenturchef, nachdem er einen Award entgegengenommen hat. »Das ist schon ganz nett«, sage ich, nachdem mein Buch in die SPIEGEL-Bestsellerliste gestiegen ist. Auch hier verstehen wir intuitiv, wie diese Untertreibungen gemeint sind.

Das sind die zwei extremen Pole der sprachlichen Skala: die *Hyperbel*, die bewusste Übertreibung, und das *Understatement*, die bewusste Untertreibung. Streng genommen sind beides Lügen, die jedoch auf besondere Weise die Wahrheit sagen.

Warum wirken sie?

Beide Stilmittel arbeiten mit demselben Prinzip: Sie verschieben eine Aussage so weit aus dem Bereich des Wörtlichen, dass sich das Gehirn automatisch auf den emotionalen Kern fokussiert statt auf die Fakten. Jemand sagt: »Ich renne seit zwei Jahren im Kreis und komme trotzdem keinen Schritt weiter.« Hier interessiert uns nicht die Zahl, sondern die Erschöpfung, die Frustration und die gesamte Gefühlswelt hinter den Worten. »Das war so lecker, ich war für einen Moment nicht mehr ansprechbar.« Die Hyperbel verdichtet das Gefühl von atemberaubendem Genuss und gibt ihm eine große Bühne.

Das Understatement funktioniert umgekehrt. Es macht etwas so klein, dass das Gehirn automatisch nachfragt: *Warte mal … Ist das wirklich so unwichtig?* Und in dieser Lücke zwischen dem Gesagten und dem Gemeinten entsteht eine neue, besondere Bedeutung.

Das Understatement ist eine leise, sehr elegante Form der Überzeugung, weil wir damit unserem Gegenüber das Urteil überlassen: »Dieses Buch gibt Dir eine Handvoll netter Stiltipps. Viele davon wendest Du wahrscheinlich eh schon in Deinem Alltag an. Ich halte es bewusst kurz, weil mehr Input Dich wahrscheinlich langweilen würde.«

Beide Stilfiguren vermitteln Persönlichkeit. Wer übertreibt, zeigt Temperament. Wer untertreibt, wirkt souverän und gelassen. Beides bleibt auf einzigartige Weise in Erinnerung.

Die Hyperbel – wenn Gefühle Fakten schlagen

Die Hyperbel ist das lautere der beiden Stilmittel. Sie übertreibt bewusst, maßlos und manchmal bis ins Komische, um ein Gefühl so stark zu machen, dass wir es nicht ignorieren können. Sie erlaubt es uns also, im alltäglichen Storytelling emotionale Akzente zu setzen.

Dieser Effekt wirkt umso stärker, je sparsamer und origineller wir ihn einsetzen. Sind uns die Hyperbeln zu geläufig, wirken sie ähnlich wie die Sprachbilder, die zu lange in der Sonne gelegen haben: »Da kriegen mich keine zehn Pferde hin.« »Das habe ich schon tausendmal gesagt.« »Ich sterbe gleich vor Hunger.« Diese Varianten wirken wie platte Redewendungen. Die stärksten Hyperbeln sind daher spezifisch, originell und unerwartet.

Das Understatement – wenn weniger mehr sagt

Die Untertreibung wirkt leiser. Sie erzeugt eine Lücke, die die Menschen beim Lesen selbst füllen. Das ist ein wertvolles Stilmittel für Marken, die Selbstbewusstsein durch Zurückhaltung zeigen wollen: »Wir haben mittlerweile 50 Filialen. Das ist ganz okay für ein Hobby.« Oder: »Wir backen seit 1924 nach demselben Rezept. Bisher hat sich niemand beschwert.«

Besonders in der schriftlichen Kommunikation besteht die Gefahr eines Missverständnisses, weil der Tonfall fehlt. In bestimmten Kulturkreisen können Understatements außerdem arrogant statt selbstbewusst rüberkommen. Der gekonnte Einsatz verlangt daher Kontext, Tonalität und eine Zielgruppe, die die Bedeutung durchschauen kann.

Wie setzt Du sie ein?

Nutze die Hyperbel, um einem wichtigen Gefühl die größtmögliche Bühne zu geben. Wo Begeisterung, Frustration oder Leidenschaft so stark sind, dass sie eine Übertreibung verdienen, und wo die Übertreibung so treffend ist, dass sie wiederum glaubwürdig bleibt. Kurzum: Übertreib, bis man Dich fühlt. Untertreib, bis man Dir glaubt.

Ein Understatement erlaubt es Dir, zurückhaltend aufzutreten und trotzdem selbstbewusst zu wirken. Nutze es, wo sich Deine Marke ihrer Sache so sicher ist, dass sie es sich leisten kann, weniger zu sagen, als sie meint.

>> Wer übertreibt, sagt Dir, was er fühlt. Wer untertreibt, lässt Dich selbst fühlen, was er meint.

4.4.4 Der Chiasmus: Wenn sich Sätze spiegeln

Ich schreibe nicht, weil ich etwas zu sagen habe – ich habe etwas zu sagen, weil ich schreibe. Ich warte nicht auf Inspiration – die Inspiration wartet auf mich – am Schreibtisch. Öde Gedanken entstehen nicht durch fehlende Kreativität – fehlende Kreativität entsteht durch öde Gedanken.

Drei Sätze, die dasselbe tun: Sie nehmen zwei Elemente, drehen sie um und erzeugen dadurch eine kraftvolle Aussage mit neuer Bedeutung. Das ist der *Chiasmus*: die Überkreuzstellung von zwei Satzteilen, bei der sich die Elemente des ersten Teils im zweiten Teil in umgekehrter Reihenfolge wiederholen. A–B–B–A. Ein einfacher Aufbau mit einer faszinierenden Wirkung.

Streng genommen gibt es zwei Spielarten. Beim Chiasmus im engeren Sinn spiegelt sich nur die grammatische Struktur: »Morgens duftet das Brot, abends schweigt der Ofen.« Die Form kreuzt sich, doch jedes Wort kommt nur einmal vor. Kehren dieselben Wörter über Kreuz wieder, sprechen wir von einer *Antimetabole*: »Ich schreibe nicht, weil ich etwas zu sagen habe – ich habe etwas zu sagen, weil ich schreibe.« Sie ist die schärfste Klinge dieser Familie, denn sie zwingt identische Begriffe, in der Umkehrung eine neue Bedeutung zu tragen. Also: Jede Antimetabole ist ein Chiasmus. Aber nicht jeder Chiasmus ist eine Antimetabole.

Warum wirkt er?

Der Chiasmus nutzt zwei Mechanismen gleichzeitig.

1. **Symmetrie**: Unser Gehirn liebt Ordnung und symmetrische Strukturen. Wenn sich ein Satz spiegelt, wirkt er vollständig, logisch und ästhetisch befriedigend. Ein Chiasmus erzeugt ein Gefühl von Unausweichlichkeit – ganz so, als könnte es gar nicht anders sein.
2. **Überraschung**: Obwohl die Satzteile dieselben sind, erzeugt ihre Umkehrung eine neue Bedeutung. Der zweite Teil ist keine nackte Kopie, sondern gleichzeitig eine Antwort, eine Wendung und eine Zuspitzung. Das Gehirn erwartet eine Fortsetzung, doch der Satz überrascht es mit einer Spiegelung, die eine ganz neue Bedeutung eröffnet. Der Satz dreht sich – und mit ihm dreht sich der Gedanke. Das macht den Chiasmus elegant, präzise und einprägsam.

Wie setzt Du ihn ein?

Der Chiasmus ist das Mittel der Wahl, wenn ein Gedanke herausstechen, nachwirken und in Erinnerung bleiben soll, wie zum Beispiel in Claims, Positionierungen oder Punchlines.

Die Grundformel ist einfach: Nimm zwei Begriffe, die zusammengehören, und formuliere sie in eine Richtung. Dann dreh sie um und prüfe, ob dadurch eine neue Bedeutung entsteht. Wenn die Umkehrung nur die gleiche Idee wiederholt, dann probiere es erneut mit einer anderen Kombination.

Erzwungene Chiasmen wirken mechanisch und enttäuschend – etwa wie dieser hier: »Wir arbeiten hart, um erfolgreich zu sein – und wir sind erfolgreich, weil wir hart arbeiten.« Das macht Hirne traurig, weil keine neue Bedeutung entsteht. In diesem Fall rate ich Dir, auf die Dopplung zu verzichten. Denn Form ohne Inhalt ist nur überflüssige Dekoration.

Beispiele

- »Frag nicht, was Dein Land für Dich tun kann – frag, was Du für Dein Land tun kannst.« (Kennedy)
- »Nicht weil es schwer ist, wagen wir es nicht, sondern weil wir es nicht wagen, ist es schwer.« (Seneca)

- »Wir erklären nicht, warum wir gut sind – wir sind gut, weil wir nichts erklären müssen.«
- »Wir machen kein Marketing für unser Produkt – unser Produkt macht Marketing für uns.«
- »Ich schreibe nicht, weil ich verstehe – ich verstehe, weil ich schreibe.«

» Dreh den Satz – und prüfe, ob sich der Gedanke mitdreht.

4.5 Ton, Stimme und Stil zusammensetzen

In diesem Kapitel haben wir Deinen stilistischen Werkzeugkasten mit einer Vielzahl an Instrumenten gefüllt, die es Dir ermöglichen, Dich und Deine Marke auf einzigartige Weise auszudrücken. Ob Satzzeichen, Sprachbilder oder Gedankenfiguren – all diese Instrumente können einzeln wirken und zusammen ein großes Orchester bilden, das die Symphonie Deiner Marke spielt. Vielleicht hast Du beim Lesen schon gespürt, dass es Dir bei manchen Stilmitteln gleich in den Fingern kribbelt. Einige können hervorragend zur Stimme Deiner Marke passen, um andere machst Du vielleicht erst einmal einen Bogen. Vielleicht spürst Du auch den Impuls, gleich alles auf einmal ausprobieren zu wollen. Bitte zügle ihn, denn Du weißt ja: Die Magie entsteht durch den Kontrast – durch die Klasse, nicht durch die Masse.

Jagt ein Stilmittel das andere, rauben sie einander die Wirkung. Ein Gedankenstrich in jedem zweiten Satz wirkt stumpf und mechanisch. Eine ganze Reihe kurzer Sätze mit Punchlines und Statements ermüdet. Und wenn der ganze Text vor Ironie nur so trieft, verliert sie ihren Biss. Die stärksten Texte sind oft die, die sich lange zurückhalten – um dann, genau im richtigen Moment, mit einem einzigen außergewöhnlichen Wort, einem Reim oder einem ironischen Kommentar in Klammern einen Akzent zu setzen. Dieser eine Moment färbt den gesamten Text mit einem Gefühl ein, das über viele Absätze und manchmal sogar über Seiten hinaus in Erinnerung bleibt.

Deshalb musst Du nicht jedes Mittel einsetzen, sondern an der richtigen Stelle das eine finden, das zum Ausdruck Deiner Marke passt. Die Dosierung ist also eine eigenständige Fähigkeit – genauso wichtig wie das Beherrschen der Stilmittel selbst. Das Gefühl für die richtige Dosis entwickelt sich aus Deiner Schreiberfahrung und jeder Menge Trial-and-Error. Tob Dich aus, hab Freude und sei dabei ehrlich zu Dir selbst.

In diesem Prozess habe ich mehrfach die Stimme des früheren Musikproduzenten meiner Band gehört, in der ich als Schlagzeuger und Songwriter aktiv war: *Kill your darlings*. Die meisten unserer Songs gewannen dadurch gewaltig an Kraft, dass wir kleine Elemente – in die wir uns schon früh verliebt hatten – aus den Songs entfernten. Das tat erst einmal richtig weh. Doch nachdem sich die Gefühle beruhigt hatten und wir mit neuem Ohr hinhören konnten, erkannten wir, wie sich der wahre Kern des Songs durch den gewonnenen Raum viel kraftvoller entfalten konnte.

Um leichter zu entscheiden, was bleiben sollte und worauf ich getrost verzichten kann, wende ich folgenden Gedankengang an: Ich markiere die wesentlichen Stilmittel in meinem Text und frage mich bei jedem einzelnen: *Braucht dieser Text das hier? Gewinnt er dadurch? Oder habe ich es nur eingesetzt, weil es mir Spaß gemacht hat?* Beides ist legitim, doch nur eins davon hilft unserem Text.

Aus dem bisherigen Buch weißt Du: Ein Werkzeug allein macht noch keinen Stil. Und selbst ein Tischler, der jedes Werkzeug kennt, ist noch kein Meister, solange er nicht weiß, was er bauen will und warum. Dasselbe gilt für unsere Sprache. Die schönsten Metaphern, der präziseste Chiasmus und die elegante Anapher – sie alle wirken blass, leer und leblos, wenn keine echte Haltung dahintersteckt. Nun liegt es an Dir, in Verbindung mit dem Spirit Deiner Marke die Tools zu wählen, die Deiner Sprache ihren unverwechselbaren Charakter verleihen. Ziel ist, dass Menschen unter hunderten Texten auf Anhieb die erkennen, die aus der Feder Deiner Marke stammen.

4.5.1 Brandvokabular: Die Worte, die Deine Welt ausmachen

Hinter jedem Wort steckt eine eigene kleine Welt. Für eine möglichst stimmige Markensprache wollen wir daher genau die Wörter wählen, deren Welt die größte Schnittmenge zur Welt unserer Marke aufweist. Denn ähnlich wie die Farben und die Typografie durchzieht auch Deine Sprache den gesamten Kosmos Deiner Marke. Sie ist also ein konstantes Signal, das die Marke sendet – und gleichzeitig das am häufigsten vernachlässigte. Wer sein Vokabular nicht bewusst gestaltet, riskiert, in die allgemeine Branchensprache abzurutschen. Dann tauchen plötzlich Wörter auf wie *innovativ*, *nachhaltig*, *ganzheitlich* oder *leidenschaftlich*. Texte wirken dadurch generisch, fad und lassen Hirn gähnen.

Wer hingegen sein eigenes Vokabular entwickelt und konsequent einsetzt, schafft etwas, das kein Wettbewerber kopieren kann, weil es so untrennbar mit der eigenen Markenpersönlichkeit verbunden ist, dass die Wortwahl anderswo fremd wirken würde. Das ist übrigens der optimale Test, um jedes Element Deiner Kommunikation auf Markenpassung zu überprüfen: Könnten die gleichen Worte genauso auf der Website eines anderen Unternehmens stehen? Dann kannst Du die Sprache noch mit deutlich mehr Persönlichkeit würzen – natürlich vorausgesetzt, es ist angemessen für den jeweiligen Kontext.

Nutze das gesamte Spektrum des Wortschatzes

Der aktive Wortschatz eines durchschnittlichen Erwachsenen liegt bei etwa 12.000 bis 16.000 Wörtern. Je nach Umfeld, Ausbildung und Beruf können es auch schon mal 25.000 Wörter und mehr sein. Wenn Du täglich viel liest und schreibst, ist es nur logisch, dass Du einen breiteren Wortschatz hast als Menschen, die sich nicht täglich aktiv mit Sprache und persönlichem Ausdruck beschäftigen.

Die gesamte deutsche Gegenwartssprache hat 300.000 bis 500.000 Wörter. Allein die 29. Auflage des Duden-Rechtschreibwörterbuchs zählt 151.000 Stichwörter – davon 3.000 Neuaufnahmen. Ist es nicht faszinierend, wie viele Ausdrucksmöglichkeiten sich da noch tummeln, die wir im Alltag gar nicht auf dem Schirm haben? Und als kreative Text-Genies können wir diese Zahl weiter wachsen lassen, indem wir hier und da ein neues Wörtchen erfinden und in Umlauf bringen.

Hinter jeder starken Marke steckt ein bewusst oder unbewusst kuratiertes Vokabular – eine Sammlung von Wörtern, Begriffen und Formulierungen, die in ihrem Arrangement so einzigartig sind wie unser Fingerabdruck. Hinter jeder Wahl für ein Wort – und damit gegen ein anderes – steht eine Entscheidung, die sich an mehr oder weniger klaren Regeln orientiert. Bei starken Personenmarken kannst Du beobachten, wie sie präzise und treffsicher immer wieder ähnliche Worte wählen, um ihre Botschaften zu transportieren. Mit einigen Wörtern verbinden sie besondere Erfahrungen, Gedanken und Gefühle. Andere kommen für sie nicht in die Tüte, weil sie mit Assoziationen einhergehen, die Dissonanzen erzeugen.

Wenn Du also für Dich selbst schreibst, kannst Du darauf vertrauen, dass Dein Gefühl unbewusst für Konsistenz und einen roten Faden in Deinem Ausdruck sorgt. Arbeitest Du hingegen mit anderen Menschen gemeinsam an einem Projekt, ist es hilfreich, das Unausgesprochene bewusst zu machen und so festzuhalten, dass es für alle nachvollziehbar ist.

Die drei Schichten des Brandvokabulars

Ich strukturiere ein starkes Brandvokabular gerne in drei Schichten:

1. zentrale Markenbegriffe
2. Eigenkreationen
3. Tabuwörter

Die erste Schicht besteht aus den **zentralen Markenbegriffen**. Hier geht es weniger darum, exakte Wörter vorzugeben – das würde das Schreiben zur seelenlosen Mechanik machen. Mein Ziel ist vielmehr eine Art Wordcloud, die beim Schreiben eine bestimmte Richtung vorbahnt. Gehe ich diese Wörter durch, komme ich automatisch in das passende Grundgefühl. Eine sinnvolle Ausnahme sind elementare Begriffe, die die Marke durchgängig einheitlich verwendet – also der Name des eigenen Angebots, zentrale Konzepte oder die Anrede der Zielgruppe.

Bei der Bäckerei Madeleine wäre das zum Beispiel die Frage, ob wir von *Gästen* oder *Kunden* sprechen, von *Handwerk* oder *Produktion*, von *backen* oder *herstellen*. Diese Entscheidungen sind weniger eine Frage des Stils und eher eine Frage der Haltung.

Die zweite Schicht besteht aus Bildern, Ausdrücken und **Eigenkreationen**. Das können Sprüche sein, die die Marke prägen, sowie seltene Wörter oder solche, die es zuvor nicht gab und die jetzt untrennbar mit der Marke verbunden sind. Für unser Brandvokabular sind das die wertvollsten Elemente, weil sie exklusiv sind. Der Mix ungewöhnlicher und neuer Wörter sowie von Ausdrücken, die die Marke geprägt hat, wirkt wie ein Wasserzeichen im Text.

Die dritte Schicht machen die **Tabuwörter** aus. Darunter verstehe ich Begriffe, die die Marke bewusst meidet, weil sie nicht passen. Zum Beispiel, weil sie zu generisch sind, zu abgenutzt oder zu weit entfernt von der eigenen Haltung. Manchmal passt das Bild hinter einem Wort oder Ausdruck nicht und manchmal bekleckert das Zeitgeschehen manche Wörter so, dass wir sie nicht mehr auf die gleiche Weise wie vorher verwenden können. Denken wir nur an *Führer*, *woke* oder *Querdenker*. Letzteres stand schon lange vor 2020 auf meiner Visitenkarte als Werbetexter und Kreativ-Trainer, was dazu führte, dass im Sommer 2020 ein ganzer Karton hübscher gelber Kärtchen in der blauen Tonne landete.

Ein Brandvokabular kuratieren

Ein unverwechselbarer Wortschatz lässt sich nicht erzwingen. Wenn wir uns hinsetzen und uns krampfhaft fünf coole Markenwörter ausdenken wollen, fühlen sich auch die Wörter am Ende oft verkrampft und erzwungen an. Die stärksten Markenbegriffe entstehen organisch – im täglichen Schreiben aus dem Spirit der Marke heraus und im direkten, lebendigen Austausch mit der Zielgruppe. Je öfter Du genau diese Momente erlebst, desto stärker kommst Du auch in Kontakt mit Deiner Sprache. Anschließend kannst Du Dich an den folgenden drei Schritten orientieren, um ihre Essenz zu destillieren.

1. **Bewusstsein**: Beginne damit, die Sprache Deiner Marke genauer zu beobachten. Welche Wörter tauchen immer wieder auf? Welche Ausdrücke und Sprachbilder treffen die Philosophie der Marke am besten? Und welche Formulierungen gehören ganz unverwechselbar der Marke und würden aus fremdem Mund vielleicht sogar seltsam klingen?
2. **Kuration**: Wie jemand, der Kunstwerke für eine Ausstellung kuratiert, die ein Grundgefühl oder einen Grundgedanken teilen, sammelst Du Wörter, die den Spirit Deiner Marke mit Leben füllen. Nimm außerdem einige Beispielsätze hinzu, die den Kontext illustrieren. So bekommen andere, die mit der Sprache arbeiten, ein gutes Gefühl für den jeweiligen Einsatz.
3. **Konsequenz**: Lass diese Elemente regelmäßig in Deine Texte einfließen, wenn sich eine Gelegenheit bietet. Wenn die Menschen beim Lesen immer wieder diesen vertrauten Elementen begegnen, sorgt das für winzige Dopaminschübe, und Vertrautes weckt Vertrauen.

Dieser Prozess darf sich kontinuierlich im Hintergrund fortsetzen, damit die Marke nicht einschläft. Ein Stammwortschatz erhält das vertraute Grundgefühl, und regelmäßige neue Impulse sorgen für kleine Überraschungen, wecken Aufmerksamkeit und halten Deine Marke lebendig.

4.5.2 Stil trainieren: Wenn Stilmittel ins Unbewusste sinken

Stil ist das, was entsteht, wenn Du aus dem Gefühl heraus schreibst, ohne über Stil nachzudenken. Das mag paradox klingen, folgt jedoch einer bestechenden Logik. Denn Stil ist die Summe aller Entscheidungen, die Du triffst, wenn Du aus einer bestimmten Haltung heraus schreibst – und nicht aus dem Wunsch, auf eine bestimmte Weise zu klingen. Das Schreiben ist der Schlüssel.

Stil entsteht, wenn Du aufhörst, über Stil nachzudenken.

Immer wieder kommen Menschen zu mir mit der Überzeugung, sie müssten erst ihren Stil definieren, bevor sie schreiben können. Doch das ist, als würden sie das Schwimmen lernen wollen, ohne je ins Wasser zu steigen. Dieses Buch ist wie ein paar Trockenübungen an Land. Das eigentliche Stilabenteuer beginnt erst dann, wenn Du die Welt Deiner Marke schreibend erforschst. Wie zu Beginn dieses Kapitels erläutert, darfst Du darauf vertrauen, dass die richtigen Stilmittel Dich mit der Zeit von alleine finden.

Dann erkennt ein Teil von Dir beim Schreiben: *Oh, da ist die perfekte Gelegenheit für eine Alliteration! Wow, dieser Satz hat das Zeug zu einem Chiasmus.* Und manchmal schreibst Du frei und locker vor Dich hin – und Dein Gehirn überrascht Dich plötzlich mit einem neuen Wort, weil Du ihm in Deiner Trainingszeit die Erlaubnis gegeben hast, dass das okay ist. Trau Dich, Du zu sein. Trau Dich, Deins zu machen.

4.5.3 Konsistenz: Vertrautes weckt Vertrauen

Ein einziger Text macht noch keinen Stil. Hundert Texte, die alle dieselbe Handschrift tragen, schon. Konsistenz ist unsichtbar, wenn sie gelingt, und fällt doch sofort auf, wenn sie fehlt. Wir spüren Inkonsistenzen beim Lesen in Form kleiner Dissonanzen, die uns aufhorchen lassen.

Dabei ist Konsistenz nicht gleichzusetzen mit Monotonie. Eine starke Markenstimme hat nicht immer die gleiche Lautstärke, denselben Rhythmus oder die gleiche emotionale Intensität. Sie passt sich dem Kontext an.

Der Stil folgt dem Ziel.

Ein Kondolenzschreiben klingt beispielsweise anders als ein Social-Media-Post. Doch bleibt die Marke in ihrem Charakter erkennbar. Dieser Charakter entsteht aus der Summe aller kleinen Entscheidungen. Welche Wörter wählst Du? Was hebst Du hervor? Überwiegen Aussagen in Deinen Texten oder stellst Du viele Fragen? Sprichst Du Dinge direkt aus oder deutest Du sie eher subtil an? Keine dieser Entscheidungen ist groß und jede einzelne für sich ist im Text vielleicht kaum wahrnehmbar. Doch zusammen ergeben sie ein Muster, das den Charakter der Marke formt.

4.5.4 Stil im Team: Gemeinsam eine Sprache sprechen

Für Solo-Selbstständige und Personenmarken entsteht Konsistenz fast von selbst. Wer aus dem eigenen Gefühl heraus schreibt, wer die eigene Haltung kennt und lebt, entwickelt mit der Zeit fast automatisch eine eigene Stimme.

In Teams wird die Sache vielschichtiger. Wenn mehrere Menschen für dieselbe Marke schreiben, entstehen zwangsläufig Unterschiede. Eigene Schreibrhythmen, persönliche Lieblingsformulierungen, verschiedene Instinkte für Ton und Timing – die klassische Antwort darauf ist ein Corporate-Language-Regelwerk mit Vorgaben, Beispielsätzen und genehmigten Formulierungen. Solche Regelwerke haben ihre Berechtigung, gerade in größeren Organisationen. Doch sie stoßen schnell an eine Grenze: Regeln produzieren Konformität statt Charakter. Ein Text, der entlang einer Checkliste entsteht, fühlt sich beim Lesen meist genauso an. Er mag korrekt und auch konsistent sein, doch die Gefahr ist groß, dass er nicht wirklich lebendig klingt – und damit Resonanz erschwert.

Viel tiefer als jedes Regelwerk wirkt ein anderer Faktor: Identifikation. Identifizieren sich die Menschen, die für eine Marke schreiben, wirklich mit ihr? Verstehen und fühlen sie, wofür sie steht, woran sie glaubt und wie sie die Welt sieht? Wer diese Verbindung zur Marke hat, findet die richtigen Worte fast von selbst – wer sie nicht hat, schreibt selbst mit dem dicksten Regelwerk in der Hand an der Marke vorbei.

Eine Marke wirkt nur so lebendig, wie die Menschen dahinter sie wirklich leben.

Das heißt aber nicht, dass im Team alle gleich klingen müssen – im Gegenteil. Eine gewisse Vielfalt in der Sprache eines Teams ist eine Stärke. Verschiedene Menschen bringen verschiedene Perspektiven in dieselbe Markenwelt. Solange der gemeinsame Kern klar ist, bereichert jede Stimme das gemeinsame Ganze. Der Prozess entwickelt eine besondere Dynamik. Wenn viele Menschen die Welt einer Marke schreibend miterforschen, entwickelt sich ihre Sprache schneller, lebendiger und überraschender, als wenn nur ein einziger Kopf daran arbeitet. Jeder Mensch bringt seine eigenen Beobachtungen mit, sein eigenes Sprachgefühl und auch seine eigenen Assoziationen. Aus diesem Zusammenspiel entsteht ein eigener Spirit, der mehr ist als die Summe aller Einzelbeiträge. Er hat seinen eigenen Charakter und er entwickelt sich weiter, wann immer jemand für die Marke schreibt und dabei ein frisches Brand-Wort, ein neues Sprachbild oder eine knackige Punchline hinzufügt.

Drei praktische Werkzeuge für Teams

- **Ein lebendiges Referenzdokument**: Manche Marken nennen das *Sprachkompass*, *Stimmgabel* oder *Soundcheck*. Gemeint ist eine Sammlung echter Texte, die zeigen, wie die Marke klingt. Eine Art Best-of und Kollektion von Magic Moments der bisherigen Markenkommunikation. Auch das folgt dem Prinzip *Zeigen statt Labern.* Wenn Du mir sagst, die Texte sollten witzig und locker sein, können wir diese beiden Wörter auf sehr unterschiedliche Art interpretieren. Lebendige Beispiele machen hingegen unmissverständlich erlebbar, was damit gemeint ist. Und unser Gehirn ist eine herausragende Mustererkennungsmaschine. Jede Fähigkeit haben wir uns von Kindesbeinen an angeeignet, indem wir beobachtet, imitiert und experimentiert haben. Diesen Mechanismus wollen wir aktivieren. Dazu können wir im Dokument kurze Kommentare ergänzen, die zusätzlich erklären, warum das Beispiel so gelungen ist und was seine Wirkung ausmacht. Dieses Dokument ist niemals abgeschlossen. Es wächst mit der Marke und entwickelt sich mit ihr. Das macht es zu einer wertvollen und inspirierenden Ressource für das Onboarding neuer Teammitglieder und Kooperationspartner.

- **Regelmäßige Sprach-Reviews**: Darunter verstehe ich wiederkehrende Termine, um das Referenzdokument zu erweitern und gedeihen zu lassen. Dabei setzt Du Dich etwa einmal im Monat oder auch einmal im Quartal mit den Text- bzw. Markenverantwortlichen Deines Teams zusammen, und ihr tauscht euch locker aus: Welche Texte haben gut funktioniert? Warum? Welche haben sich fremd angefühlt? Was fehlte? Diese Gespräche schärfen das gemeinsame Gespür für die Markenstimme besser als jedes Dokument.
- **Training statt Vorgaben**: Statt Regeln zu vermitteln, schreibt das Team gemeinsam – an echten Texten mit gegenseitigem Feedback. Wer einmal selbst erlebt hat, wie ein Satz durch eine Metapher aufleuchtet oder wie ein Gedankenstrich den Rhythmus verändert, vergisst das nicht mehr. Das kannst Du natürlich im direkten menschlichen Kontakt machen, indem ihr eure Texte redigiert oder gleich gemeinsam erarbeitet. Ergänzend lassen sich heute auch KI-Agenten bauen, die einen Teil dieser Arbeit übernehmen, indem sie mit einem Sparring oder einem Lektorat unterstützen. Damit dieses Werkzeug allerdings wirklich für Dich arbeitet und nicht langfristig gegen Dich, gehört noch ein letzter Gedanke hinzu.

Schütze Dein Sprachgefühl: KI nutzen, ohne sich abhängig zu machen

KI verändert rasant, wie wir schreiben. Sie nimmt uns Arbeit ab, liefert Ideen und springt ein, wenn der Kopf gerade leer ist. Diese Hilfe ist sehr verlockend, und genau deshalb lohnt sich ein wachsamer Blick. KI-Tools können unsere Arbeit bereichern, jedoch auf Dauer auch unser eigenes Sprachgefühl aushöhlen – und zwischen beidem liegt eine schmale Grenze, die wir leicht überschreiten, ohne es zu merken.

Solange Du selbst spürst und verstehst, was einen guten Text ausmacht, bleibst Du die kreative Instanz. In diesem Fall führt die KI aus, was Du kontrollierst. Du erkennst auf den ersten Blick, wenn etwas an einem ihrer Vorschläge nicht passt – wenn also ein Verb schwächelt oder ein Sprachbild so gar nicht zur Marke passt. Verlässt Du Dich allerdings auf die KI, bevor Du selbst die Mechanismen verinnerlicht hast, dreht sich das Verhältnis um. Du könntest dann in Versuchung kommen, Sätze zu übernehmen, die richtig und plausibel klingen, obwohl sie stilistisch langsam vom Kern der Marke wegdriften. Und mit jedem Mal, in dem Du das tust, baust Du Dir Deine eigene Schreibmuskulatur ein Stück weiter ab. Auf Dauer riskierst Du so neben Deinen Fähigkeiten auch Deine Urteilskraft.

Die KI macht, dass es gut klingt. Ob es wirklich gut ist, erkennst nur Du.

Daher lege ich all meinen Kundinnen und Kunden ans Herz: Automatisiere erst, was Du selbst ganz durchdrungen hast und beherrschst. Und schreibe immer wieder auch mal ganz ohne KI, auch wenn es länger dauert und nicht ganz so bequem ist. Betrachte es als Fitnessstudio für Deinen Geist. Viele von uns arbeiten heute kaum noch körperlich und gehen ins Fitnessstudio, damit der Körper nicht einrostet. Genauso braucht der Geist seine regelmäßigen Einheiten, damit Sprachgefühl und Urteilskraft nicht verkümmern. Dann wird die KI zu dem, was sie sein soll: zu einem starken Werkzeug in einer Hand, die weiß, was sie tut.

4.6 Zwischenhalt – vom Beckenrand ins Wasser

Du hast jetzt ein breites Repertoire voller Stilmittel zur Verfügung, mit denen Du Deine Botschaften eingängiger, lebendiger und unverwechselbarer gestalten kannst. Sie verstärken eine gute Idee, können sie jedoch nicht ersetzen. Erst wenn Du etwas zu sagen hast und es mit den passenden Stilmitteln verstärkst, entwickelt Deine Sprache einen wirklich markanten Charakter.

Damit sind wir an einem entscheidenden Punkt angekommen: Du hast mit mir ein bisschen philosophiert, die Perspektive Deiner Marke erforscht, eine Haltung entwickelt und Stilmittel entdeckt. Jetzt fehlt nur noch ein Schritt – der wichtigste: Schreiben.

Ich mag das Wort *Umsetzung*. Denn wenn wir schreiben, setzen wir die Gedanken um – von innen nach außen. Schreiben heißt also Innenwelten nach außen bringen. Wir übertragen die Theorie in die Praxis, denn eine Idee ohne Umsetzung ist ein sterbender Gedanke.

Und so gut Du vorbereitet bist – sobald Du wirklich schreibst, können Widerstände auftauchen, mit denen kaum jemand rechnet. Die schauen wir uns im nächsten Kapitel an.

Wir zoomen rein, wie aus all dem, was Du jetzt weißt, tatsächlich Texte entstehen, die Resonanz erzeugen. Wir bauen eine Content-Strategie, die zu Dir passt, und entwickeln Routinen, die das Dranbleiben leicht machen. Und wir schauen uns an, was hilft, wenn Dein Kopf gerade leer ist, Dein innerer Kritiker sich meldet, der Algorithmus Dir die kalte Schulter zeigt oder kritisches Feedback Dir die Laune verdirbt. Jetzt geht es nicht mehr ums Wissen – jetzt geht es ums Machen.

Kapitel 5

Der Content – vom Gedanken zum Text

Ich erinnere mich noch gut an meinen ersten Podcast. Ich saß vor dem Mikrofon, hatte alles vorbereitet – und trotzdem dauerte es zweieinhalb Tage, bis ich eine Folge im Kasten hatte. Ich fühlte mich überfordert und gelähmt. Heute setze ich mich hin und nehme auf. Kein Drama, kein Zögern, nur 30 Minuten Produktion. Dabei haben sich weder mein Wissen noch meine Abläufe großartig verändert – die Magie liegt vielmehr zwischen meinen Ohren. Ich habe verändert, wie ich über meine Arbeit denke und wie ich mit inneren Widerständen umgehe. All das greift auch beim Schreiben, wenn wir unsere Innenwelt nach außen bringen wollen. Dieses Kapitel begleitet Dich ganz konkret durch alle Facetten des Schreibprozesses. Es gibt Dir eine Formel mit, um Deine Gedanken schnell in Form zu bringen, und hat einige Tipps im Gepäck, mit denen Du in Zukunft schneller in Deinen Flow kommst und das Schreiben mit jedem Text mehr als das erlebst, was es doch eigentlich ist: ein Genuss.

Du hast die Perspektive Deiner Marke herausgearbeitet, eine klare Haltung entwickelt und einen Werkzeugkasten voller Stilmittel entdeckt. Doch wer überzeugen will, braucht mehr als gute Absichten. Selbst die sorgfältigste Vorbereitung verändert nichts, wenn Du Deine Gedanken nicht in Worte fasst – und veröffentlichst.

Eine Idee ohne Umsetzung ist ein sterbender Gedanke.

Genug also mit den theoretischen Trockenübungen – jetzt springen wir ins Wasser (das sollte sich mittlerweile nicht mehr ganz so kalt anfühlen) und widmen uns dem Element, das alles zum Leben erweckt: dem konkreten Text.

Und keine Bange, dafür musst Du weder alle Stilmittel beherrschen noch alle strategischen Details final durchdacht haben. Erinnere Dich: Wir schreiben nicht, weil wir wissen, sondern weil wir entdecken und verstehen wollen.

Mit jedem Text erforschst Du Deine Perspektive ein Stück weiter, stößt auf Ideen, die Dir vorher verborgen waren, und verstehst Deine Marke und Deine Zielgruppe ein bisschen besser. Und diese Entdeckungsreise endet nicht mit dem Veröffentlichen. Im Dialog mit anderen Menschen entstehen neue Einsichten und Impulse, auf die Du allein am Schreibtisch nie gekommen wärst. Resonanz schärft Dein Denken und liefert Dir das Rohmaterial für den nächsten Text.

Dieses Kapitel widmet sich allem, was Du brauchst, um mit Leichtigkeit, Freude und Flow Texte zu schreiben, die Resonanz erzeugen, Verbindung aufbauen und die Vorlage für den Verkauf bilden. Es folgt dabei einer klaren Dramaturgie – fünf Etappen, die aufeinander aufbauen:

1. **Content-Strategie**: Wir legen das strategische Fundament für Deinen Content. Wir sprechen über Content-Loops, Wiederholung und Variation Deiner Themen, über die Kultformate Deiner Marke und die Balance zwischen Masse und Klasse. So hast Du einen groben Fahrplan, der es Dir erleichtert, später konkrete Texte auszuformulieren.
2. **Das Set-up**: Welche äußeren Bedingungen und welche innere Einstellung tragen dazu bei, dass Du langfristig motiviert bleibst? Vom stufenweisen Kanalaufbau über Deinen inneren Antrieb bis hin zu den praktischen Routinen, die es Dir leicht machen, langfristig dranzubleiben.
3. **Die Ideenfindung**: Wir schauen uns Systeme und Strategien an, wie Du auf Ideen kommst, Inspiration wie auf Knopfdruck erzeugen kannst und die Muse an Deinen Schreibtisch zitierst, wann immer Du sie brauchst. Nach diesem Abschnitt gehen Dir nie wieder die Ideen aus.
4. **Der Schreibprozess**: Wie kommst Du von der vagen Idee zum fertigen Text? Ich begleite Dich mit einem Framework durch den gesamten Prozess – vom unzensierten Erstentwurf über das Herausarbeiten des Kerns bis zum Feinschliff, der aus Rohdiamanten Brillanten macht.
5. **Die Stolpersteine**: Was tust Du, wenn der innere Kritiker krächzt, Perfektionismus Dich lähmt, kritisches Feedback auf Deine Beiträge kommt oder ein Algorithmus entscheidet, dass heute nicht Dein Tag ist? Mit den richtigen Kniffen kommst Du in Zukunft souverän durch Momente, in denen der Prozess ins Stocken gerät.

Manche dieser Impulse wirst Du vielleicht sofort umsetzen. Andere dürfen in Dir reifen. Und manche sprechen Dich vielleicht erst in Monaten oder Jahren an, wenn sich Deine Klarheit, Deine Prozesse und Dein Stil weiterentwickelt haben. Nimm Stück für Stück die Impulse hinzu, die für Dich gerade den größten Unterschied machen. So wächst Du in Deinem eigenen Tempo stetig über Dich hinaus.

Die folgende Grafik zeigt Dir die einzelnen Stationen dieses Kapitels – und wie sie sich zu einem kraftvollen Prozess zusammenfügen. Ich lege Dir ans Herz, im Verlauf der nächsten Seiten ruhig immer wieder kurz zu ihr zurückzukehren. So siehst Du jederzeit, wo Du gerade stehst und wie sich das aktuelle Thema ins große Ganze einfügt.

Abbildung 5.1: Die Brandwriting-Schleife

5.1 Content-Strategie: Resonanz im Text

Content ohne Strategie ist Lärm. Strategie ohne Content ist nur Theorie-Theater.

Eine Strategie ist dann hilfreich, wenn sie uns auf möglichst effizientem Weg dabei unterstützt, unser Ziel zu erreichen: Resonanz. Doch wir wissen: Die ist unverfügbar. Sie lässt sich weder erzwingen noch erschreiben. Allerdings lässt sie sich einladen. Unsere Content-Strategie sollte also auf die Faktoren ausgelegt sein, die Entstehung von Resonanz begünstigen. Hier eine kurze Wiederholung der drei essenziellen Grundgedanken, mit denen ich mich beim Schreiben auf Kurs halte:

1. Wir teilen unsere **Perspektive**. Wir geben Einblick in unser Denken, Fühlen und Handeln. Wir teilen Überzeugungen, Werte und Visionen, damit sich unsere Zielgruppe mit uns identifizieren kann. Wir wollen das in Worte fassen, was die Menschen bisher nur diffus gefühlt haben oder was sie zwar denken, sich aber niemals zu sagen getraut hätten. Können wir Gefühle und Gedanken besser in Worte fassen als sie selbst, entsteht eine der mächtigsten Verbindungen, die Sprache bewirken kann.
2. Wir laden zum **Dialog** ein. Resonanz ist wie Atmen: Wir empfangen etwas, lassen uns berühren und senden etwas zurück. Die meisten Marken beschränken sich in der Kommunikation jedoch aufs Senden. Sie sind so sehr damit beschäftigt, ihre eigene Sicht der Dinge

zu teilen, dass sie mögliche Antworten des Gegenübers überhören oder gar nicht erst zulassen. Die Zielgruppe kann sich dadurch schnell abgearbeitet fühlen. Content ist keine Einbahnstraße. Dialog muss dabei nicht bedeuten, dass in Zukunft jeder Beitrag zu langen Gesprächen und intensiven Diskussionen führt. Auch eine stark formulierte Überzeugung kann viel bewegen, selbst wenn die Menschen nur innerlich zustimmen, ohne dass sie es uns wissen lassen. Doch wie sich gleich zeigen wird, erhalten wir einen gewaltigen Mehrwert, wenn wir Raum für eine umfangreichere Antwort bieten.

3. Wir schreiben **ergebnisoffen**. Je mehr wir den Prozess des Schreibens planen und kontrollieren wollen, desto mehr erschweren wir die Resonanz. Ich schreibe diese Zeilen gerade an einem sonnigen Sonntagmorgen. Natürlich habe ich eine grobe Idee davon, was in diesem Kapitel stehen soll. Und doch lasse ich mich überraschen, welche Wendung hinter dem nächsten Satz warten könnte.

Beim Schreiben treten wir nicht nur in Resonanz mit unserer Zielgruppe, sondern vor allem auch mit uns selbst. Wir erforschen unsere Perspektive schreibend. Mit jedem Text denken wir über unsere Welt nach, stellen uns neue Fragen, stoßen auf illustrative Beispiele und verstehen unsere Marke ein kleines bisschen besser. Das kann sogar bedeuten, dass manche Content-Elemente für uns einen Durchbruch markieren, obwohl die Resonanz darauf von außen eher durchschnittlich ausgefallen ist. Denn wir haben dabei etwas über uns selbst gelernt, eine neue Dimension unserer Perspektive erschlossen, aus der heraus in Zukunft neue Gedanken und damit frische Textbeiträge entstehen.

Auf viele meiner Sprüche bin ich schreibend gestoßen, und auch dieses Buch hat meinen Content bereits bereichert, nachdem ich die ersten 50 Seiten geschrieben hatte. Gehst Du damit in Resonanz, verändern diese Seiten etwas in Dir und damit auch Deinen Output. Jede resonante Verbindung steckt voller Überraschungen und Möglichkeiten, uns verändern zu lassen und zu lernen.

5.1.1 Arbeite in Content-Loops

Lass die Menschen an der Entwicklung Deines Contents teilhaben – das ist der strategische Leitgedanke im Brandwriting. Das befördert nicht nur die Resonanz, sondern erhöht auch den subjektiven Wert Deiner Inhalte. Denn wenn wir Menschen aktiv an einer Sache mitgewirkt haben, ist sie für uns umso wertvoller. Die Psychologie und Verhaltensökonomie nennt diese Wertsteigerung durch Selbstbeteiligung treffend den *IKEA-Effekt*: Menschen schätzen die Dinge als subjektiv wertvoller, wenn sie selbst daran mitgewirkt haben (zum Beispiel sie zusammengebaut, selbst gebastelt oder veredelt haben), verglichen mit identischen Fertigprodukten, die sie nur konsumiert hätten.

Um die drei Faktoren zu berücksichtigen, die wir eben besprochen haben, arbeite ich in meinem Content-System in drei Stufen: Experimente, Dialog und Synthese.

Stufe 1: Experimente

Mein bevorzugter Kanal für Experimente und offene Thesen ist der Newsletter. Jeden Freitagmorgen sitze ich um 6 Uhr am Schreibtisch und fühle in mich hinein, was mich in der Woche am meisten bewegt hat. Was waren meine Highlights? Was hat mich herausgefordert oder besonders berührt? Was kann ich daraus lernen? Diesen Fragen gehe ich schreibend nach und lasse meine Beobachtungen, Gedanken und Ideen in den Text fließen.

Anfangs hat sich diese Arbeitsweise nackt angefühlt. Ich wusste nie, wie sich der Newsletter entwickelt. Doch das Feedback meiner Zielgruppe hat mich bestärkt, damit fortzufahren. Es erscheint kaum ein Newsletter, auf den ich keine persönliche Antwort bekomme, weil meine Worte etwas in den Menschen ausgelöst haben. Und sie sind damit nicht die einzigen.

Auch wenn ich meist zwischen 7 und 8 Uhr auf »Senden« klicke, hallt der Newsletter noch den gesamten Tag und oft sogar übers Wochenende in mir nach. Alle Gedanken und Feedbacks, die daraufhin kommen, sammle ich für die nächste Stufe.

Die Magie liegt weniger im konkreten Newsletter als im Innehalten, Einfühlen und Reflektieren: Was ist es gerade, was Deine Welt bewegt? Warum bewegt Dich das so sehr? Und was machst Du als Nächstes damit? Diesen Check-in kannst Du allein als Personenmarke oder auch gemeinsam im Team rund um eine Marke machen.

Mit dieser Herangehensweise stellst Du sicher, dass die Ideen und Gedanken authentisch aus der Marke herausfließen, dass damit Erlebnisse und Beispiele verbunden sind und dass Du automatisch ins Storytelling kommst. Du erzählst eine Geschichte, die alle wichtigen Elemente einer Story aufweist: Etwas fordert die Figur (Person/Unternehmen/Marke) heraus. Dabei steht einiges für die Figur auf dem Spiel. Wir können uns mit ihr identifizieren und fiebern mit, welche Lösung sie finden wird. Dazu mehr in Kapitel 6, wenn wir uns intensiv der Welt der Geschichten widmen.

Stufe 2: Dialog

In der zweiten Phase (manchmal erst Wochen oder Monate später) bereite ich einen Kerngedanken aus dem Newsletter-Thema als Social-Media-Beitrag auf – zum Beispiel für Instagram oder LinkedIn. Das Ziel hier ist Dialog (was die meisten Algorithmen übrigens belohnen). Ich teste dabei, wie Ideen oder konkrete Tipps ankommen und ob andere Menschen ähnliche Fragen beschäftigen wie mich. Dabei erzähle ich bewusst nicht alles, was ich denke oder zu sagen hätte. Das würde die Beiträge aufblähen, verkomplizieren oder sogar ungenießbar machen. Ich will mich austauschen und nicht predigen. Daher portioniere ich und führe manche Gedankengänge bewusst nicht ganz zu Ende, um es den Menschen zu ermöglichen, ihre Sicht der Dinge zu entwickeln und zu teilen.

Da ich selbst auch gerne in Dialog mit anderen Menschen trete, suche ich regelmäßig nach Beiträgen, die ich kommentieren und durch meine Perspektive ergänzen kann. An manchen Tagen fällt mir das allerdings nicht so leicht. Denn viele Beiträge sind geschrieben wie

Selbstauskünfte, Gesetzmäßigkeiten oder Kundgaben von oben herab – sie wirken in sich vollständig und geschlossen. Auch wenn wir Lust hätten, uns und unsere Sichtweise einzubringen, müssten wir länger hin und her denken, um einen geeigneten Ansatz zu finden. Wenn wir die Aufforderung zum Dialog allerdings schon beim Schreiben mitdenken, können wir die Beiträge von Grund auf interaktiver gestalten. Ziel ist, dass die Menschen nicht nur unsere Perspektive kennenlernen, sondern dass wir auch etwas von ihnen lernen und mitnehmen können. Wir gehen also auch in Resonanz mit ihnen und lassen uns von ihnen verändern. Und ja, das kann Arbeit bedeuten …

Neulich fragte mich jemand, warum ich mir die Mühe machen würde, unter meinen LinkedIn-Beiträgen hunderte Kommentare zu beantworten – mit mehr als einem Emoji oder drei Wörtern. Meine Antwort war einfach: Würde ich das nicht tun, wäre doch der gesamte Beitrag umsonst gewesen. Denn ich schreibe nicht, weil ich so viel weiß und ein besonders großes Mitteilungsbedürfnis hätte – ich schreibe, weil ich meine Zielgruppe besser verstehen will (ja, eine Wiederholung). Und was hilft mir dabei mehr, als wenn sie freiwillig ihren Senf in Form von Assoziationen, Erfahrungen und Ergänzungen hinzugibt? Manche Unternehmen führen breit angelegte und oft kostspielige Marktforschung durch, um an genau solche Einsichten zu kommen. Viele dieser Kommentare und Reaktionen lösen etwas in mir aus und entwickeln meine Gedanken weiter. Außerdem fördert es den Verbindungsaufbau so gar nicht, wenn sich Menschen die Mühe machen, ihre Sicht der Dinge mit mir zu teilen, und ich ignoriere ihren Beitrag einfach.

Stufe 3: Synthese

Was einmal als flüchtiger Gedanke oder als vages Gefühl am Freitagmorgen begonnen hat, ist nun zu einem umfangreichen Themenschwerpunkt herangereift. Das geht nicht immer von heute auf morgen, sondern erstreckt sich manchmal über Wochen und Monate. In dieser Zeit habe ich meine Perspektive auf das Thema erweitert, sodass ich jetzt tiefer eintauchen kann und dazu einen Beitrag im längeren Format entwickeln kann – wie zum Beispiel eine Podcastfolge, einen Blogartikel oder ein längeres Video. Selbst Kapitel aus diesem Buch sind aus einem flüchtigen ersten Gedanken entstanden, der sich durch Iterationsschleifen im engen Austausch mit meiner Zielgruppe weiterentwickelt hat.

Lass Deinen Content reifen statt rotieren

Ich hoffe, dass Du erkennst, dass es beim Konzept der Content-Loops um deutlich mehr geht als um bloßes »Content-Recycling«. Wir wollen nicht einfach die gleichen Inhalte auf verschiedenen Kanälen wiederverwerten – wir wollen sie so in Szene setzen, dass sie sich entwickeln und reifen können.

Dieser Gedanke wirkt auf viele Menschen befreiend, weil sie erkennen, dass sie nicht immer alles selbst wissen müssen. Vielmehr dürfen sie aus dem Dialog mit ihrer Zielgruppe lernen.

Denn wer immer schon alles weiß, belegt seine Frequenz mit Senden und macht seine Zielgruppe zu stumpfen Konsumenten. Wer hingegen teilt, fragt und reflektiert, schafft die Basis für lebendigen Austausch, der sowohl Resonanz schaffen als auch ungeahnt wertvolle Einsichten bewirken kann. Viel mehr noch als Deine Erkenntnisse und Ergebnisse interessiert die Menschen der Prozess dahinter – die Entstehungsgeschichten, Momente des Zweifelns und des Aufrappelns. Wenn Du Deine Zielgruppe an der Entwicklung Deiner Ideen, Produkte oder Texte teilhaben lässt, passieren drei Dinge gleichzeitig: Die Menschen fühlen sich eingeladen. Sie entwickeln eine Verbindung zu dem, was entsteht, weil sie Teil davon sind. Und sie versorgen Dich mit Fragen, Perspektiven und Impulsen, die Dein Denken schärfen und Deinen Horizont erweitern.

Das ist der ehrlichste Weg, Content zu produzieren. Du musst nicht alles wissen, bevor Du schreibst. Du darfst laut denken. Du darfst Fragen stellen, auf die Du selbst noch keine Antwort hast. Und Du wirst merken: Gerade diese Momente erzeugen oft die stärkste Resonanz.

5.1.2 Recycling und Variation: Ein Gedanke, viele Texte

Wir haben uns nun angeschaut, wie Du originären Content aus Deiner Perspektive heraus erstellst. Doch es muss nicht immer alles neu sein. Einer der häufigsten Irrtümer im Content-Marketing ist der Glaube, dass wir ständig frische Botschaften auftischen müssen. Dass Wiederholung Langeweile erzeugt. Und dass die Zielgruppe schon alles kennt, was wir veröffentlicht haben. In der Praxis ist das so gut wie nie der Fall.

Meine Erfahrung aus mehr als 15 Jahren Marketing und Branding ist: Wenn Du eine Botschaft nicht mehr hören kannst, kommt sie bei Deiner Zielgruppe gerade erst an. Denn während Du jeden Tag tief in Deinen Themen steckst, begegnet Dein Content Deiner Zielgruppe in unregelmäßigen Abständen – zwischen hundert anderen Impulsen, Ablenkungen und individuellen Prioritäten. Was für Dich wie Dauerbeschallung wirkt, ist für sie manchmal kaum wahrnehmbar.

Das bedeutet nicht, dass Du wortwörtlich dieselben Texte immer wieder posten sollst. Vielmehr geht es darum, die wichtigen Kerngedanken Deines Universums immer wieder in neuen Formen zu kommunizieren. Denn eine Idee ist selten nur eine Idee. Sie ist ein Samenkorn, aus dem viele verschiedene Texte wachsen können – wenn Du lernst, denselben Kern aus unterschiedlichen Winkeln zu betrachten und in verschiedene Formate zu übersetzen.

Nehmen wir das Thema »Die Kraft starker Verben« – ein Schwerpunkt aus meiner Arbeit. Was auf den ersten Blick wie ein einfacher Gedanke wirkt, entpuppt sich bei genauerer Betrachtung als eine immense Bandbreite an Möglichkeiten. Wir könnten dieses eine Thema auf Anhieb auf zehn verschiedene Weisen aufbereiten:

- Meine fünf Favoriten: eine Liste meiner absoluten Lieblingsverben – wie *knuspern*, *gönnen* und *schnabulieren*.

- Der Vorher-Nachher-Check: Direkte Textvergleiche, die zeigen, wie ein starkes Verb den Satz entstaubt und belebt.
- Bilder im Kopf: Eine Demonstration, wie Verben lebendiges Kopfkino erzeugen.
- Nostalgie-Faktor »Tu-Wort«: Ein humorvoller Rückblick auf die Grundschulzeit, der verstaubte Theorie in moderne Praxis übersetzt.
- Die Rote Liste: Eine Warnung vor fünf No-Go-Verben, die Texte aufblähen oder lähmen.
- Die Psychologie der Bewegung: Ein Einblick, warum unser Gehirn auf Verben schneller reagiert als auf abstrakte Substantive.
- Tonalitäts-Check: Wie unterschiedliche Verben den gesamten Ton eines Textes verändern.
- Eine Provokation: Dieses eine Wort ruiniert den ganzen Text – mit konkretem Beispiel. (Auflösung: ein schlecht gewähltes Verb)
- Adjektiv-Fasten: eine Challenge, einen Absatz nur durch starke Verben lebendig zu machen und auf Adjektive ganz zu verzichten.
- Satz-Tuning durch Streichliste: Ein Tutorial, wie wir Hilfsverben durch starke Alternativen ersetzen.

Ein einziger Schwerpunkt in zehn Varianten, und jede davon spricht Menschen anders an – mal provokant, mal analytisch, mal humorvoll, mal nostalgisch. Indem Du die Perspektive wechselst, holst Du die Menschen auf verschiedenen Ebenen ab. Und Du kannst in Zukunft mehr von dem machen, was besser funktioniert.

Ein Thema wird nie alt, wenn Du es immer wieder neu präsentierst.

Diese Variationen gedeihen von ganz allein. Im Laufe Deiner Arbeit sammelst Du neue Erfahrungen, und in der Zusammenarbeit teilen die Menschen ihre Sicht auf Deine Themen. So fliegt Dir täglich wie von selbst neues Material zu: frische Beispiele, weitere Geschichten und die ein oder andere neue Nuance. Eine neue Story, ein anderes Beispiel, eine ungewohnte Frage – jeder Ansatz vertieft oder bereichert das Thema ein Stück weiter und offenbart neue Facetten, von denen Du erzählen kannst. Manchmal genügt schon eine kleine Feinheit, und der ganze Beitrag fühlt sich vollkommen neu an. So, wie sich Deine Perspektive mit der Zeit verändert, entwickelt sich auch alles, was Du durch diese Brille betrachtest. Du kannst nie zwei Mal in denselben Fluss steigen. Dieser Gedankengang trägt zwei schöne Früchte:

1. Lass Dich nicht davon abhalten, über Themen zu sprechen, die auch andere in Deiner Branche schon aufgegriffen haben. Doch sprich darüber auf Deine eigene Art und Weise – durch Deine Perspektive. Auch wenn die Menschen eine Idee schon fünfmal gehört haben, kann sie durch Deine besondere Perspektive, Deine Beispiele und Deinen Stil noch zu neuen Aha-Momenten führen. Und manchmal verstehen die Menschen sie durch Dich sogar zum ersten Mal in ihrem vollen Potenzial.

2. Wahre Expertise und ein unverwechselbares Branding zeigen sich nicht darin, dass Du ständig 100 neue Ideen teilst. Sie zeigen sich vielmehr in Deiner Fähigkeit, bei einem einzigen Gedanken zu bleiben – und ihn auf 100 verschiedene Weisen auszudrücken, ohne dass er je verbraucht wirkt. So gelingt es Dir, die Menschen immer wieder aufs Neue zu berühren und zu inspirieren. Und genau in dieser Beharrlichkeit entstehen Substanz und echte Tiefe.

Eine einfache Übung: Nimm Deinen nächsten Text und frag Dich: In welchen fünf anderen Formaten könnte dieser Gedanke noch Gestalt annehmen? Als Story, als These, als Frage, als Liste oder vielleicht als Zitat? Die Antworten kannst Du in Abständen von zwei Monaten in Deinen Content-Plan bringen und so ein Thema fünfmal bespielen, ohne dass es langweilig wird.

5.1.3 Entwickle Deine Kultformate

Was soll ich heute teilen? Habe ich eigentlich gerade etwas zu sagen? Und wie soll ich das am besten verpacken? Diese Fragen haben bei mir häufig eine lähmende Hirnkirmes ausgelöst – mit dem Ergebnis, dass ich am Ende gar nichts veröffentlicht habe. Um diesem inneren Hin und Her zu entgehen und gleichzeitig Deine Markenwirkung zu stärken, lege ich Dir ans Herz, ein oder mehrere Kultformate zu entwickeln. Damit meine ich eine klar definierte Art von Beitrag, der in regelmäßigen Abständen erscheint und einen wichtigen Bereich Deiner Expertise betont. Dieses Serienformat wiederholst Du so lange, bis es bei Deiner Zielgruppe einen Kultstatus bekommt. Sie erwartet es bereits – und meldet sich vielleicht sogar bei Dir, weil sie es vermisst, wenn es einmal ausbleibt.

Bei mir ist das mein *Wort der Woche*. Jeden Montag teile ich ein Wort, das es wert ist, genauer hinzuschauen. *Otrovertiert*, *Menschine*, *Schnüffelstück*, *Verschlimmscheißerung* oder *Tüdelü* – von längst vergessenen Wortschätzen bis zu frechen Neuschöpfungen ist alles dabei. Ich verpacke Sprachliebe, Originalität und Lebensphilosophie in ein inspirierendes Format, das sich anfühlt wie ein Espresso – klein, stark und belebend. Damit steht das Format stellvertretend für die Wirkung meiner Arbeit: Ich lasse Menschen spüren, dass hinter jedem Wort eine eigene Welt steckt – und dass wir schärfer denken und reicher formulieren, wenn wir unseren Wortschatz pflegen.

Ein anderes Format ist bei mir die *Eskalation am Sonntag* – ein kleines Wortspiel, das daher rührt, dass ich jeden Sonntag 7.000 Stufen auf dem Stairwalker im Fitnessstudio gehe. Mein aktueller Rekord liegt bei 10.000 Stufen in ca. 80 Minuten. Vordergründig mag es dabei mehr um Fitness und mentale Stärke gehen – doch im Hintergrund illustriert dieses Ritual meine Haltung, genau da noch eine Stufe weiterzugehen, wo sich andere mit Mittelmaß zufriedengeben. Diese Story bei Instagram gehört immer wieder zu denen mit der größten Reichweite – was vielleicht auch daran liegt, dass der Algorithmus einen besonderen Reiz in schweißtriefenden Typen in enger Sportbekleidung erkennt.

»Das ist doch immer das Gleiche!«, hören wir vielleicht jetzt aus den hinteren Reihen. Doch auch wenn die Form ähnlich wirkt, ist die Botschaft bei beiden Formaten jedes Mal eine andere. Mein Fokus liegt stets darauf, dass es sich auch für die Zielgruppe lohnt. Die Gleichförmigkeit ist dabei ein Vorteil, denn sie sorgt für Vertrautheit und Wiedererkennungswert. Unser Ziel liegt darin, ein Serienformat zu schaffen, das Deine Zielgruppe kennt, erwartet und liebt. Und für Dich bedeutet dieses Format Entlastung, weil sich viele Fragen erübrigen, die die Content-Erstellung sonst erschweren.

Hast Du die Grundidee verstanden, kannst Du sie auf verschiedene Arten in Deinem Content umsetzen und variieren. Das kann ein wöchentlicher Newsletter sein, der immer mit derselben Struktur beginnt. Eine monatliche Kolumne, die immer eine unbequeme Wahrheit ausspricht. Ein wiederkehrendes Posting-Format, das immer denselben Einstieg hat. Oder ein Podcast, der immer mit derselben Frage endet.

Kultformate erzeugen eine Erwartung. Und Erwartung ist eine der stärksten Formen von Bindung. Wer Dein Format kennt und schätzt, kommt wieder, weil er weiß, was ihn erwartet – und weil er sich darauf freut.

Der hier im Buch bereits erwähnte Niels Koschoreck hatte einmal ein Kurzvideo-Format, in dem er *Weisheiten aus der Wanne* teilte. Er lag in der Badewanne – hinter ihm eine Reihe Bücher aufgestellt (wie ein echter Philosoph halt sein Bad einrichtet) – und vermittelte in diesem Setting tiefgründige Impulse. In der Welt der Kurzvideos ist das ein aufmerksamkeitsstarker Ansatz, der in Erinnerung bleibt.

Der Coach Andrew Shaw unterstützt insbesondere Männer dabei, ihre emotionale Intelligenz und Resilienz zu trainieren. Zu seinen Hauptbotschaften gehört, es sich nicht bequem zu machen, sondern regelmäßig Herausforderungen anzunehmen, die uns als Menschen mehr in Richtung unserer Ziele wachsen lassen. Passend dazu hat er ein Poster *Weeks of my Life*, auf dem für jede Woche eines durchschnittlich langen Lebens ein kleines Kästchen vorgesehen ist. In seinen Kurzvideos färbt Shaw meist sonntags ein weiteres Kästchen ein – als Markierung für die Woche, die gerade vergangen ist. Jede farbige Box steht damit für eine verbrauchte Woche seines Lebens, die nicht zurückkommt. Mit diesem Format führt er auf eindringliche Art vor Augen, wie überschaubar die eigene Zeit ist und wie wichtig es ist, das eigene Leben aktiv nach den eigenen Wünschen zu gestalten und diese mutig anzustreben.

Hier ein paar weitere Beispiele, die Dir als Inspiration dienen können, das Format für Deine Marke zu adaptieren:

- **Eine Modemarke** entwickelt das unsterbliche *Teil*. Jeden ersten Donnerstag im Monat stellt sie ein Kleidungsstück vor, das mindestens fünf Jahre alt ist, und zeigt, wie es sich heute modern kombinieren lässt. Damit illustriert sie, dass es ihr nicht um Fast Fashion, sondern um Langlebigkeit und Wertschätzung für das Handwerk geht.

- **Eine Bäckerei** inspiriert mit dem *Klang der Kruste* – ein wöchentliches Kurzvideo, das mit dem Anschnitt (ASMR-Effekt) eines frisch gebackenen Brotes beginnt. Danach gibt es 30 Sekunden lang Einblick in die Zutaten und Arbeitsschritte. Das Format ist wie eine zeremonielle Feier und weckt eine sinnliche Sehnsucht nach dem Produkt.
- **Ein Personal Trainer** teilt jeden Sonntag *Die 60-Sekunden-Wahrheit*. In kurzen Videos nimmt er Mythen unter die Lupe und zerlegt liebe- und humorvoll Halbwahrheiten sowie gängige Ausreden – zum Beispiel: »Ich habe keine Zeit für Sport«. Die Zielgruppe weiß: Da spricht ein Profi, der mir jeden Sonntag den nötigen Tritt in den Hintern und damit Motivation für die neue Woche gibt.

Erkennst Du das Potenzial? Dieses Format ist wie ein ritueller Anker, der die Markenidentität in eine verlässliche, fast schon erwartbare Form gießt und dabei die Haltung immer wieder aufs Neue erlebbar macht. Der Aufbau eines Kultformats braucht Zeit und Konsequenz. Es muss nicht beim ersten Versuch perfekt sitzen. Wichtig ist, dass es zur Marke passt, wertvoll ist und so oft erscheint, dass es sich untrennbar mit Deiner Marke verbinden kann.

5.1.4 Masse, Klasse oder Perfektionismus?

Wie viele Inhalte soll ich veröffentlichen? Das ist eine weitere Frage, die uns im Content-Game beschäftigt. Und mehr noch als die Frage an sich können die Antworten darauf verunsichern – denn die Empfehlungen reichen von mehrfach täglich bis sporadisch. Die ehrliche Antwort: Es gibt keine universelle Antwort. Es kommt auf eine Vielzahl von Faktoren an: die Branche, die Marke, den Kanal, die Zielgruppe und nicht zuletzt auch Deine Kapazitäten.

Während der internationale Moderiese im Stundentakt neue Trends raushaut, setzt die lokale Autowerkstatt lieber auf gezielte Tipps zum Saisonwechsel. Der kleine Feinkostladen um die Ecke punktet mit handverlesenen Spezialitäten statt mit digitalem Dauerfeuer. Am Ende entscheiden also nicht Kalender und Stoppuhr über den Erfolg der Kommunikation, sondern die Haltung der Marke und das Interesse der Zielgruppe.

Um in diesem Meer von Möglichkeiten dennoch Orientierung zu finden, lege ich Dir zwei Grundsätze ans Herz:

1. Klasse statt Masse

In Kapitel 2 haben wir besprochen, wie wir unsere Zielgruppe konditionieren. Alles, was die Menschen in Verbindung mit unserer Marke spüren und erleben, verbinden sie im Laufe der Zeit auch mit ihr. Wenn Dein Content immer wieder inspiriert, belebt und zum Lachen bringt, dann verankern sich diese Zustände auch mit Deiner Marke. Wenn Du jedoch auf Masse setzt und die Beiträge dadurch nur noch ein Schulterzucken auslösen, verankert sich auch dieses Gefühl – und Deine Marke droht an Bedeutung zu verlieren. Ein stumpfer Text, dem man seine gedanken- und lieblose Produktion ansieht, schadet mehr, als er nützt.

Im Kern geht es also darum, dass Deine Kommunikation jederzeit relevant und wertvoll für die Zielgruppe ist – und auch zu Deiner Marke passt. Erst Substanz, dann Relevanz, dann Reichweite. So weit der Idealfall. Doch wer nur auf den perfekten Text wartet, schreibt am Ende oft gar nichts. Und das ist das größere Problem. Daher folgt eine Ergänzung.

2. Keine Klasse ohne Masse

Bitte entschuldige, wenn ich Dein Hirn kurz verrückt mache, doch es lohnt sich gleich – versprochen! Am besten illustriert das folgende Geschichte, die ich zuerst bei meinem amerikanischen Copywriter-Kollegen Eddie Shleyner gelesen habe.

Während seines Literaturstudiums belegt Shleyner einen Kurs im Vignetten-Schreiben. Das sind kurze, skizzenhafte Texte, die einen flüchtigen Moment, eine Szene, eine Stimmung eindringlich einfangen. Übrigens eine erstklassige Übung, um Deine Wahrnehmung, Dein Storytelling und auch Deinen Stil zu trainieren. In der ersten Stunde teilt der Professor Shleyners Klasse in zwei Gruppen auf. Die erste benotet er lediglich auf Basis der Qualität der letzten Vignette, die sie für das Semester einreicht. Die zweite Gruppe bewertet er hingegen auf Basis der Quantität – also danach, wie viele Vignetten sie im Laufe des Semesters einreicht. Mit 50 Stück erhalten sie automatisch eine 1. Die zweite Gruppe protestiert: Das sei unfair! Es gehe doch in der Kunst um Qualität, nicht um Quantität. Daraufhin entgegnet der Professor sinngemäß: Seit Jahren sei es immer die Gruppe mit der höchsten Quantität gewesen, die am Ende auch die höchste Qualität geliefert habe.

Die Lektion ist simpel und doch tiefgreifend: Wer besser schreiben will, muss mehr schreiben. Nicht irgendwann mal und nicht erst, wenn die Muse klopft – sondern heute. Und morgen. Und übermorgen auch wieder. Denn die größte Lüge, die wir uns beim Schreiben erzählen können, ist: Wir müssen darauf warten, dass wir uns bereit fühlen.

Bereit ist kein Gefühl – bereit ist eine Entscheidung.

Entscheide, dass Du bereit bist, und fang an zu schreiben. Das Gefühl stellt sich dann im Laufe des Prozesses von allein ein.

Und genau das ist das Geniale an der Quantität: Sie nimmt Dir die Ausreden und vor allem den Druck. Du musst heute nicht brillant schreiben. Du schreibst einfach – so gut, wie Du gerade kannst. Und dann wieder, ein kleines bisschen besser. Mit jedem Text gewöhnst Du Dich an den Prozess, entspannst Dich, Deine Fähigkeiten entwickeln sich, Du schreibst souveräner – und mit der Zeit steigt die Qualität. Die Masse schafft die Klasse.

Entgegen der landläufigen Meinung ist Schreiben kein rein intellektueller Prozess. Die Aspekte, die gute Texte ausmachen – Rhythmus, Timing, Wortwahl –, lernen wir nicht durch Nachdenken, sondern durch Wiederholung: durch Schreiben und Lesen. Dein Gehirn erkennt unbewusst Muster, lange bevor Du sie benennen kannst.

Wenn ich mit anderen Menschen auf diesen Gedankenpfaden wandere, kommt früher oder später der berechtigte Einwand: *Aber ich schreibe doch schon viel – und werde trotzdem nicht besser!* Das ist ein wichtiger Punkt. Denn bloßes Wiederholen ist noch kein Lernen. Wer 20 Jahre lang denselben Fehler wiederholt, hat nicht 20 Jahre Erfahrung, sondern ein Jahr Erfahrung – und 19 Jahre Stagnation.

Der Unterschied zwischen Stagnation und Wachstum liegt in der Selbstreflexion. Darin, nach jedem Text innezuhalten und auszuwerten: Was ist gut? Was geht noch besser? Was mache ich beim nächsten Mal anders? Lass Dich immer wieder auf neue Experimente ein – andere Texte zu anderen Themen zu schreiben, um eine möglichst große Vielfalt an Mustern kennenzulernen. Genau so bin ich vorgegangen: Ich habe mich in immer neue Textformate gestürzt und parallel viel gelesen. Mit der Zeit hat mein Gehirn die Muster erkannt – und Schreiben wurde spürbar leichter.

Und es gibt noch einen Grund, warum viele Menschen gar nicht oder nur wenig schreiben: Perfektionismus. Wer nicht schreibt, kann auch nicht schlecht schreiben. Wer an einem einzigen Text feilt, bis er »perfekt« ist, muss sich nie der Reaktion darauf stellen. Ausreden wie *Das ist noch nicht gut genug!* wirken wie ein Sicherheitsnetz, das vor der Außenwelt schützt – indem es den Text versteckt.

Spürst Du dieses schmutzige Paradoxon? Perfektionismus speist sich aus der Angst, angreifbar, verletzbar und – ganz wichtig – nicht gut genug zu sein. Doch wenn wir dieser Angst nachgeben, hält sie uns davon ab, genug zu schreiben, um wirklich gut zu werden. Ulkig, was unser Verstand manchmal mit uns treibt, oder?

Was mir aus dieser Schleife geholfen hat, war eine einzige Erkenntnis: Der »perfekte« Text – sollte es ihn geben – kann erst im Austausch mit meiner Zielgruppe entstehen – also nach dem Veröffentlichen. Denn woher will ich wissen, was meine Texte wirklich auszeichnet, wenn ich sie in meinem Kopf drehe, statt sie in Resonanz mit echten Menschen zu bringen? Als ich mich zum ersten Mal überwunden habe, eine »unperfekte« Idee zu veröffentlichen, habe ich den wahren Wert von Feedback erlebt: Kommentare, Perspektiven und Hinweise von außen brachten mich auf Ideen, auf die ich allein am Schreibtisch nie gekommen wäre.

Ich griff die Impulse auf, verarbeitete sie und merkte: Mit jeder Reaktion verschob sich das Ziel ein Stück weiter nach vorn. Kaum war ich dem »fertigen« Text nah, zeigte mir das nächste Feedback, was noch alles möglich war. Die Website lässt sich immer wieder aktualisieren, der Newsletter erscheint Woche für Woche neu, und jedes Thema kann ich auf hundert Arten neu erzählen. Es gibt keinen Punkt, an dem all das einmal fertig ist.

Versuche nicht, Dinge zu beenden, die kein Ende haben.

Perfektion an sich gibt es also gar nicht. Es gibt ein Streben nach Perfektion – und dieser Weg führt über mutiges Experimentieren und den Dialog mit der Zielgruppe. Akzeptieren wir jedoch, dass es immer noch mehr zu entdecken gibt, wachsen wir mit unseren Themen und dem Feedback unserer Community.

Auf der Website der Universität Bremen bin ich auf ein Wort gestoßen, das diese Haltung für mich perfekt beschreibt: *Exzellenzismus*. Dahinter steckt das motivierte und gesunde Streben nach exzellenter Leistung und hoher Qualität – ohne Perfektionismus-Drama. Du setzt hohe Standards, bleibst ambitioniert und erlaubst Dir, auf diesem Weg auch »Fehler« zu machen.

Willst Du richtig gut werden, beginne heute mit dem ersten Satz. Schreib. Und morgen wieder. Betrachte Deinen Content nicht als Beweis Deiner Kompetenz, sondern als Labor, in dem manche Experimente gelingen und andere anders ausgehen als erwartet. Beides lehrt Dich etwas. Und je mehr Du produzierst, desto schneller lernst Du – und desto besser wirst Du.

Fassen wir zusammen: Die Klasse sollte nicht unter der Masse leiden – doch ohne Masse kann keine Klasse entstehen. Und auch wenn die Klasse da ist, braucht es eine regelmäßige Frequenz, um Sichtbarkeit und Reichweite aufzubauen. Du kannst das weltweit größte Text-Genie sein – wenn niemand von Dir lesen kann, bringt Dir das herzlich wenig.

5.1.5 Branding ohne Verkauf landet in der Friendzone

Wir haben im ersten Kapitel intensiv darüber gesprochen, wie Branding, Marketing und Verkauf eine Einheit bilden. Daran will ich an dieser Stelle kurz erinnern. Denn viele Marken vergessen vor lauter Branding und Beziehungsaufbau, ihr Angebot zu präsentieren, Argumente zu liefern und zum Handeln aufzufordern. Auch diese Seite ist notwendig.

Wer eine starke Brand aufbaut und mit der Zielgruppe in Resonanz geht, verkauft zweifelsfrei leichter – das ist einer der Kerngedanken dieses Buchs. Doch wer sich ausschließlich auf Branding-Content fokussiert, riskiert auf Dauer, in der Friendzone zu landen. Die Zielgruppe mag die Marke, schätzt den Content und empfiehlt sie weiter – kauft jedoch nie. Einfach, weil ihr gar nicht klar ist, was es zu kaufen gibt.

Wer nur verkauft, verbrennt das Vertrauen, das er noch gar nicht aufgebaut hat. Dann fühlt sich jeder Text an wie eine Forderung, die die noch zarte Beziehung schwer belasten kann. Das Beziehungskonto ist in diesem Zusammenhang eine hilfreiche Metapher. Jeder Branding-Post, jede persönliche Geschichte, jede ehrliche Meinung und jeder Mehrwert ohne erwartete Gegenleistung zahlt auf das Beziehungskonto ein. Jeder Verkaufstext ist eine Abhebung. Wer dauerhaft mehr abhebt als einzahlt, überzieht bald das Konto und gerät in die Position eines Bittstellers. Hier leidet die Augenhöhe, der Druck steigt und der Ton kippt. Wer hingegen regelmäßig einzahlt, darf auch abheben – ohne dass es die Beziehung belastet.

In Fachkreisen begegnet mir häufig die Faustformel: Auf sieben Branding-Inhalte darf ein Verkaufsinhalt folgen. Das kann durchaus ein gutes Augenmaß sein, sollte allerdings nicht zu einer starren Regel verfallen, denn wir wissen: Jede Art von Systematisierung und mechanischem Abarbeiten kann die Resonanz gefährden. Ich lade Dich ein, auf Dein Gefühl zu vertrauen. Denn auch hier können zahlreiche Faktoren wie Branche, Marke, Zielgruppe etc. eine Rolle spielen. Stimmt die Verbindung und kommunizierst Du aus einer starken Haltung heraus, kannst Du Dein Angebot auch deutlich häufiger präsentieren. Lass es einfach nicht klingen wie einen plumpen Verkaufstext, sondern wie eine Einladung an Deine Zielgruppe, mehr vom Spirit Deiner Marke in ihre Leben zu bringen.

5.2 Das Set-up: Einrichtung und innere Einstellung

Wir wollen also regelmäßig veröffentlichen, haben einen Plan und stehen in den Startlöchern. Doch bevor wir den ersten Satz schreiben, lohnt es sich, die Bedingungen, unter denen Du schreibst, genauer unter die Lupe zu nehmen. Dieses Set-up besteht aus zwei Teilen: der äußeren Einrichtung und der inneren Einstellung.

5.2.1 Medien stufenweise aufbauen

Einer der größten Gegner in der Content-Produktion ist weder die fehlende Zeit noch die Faulheit – es ist die Überforderung. Menschen starten mit zu vielen Kanälen gleichzeitig. Sie verbrennen ihre Energie in alle Richtungen und fragen sich nach wenigen Wochen total erschöpft, warum nichts funktioniert. Häufig orientieren sie sich dabei an gut gemeinten Ratschlägen wie *Du musst unbedingt diesen Kanal ausprobieren!* oder *Das hier ist das beste soziale Netzwerk, um Reichweite aufzubauen und Kunden zu gewinnen.* Solche Tipps sind jedoch in erster Linie eine nette Selbstauskunft. Denn wer sagt, dass das, was für andere funktioniert, auch für Deine Marke mit ihren spezifischen Rahmenbedingungen funktioniert? Genau deswegen bin ich in diesem Buch sehr vorsichtig mit pauschalen Aussagen. Mein Ziel ist nicht, dass Du umsetzt, was für mich funktioniert. Denn Du bist nicht ich und arbeitest höchstwahrscheinlich unter anderen Voraussetzungen. Mein Ziel ist, dass Du aus all meinen Zutaten und Rezepten die herauspickst, die sich für Deine Marke und den jeweiligen Kontext Deiner Arbeit stimmig und richtig anfühlen. Hier mein Vorschlag, wie Du dabei vorgehen kannst:

Starte mit einem Kanal

Das erste Ziel beim Brandaufbau sollte nicht sein, möglichst viel Umsatz zu machen oder so schnell wie möglich viel Reichweite aufzubauen. Das sind positive Nebeneffekte, die sich von allein einstellen, sobald Deine Inhalte ihre Wirkung entfachen. Unser erstes Ziel besteht darin, dafür zu sorgen, dass Du Deinen Rhythmus findest und Freude daran entwickelst, Inhalte zu erstellen. Das ist die Voraussetzung dafür, dass das Spiel langfristig überhaupt eine Chance hat und Du nicht nach wenigen Wochen alles hinwirfst.

Dieser erste Kanal muss nicht der sein, der gerade am meisten gehypt wird. Es sollte der sein, der am besten zu den Stärken und Zielen Deiner Marke passt. Bei der Auswahl können Dich folgende Fragen leiten:

- **Wo hält sich die Zielgruppe am meisten auf?**

  Dank detaillierter Segmentierung kannst Du heute fast jede Zielgruppe auf jedem Kanal finden. Doch wenn Du Consumer-Produkte verkaufst, ist ein Businessnetzwerk nicht die beste Anlaufstelle. Und wenn Du eine Zielgruppe zwischen 60 und 75 erreichen willst, findest Du diese wahrscheinlich nicht da, wo sich gerade alle 12- bis 16-Jährigen zu Hause fühlen.

- **Wo lässt sich Dein Angebot am besten vermitteln?**

  Hast Du ein sehr visuelles Produkt? Dann ist es nur von Vorteil, wenn Dir der Kanal die Möglichkeit gibt, es auch lecker fürs Auge zu präsentieren – zum Beispiel mit Slideshows oder Kurzfilmen. Hast Du hingegen eine eher erklärungsintensive Dienstleistung, empfehlen sich solche Kanäle, wo Menschen bereit sind, auch längeren Ausführungen zu folgen.

- **Wo liegen Deine Stärken?**

  Stehst Du gerne vor der Kamera? Oder fühlst Du Dich wohl hinter dem Mikrofon? Vielleicht arbeitest Du in einem größeren Team, das auch Fotografen oder Videoexperten beschäftigt? Wähle insbesondere den ersten Kanal so, dass Du optimal in den eigenen Stärken aufgehst. Auch das reduziert Komplexität. Wenn Du erst noch ein neues Set an Fähigkeiten entwickeln musst, um Inhalte zu erstellen, erhöht das die Komplexität sowie das Risiko, dass Du Dich früher oder später überfordert fühlst. Mach es Dir so leicht wie möglich, in die Umsetzung zu kommen – aber auch nicht leichter.

Jeder Kanal hat seine eigene Sprache, seine eigene Dynamik und seine eigene Lernkurve. Einen Podcast zu produzieren, fühlt sich anders an, als einen Newsletter zu schreiben. Ein LinkedIn-Post folgt anderen Gesetzen als ein Instagram-Reel. Wer versucht, alle Kanäle sofort gleichzeitig zu bespielen, lernt keinen richtig kennen – und bleibt auf jedem mittelmäßig.

Der erste Kanal, den ich kontinuierlich und nachhaltig bespielte, war mein Podcast. Dank zahlreicher Sprecherausbildungen und Speaker-Tätigkeiten fühlte ich mich hinter dem Mikrofon sehr wohl. Und doch verbrachte ich zweieinhalb Tage damit, die erste Folge zu skripten und einzusprechen. Damals war alles neu: die Inhalte organisieren, die richtige Dynamik mit dem Mikrofon finden, der Schnitt, das Mastering und die Distribution. Heute sammle ich meine Gedanken zur Folge in einer Mindmap, nehme mit nur wenigen Schnitten auf, und während die Folge hochlädt, erstelle ich ein Transkript, das mir als Basis dient, um die Beschreibung des Podcasts und entsprechende Social-Media-Beiträge zu erstellen.

Die Aufgabe an sich hat sich kaum verändert, doch ich bin in sie hineingewachsen. Durch einige Wiederholungen habe ich eine Routine entwickelt, mit der ich souverän und effizient hochwertigen Content erstelle. Was mich früher herausgefordert hat, erledige ich heute entspannt in einem Bruchteil der Zeit. Erkenne ich weitere Optimierungspotenziale, kann ich Aufgaben delegieren, um mich zu entlasten und mich neuen Kanälen zu widmen. Viele Menschen würden sich wundern, was eine einzige Person mit eingeschliffenen Routinen in 40 Stunden pro Woche alles erreichen kann.

Läuft es geschmeidig, nimm einen Kanal hinzu

Erst wenn Du auf einem Kanal heimisch bist – wenn die technischen Fragen keine Energie mehr kosten und der Prozess fast automatisch läuft –, dann ist der richtige Moment, einen zweiten Kanal hinzuzufügen. Und dann einen dritten. Stufenweise, nicht gleichzeitig. Ich habe nach dem Podcast LinkedIn hinzugenommen, die Spielregeln analysiert, das Potenzial für mich erkannt und in meine Routine gefunden. Auf diese Weise kannst auch Du Schritt für Schritt Deine eigene Welt erschließen. Das ist der schnellste Weg zu einem nachhaltigen Content-System, das Du pflegen kannst, ohne dabei auszubrennen.

Hier ein optimales Vorgehen für jeden Kanal vorzustellen, würde den Rahmen dieses Buches sprengen und uns zu weit von unserem Kernthema fortführen. Dafür eignen sich meine Coachings und Kurse deutlich besser, weil sie sich in Echtzeit an neue technische Möglichkeiten und Entwicklungen in der Marketingwelt anpassen lassen.

Was die Wahl der passenden Medien angeht, empfehle ich grundsätzlich: In jedem Kanal schlummert ein Potenzial – sonst würde ihn niemand nutzen und es würde ihn längst nicht mehr geben. Eine viel bessere Frage als, *ob* wir einen Kanal für uns erschließen wollen, lautet, *wie* wir ihn für unsere Marke nutzen könnten. Wie fügt er sich in die Kommunikationsstrategie der Marke ein? Wie ermöglicht er uns, den Dreiklang aus Experiment, Dialog und Synthese weiter auszubauen und so stärker in Resonanz mit unserer Zielgruppe zu gehen?

Nachdem wir über die äußere Einrichtung gesprochen haben, richten wir den Blick jetzt nach innen – auf die innere Einstellung. Du hast wahrscheinlich längst erkannt, dass beide Seiten im Wechselspiel miteinander stehen. Je geschmeidiger Deine Prozesse im Außen laufen, desto ruhiger und fokussierter bist Du auch im Innen.

5.2.2 Deine innere Einstellung

Ich war diese Woche 23 Mal mutig. Nein, ich bin aus keinem Flugzeug gesprungen und war auch nicht beim Bungee-Jumping. Es war die stille Art von Mut, die klein wirkt und mir doch alles abverlangt. Ich habe geschrieben. Ein Wort vor das andere gesetzt, obwohl ich nur eine leise Ahnung hatte, was ich sagen wollte. Obwohl innere Stimmen mich lähmen und tyrannisieren und versuchen, mich zu brechen.

Ich glaube, das ist mit Abstand das Wichtigste, das ich trainieren kann: kreatives Selbstvertrauen. Denn kreativ sein heißt, Dinge auszuprobieren, die nicht funktionieren könnten. Und

Dinge auf eine neue Weise zu tun, die anderen nicht gefallen könnte. Dabei steht viel auf dem Spiel. Das braucht Training – und zwar das richtige. Jedes Mal, wenn Du vor der Angst zurückweichst, trainierst Du das Zurückweichen. Jedes Mal, wenn Du auf das perfekte Gefühl wartest, trainierst Du das Warten. Und jedes Mal, wenn Du trotzdem anfängst – trotz lähmender Zweifel, trotz des Gefühls, noch nicht bereit zu sein –, trainierst Du den Muskel, der lernt: Ich finde einen Weg. Wie schon so viele Male zuvor.

Das ist kreatives Selbstvertrauen. Es ist das tiefe Wissen, dass Du mit allem umgehen kannst, was kommt. Niemand weiß, was kommt. Sonst wäre es keine Entscheidung und kein Risiko. Das gilt für jeden Text. Für jeden Vortrag. Für jedes kreative Wagnis.

Viele der schönsten Texte, die ich je geschrieben habe, entstanden in Momenten, in denen ich vorher Angst hatte.

Die kraftvollsten Sätze, die ich je gesprochen habe, kamen, als ich noch nicht wusste, wie das Satzende lautet.

Die Übung ist einfach, doch nicht immer leicht: Lass Dich in Frieden. Lass Dich machen. Vertrau Dir dabei. Folge Deinen Gedankengängen. Schon nach wenigen Schritten löst die Faszination die Frustration ab, und Du stolperst über Dinge, die Du sonst nie entdeckt hättest.

Genau das meine ich mit innerer Einstellung. Werkzeuge kannst Du kaufen. Fähigkeiten entwickeln. Theorien verstehen. Doch dieses kreative Selbstvertrauen lässt sich weder kaufen noch im Sessel erlernen – Du erlebst es nur, indem Du immer wieder anfängst, bevor Du Dich bereit fühlst.

Content ist kein Sprint. Es ist ein Marathon – ohne Ziellinie. Die Marken, die langfristig Resonanz aufbauen, sind nicht die mit den cleversten Strategien, geheimen Hacks oder den größten Budgets. Es sind die, die einfach nicht aufgehört haben. Was ist ihr Geheimnis? Was sorgt dafür, dass sie Energie dort aufbringen, wo andere die Hände in den Schoß legen oder ganz resignieren? Diese innere Einstellung ruht auf drei Säulen:

1. Der innere Antrieb: Warum und Wozu?

Wer nur schreibt, um Follower zu gewinnen, hört auf, sobald die Follower ausbleiben. Wer schreibt, um den Umsatz zu steigern, verliert den Antrieb, sobald der Umsatz stagniert. Beides sind externe Ziele – und externe Ziele sind erschöpfliche Motivationsquellen.

Anders ist es, wenn das Schreiben selbst ein Ausdruck von Werten ist. Wenn es Dir erlaubt, zu wachsen, Dich mit Menschen zu verbinden, Deine Perspektive zu schärfen und etwas in die Welt zu bringen, das Dir wichtig ist. Dann ist Content-Erstellung sogar eine tiefe Form der gelebten Selbstverwirklichung.

Diese Magie entsteht, wenn wir die Aufgabe mit unseren persönlichen Werten verbinden. Ich schreibe nicht, um bekannt zu sein. Ich schreibe, weil mir jeder Text dabei hilft, klarer zu denken und über mich hinauszuwachsen. Weil ich dabei tiefgründige Verbindungen zu anderen Menschen herstelle, die auch mich bereichern. Und ich schreibe, weil ich die zum Teil ekstatischen Aha-Momente im Prozess genieße. All das zieht mich magnetisch immer wieder in diesen Prozess hinein – ganz ohne Disziplin.

Warum schreibst Du? Und wozu? Was entsteht durch das Schreiben für Dich selbst – jenseits von Reichweite und Umsatz? Die Antworten auf diese Fragen bilden ein kraftvolles Fundament. Sichtbarkeit, Reichweite und Bekanntheit sollten dabei nicht das Ziel sein – sie sind Nebenprodukte, die sich automatisch einstellen, während Du im Kontakt mit Dir selbst bist.

2. Grit und mentale Stärke

Die zweite Säule ist *Grit* – ein Cocktail aus Mut, Entschlossenheit und Beharrlichkeit. Sie greift genau dann, wenn der innere Antrieb gerade leiser ist. Wenn der Morgen grau ist, die Ideen ausbleiben und der innere Kritiker ein Dauergast ist. Motivation und Inspiration sind gut und schön, doch wir möchten uns davon nicht abhängig machen. Motivation kommt und geht. Grit bleibt. Er bedeutet, dranzubleiben, gerade wenn die Lust fehlt.

Im NLP gibt es einen Satz, der mich seit Jahren begleitet: Die wahre Magie im Leben besteht nicht darin, immer nur zu tun, worauf Du Lust hast – sondern immer Lust auf das zu haben, was es gerade zu tun gibt.

Willenskraft allein reicht dafür nicht aus. Wer sich nur durchbeißt, zahlt einen Preis – und der zeigt sich irgendwann in der Qualität der Arbeit oder im Körper. Stattdessen kultivierst Du einen kraftvollen, konstruktiven Umgang mit den eigenen Gedanken und Emotionen. Dazu gehört auch, unangenehme Emotionen nicht wegzudrücken: Sie haben eine funktionale Kraft. Sie wollen Dich dabei unterstützen, bestimmte Bedürfnisse zu erfüllen. Im Kern geht es darum, bewusst mit Deiner Innenwelt umzugehen und mentale Stärke zu trainieren. Das ist unter anderem auch der Grund, weshalb ich mehrmals pro Woche tausende Stufen gehe und immer wieder Projekte angehe, die sich gerade eine Nummer zu groß für mich anfühlen.

Wenn Du Deine mentale Stärke trainierst, verändert sich nicht nur Dein Schreiben – Du veränderst, wie Du mit Herausforderungen in allen Lebensbereichen umgehst. Wie Du außerdem einen respektvollen Dialog mit Dir selbst führst und Dich selbst motivierst, zu tun, was nötig ist, um das zu erreichen, was Du Dir wünschst.

Wie Du diesen Dialog mit Dir selbst führst, ganz konkret und Schritt für Schritt, schauen wir uns in Abschnitt 5.4 gemeinsam an. Für den Moment reicht ein erster Gedanke: Stärke ist kein Dauerzustand, den Du abwartest. Sie ist eine Fähigkeit, die mit jeder Wiederholung wächst.

3. Resilienz und heitere Gelassenheit

Lass Dich von äußeren Faktoren nicht aus Deiner Mitte bringen. Die Außenwelt liefert permanent Anlässe, die uns destabilisieren könnten: ein Post, der keine Reaktionen bekommt.

Ein Algorithmus, der Deine Reichweite halbiert. Oder wenn jemand in den Kommentaren schreibt, was er von Deinen Texten hält – und es kein Kompliment ist. All das kommt vor. Die Frage ist also nicht, ob es passiert, sondern wie Du damit umgehst.

Der Schlüssel liegt darin, all das wahrzunehmen, ohne Dich davon definieren zu lassen. Du beobachtest, lernst daraus, was lernbar ist – und lässt den Rest los. Denn die Welt der Content-Erstellung ist ein großes Labor: Wir experimentieren, analysieren und optimieren, um es beim nächsten Mal besser zu machen. Manchmal bestätigt sich unsere Hypothese, manchmal gehen die Experimente anders aus als erwartet – und immer können wir etwas daraus lernen. Dazu fragst Du Dich nach jedem Text: *Was hat funktioniert? Was nicht? Warum? Und was mache ich beim nächsten Mal anders?*

Diese Grundhaltung des Experimentierens bewahrt Dich davor, Ergebnisse allzu sehr auf Dich selbst zu beziehen. Denn unsere Kommunikation steht immer auch in Wechselwirkung zu anderen Variablen. Was bei der einen Marke für Viralität oder Umsatzsprünge sorgt, bewirkt im Universum einer anderen Marke nur ein müdes Nicken – und umgekehrt.

Der schönste Zustand, aus dem heraus Du arbeiten kannst, ist die heitere Gelassenheit. Wer entspannt ist, ist flexibler. Wer gelassen ist, ist kreativer. Wer in sich ruht, findet leichter den Flow. Deine heitere Gelassenheit wirkt wie ein Schutzschild und ist gleichzeitig eine wertvolle Ressource. Diese positive Grundeinstellung lässt Dich Gelegenheiten und Möglichkeiten erkennen, wo andere nur Probleme und Hindernisse sehen.

5.2.3 Praktische Tipps zum Dranbleiben

Neben der inneren Einstellung und der strategischen Planung will ich Dir noch ein paar Tipps mitgeben, die mir und vielen Menschen in meinen Trainings geholfen haben, dranzubleiben und kontinuierlich zu schreiben, ohne dabei auszubrennen.

Gestalte Deine Umgebung bewusst

Wo Du schreibst, beeinflusst auch, *wie* Du schreibst – und zwar stärker, als die meisten Menschen ahnen. Unser Gehirn verknüpft Umgebungen mit Zuständen. Wer immer am gleichen Ort schreibt, konditioniert sich mit der Zeit selbst in den Schreibmodus. Ob am Schreibtisch, im Garten oder im Café; ob zur Lieblingsplaylist, bei grünem Licht oder zum Lavendelduft aus dem Aromaöldiffusor – all das sind stille Signale, die Deinem Gehirn sagen: Jetzt ist Schreibzeit. Wähle bewusst, wo, wie und wann Du am besten schreibst – und wiederhole diese Wahl konsequent, bis Du automatisch und aus Gewohnheit in den richtigen Zustand kommst. Damit gibst Du Motivation und Volition den Abschiedskuss, denn Dein Körper weiß bereits, was als Nächstes kommt.

Wärm Dich auf

Viele Menschen setzen sich hin und erwarten sofort Flow und Brillanz. Das ist, als würde ein Sportler ohne Aufwärmen in den Sprint starten. Ein kurzes Ritual vor dem eigentlichen Schreiben – ein paar Zeilen frei schreiben ohne Ziel, einen alten Text lesen, eine Frage notieren, die Dich gerade beschäftigt – diese kleinen Momente bringen das Gehirn in den richtigen Modus. Die Aufwärmphase muss nicht lang sein. Fünf Minuten reichen oft, um den inneren Motor anzuwerfen.

Von dem Philosophen Slavoj Žižek habe ich einen wunderbaren Tipp, den ich Tricksen mit Skizzen nenne. Wenn Dir mal nicht danach ist, zu »schreiben«, dann sag Dir selbst, dass Du nur eben ein paar Gedanken mit Worten skizzierst. Nichts Wildes, nichts Anspruchsvolles, kein Druck. Du willst nur eben ein bisschen experimentieren. Ich trickse mich damit immer wieder in den Schreibrausch. Eben habe ich noch ein paar halbgare Gedanken notiert, und ehe ich mich's versehe, bin ich voll im Flow und die schönsten Sätze fließen ganz entspannt aus meiner Hand.

Arbeite in Zeitblöcken

»Wenn es keinen Termin hat, findet es auch nicht statt.« Ich wünschte, diese Worte wären von mir, doch ich habe sie vor vielen Jahren in einem Vortrag des Autors und Unternehmers Bodo Schäfer gehört. Schreiben braucht Fokus – und Fokus braucht Zeit ohne Unterbrechung. Wenn ich Aufgaben aufschiebe, bis ich irgendwann mal die Zeit dazu finde, signalisiere ich meiner Innenwelt, dass sie nicht wichtig sind. Wenn Du ernsthaft schreiben willst, dann vereinbare einen Termin mit dem Text in Deinem Kalender.

Portioniere große Aufgaben

Wenn ich mir vornehme, gleich ein ganzes Buchkapitel an einem Nachmittag zu schreiben, gesellt sich sofort eine alte Bekannte auf meine Schreibtischkante: die Überforderung. Wenn ich hingegen täglich um 6 Uhr bei meinem Date mit dem Buch 1.500 Wörter schreibe, wächst das Werk wie von allein Woche für Woche an.

Wähle eine Dosis, die Dich voranbringt und sich gleichzeitig realistisch bewältigen lässt. Du wirst merken, dass Du wesentlich inspirierter und entspannter schreibst. Eben heiter und gelassen. Mit vielen kleinen Schritten hintereinander kannst Du auf Dauer auch die weitesten Strecken zurücklegen.

Spiel mit Dir – mach eine Challenge daraus

Während ich an diesem Buch schreibe, lerne ich Japanisch – seit Wochen, ununterbrochen. Seit Monaten meditiere ich täglich, und seit fast zwei Jahren poste ich jeden Tag eine Story bei Instagram. Dabei bin ich nicht diszipliniert – ich bin einfach ein großes Spielkind.

Mich motiviert die Freude am Dranbleiben – das Gefühl, einen Lauf zu haben, also viele Tage, Wochen und Monate in Folge nicht locker zu lassen und meine Erfolgsserie nicht abreißen zu lassen. Der psychologische Mechanismus dahinter nutzt zwei der mächtigsten Antriebskräfte unseres Gehirns gleichzeitig: die Belohnung in Form von sichtbarem Fortschritt und die Verlustaversion. Der Gedanke an einen möglichen Verlust schmerzt uns mehr als die Aussicht auf einen weiteren Gewinn. Wir wollen den Fortschritt, den wir uns erarbeitet haben, um keinen Preis verlieren. Je länger der Lauf, desto schmerzhafter wäre ein Bruch und desto kraftvoller entfaltet sich die Wirkung dieses Effekts. Perfekt also, um mit spielerischer Leichtigkeit eine neue Gewohnheit zu kultivieren.

Dieser kleine Gamification-Mechanismus ist erstaunlich wirkungsvoll und begegnet uns an vielen Stellen, um uns unbewusst am Ball zu halten. Nutze ihn für Deinen Content und Dein Schreiben. Beginne mit einer 30-Tage-Challenge, bei der Du jeden Tag einen Beitrag oder alternativ 30 Minuten schreibst. Oder Du nutzt den Effekt, um wie ich im Content-Game am Ball zu bleiben. Seit der Veröffentlichung meines Podcasts, meines Newsletters oder dem Beginn meiner Instagram-Challenge habe ich nicht eine Veröffentlichung ausgelassen – und ich habe es auch nicht vor.

5.2.4 Manage Deine Erwartungen

»Enttäuschung verlangt sorgfältige Vorbereitung« – dieser Satz stammt von Richard Bandler, einem der Gründer des NLP. Er bringt auf den Punkt, warum vielen Menschen die Energie ausgeht, bevor sich die gewünschten Ergebnisse einstellen.

Viele Menschen und Marken erwarten, dass sie heute mit dem Content beginnen und nächste Woche 10.000 Fans haben. Wenn Du Süßigkeiten im Netz verschenkst und täglich ein neues Gewinnspiel startest, ist das vielleicht möglich. Das liegt daran, dass jeder Kontakt ein Treffer ist. Doch die meisten Angebote sind komplexer. Es braucht seine Zeit, bis sie ihre Zielgruppe erreichen. Die Frage ist, ob wir sie uns geben. Wer nach zwei Wochen erwartet, dass sich Reichweite und Umsatz verdoppeln, wird enttäuscht sein. Und Enttäuschung ist einer der zuverlässigsten Gründe, aufzuhören.

Dabei zeigen sich in der Praxis zwei typische Reaktionen auf ausbleibende Ergebnisse: Die einen erklären das Experiment nach kurzer Zeit für beendet – sie wechseln das Format, die Plattform oder werfen gleich die gesamte Strategie über den Haufen. Die anderen wiederholen dasselbe Experiment 100 Mal, in der Hoffnung, dass beim 101. Mal ein anderes Ergebnis herauskommt. Beide Extreme kosten Energie, Zeit und Geld.

Der bessere Weg liegt dazwischen: Beharrlichkeit kombiniert mit Neugier. Gib Deinen Experimenten genug Zeit, um zu atmen – und justiere gezielt, wenn die Daten es nahelegen. Viele Über-Nacht-Erfolge sind das Ergebnis von tausend Nächten der Vorbereitung. Steck den Kopf also nicht in den Sand – wechsle lieber den Standpunkt, um neue Perspektiven einzunehmen.

5.3 Inspiration tanken: Nie wieder ideenlos

Du sitzt vor dem leeren Bildschirm, der Cursor blinkt Dich fordernd an und Du fühlst nichts – außer Druck. Das ist wohl eine der dunkelsten Seiten unseres Jobs, und nach diesem Abschnitt sollte sie sich nur noch wie ein Märchen aus längst vergangenen Zeiten anfühlen. Denn Ideenlosigkeit ist heilbar. Die Medizin ist ein System. Wenn Du weißt, wie Du Ideen findest, speicherst und entwickelst, sitzt Du nie wieder vor dem leeren Bildschirm, sondern bekommst Luxusprobleme: Du hast so viele Ideen, dass Du nicht weißt, was Du zuerst veröffentlichen sollst.

5.3.1 Dein Input formt Deinen Output

Kreativität ist heute längst kein Mysterium mehr. Sie entsteht aus neuen, oft zufälligen Verbindungen – wenn Ideen, Erfahrungen und Perspektiven zusammenkommen und einander befruchten. Wir fügen also bestehende Elemente auf neue Art und Weise zusammen. Und diese Verbindungen können nur entstehen, wenn Du Dich dafür mit Rohmaterial versorgst.

»Lesen ist Denken mit fremdem Gehirn«, so bringt es Jorge Luis Borges knusprig auf den Punkt. Wenn Du liest, siehst Du die Welt durch andere Filter und nimmst Dinge wahr, die Du zuvor ausgeblendet hast. Gute Bücher können dafür sorgen, dass Du anders denkst, fühlst und handelst. Und diese Wirkung ist nicht nur auf Bücher begrenzt. Alles, was Du anschaust, hörst, erlebst und mit wem Du Dich umgibst, beeinflusst Dich und hat das Potenzial, Dich zu neuen Einsichten und Durchbrüchen zu inspirieren.

Das hat zur Folge: Wenn Du immer dieselben Quellen oder gar keine neuen konsumierst, denkst Du irgendwann nur noch in denselben Bahnen. Du schmorst in Deinem eigenen Einheitsbrei. Alles wirkt monoton, gewöhnlich und langweilig. Wenn Du hingegen bewusst und offen Heterogenität suchst, entwickelst Du eine Originalität, die sich nicht imitieren lässt. Du wirkst auch hier wie ein Reagenzglas: Der neue Input kombiniert sich in Dir zu etwas Neuem.

Ein Copywriter, der immer nur Copywriting-Literatur liest, klingt meist auch wie alle anderen Copywriter. Um diesen Trott zu vermeiden, habe ich meine Nase schon früh in andere Bereiche gesteckt: Philosophie, Kochkunst, Architektur, Mode, Hirnforschung bis hin zur Therapie von posttraumatischen Belastungsstörungen. Früher dachte ich, meine unbändige Neugier wäre eine Schwäche, weil ich mich mit hundert Dingen gleichzeitig beschäftige. Doch seitdem ich mir bewusst gemacht habe, wie all diese Themen miteinander in Wechselwirkung stehen und sich viele Punkte in der Rückschau verbinden, sehe ich in meiner Hyperaktivität eine Stärke.

Füttere Deine Innenwelt regelmäßig mit neuen Eindrücken, um neue Verbindungen zu begünstigen. Hier ein paar Gedankenanstöße, wie Dir das konkret gelingt:

- **Exotischer Lesestoff**: Lies Bücher, Magazine oder Artikel außerhalb Deiner üblichen Interessensgebiete. Geh in eine gute Buchhandlung und kaufe etwas, das Dich interessiert, was Du aber sonst nie lesen würdest.
- **Erlebe fremde Kulturen**: Ob durch Reisen oder den Besuch eines außergewöhnlichen Restaurants – andere Kulturen bieten Dir eine neue Perspektive auf die Welt.
- **Knüpfe neue Bekanntschaften**: Die Menschen, mit denen Du die meiste Zeit verbringst, haben auch den größten Einfluss auf Dich. Hier und da ein neuer Kontakt bereichert Dich auf vielfältige Art und Weise.
- **Kulturelles Cross-Training**: Besuche in Museen, Galerien oder Konzerten (auch jenseits des eigenen Geschmacks) trainieren Deine Wahrnehmung für Ästhetik und Struktur.
- **Analoger Ausgleich**: Handwerkliche Hobbys oder Sportarten ohne Bildschirmbezug lassen Dein Unbewusstes in Ruhe an neuen Ideen stricken, während die Hände beschäftigt sind.

Und neben der Idee, mehr des einen zu machen, kannst Du auch weniger des anderen machen. Indem Du bewusst auf Standardinhalte verzichtest und Einheitsbrei-Accounts entfolgst, schaffst Du mehr Platz für Nischen-Content und unkonventionelle Gedanken.

5.3.2 Die Content-Brille: Alles als Inspiration betrachten

Es gibt Menschen, die ständig Ideen haben – und Menschen, die sich damit deutlich schwerer tun. Der Unterschied liegt seltener in der Kreativität, als wir glauben. Viel öfter liegt er darin, worauf wir unsere Aufmerksamkeit richten – und welche Fragen wir uns dabei stellen. Beides lässt sich üben.

Ich lade Dich dazu ein, die Content-Brille aufzusetzen und alles als potenzielle Goldgrube für Deine Arbeit zu betrachten. Lass Dich dabei von starken Fragen leiten: Was hat das, was ich hier gerade wahrnehme, mit meiner Marke und meinem Angebot zu tun? Welche Geschichten, Metaphern und Erkenntnisse verbergen sich in diesem Moment, die ich für meine Arbeit aufgreifen könnte? Wie kann ich diese Inspiration für das nutzen, was mich gerade beschäftigt?

Manchmal löst ein Satz etwas in uns aus. Wir hören ein Verb in unserer Lieblingsserie, das eine besondere Strahlkraft hat, oder wir erkennen beim Sport ein Muster, das wir so gestern noch in unserem Business erlebt haben. In der Architektur lässt viel offene Fläche einen Raum ansprechender und edler wirken. Ähnlich verhält es sich mit Weißraum im Design. Warum tendieren Menschen hier dazu, jeden Quadratzentimeter füllen zu wollen?

Die meisten Ideen liegen offen vor uns – wir schauen nur an ihnen vorbei.

Wenn Du Dein Hirn darauf trainierst, Muster zu erkennen und Verbindungen zu knüpfen, schärfst Du Deine Wahrnehmung für all die Ideen um Dich herum. Der Einkauf beim Bäcker, die Fahrt mit der Bahn oder der Besuch im Fitnessstudio – in all diesen Momenten schlummert Rohmaterial für Deine Arbeit, wenn Du lernst, es als solches zu betrachten. Die Welt ist voller Gold. Die Content-Brille ist Dein Sieb.

Fang damit an, täglich eine einzige Beobachtung zu notieren – etwas, das Dich überrascht, berührt oder zum Nachdenken gebracht hat. Schon nach wenigen Wochen wirst Du merken: Dein Umfeld ist voller Geschichten, Metaphern und Inspirationen. Wie Du diese dann für Deine Kommunikation nutzbar machst, schauen wir uns im Kapitel 6 zum Storytelling an.

5.3.3 Gedanken festhalten, bevor sie verschwinden

Ideen sind flüchtig. Sie tauchen auf – im Halbschlaf, unter der Dusche oder mitten im Gespräch – und verschwinden genauso schnell wieder, wenn wir sie nicht festhalten. Das habe ich mehrfach erlebt. Es ist eine grausame Folter, eine grandiose Idee vergessen zu haben und gleichzeitig noch zu spüren, wie brillant sie war. Seitdem bin ich paranoid, was meine Ideen angeht, und halte wertvolle Gedanken lieber doppelt fest.

Lange Zeit habe ich Ideen in Stichworten gesammelt. Doch wenn ich später darauf zurückkam, konnte ich mich nur noch spärlich daran erinnern, was genau ich damit gemeint hatte. Seitdem skizziere ich immer auch den Kontext, der die Gedanken lebendig macht:

- Wie bin ich auf diesen Gedanken gekommen?
- Was verbinde ich gerade damit?
- Was fühle ich dabei?
- Woran erinnert er mich und was verbinde ich damit?
- Wie könnte ich ihn thematisch am besten in meine Welt einbringen?

Wenn Dich eine Idee beseelt, halte sie umfassend fest. Das geht heute zum Glück leichter als je zuvor. Wo wir früher Notizbücher mit uns herumtragen mussten, können wir Ideen heute beim Autofahren unseren digitalen Assistenten diktieren. Ich bin dabei sehr ausführlich, spreche lieber einen Satz zu viel ein und folge oft auch noch der Assoziationskette in die Tiefen meiner Gedankenwelt. Wenn ich die Idee auch erst Wochen später aufgreife, komme ich schnell wieder tief ins Thema und kann die Gedanken weiterentwickeln.

5.3.4 Baue Dir ein zweites Gehirn

Dein zweites Gehirn ist ein persönliches Archiv – eine Sammlung von Ideen, Beobachtungen, Zitaten, Textentwürfen, Inspirationen und Assoziationen, die über die Zeit wächst und sich zu einer unerschöpflichen Ideentankstelle entwickelt.

Dem Begriff bin ich zum ersten Mal beim Produktivitätsexperten Tiago Forte begegnet – und die Idee dahinter ist ebenso einfach wie wirkungsvoll: Unser biologisches Gehirn ist nicht dafür gemacht, Informationen zu speichern. Es ist dafür gemacht, sie zu verarbeiten und zu entwickeln. Wenn wir es zwingen, beides gleichzeitig zu tun, wird es in beidem schlechter.

Wenn Du ein zweites Gehirn aufbaust, entlastest Du Dein erstes. Du schaffst Raum für tieferes Denken, für unerwartete Verbindungen und für den Flow, der nur entstehen kann, wenn das Gehirn in seiner vollen mentalen Bandbreite in einem Thema aufgehen kann.

Praktisch bedeutet das: Halte alles fest, was Dir auf irgendeine Weise wertvoll erscheint. Speichere Formulierungen, die Du bewunderst. Halte Fragen fest, auf die Du noch keine Antwort hast. Und lass Dich regelmäßig von diesem Archiv inspirieren.

Aus Erfahrung empfehle ich dafür ein einziges System, um Zettelchaos, undurchsichtige Notizbücher und App-Gewusel zu vermeiden. Da in diesem Bereich gefühlt täglich neue Anbieter auf den Markt kommen und alte verschwinden, will ich hier keine konkreten Empfehlungen geben, die vielleicht nach einem Jahr wieder veraltet sind. Achte stattdessen darauf, wie Du Dich am besten und liebsten organisierst. Manche Menschen denken sehr visuell und illustrieren ihre Themen in Mindmaps oder Sketchnotes. Andere – und zu denen zähle auch ich mich hinzu – notieren zum Teil noch auf Papier, weil sie dabei am leichtesten in den Flow kommen. Finde den Weg, der zu Dir und zu Deiner Organisation passt.

5.3.5 Die Jeopardy-Strategie: Sammle starke Fragen

Erinnerst Du Dich noch an die Quizshow Jeopardy mit Frank Elstner? Die Menschen bekamen Antworten und mussten dazu die passende Frage finden. Dieser Ansatz kann Dir dabei helfen, schnell Zugang zu einem wertvollen Content-Thema zu finden. Denn manchmal fühle ich mich trotz voller Ideenliste und überbordendem zweiten Gehirn mit mehreren Tausend Punkten ideenlos und blockiert. Nichts spricht mich an, nichts aktiviert mich. Dieses Paradoxon hat mich eine Zeit lang ratlos gemacht. Wie kann es sein, dass ich nichts so richtig fühle, wo doch so viel Fülle da ist?

Die Antwort steckt schon in der Frage: Es geht um das Gefühl. Wir brauchen einen emotionalen Zugang zum Thema. Daher empfehle ich auch, möglichst viel Kontext einzufangen, wenn Du Ideen notierst. Alternativ kann eine Frage eine ähnliche Wirkung haben. Dieser Twist ist mir aufgefallen, als ich mich intensiver auf unvorbereitete Interviews eingelassen habe. Ich will die Fragen vorab nicht wissen, denn dann haben sie live eine kraftvolle Wirkung: Ich antworte aus meinem Gefühl heraus und bin in direkter Resonanz mit meinem Gegenüber. Dieses Setting sorgt immer wieder dafür, dass Geschichten, Beispiele und Ideen nur so aus mir heraussprudeln (und ich mir das Interview später anhöre, um sie für mich zu notieren).

Fragen aktivieren unser Gehirn auf einzigartige Weise. Und noch besser ist es, wenn sie von einem Menschen mit echtem Interesse, Bedürfnissen und einem klaren Kontext kommen. Stell Dir also vor, eine prototypische Person aus Deiner Zielgruppe stellt Dir eine für sie wichtige Frage. Nimm gerne ein KI-Tool zur Unterstützung: Versorge es mit Thema und Kontext und lass es Dir dann die 10, 20 oder 100 drängendsten Fragen auflisten, die diese Person Dir stellen würde. Manchmal fehlt Dir keine Idee, Dir fehlt nur die richtige Frage.

Ich sammle ergänzend dazu in meinem zweiten Gehirn starke Fragen, die an meiner Zielgruppe nagen. Ob aus der direkten Zusammenarbeit mit meinen Kundinnen und Kunden, aus den sozialen Medien oder in der Abschlussrunde nach einem Vortrag oder Seminar – sobald mir eine interessante Frage begegnet, halte ich sie fest, damit sie mich zur richtigen Zeit auf starke Gedanken bringt.

Du bist oft nur eine starke Frage von einem starken Beitrag entfernt.

Übrigens müssen die Fragen nicht immer von außen kommen, sondern Du kannst sie auch selbst aus einem Problem ableiten. Wenn jemand sagt: »Mein Content klingt generisch«, kann ich daraus die Frage formulieren: »Wie verleihe ich meinen Texten eine Prise Pep, Punch und Persönlichkeit?« Und darauf kann ich aus meiner Praxis sofort zehn verschiedene Antworten liefern.

Fakten und Stichworte können manchmal statisch und zäh wirken. Fragen hingegen sind dynamisch und eröffnen den Dialog. Unser Gehirn kann gar nicht anders, als sich darauf einzulassen.

5.3.6 Kuratieren: Du musst nicht alles selbst erfinden

Originalität bedeutet nicht, dass jeder Gedanke aus Dir allein kommen muss. Einer der wertvollsten Content-Typen überhaupt ist das Kuratieren: Wir wählen fremde Ideen, Texte und Perspektiven bewusst aus, ordnen sie ein und geben ihnen eine Bühne, indem wir sie durch unsere Brille betrachten. Einigen Personenmarken aus meinem Netzwerk folge ich nur wegen der besonderen Auswahl an Beiträgen, die sie täglich im Netz finden und mir empfehlen.

Ein kuratierter Inhalt sagt: Ich habe das für Dich gefunden, durchdacht und eingeordnet. Hier ist, was ich daran wichtig finde – und warum es vielleicht auch für Dich wertvoll sein könnte. Das klingt bescheiden, ist es aber nicht. Denn auch guter Geschmack ist eine Kompetenz, und aus der Informationsflut das Wesentliche herauszufiltern, ist in Zeiten des Content-Überflusses wertvoller denn je – wie wir in Kapitel 1 besprochen haben.

Schon die Auswahl ist eine Aussage: Sie zeigt, womit Du Dich beschäftigst, was Du für wertvoll hältst und wie Du die Welt siehst. Denn zwei Menschen können denselben Artikel lesen und völlig verschiedene Dinge darin entdecken. Was Du siehst, sagt genauso viel über Dich aus wie über den Text.

In der Praxis kann das viele Formen annehmen. Bei meiner Zielgruppe zum Beispiel gehören Buchempfehlungen zu den meistgeklickten Inhalten überhaupt. Kein Wunder: Wer ein gutes Buch empfiehlt, schenkt der anderen Person einen Einblick in die eigene Gedanken- und Gefühlswelt.

Wenn Dich etwas inspiriert, muss daraus keine aufwendige Eigenkreation werden. Manchmal ist der direkteste Weg der stärkste: Teile es – und sag dazu, was Du denkst. Ein Satz Deiner eigenen Einschätzung kann mehr Resonanz erzeugen als ein ganzer Artikel.

5.4 Schreiben: Vom leeren Blatt zum lebendigen Text

Strategie, Einstellung, Ideenfindung – das steht jetzt. Und damit kommt der Moment, auf den alles hinausläuft: Du setzt Dich hin (oder stellst Dich hin) und schreibst. Klingt einfach. Und ist es auch – wenn Du weißt, wie.

Die meisten Schreibprobleme lauern vor und nach dem eigentlichen Schreiben. Davor, weil Strategie, Vorbereitung und Ideen fehlen. Wie sollst Du einen guten Text schreiben, wenn Du nicht weißt, was Du überhaupt sagen willst? Danach, weil der innere Kritiker dazwischenfunkt und Deinen besten Ideen den Stecker zieht.

Genau deshalb stehen die Abschnitte in diesem Kapitel in dieser Reihenfolge. Die Vorbereitung räumt das Davor weg: Einen Großteil der Probleme erledigst Du, bevor das erste Wort steht. Den inneren Kritiker – das Danach – knöpfen wir uns später vor.

Jetzt geht es ums Schreiben selbst. Dieser Abschnitt begleitet Dich vom ersten Satz bis zum fertigen Text.

5.4.1 Zwei Wege zum Content: prozedural oder explorativ

Welche Art des Schreibens liegt Dir eher? Bevorzugst Du es, Dich von System und Struktur leiten zu lassen? Oder fließen die Worte leichter, wenn Du aus dem Bauch heraus und ohne Vorgaben in die Tasten haust? Beide Arten des Schreibens können Dich auf unterschiedlichen Wegen zu starken Texten führen.

- Das **prozedurale Schreiben** beginnt mit Struktur. Du orientierst Dich an Textformeln oder Frameworks. Du weißt, was Du sagen willst, bevor Du anfängst. Du skizzierst einen Aufbau, legst die Kernpunkte fest, wählst Beispiele und schreibst dann in diese Struktur hinein. Solche festen Muster gibt es in der Content-Welt reichlich. Denk nur an das Listicle mit seinen 7 Gründen, 10 schlauen Tipps oder 5 Fehlern, die Du vermeiden solltest. Eine klare Struktur, die sich leicht schreiben und leicht lesen lässt. Ähnlich funktionieren Zitate-Posts, Mythbuster, Case-Studies oder Anleitungen im How-to-Stil.

Solche Strukturen geben Sicherheit und Richtung. Dazu gehören auch Textformeln wie das SEXI-Framework, das ich Dir gleich vorstelle. Die eignen sich hervorragend, um komplexere Gedanken auf ihren Kern herunterzubrechen. Sie bestechen mit klaren Argumentationsketten und sind insbesondere ein Segen, wenn Du unter Druck schnell einen schlüssigen Text produzieren willst.

- Das **explorative Schreiben** fällt unter das, was ich GedankenSafari nenne. Du startest mit einem Gefühl, einem Spruch oder einer ersten Idee – und setzt dann einen Satz hinter den anderen. Du erkundest das Thema schreibend. Du folgst dem Fluss Deiner Gedanken, entdeckst die Struktur erst im Prozess und lässt Dich überraschen, wohin Dich Deine Worte führen. Er bringt oft die lebendigeren und persönlicheren Texte hervor, weil sie unmittelbar aus dem Gefühl entstehen und damit weniger verkopft wirken.

  Dieser Ansatz passt zu persönlichen Geschichten, zu Meinungstexten und zu jedem, der im freien Schreiben seinen Flow findet. Der Preis: Zeit. Wer ergebnisoffen schreibt, landet auch mal im Chaos. Ich habe nach 30 Minuten GedankenSafari manchmal 15 funkelnde Ideen – und noch keinen fertigen Text. Dafür überrasche ich mich auf diesem Weg immer wieder selbst: mit starken Sprüchen, Wortneuschöpfungen und Gedanken, die mir vorher gar nicht bewusst waren. E. M. Forster hat es zugespitzt: »Woher soll ich wissen, was ich denke, bevor ich lese, was ich schreibe?«

Ich selbst – und die meisten Kolleginnen und Kollegen, die ich kenne – nutzen beide Wege regelmäßig, je nach Text, Thema und Tagesform. Muss es schnell gehen, entspannt mich eine klare Struktur, an der ich mich entlanghangele.

Wenn Du Dir jedoch angewöhnst, Deine Gedanken vor dem Schreiben schon zu sortieren und an einer starken Struktur zu orientieren, machst Du diesen Schritt bald auf Autopilot. Du beginnst dann explorativ und landest doch bei einer klaren Struktur. Denn alles, woran Du arbeitest, arbeitet auch an Dir. Mit zunehmender Erfahrung folgst Du den Strukturen ganz intuitiv. Und manchmal kann es auch passieren, dass Du die Struktur sorgfältig planst und sich der Text dennoch beim Schreiben in eine völlig andere Richtung entwickelt. Dieser Nervenkitzel macht unsere Arbeit aus.

Am stärksten wird es oft, wenn Du beide Wege bewusst in zwei Phasen verbindest: Erst erkundest Du schreibend Deine Gedanken, dann holst Du eine bewährte Struktur dazu und bringst sie in Form. So nutzt Du den kreativen Rausch der GedankenSafari – und das Framework fängt die guten Gedanken ein, bevor Du Dein Ziel aus den Augen verlierst.

5.4.2 Die SEXI-Formel: Ein Framework für das prozedurale Schreiben

Für das prozedurale Schreiben habe ich ein Framework entwickelt, das ich in meinen Trainings seit Jahren einsetze. Es eignet sich für Social-Media-Beiträge, Kurzvideos, Newsletter und viele andere Content-Medien gleichermaßen. Die Formel gibt Dir einen klaren Fahrplan, ohne die Lebendigkeit des Textes zu opfern. Sie heißt SEXI, und der Name ist Programm.

S – Statement

Starte mit einer kraftvollen Aussage, die einen Kerngedanken aus Deinem Text herausgreift und eine Reaktion bewirkt wie: *Waaaaas? Erzähl mir mehr!* Dabei darfst Du – je nachdem, wie es zu Deiner Marke passt – ruhig auch aufwühlen, provozieren und anecken. Denn diese ersten Worte sollen Aufmerksamkeit und Neugier wecken, indem sie eine Lücke erzeugen, die die Menschen schließen wollen.

Neugier ist Unvollständigkeit, die nach Vollständigkeit sucht.

Genau das macht ein gutes Statement: Es öffnet eine Frage, ohne sie sofort zu beantworten. Der Drang nach Auflösung saugt die Menschen ganz natürlich tiefer in Deinen Text hinein. Der erste Satz macht Appetit auf den zweiten, der zweite auf den dritten … und ehe wir's uns versehen, haben wir den gesamten Text verputzt.

Das Statement hat übrigens nicht nur eine Wirkung nach außen. Es hält Dich auch auf Deinem Kurs und hilft Dir, Dich auf einen Gedanken zu fokussieren. Eines der größten Probleme schlechter Texte: Sie schweifen ab. Sie verzetteln sich in Details, Nichtigkeiten und Nebenschauplätzen. Das macht sie klobig und träge und verdirbt uns die Lust am Lesen, weil wir immer weniger von dem bekommen, wozu wir in der ersten Zeile Ja gesagt haben.

Beim prozeduralen Schreiben steht am Anfang immer dieselbe Frage: Was will ich eigentlich sagen? Welche Frage beantworte ich? Was ist die eine Botschaft, die ankommen soll? Fehlt diese Klarheit, kann auch der Text sie nicht entwickeln. Das Statement greift deshalb die Hauptidee des Textes auf. Ich formuliere zu Beginn ein provisorisches Statement nach der Strategie des Küchenzurufs: Ich spitze die Kernbotschaft so weit zu, dass ich sie vom Wohnzimmer in die Küche rufen kann – und die andere Person sofort versteht, worum es geht.

Ist der Text fertig, prüfe ich das Statement noch einmal. Behalte ich es? Oder hat sich beim Schreiben ein Bild oder ein Gedanke ergeben, der noch mehr Aufmerksamkeit und Neugier weckt?

Und hier kommt die Freiheit: Die Formel hält Dich so sicher auf dem Kurs Deines Leitgedankens, dass Du im ersten Satz getrost auch einen ganz anderen Gedanken aus dem Text aufgreifen kannst – die Kernidee erschließt sich durch den Aufbau der Formel so oder so. Du nimmst nur einen anderen Weg zum Ziel.

Wähle Dein Statement in jedem Fall so, dass es keine Erwartungen weckt, die der übrige Text nicht erfüllen kann. Ich erlaube mir mal, mit einer leichten Provokation einzusteigen:

Beispiel

S: Trau Dich, Scheiße zu schreiben.

E – Erklärung

Jetzt löst Du die Spannung auf, indem Du erklärst, was Du mit dem Statement meinst. Hast Du darin provoziert, ist jetzt der Moment, zu differenzieren (damit sich die Nerven beruhigen und die Schnappatmung nachlässt). Wie wir in Kapitel 3 rund um Provokation besprochen haben, spülst Du den starken Gedanken hier nicht weich. Du präzisierst ihn. Du gibst ihm Nuancen. Denn die Komplexität eines Themas passt selten in ein Statement von ein bis zwei Sätzen. Hier ist mehr Raum dafür.

Erläutere so viel, dass die Menschen besser verstehen, was Du meinst, wie Du es meinst und wohin die Reise gehen soll. Doch achte darauf, nicht in einen Rechtfertigungsmodus zu verfallen, damit Du Deine Haltung wahrst und der Text seinen Sog behält.

Beispiel

S: Trau Dich, Scheiße zu schreiben.

E: Ja, Du hast richtig gelesen. Vergiss den perfekten Text beim ersten Entwurf. Der ist ein Märchen. Bring stattdessen alle Deine Gedanken ungefiltert zu Papier – ganz egal, wie beschissen Du sie findest. Steht die Scheiße erst einmal auf dem Papier, hast Du mehr mentale Bandbreite frei, um sie in Gold zu verwandeln.

X – (E)xample

Ja, die Formel nimmt sich selbst nicht ganz so ernst. Und dadurch bleibt sie locker und sympathisch. Das X steht für »Xample«. Du gibst ein oder mehrere Beispiele, die Deine Aussage mit dem Kontext und der Lebensrealität Deiner Zielgruppe verbinden. Das X steht auch für den X-Faktor – die unbeschreibliche Qualität und besondere Variable Deines Beitrags (hab ich mir das nicht großartig zusammengereimt?).

Der Text wechselt von der Theorie in die Praxis – von einem bisher noch eher abstrakten Gedanken zu einer konkreten Erfahrung. Er lässt die Menschen erleben, was gemeint ist, statt nur zu labern. Dazu hast Du einige Mittel zur Auswahl: von einfachen Beispielen über Metaphern, Vergleiche und Analogien bis hin zu kleinen Anekdoten oder längeren Geschichten aus dem Alltag.

An dieser Stelle vertiefst Du das Verständnis Deiner zentralen Aussage und unterstreichst gleichzeitig Deine Expertise, weil Du zeigst, dass Deine Ideen in der Praxis etwas bringen, statt nur theoretisch gut zu klingen. Insgesamt bekommt Deine Botschaft so mehr Gewicht und bleibt länger in Erinnerung. Ich greife gerne einfach eine konkrete Situation aus dem Leben meiner Zielgruppe auf:

Beispiel

S: Trau Dich, Scheiße zu schreiben.

E: Ja, Du hast richtig gelesen. Vergiss den perfekten Text beim ersten Entwurf. Der ist ein Märchen. Bring stattdessen alle Deine Gedanken ungefiltert zu Papier – ganz egal, wie beschissen Du sie findest. Steht die Scheiße erst einmal auf dem Papier, hast Du mehr mentale Bandbreite frei, um sie in Gold zu verwandeln.

X: Du kennst das selbst: Die Muse hat Dir gerade einen fetten Zungenkuss verpasst, Dein Hirn kribbelt – doch aus Angst, etwas Schlechtes zu schreiben, bringst Du am Ende gar nichts zu Papier. Daher lies den ersten Satz nochmal.

I – Impact

Abschließend bringst Du die Relevanz auf den Punkt: Was haben die Menschen von diesem Impuls? Warum ist das wichtig? Was verändert sich, wenn sie den Gedanken wirklich annehmen?

Der Impact ist die Antwort auf die unausgesprochene Frage, die jetzt in den Köpfen der Menschen wabert: Was genau mache ich mit diesem Input? Was wäre der ideale nächste Schritt? Wie verändert das meine Lebensrealität?

Ein starker Impact macht den Mehrwert deutlich und gibt dem Text eine Richtung nach vorne. Er schließt den Loop, den das Statement geöffnet hat, und sollte das Gefühl hinterlassen: *Ich habe gerade etwas Nützliches gelesen. Das war wertvoll. Das hat sich gelohnt!*

In meinem Beispiel schwingt die Umsetzung schon mit, doch ich schärfe den Tipp noch einmal, um die Praxis zu erleichtern:

Beispiel

S: Trau Dich, Scheiße zu schreiben.

E: Ja, Du hast richtig gelesen. Vergiss den perfekten Text beim ersten Entwurf. Der ist ein Märchen. Bring stattdessen alle Deine Gedanken ungefiltert zu Papier – ganz egal, wie beschissen Du sie findest. Steht die Scheiße erst einmal auf dem Papier, hast Du mehr mentale Bandbreite frei, um sie in Gold zu verwandeln

X: Du kennst das selbst: Die Muse hat Dir gerade einen fetten Zungenkuss verpasst, Dein Hirn kribbelt – doch aus Angst, etwas Schlechtes zu schreiben, bringst Du am Ende gar nichts zu Papier. Daher lies den ersten Satz nochmal.

I: Setz Dir bei Deinem nächsten Text einen Wecker und notiere zehn Minuten lang jeden Gedanken, der Dir einfällt – je frecher, direkter und unverschämter, desto besser! So textest Du mit mehr Klarheit, Spaß und Leichtigkeit. Bring die Scheiße zu Papier – und dann verwandelst Du sie in Gold.

Beispiel – Modeboutique

S: Billig kaufen ist das teuerste Hobby, das wir kennen.

E: Die Kleidung zwickt, hat nicht ganz die richtige Farbe und ist eigentlich nur zu 80 Prozent Dein Stil? Aber komm, kostet ja nur 19 Euro! Nimmste mit ... Nach diesem Motto kaufen heute viele Menschen Klamotten, ohne sie je zu tragen. Und dafür sind selbst billige Teile zu teuer.

X: Heute Vormittag hat eine Kundin bei uns ein Jackett anprobiert und gesagt: »Das bin ich. Das nehme ich.« Kein Zögern, kein Preisvergleich. So entstehen Lieblingsstücke – und keine Kleiderschränke voller Reue.

I: Wenn Du das nächste Mal Kleidung kaufst, prüfe das Das-bin-ich-Gefühl. Hast Du es nicht, häng es zurück.

Beispiel – Bäckerei

S: Für 9 Cent bekommst Du ein Brötchen. Wir finden das auch erstaunlich.

E: Mehl, Wasser, Energie, Logistik, Verpackung, Löhne – und am Ende liegt das Brötchen für 9 Cent im Supermarktregal. Das funktioniert meist nur als Lockangebot, bei dem andere die Rechnung zahlen: Lieferanten mit schwindender Marge, Handwerksbetriebe mit sinkender Wertschätzung.

X: Bei uns kostet ein Brötchen 45 Cent. Dafür kennen wir den Bauern, die Mühle, den Zeitpunkt, an dem der Teig angesetzt wird, und den Menschen, der um 3 Uhr morgens die Öfen einschaltet. Das ist Brot, wie es jahrzehntelang üblich war, bevor jemand auf die Idee kam, es fast zu verschenken.

I: 9 Cent sind weniger ein Preis als ein Signal, wie die Welt von morgen aussieht. Du gestaltest sie mit jedem Brötchen, das Du kaufst.

Beispiel – Hypnose-Coach

S: Du verlierst bei einer Hypnose nicht die Kontrolle. Im Gegenteil.

E: Vergiss die Bühnenshows, in denen Menschen wie Marionetten gackern. Das ist nur Show. Echte Hypnose ist ein Zustand wacher, tiefer Konzentration – so wie der Moment, in dem Du einen Film so gebannt schaust, dass Du die Welt um Dich herum vergisst. Du bleibst die ganze Zeit Du selbst, nur mit direkterem Draht zu Deinem Unbewussten.

X: Eine Klientin saß neulich mit verschränkten Armen vor mir: »Ich lass mich von niemandem steuern.« Nach der Sitzung sagte sie verblüfft: »Ich habe ja alles mitbekommen – ich habe mich nur das erste Mal seit Jahren wirklich entspannt.« Genau darum geht es.

I: Den Zustand kennst Du längst – jedes Mal, wenn Du in einem Buch versinkst, unter der Dusche plötzlich die beste Idee hast oder beim Autofahren ganze Kilometer »verträumst«. Hypnose macht aus diesem Alltagsphänomen ein Werkzeug. In dieser Entspannung gelingt Veränderung leichter, weil Dein Kontrolletti-Verstand nicht immer dazwischenfunkt. Wenn Dich das nächste Mal jemand mit dem Mythos vom willenlosen Hühnchen erschrecken will, weißt Du es besser.

Warum SEXI funktioniert

Ist es nicht schön, wie Dich diese Formel anleitet, Deine Gedanken zu strukturieren und die zentrale Botschaft knackig auf den Punkt zu bringen? Sie soll sich nie wie ein Korsett anfühlen. Eher wie ein Gerüst, das Dir den Textaufbau leicht macht. Steht die Grundstruktur, wirf die Formel getrost über Bord und verleih dem Text ganz frei seinen letzten Schliff.

Übrigens muss nicht jeder der vier Teile gleich lang sein. Je nach Medium kannst Du den Gesamttext um ein Vielfaches strecken. So kurz wie möglich – und so lang wie nötig, um den einen Kerngedanken rüberzubringen.

Je nach Thema dürfen E und X ruhig doppelt oder dreimal so lang sein wie der Rest. S und I dagegen hältst Du so knusprig wie möglich. Denn ein zu langes S verfehlt seine Wirkung, und ein zu langes I klingt nach Komplexität, die einem die Lust am Umsetzen verdirbt. Der I-Part vom Text zum Hypnose-Coaching sollte zum Beispiel nicht noch länger sein.

Der eigentliche Wert der Formel: Sie löst drei Probleme auf einmal, die Dir beim Schreiben sonst regelmäßig in die Quere kommen:

- **Schluss mit Blockaden.** Du kennst die Zutaten für einen überzeugenden Text und kannst sie gezielt zusammentragen.
- **Schluss mit Abschweifen.** Jedes Element der Formel hat seine Funktion und hält Kurs auf Deine Kernbotschaft.
- **Schluss mit Larifari.** Das Statement trifft ins Schwarze, der Impact sagt den Menschen, was sie mit dem Gedanken anfangen sollen.

Ein Statement, das aufhorchen lässt. Eine Erklärung, die für Klarheit sorgt. Ein Beispiel, das die Theorie in die Praxis überträgt. Und ein Impact, der in die Umsetzung bringt. Das ist SEXI.

5.4.3 Die Vorbereitung: Viele Schreibprobleme sind Denkprobleme

Wenn ich vor dem leeren Blatt sitze und nicht weiß, was ich schreiben soll, habe ich meistens noch nicht klar genug gedacht. Das muss nicht heißen, dass ich zu wenig weiß oder noch weiter recherchieren müsste – oft habe ich einfach noch nicht entschieden, was ich eigentlich sagen will. In der Praxis verwechseln viele Menschen diese beiden Dinge, denn sie fühlen sich ähnlich an. Das führt oft dazu, dass sie im nächsten Schritt an ihren Kompetenzen zweifeln und sich damit nur noch mehr blockieren.

Um dieser Negativspirale zu entgehen, lohnt es sich, Dir vor dem Schreiben drei Fragen klar zu beantworten:

- **Für wen schreibe ich?**

  Bitte nicht die abstrakte Zielgruppe nach irgendwelchen Typisierungsmodellen, sondern eine ganz konkrete Person. Vielleicht eine Kundin, die Du schon kennst. Wer sitzt auf der anderen Seite? Was beschäftigt diese Person gerade? Was würde sie wissen wollen? Aus dieser imaginativen Verbindung schreibst Du empathischer, weniger verkopft und kommst weniger schnell vom Thema ab.
- **Was ist der eine Gedanke, den dieser Text transportieren soll?**

  Insbesondere für Content in Formaten mit geringer Aufmerksamkeitsspanne gilt: nicht fünf Gedanken, nicht ein ganzer Themenkomplex, sondern eine einzige, klare Aussage. Wenn Du sie in einem Satz formulieren kannst, geht Dir alles Weitere deutlich leichter von der Hand.
- **Was soll nach dem Lesen anders sein?**

  Soll die Person etwas denken, fühlen oder tun, das sie vorher nicht getan hat? Die Antwort gibt dem Text seine Richtung.

Je besser Du diese drei Fragen beantwortet hast, desto leichter fließen auch die Gedanken und Worte in die richtige Richtung.

5.4.4 Der erste Entwurf: Schreiben ohne Zensur

Trenne Kreation von Redaktion – das ist einer der wohl populärsten und doch am wenigsten berücksichtigten Tipps überhaupt. Beim Kreieren entfaltest Du Gedanken, beim Redigieren schärfst Du sie. Wer beides gleichzeitig versucht, blockiert sich selbst – der kritische Verstand unterbricht den kreativen Fluss, noch bevor er entstehen kann.

Ein geflügeltes Wort, oft Ernest Hemingway zugeschrieben, bringt es brutal auf den Punkt: »The first draft of anything is shit.« Und Stephen King ergänzt in seinem großartigen Buch *Das Leben und das Schreiben*, wie wichtig es ist, den ersten Entwurf schnell hinter sich zu bringen. Die wahre Magie kommt später – beim Kürzen und Polieren. Alle Weltklasseautoren wissen: Erst muss ein Text zu Papier, damit es überhaupt etwas zu überarbeiten gibt.

Dieses Vorgehen hat zwei elementare Vorteile.

1. Wenn Du die Ideen und Gedanken ungefiltert aus Deinem Kopf bringst, kannst Du Deine gesamte mentale Bandbreite für Deine Kreativität nutzen. Du verbrauchst Deine Hirnkapazitäten nicht unnötig damit, Ideen in Erinnerung zu behalten.
2. Viele Ideen entfalten und präzisieren sich im Laufe des Schreibens von allein. Statt grübelnd innezuhalten, ob Du etwas so sagen kannst, sag es lieber einmal klar und deutlich und beobachte, wie sich dieser Gedanke im Laufe der kommenden Sätze entwickelt.

Der erste Entwurf darf deshalb roh sein. Er darf holpern, abschweifen und auch zu lang sein. Er darf Sätze enthalten, die Du später streichen wirst. Denn manchmal brauchst Du genau diese Sätze als Sprungbrett, um zu viel besseren zu gelangen. Der erste Entwurf darf unfertig sein, weil er unfertig sein *soll*. Schreib ihn so schnell wie möglich. Ohne zurückzuschauen. Ohne zu korrigieren. Ohne zu bewerten. Lass die Gedanken fließen – und vertrau darauf, dass in diesem Rohmaterial die Diamanten stecken, die Du später herausarbeiten wirst.

Erlaube Dir, verrücktes Zeug zu schreiben. Öffne die Schleusen. Jede Idee, die in Dir auftaucht, hat ihren Wert – auch die schrägen, die unfertigen und selbst die auf den ersten Blick absurden. Gerade sie tragen oft etwas Originelles in sich. Denn Originalität entsteht jenseits der sicheren Zone – da, wo Du Dich traust, Gedanken zuzulassen, die Du noch nie so formuliert hast. Wer beim Schreiben nur das zulässt, was sich sofort richtig und fertig anfühlt, filtert genau die Impulse heraus, die den Unterschied machen.

Je unperfekter Du hier schreibst, desto exzellenter kann Dein Text am Ende werden. Dein erster Entwurf ist kein Urteil über Deine Fähigkeiten. Er ist der fruchtbare Boden, auf dem alles Weitere wächst. Erinnere Dich: Die Masse macht die Klasse erst möglich. Und das gilt auch innerhalb eines einzigen Textes.

5.4.5 Den Kern herausarbeiten: Die 20-Prozent-Methode

Insbesondere nach einer tiefen GedankenSafari fällt es Dir vielleicht nicht immer leicht, den wahren Kern eines Textes zu erkennen und herauszuarbeiten. Hier hilft das *Pareto-Prinzip*.

Vermutlich kennst Du die 80-20-Regel aus anderen Lebensbereichen:

- 20 Prozent der Arbeit sorgen für 80 Prozent der Ergebnisse.
- 20 Prozent der Zutaten machen 80 Prozent des Geschmacks aus.
- 20 Prozent des Wissens reichen oft, um 80 Prozent eines Themas zu verstehen.

Es ist gruselig, wie gut sich diese Regel auf so viele Bereiche des Lebens anwenden lässt. Auch aufs Schreiben. Meine These, die sich täglich bei meiner Arbeit bestätigt: 20 Prozent der Worte in einem Text sorgen für 80 Prozent der Wirkung. Sie tragen die Botschaft. Sie haben

Leuchtkraft. Ähnlich ist es auch mit diesem Buch: 20 Prozent der Seiten vermitteln 80 Prozent des Inhalts. Die anderen 80 Prozent sind Beiwerk – nicht überflüssig, aber auch nicht das, was hängen bleibt. Wenn Du dieses Prinzip verinnerlichst, redigierst Du sehr viel entspannter und effizienter.

Schreib den ersten Entwurf ohne Zensur. Dann gewinnst Du Abstand. Ein kleines Gehirn-Gassi, ein Spaziergang oder eine Nacht drüber schlafen. Dein Gehirn braucht diese Distanz, um den Text anschließend mit frischen Augen zu betrachten:

- Welche Sätze heben sich in ihrer Bedeutung von allen anderen ab?
- Wo blitzt der eigentliche Kern durch?
- Welche Zeilen würdest Du nicht missen wollen?

Diese Sätze sind Deine 20 Prozent. Widme ihnen eine Extraportion Aufmerksamkeit. Arbeite sie mit ein oder zwei zusätzlichen Sätzen sauber heraus, damit der Kern voll zur Geltung kommt. Und reduziere den Rest, bis kein überflüssiges Wort übrig bleibt. Das ist das eigentliche Ziel des Redigierens: die leuchtenden Stellen so freilegen, dass sie voll zur Geltung kommen.

Auch hier gilt: Wenn wir es uns beim Schreiben leichtmachen, machen wir es der Zielgruppe beim Lesen schwer. Sie muss dann selbst nach dem Kern suchen – manchmal in einem Potpourri aus unnötigen Details, die niemand bestellt hat. Dafür hat sie keine Zeit. Und meistens auch keine Lust.

Darum gönnen wir uns die Extraportion Spaß mit Buchstaben – und arbeiten den Kern so sauber heraus, dass die Menschen unsere Botschaft mit Leichtigkeit aufnehmen können.

5.4.6 Das Redigieren: Rohdiamanten zu Brillanten schleifen

Wenn der erste Entwurf steht, beginnt die eigentliche Arbeit – und auch die schönste. Denn das Geheimnis großartiger Texterinnen und Texter: Sie schreiben nicht besser, sie feilen nur besser.

Beim Redigieren entwickelt sich ein Text von gut zu unverwechselbar. Von verständlich zu unvergesslich. Und am Ende wird aus vollständig: präzise. Dazu empfehle ich Dir, den Text in drei Ebenen nacheinander zu bearbeiten.

1. **Inhalt und Struktur**: Stimmt der Aufbau? Folgt ein Gedanke logisch auf den anderen? Gibt es Sprünge, Lücken oder unbeabsichtigte Wiederholungen? Fehlt etwas Wesentliches – oder hat sich etwas eingeschlichen, das mit dem Ziel oder der Grundbotschaft des Textes nichts zu tun hat?

2. **Sätze und Formulierungen**: Ist jeder Satz so kurz wie möglich und so lang wie nötig? Gibt es Passiv-Konstruktionen, die Du ins Aktive verwandeln kannst? Nomen, die als Verben für mehr Kopfkino sorgen? Wertlose Füllwörter?
3. **Rhythmus und Klang**: Lies den Text laut vor. Wirklich laut – nicht nur im Kopf. Dein Mund stolpert über das, was das Auge überliest. Wo stockt der Rhythmus? Wo klingt es hölzern? Wo fehlt eine kleine Pause?

5.4.7 Kill your darlings: Wann Loslassen stärker macht

Es gibt Sätze, in die Du Dich verliebst. Da sind Formulierungen, an denen Du lang gefeilt hast und die sich deshalb kostbar anfühlen. Passagen, die Dich beim Schreiben begeistert haben, die aber im fertigen Text nicht funktionieren. Hier gilt: Kill your darlings. Töte Deine Lieblinge.

Diese Regel will nicht das Beste aus Deinem Text streichen. Sie will das Richtige behalten. Und manchmal fallen das Beste und das Richtige eben auseinander.

Mein Test dafür ist einfach: Dient dieser Satz dem Text – oder dient der Text diesem Satz? Wenn ein Abschnitt vor allem deswegen drin ist, weil Du ihn schön findest, gehört er wahrscheinlich raus. Oder in einen anderen Text. Oder in Dein zweites Gehirn, wo er auf seinen richtigen Moment wartet. Ja, das kann schmerzen, doch es macht den Text besser. Und mir erleichtert es das Rausstreichen, wenn ich weiß, dass diese Formulierung früher oder später ihre eigene Bühne findet.

5.4.8 Der letzte Check vor dem Veröffentlichen

Bevor ein Text raus in die Welt darf, lohnt sich ein letzter Blick auf drei Aspekte. Kannst Du diese drei Fragen mit Ja beantworten, dann drück auf »Senden«:

1. **Passt der Einstieg?** Der erste Satz entscheidet, ob wir auch den nächsten lesen. Saugt er uns hinein in den Text? Weckt er Neugier? Gibt er einen Grund weiterzulesen?
2. **Ist die Kernaussage klar?** Wenn jemand den Text liest und danach gefragt wird, worum es ging – kann er es in einem Satz sagen? Wenn nicht, ist die Aussage noch nicht scharf genug.
3. **Endet der Text richtig?** Der letzte Satz ist das, was nachwirkt. Er bleibt im Gedächtnis, lange nachdem alles andere verblasst ist. Hat er alles, was er braucht, um die gewünschte Wirkung zu erzielen?

5.5 Stolpersteine im Prozess überwinden

Von der Strategie über das Set-up bis zu den Ideen und ihrer Umsetzung haben wir nun alles Wichtige besprochen, worauf es ankommt. Du weißt, wie Content entsteht, der resoniert. Du weißt, wie Du dranbleibst. Und Du weißt, wie Du schrittweise schreibend Deinen Stil entwickelst. Und trotz allem kann es Momente geben, in denen die Worte dennoch nicht fließen wollen. Die wichtigsten dieser leisen, unsichtbaren Stolpersteine wollen wir in diesem letzten Abschnitt aufgreifen und auflösen.

5.5.1 Blockaden lösen mit Zustandsmanagement

Wie Du fühlst, beeinflusst, wie Du denkst und schreibst. Diese Einsicht ist für unsere tägliche Arbeit so fundamental, dass ich sie gerne wiederhole. Emotionale Zustände modulieren Aufmerksamkeit, Arbeitsgedächtnis und Sprachproduktion – und damit die neuronalen Muster, auf denen Dein Schreiben basiert. Je nach Stimmung verändern sich Ton, Tempo, Wortwahl und die gedankliche Struktur Deiner Texte: Stress und Angst verengen Deinen Blick, während Ruhe und positive Aktivierung mehr Spielraum schaffen und Dich in größeren Zusammenhängen denken lassen.

Es geht also im Leben wie im Schreiben nicht darum, Dich immer nur gut zu fühlen. Auch unangenehme Emotionen können produktiv sein, weil sie wichtige Einsichten, individuelle Bedürfnisse oder Konflikte sichtbar machen – sie »zünden« manchmal gerade die inneren Schaltkreise, die sonst zu still sind. Ich habe unter anderem spannende Erfahrungen damit gemacht, aus einer Wut heraus zu schreiben. Dadurch entstehen sehr ehrliche und direkte Texte. Die würde ich natürlich nicht veröffentlichen, ohne sie in einem besonnenen Zustand noch einmal gegenzulesen. Eine andere Emotion eröffnet eben eine andere Perspektive – auf die Außenwelt und auf Deine Innenwelt.

Wenn Du fit in Deinem Thema bist und Dich regelmäßig mit frischer Inspiration versorgst, dann darfst Du darauf vertrauen, dass längst alles in Dir steckt, was Du für großartigen Content benötigst. Die Frage ist dann, in welchen Zustand Du Dich bringen darfst, um Zugang zu dieser Instanz in Dir zu erhalten. Das gelingt Dir über die folgenden vier Quadranten, auf die ich in meinen NLP-Seminaren näher eingehe: Das Denken, das Fühlen, das Handeln und die Überzeugungen, die daraus entstehen. Dieser Kreislauf »programmiert« Dich und formt auf Dauer Deine Filter. An jedem der vier Felder kannst Du ansetzen, wenn Du Dich in einen anderen Zustand bringen willst. Anschließend schauen wir uns an, welche Magie sie entfachen, wenn sie zusammenwirken.

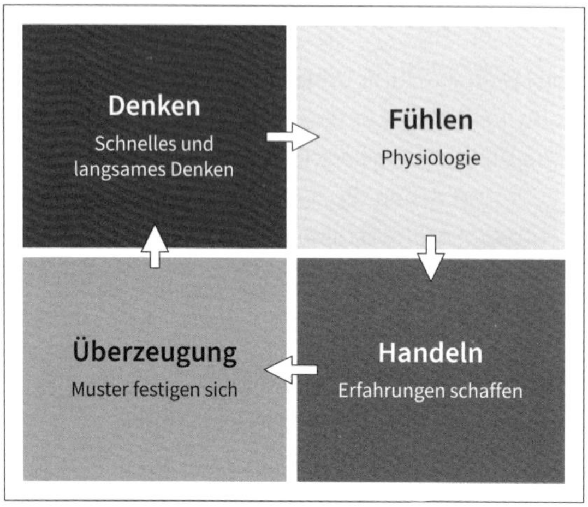

Abbildung 5.2: Der Kreislauf der Selbstprogrammierung durch wiederholtes Denken, Fühlen und Handeln

Das Denken

Dein Gehirn ist eine mächtige Zeitmaschine. In Sekunden kannst Du gedanklich zurückreisen zu einem unvergesslichen Urlaub, Deinem ersten Kuss oder einem Deiner größten Erfolgsmomente, und schon spürst Du, wie Dein Körper mitfiebert: Dein Herz pocht schneller, Deine Atmung beschleunigt sich, Dopamin und Endorphine fluten Deine Adern. Oder Du reist zurück zu vermeintlichen Fehlern, Rückschlägen und peinlichen Momenten – Dein Magen zieht sich zusammen, das Stresshormon Cortisol durchströmt Deinen Körper, und sofort legt sich ein Schatten über Deine Stimmung. Gleiche Reise, anderes Ziel, anderes Gefühl.

Genauso katapultierst Du Dich in die Zukunft: in lähmende Horrorszenarien oder in Visionen von Mut und Erfolg, die Dich beflügeln. Dein Gehirn aktiviert dabei ähnliche neuronale Pfade wie bei realen Erlebnissen – und Dein Körper antwortet mit einer Biochemie, die Dich neu ausrichtet. Du nutzt diese Maschine sowieso rund um die Uhr. Die Frage, die alles verändert, lautet: Wohin steuerst Du sie? Die Qualität Deiner Fragen entscheidet über die Welt, die Du siehst. Und der Kern all dessen:

> **Deine Gedanken sind Werkzeuge, keine Wahrheiten.**

Und doch fühlen sie sich oft so wahr an, weil sie uns ständig umgeben und wie ein Teil von uns wirken. Viele unserer Gedanken begleiten uns über Tage, Wochen und Monate. Daher neigen wir leicht dazu, uns mit ihnen zu identifizieren. Und mit Blick auf den Kreislauf der Selbstprogrammierung kannst Du Dir vorstellen, was es für Deine persönliche Entwicklung bedeutet, wenn Du still und heimlich dauernd dasselbe denkst.

Betrachte Deine Gedanken als ein Angebot, aus dem Du bewusst wählen kannst, ohne Dich gleich mit ihnen zu identifizieren: Du *hast* zwar Gedanken, aber Du *bist nicht* Deine Gedanken. Du glaubst ja auch nicht ständig alles, was die Menschen um Dich herum so quatschen. Nutze Deine Gedanken als Werkzeuge – und zwar nur dann, wenn sie wirklich hilfreich sind. Der Schlüssel dazu, Dein Denken zu lenken, ist Deine Aufmerksamkeit.

Worauf Du Deine Aufmerksamkeit lenkst, das wird größer. Und je nachdem, wie Du denkst, fühlst Du Dich anders. Das gilt für bewusstes Grübeln genauso wie für das unbewusste Denken, das der Nobelpreisträger Daniel Kahneman als *schnelles Denken* bezeichnet: Heuristiken, mit denen Dein Gehirn blitzschnell auf bewährte Faustregeln zurückgreift, etwa »Was sich leicht und flüssig denkt, fühlt sich automatisch wahr an«. Ähnlich wirken Deine Filtersysteme. Wie Deine Überzeugungen selbsterfüllende Prophezeiungen schaffen, hast Du schon kennengelernt. Auch Konditionierungen lenken Dein Denken, zum Beispiel wenn ein Klingelton Dich sofort in frühere Zeiten versetzt, ein bestimmtes Wort eine alte Angst weckt oder ein Duft Dich an einen früheren Schwarm erinnert.

Mithilfe von Coaching, NLP-Formaten oder Hypnose können wir auch dieses unbewusste Denken aufspüren und verändern. In solchen Fällen sprichst Du mich am besten direkt an. Um das Thema hier knusprig zu halten, belassen wir es bei zwei zentralen Tipps.

1. **Mach Dir bewusst, wo Deine Gedanken gerade herumkreisen.** Popeln sie in alten Problemen herum oder malen sie Szenarien aus, die niemals eintreten werden? Dann führe sie liebevoll ins Hier und Jetzt zurück und fokussiere Deine Energie auf die Dinge, die wirklich einen Unterschied machen.
2. **Stell Dir bessere Fragen.** Doofe Fragen sind: *Warum bin ich so doof? Warum will mir einfach nichts gelingen? Was wird wohl als Nächstes schiefgehen?* Dein Gehirn ist eine Sinnfindungsmaschine. Wenn Du ihm Fragen stellst, bekommst Du auch Antworten. Wenn Du bessere Fragen stellst, bekommst Du bessere Antworten: *Welchen einen kleinen Schritt kann ich jetzt tun, der bei meinem Thema den größten Unterschied macht? Was würde mein 15 Jahre älteres Ich in meiner jetzigen Situation tun?*

Das Fühlen

Du *hast* Gefühle, doch Du *bist nicht* Deine Gefühle. Den Zwilling zu diesem Satz kennst Du schon aus dem vorherigen Abschnitt. Das Prinzip gilt hier genauso – nur gehen wir mit Gefühlen oft anders um. Einen Gedanken kannst Du ziehen lassen. Doch ein Gefühl ist hartnäckiger. Es klopft so lange an, bis Du aufmachst. Drückst Du es weg, klopft es lauter. Versuchst Du, es krampfhaft ins Positive zu pressen, betäubst Du Dich innerlich selbst.

Dirk Eilert, den Du schon in Kapitel 1 kennengelernt hast, nennt unsere Emotionen Bedürfniserfüllungsgehilfen. Jede Emotion erfüllt eine wichtige Funktion, die angenehme und auch die unangenehme. Während angenehme Emotionen Dich darauf hinweisen, dass ein wichtiges Bedürfnis gerade voll erfüllt ist, weisen Dich die unangenehmen darauf hin, dass ein Bedürfnis verletzt ist. Die Angst wittert eine Gefahr und will Dich schützen. Der Ärger aktiviert Deinen Körper, um Dich durchzusetzen. Und die Trauer zeigt Dir, dass etwas Wertvolles fehlt, und bittet Dich, innezuhalten. Selbst die Emotion, die Dich vielleicht gerade nervt, meint es im Grunde gut mit Dir.

Doch nicht jede Emotion passt auch immer in den Moment, in dem sie hochkommt. Manche treffen genau ins Hier und Jetzt und weisen auf ein echtes Bedürfnis hin, das Du jetzt stillen kannst. Das sind die funktionalen Emotionen. Andere melden sich hingegen eher aus alter Gewohnheit – wie ein Rauchmelder, der schon beim Toast losschrillt. Diese dysfunktionalen Emotionen beeinträchtigen Deine Handlungsfähigkeit, sie sind unverhältnismäßig oder halten Probleme aufrecht, ohne eine konstruktive Lösung zu unterstützen. Auch sie tragen eine Botschaft, doch die handelt meist von einer alten Wunde und weniger von dem konkreten Moment, den Du gerade erlebst.

Deshalb lohnt sich vor jeder Reaktion eine kurze Frage an das Gefühl: Was willst Du mir sagen? Und gehörst Du ins Hier und Jetzt oder zu einer alten Geschichte? Fühl bewusst hinein, hör die Antwort, und wähle dann Deine Reaktion. So nimmst Du das Gefühl an, ohne Dich mit ihm zu identifizieren. Lass uns nun einen Blick darauf werfen, wie Du Deinen Zustand mit kleinen Kniffen im Alltag bewusst beeinflussen kannst.

Die wichtigsten Basics, damit Du Dich jeden Tag gut fühlst, klingen langweilig: ausreichend Schlaf, gesunde Ernährung und Bewegung. Unsere Körper sind nicht dafür gemacht, acht Stunden am Schreibtisch zu kauern. Bau regelmäßig eine Yoga-Übung und ein GehirnGassi ein, arbeite zwischendurch 30 Minuten im Stehen – und Du fühlst sofort eine andere Energie.

Ein Schnitzel mit Fritten mag lecker sein, ist aber keine gute Idee, wenn Du danach produktiv arbeiten willst. Und der Schlaf sollte nie zu kurz kommen. Ich habe in jüngeren Jahren viel damit experimentiert, mit weniger Schlaf auszukommen, um mehr zu erreichen. Das erhöhte kurzfristig die Quantität, zerstörte aber rasant die Qualität. Heute spüre ich jeden Tag den Unterschied, ob ich acht Stunden geschlafen habe oder nur sechs.

Da jeder Körper anders ist, mache ich Dir auch hier keine pauschalen Vorschläge. Ich lade Dich lieber ein, selbst Dein Optimum zu finden. Ein paar kleinere Tipps ergänzend:

- **Physiologie**: Verändere Deine Körperhaltung. Das ist der schnellste Zustandswechsel überhaupt. Aufstehen, Haltung ändern, Schultern zurück, Blick heben. Der Körper ist keine Einbahnstraße – er sendet genauso ans Gehirn, wie er empfängt. Wer zusammengesunken vor dem Laptop hängt, schreibt anders als jemand, der aufrecht und offen sitzt.
- **Atmung**: Der einzige direkte Zugang zum autonomen Nervensystem. Langsames, tiefes Ausatmen beruhigt; schnelles, kraftvolles Atmen aktiviert.
- **Musik**: Sie ist ein sofortiger Emotionswechsler, denn sie umgeht das rationale Denken komplett und dockt direkt an Erinnerungen und Stimmungen an. Gezielte Playlists für verschiedene Schreibzustände sind ein unterschätztes Werkzeug.

- **Umgebung**: Ob ein anderer Raum, ein Café oder die Natur – die Umgebung ist ein Anker für Stimmungen. Wer immer am gleichen Ort verharrt, bleibt oft auch gedanklich stecken.
- **Body-Scan**: Hand aufs Herz, dreimal tief ein- und ausatmen und einmal von oben bis unten in Deinen Körper spüren. Das aktiviert den Vagusnerv und wechselt von Stress- in Ruhemodus. Ideal vor dem Schreiben.

Das Handeln

Amateure warten auf die Muse, Profis setzen sich hin und schreiben. In diesem verbreiteten Motto steckt eine unbequeme Wahrheit: Sobald Du im Text bist, kommst Du fast automatisch in den Flow. Das Handeln lenkt auch Dein Denken in eine neue Richtung – und oft erübrigt sich alles andere, wenn Du erst loslegst. Vier Tipps als Stütze:

1. **Die 1-Minute-Regel: Kopf freimachen**

   Bevor Du anfängst, erledige alles, was unter einer Minute dauert: eine Datei benennen, eine Mail beantworten, kurz die Spülmaschine ausräumen. Jede kleine erledigte Aufgabe sorgt für einen winzigen Dopaminschub, und Dein Kopf ist frei vom leisen Hintergrundrauschen offener Kleinigkeiten. Mit vielen kleinen Erfolgserlebnissen baust Du Momentum auf. Lass Dich von dieser Energie in den Text tragen. Kommen Dir dabei neue Gedanken, schreib sie auf einen Zettel, damit sie nicht im Kopf stören. Das ist mentale Hygiene.

2. **Die 10-Minuten-Regel: Die Einstiegshürde auf Null senken**

   Keine Regel hilft mir so sehr wie diese. Wenn ich keine Lust habe, vereinbare ich mit mir: *Okay, Youri, Du schreibst nur zehn Minütchen, und wenn es dann nicht besser geht, darfst Du aufhören.* Oft dauert es keine fünf Minuten, bis ich gar nicht mehr aufhören will. Die Regel nimmt den Druck raus. Drei Stunden klingen überfordernd, zehn Minuten sind machbar. Ein Mini-Schritt zieht den nächsten hinter sich her, und plötzlich bist Du voll im Flow.

3. **Die Pomodoro-Technik: Durchhalten, ohne auszubrennen**

   Du bist im Text, jetzt geht es darum, die Energie zu halten. Timer auf 25 Minuten, nur schreiben. Klingelt er, stehst Du auf – und zwar wirklich: dehnen, atmen, ans Fenster, ein Glas Wasser. Fünf Minuten. Dann die nächste Runde. Das Geheimnis steckt in den Pausen: Sie laden Deine Konzentration immer wieder auf. Nach drei oder vier Runden hast Du mehr geschafft als in einem ganzen Nachmittag diffusen Vor-dem-Bildschirm-Hockens.

4. **Die eine Sache: Die richtige Aufgabe wählen**

   Momentum bringt Dir wenig, wenn Du Deine Energie in die falsche Richtung lenkst. Frag Dich morgens: Was bringt Deinen Text jetzt am meisten voran – und dauert höchstens 20 Minuten? Große Aufgaben lähmen; brich sie in mundgerechte Häppchen herunter. Schreib die Zwischenüberschrift. Formuliere den ersten Satz. Sammle drei Beispiele. Jeder kleine Schritt zieht Dich tiefer in den Text – und nach fünf davon bist Du oft schon am Ziel, und es fühlt sich leicht an.

Die Überzeugung

Der vierte Quadrant ist kein eigener Hebel – er ist das, was passiert, wenn Du die anderen drei oft genug in dieselbe Richtung drehst. Denken, Fühlen und Handeln laufen nicht nebeneinanderher. Sie verketten sich zu Schleifen. Und Schleifen, die oft genug laufen, programmieren Dich. Sie verfestigen sich zu Überzeugungen.

Mal angenommen, Du denkst, Du könntest nicht schreiben. (Du weißt, das ist Mumpitz!) Aus dem Gedanken entsteht ein Gefühl: Stress, Unlust, ein leises Grummeln, sobald Du das leere Dokument öffnest. Aus dem Gefühl heraus setzt Du Dich verkrampft an den Text – oder gar nicht erst hin. Das Ergebnis bestätigt exakt, was Du vorher dachtest: *Siehst Du, ich kann eben nicht schreiben!* So wird die Überzeugung zur Endlosschleife, und je öfter sie läuft, desto tiefer gräbt sich das Programm ein, bis es so automatisch abläuft wie Zähneputzen. Nur leider in die falsche Richtung.

Die gute Nachricht: Was sich programmieren lässt, lässt sich auch umprogrammieren. Den wichtigsten Hebel hältst Du bereits in der Hand – alles, was Du auf den letzten Seiten gelesen hast. Jedes Mal, wenn Du Dein Denken bewusst lenkst, Deinen Zustand über Körper, Atmung oder Musik veränderst oder Dich trotz 0-Bock einfach zehn Minuten hinsetzt, durchbrichst Du die alte Schleife. Gehst Du diese neuen Wege oft genug, beginnt Dein Gehirn, die neue Schleife zu bevorzugen: Der Widerstand verstummt, der Flow kommt schneller, und irgendwann ertappst Du Dich beim Gedanken: *Eigentlich macht mir das Spaß.*

Für die wirklich tief sitzenden Programme – die Überzeugungen, die sich anfühlen, als wären sie schon immer da gewesen – gibt es NLP-Interventionen und Hypnose. Falls Du merkst, dass eine Schleife sich hartnäckig wehrt, sprich mich gerne an; dafür sind Coaching und Seminare da. Doch unterschätze nicht, wie viel Du mit den Werkzeugen aus diesem Kapitel schon selbst bewegen kannst. Jede neue Schleife, die Du bewusst anstößt, schreibt ein Stück neuen Code in Dein inneres Betriebssystem.

5.5.2 Vom inneren Kritiker zum inneren Coach

Unsere erste Leserin sitzt zwischen unseren beiden Ohren. Alle, die schreiben, kennen die kritische innere Stimme, die gerne nörgelt: *Das ist nicht gut genug! Wer will das schon lesen? Das klingt arrogant. Das hat doch schon jemand anderes gesagt. Das wird niemanden interessieren.*

Du hast sie in diesem Buch schon gehört. In Kapitel 3 krächzte sie mir beim Schreiben der ersten Seiten ins Ohr: *Du hast doch keine Ahnung! Was ist, wenn das nix wird und Du Dich blamierst?!* Meine Antwort damals: Hineinschreiben! Alles raus aufs Papier kotzen, bis die Frustration der Faszination weicht. Das war die Notfallmedizin. Jetzt schauen wir uns die »Langzeittherapie« an.

Ich bin kein Fan davon, diese Stimme als Feind zu bezeichnen, denn sie ist ein wichtiger Teil von uns mit einer positiven Absicht: Sie will uns vor Ablehnung, Blamage und Verletzlichkeit schützen. Gut gemeint – doch ihre Strategie ist schlecht gewählt, denn sie lähmt uns und hält uns vom Schreiben ab. Du erinnerst Dich an die Endlosschleife: So wird die Angst vor dem schlechten Text zur Architektin des schlechten Textes.

Der Umgang mit dem inneren Kritiker gehört zu den wertvollsten Fähigkeiten in Deinem Schreiballtag. Wir wollen diese Stimme weder zum Schweigen bringen noch ihr blind gehorchen – wir wollen den Umgang mit ihr verändern. Vier Prinzipien helfen dabei:

- **Benennen.** Gib der Stimme einen Namen und eine Form – mach sie zu einer kreativ ausgedachten Fantasiegestalt, mit der Du reden kannst. Was als diffuses Rauschen im Kopf kreist, wirkt wie eine Tatsache und produziert sofort die passenden Gefühle. Sobald Du es als Figur vor Dir siehst, verliert es seine Macht. Du kennst das Prinzip: Deine Gedanken sind Werkzeuge – keine Wahrheiten.
- **Hinhören** und ernst nehmen. Frag die Stimme, was sie Dir sagen will, und wäge ab, wie im Gespräch mit jedem anderen Menschen. Meine Erfahrung: Diese Stimme wird lauter, je mehr Du sie ignorierst – wie jeder, der sich nicht gehört fühlt, obwohl er etwas Wichtiges zu sagen hat. Sobald Du wirklich hinhörst, wird sie leiser, weil sie sich gesehen fühlt. Dann kannst Du in Ruhe entscheiden, wie Du mit ihren Impulsen umgehst.
- **Trennen.** Kreativität und Kritik brauchen getrennte Bühnen. Beim Schreiben darf die Kritikerin im Foyer warten; beim Überarbeiten darf sie auf die Bühne – und da ist sie Gold wert. Dein erster Entwurf darf schlecht sein. Er muss es sogar, weil er den Rohstoff liefert, aus dem Du im nächsten Schritt etwas formst.
- **Umdeuten.** Die Psychologin Kristin Neff nennt es den Kern von Selbstmitgefühl: sich den eigenen inneren Stimmen mit derselben Offenheit zuzuwenden, die wir einem guten Freund schenken. Und Carol Dweck würde ergänzen: Wer Fehler als Lerngelegenheiten begreift, zieht dem inneren Kritiker den schärfsten Zahn. Denn er lebt von der Überzeugung, dass ein schlechter Text einen schlechten Menschen bedeutet. Sobald Du diese Gleichung auflöst, verwandelt sich der Nörgler in einen Sparringspartner.

5.5.3 Das Hochstapler-Syndrom auflösen

Das Hochstapler-Syndrom ist subtiler als der innere Kritiker – und oft noch lähmender. Der innere Kritiker zweifelt an der Qualität des Textes. Das Hochstapler-Syndrom zweifelt an der Person dahinter.

Es flüstert: *Wer bin ich, dass ich meine Meinung teile? Es gibt Menschen, die das viel besser können. Ich bin kein Experte. Ich habe noch keinen Beweis, dass ich wirklich gut genug bin.*

Das Ulkige daran: Es befällt besonders häufig die Menschen, die tatsächlich gut sind. Wer weniger weiß, zweifelt seltener. Wer viel weiß, weiß vor allem, wie viel er noch nicht weiß.

Der Zweifel sucht sich gern die Falschen aus: Er befällt die Könner und verschont die Ahnungslosen.

Das Englische trennt schön zwischen *Confidence* und *Competence* – zwischen Selbstvertrauen und Können. Im Rahmen einer gesunden Entwicklung sind das zwei Felder, die sich ganz natürlich gegenseitig stärken. Je mehr Erfahrungen Du sammelst, bei denen Du Selbstwirksamkeit erlebst und Deine Kompetenzen spürst, desto mehr Vertrauen entwickelst Du auch in Dein Können. Und je mehr dieses Vertrauen wächst, desto mehr traust Du Dir auch zu, Deine Kompetenzen weiterzuentwickeln und Dich mit ihnen souverän nach außen zu zeigen. So bilden beide Entwicklungsfelder eine natürliche Positivspirale, die Dein Wachstum ankurbelt.

Als Coach begegne ich jedoch immer wieder Menschen, bei denen dieser Kreislauf ins Stocken gerät oder aus dem Gleichgewicht. Die einen strotzen vor Selbstvertrauen und hinterfragen sich kaum; ihnen fehlt die selbstkritische Ader. Die anderen prüfen jeden Gedanken dreimal und trauen sich am Ende doch nicht recht aus der Deckung. So schwingen sich die lauten Gockel nach oben: Sie fallen auf, weil sie so souverän wirken – während die Leiseren mit großer Tiefe und Substanz überzeugen würden. Doch sie bleiben häufig unbemerkt, weil ihnen die Sichtbarkeit, das selbstbewusste Auftreten und manchmal auch das Charisma fehlt. Mancher Gockel kann fachlich wenig und wirkt trotzdem groß; mancher Stille kann viel und macht sich klein. Und wenn Du diese Zeilen mit einem Nicken liest, gehörst Du vermutlich zur zweiten Sorte (ich auch).

Die Kunst besteht darin, beide in Balance zu bringen. Als Gockel trainierst Du Deine selbstkritische Ader. Und auf der leiseren Seite darfst Du Deine Substanz mit so viel sichtbarem Selbstvertrauen verbinden, dass sie Aufmerksamkeit weckt und Gehör findet. Dazu musst Du nicht zum Gockel mutieren. Du darfst nur aufhören, Dich kleiner zu machen, als Du bist.

Das Hochstapler-Syndrom blüht überall da, wo das Gefühl herrscht, jeder Satz müsse wasserdicht und jede Aussage unangreifbar sein – in der Bildung, der Wissenschaft, der Kunst und vor allem bei den Text-Genies.

Du bist also in guter Gesellschaft – und das Gefühl selbst ist kein Defekt. In Maßen zeigt es Reflexionsfähigkeit: Du nimmst Deine Arbeit ernst, willst noch wachsen und hältst Dich nicht für unfehlbar. Das ist allemal gesünder als das andere Extrem: sich selbst nie zu hinterfragen. Denn das kann im schlimmsten Fall in Überheblichkeit und Selbstüberschätzung münden. Ein bisschen Zweifel ist also wertvoll und produktiv. Erst wenn er überhandnimmt und Dich lähmt, wird er zum Problem.

Dann lohnt sich ein Blick auf die Vergleiche, die Du anstellst, denn das Hochstapler-Syndrom lebt von einem verzerrten Maßstab. Vergleichst Du Deinen Erstentwurf mit dem polierten

Endprodukt anderer? Deine drei Jahre Erfahrung mit den zwanzig Jahren einer Branchenlegende? Deinen Montagmorgen mit dem inszenierten Highlight-Reel der anderen? Diese Vergleiche sind so fair wie ein Wettrennen zwischen einem Radfahrer und einem ICE (wobei in Deutschland der Radfahrer manchmal eine reale Chance hat).

Trotzdem: Aufhören zu vergleichen ist weder möglich noch sinnvoll. Der Vergleich selbst ist harmlos. Erst seine Bewertung macht ihn gefährlich. Wer andere beobachtet, um zu lernen, nutzt ihn als Kompass: *Was gefällt mir an diesem Text? Welchen Gedanken nehme ich für meine eigene Arbeit mit?* Wer andere beobachtet, um sich zu messen, verwandelt den Kompass in ein Tribunal. Die Frage ist also nicht, ob Du vergleichst. Das tust Du ohnehin. Die Frage ist: Vergleichst Du, um Dich zu inspirieren – oder um Dich zu verurteilen?

Die Antwort steckt in Deinem Maßstab. Woran misst Du Deinen Erfolg? An den Reaktionen eines einzelnen Posts oder an Deiner Entwicklung über Monate? An der Reichweite oder an der Tiefe der Verbindungen, die Du aufbaust? Kennst Du Deinen eigenen Maßstab, ordnest Du jeden Vergleich mühelos ein. Fehlt er, bestimmt der Vergleich Dich.

Und noch eine Nuance: Die Menschen, die Du bewunderst, hatten auch einen Anfang. Ihre ersten Texte waren nicht ihre besten. Was Du heute siehst, ist das Ergebnis von Jahren. Wer nur aufs Ergebnis starrt, übersieht den Prozess, der auch sie dorthin gebracht hat.

Du brauchst keine Perfektion, um gut zu schreiben. Du brauchst eine Perspektive, die nicht jeder hat; etwas, das Du erlebt, gedacht oder gefühlt hast und das andere noch nicht in Worte gefasst haben. Ein Schritt Vorsprung reicht.

Und wenn das Hochstapler-Syndrom beim nächsten Mal flüstert: *Wer bin ich, dass ich das schreibe?*, dreh die Frage um: *Wer könnte davon profitieren, dass ich es schreibe?* Damit verschiebst Du den Fokus von Deiner vermeintlichen Unzulänglichkeit auf den großen Wert, den Du für andere stiften kannst. Plötzlich geht es um Deinen Beitrag, nicht mehr um Dein Ego.

Erinnere Dich: Bereit ist kein Gefühl – bereit ist eine Entscheidung. Entscheide Dich, Deine Perspektive zu teilen, weil sie es wert ist. Mit jedem Mal steigt Dein Selbstvertrauen, und die zweifelnden Stimmen beruhigen sich.

5.5.4 Die Stille danach: Wenn niemand reagiert

Du schwitzt. Du schreibst. Du veröffentlichst. Und dann passiert: nichts. Kein Like. Kein Kommentar. Nicht einmal ein Zeichen, dass irgendjemand Deinen Text gelesen hat. Diese Stille ist oft schlimmer als Kritik. Denn Kritik gibt uns wenigstens eine Richtung. Die Stille gibt uns gar nichts – sie lässt uns allein mit der Frage: *War das verschwendete Zeit? Bin ich auf dem falschen Weg?* In diesen Momenten helfen zwei Gedanken.

Stille heißt nicht Stillstand

Die nüchterne Wahrheit über Algorithmen und Reichweite: Viele Menschen reagieren nicht sofort, auch wenn sie mit Deinem Content in Resonanz gehen. Wer liest, innerlich nickt und weiterscrollt, ist nicht desinteressiert – das ist das normale Verhalten im digitalen Raum, wo ein Reiz den nächsten jagt. Doch all diese kleinen Berührungspunkte potenzieren sich, und irgendwann kommt der Moment, in dem die Menschen auch reagieren.

Die Stille kann also trügerisch sein. Sie zeigt Dir weder, wie viele Menschen Dein Text erreicht hat, noch, was er in ihnen ausgelöst hat. Manche haben erst mein Buch gelesen, dann monatelang meinen Podcast gehört, sind meinem Newsletter gefolgt – und haben schließlich ein Gespräch bei mir gebucht. Auf mich wirkt das wie aus heiterem Himmel; aus ihrer Perspektive haben wir über eine lange Reise Schritt für Schritt zueinander gefunden. Hab also Vertrauen in Deine Arbeit und gib ihr Zeit, zu reifen.

Dein Warum trägt Dich durch die Stille

Wenn der einzige Grund für Dein Schreiben das Feedback ist, wirst Du früher oder später aufhören. Wenn der Grund die eigene Entwicklung ist, die Klarheit, die Verbindung zur eigenen Haltung – dann ist die Stille nach dem Veröffentlichen nur ein Moment auf Deinem Weg und kein abschließendes Urteil. Wenn Du schreibst, weil jeder Text Dein Denken schärft und Deine Marke ein Stück weiter formt, gewinnst Du mit jedem veröffentlichten Beitrag – unabhängig davon, ob die Welt darauf reagiert. Die Stille ändert nichts daran, dass *Du Dich* durch das Schreiben veränderst und Deine Marke gedeihen kann.

Und genau das zeigt sich oft erst im Rückblick. Manche meiner Texte, auf die kaum jemand reagiert hat, brachten Monate später Menschen dazu, mir zu schreiben: *Dieser eine Text hat etwas in mir verändert.* Texte wirken manchmal wie Samen: Du siehst sie nicht keimen und hörst sie nicht wachsen, doch irgendwann bricht etwas durch die Oberfläche – und dann verstehst Du, dass die Stille nie unproduktiv war.

5.5.5 Umgang mit Kritik und Gegenwind

Du schreibst, Du veröffentlichst, und manchmal findet jemand das nicht gut. Jemand widerspricht. Oder jemand schreibt einen Kommentar, der wie ein Schlag in die Magengrube wirkt. Das gehört dazu. Wenn Du eine Haltung hast, wirst Du Menschen finden, die sie nicht teilen. Das ist ein Zeichen, dass Du etwas mit Substanz gesagt hast. Leere Aussagen provozieren keine Reaktionen. Nur Dinge, die wirklich berühren, erzeugen auch Widerstand.

Die entscheidende Frage ist daher nicht, ob Du Kritik bekommst, sondern wie Du damit umgehst. Denn Deine Reaktion ist sichtbar. Sie ist Teil Deiner Marke.

Deine Reaktion formt Deine Reputation.

Wer auf Kritik defensiv, aggressiv oder beleidigt reagiert, beschädigt das Vertrauen, das er aufgebaut hat. Wer souverän, neugierig und klar reagiert, stärkt es. Das heißt nicht, dass Du Dir jede Kritik zu Herzen nehmen musst. Lerne vielmehr zu unterscheiden: *Will da jemand, dass Du besser wirst?* Konstruktives Feedback, das Deinen Text, Deine Arbeit oder Dein Denken bereichert, ist wie ein Geschenk, das Du prüfen und dankbar annehmen darfst. *Oder will sich da einfach nur jemand selbst besser fühlen?* Dann sagt das Feedback mehr über die Person aus als über Dich. Lass es vorbeiziehen.

Im September 2025 teilte ich bei LinkedIn einen Beitrag zur künstlichen Intelligenz. Ich hatte Zweifel an den wilden Versprechungen der Anbieter geäußert, weil bis dahin keine »KI« fähig war, mir für meine Buchhaltung die aktuelle Rechnung herauszusuchen. Es sollte eine nette Anekdote sein, zwischen Tür und Angel aus einem Impuls geschrieben – und natürlich war mir bewusst, dass ich solche Aufgaben von einem LLM nicht erwarten durfte. Es dauerte nicht lange, bis die ersten Kommentare eintrafen. (Bevor Du den Artikel suchst: Ich habe ihn 24 Stunden später gelöscht, weil die Interaktion in keine fruchtbare Richtung führte.)

Die Vielfalt der Kommentare war faszinierend: Manche stimmten in meine KI-Desillusionierung ein, andere wiesen charmant auf die Grenzen von LLMs hin und lobten den frischen Stil. Und einige wenige nahmen mich aufs Korn – darunter ein bekannter Marketer, von dem ich viel gehört und eigentlich eine hohe Meinung hatte. Seinen ersten, harschen Hinweis, ein LLM sei für diese Aufgabe nicht gemacht, deutete ich als sympathische Stichelei und antwortete entspannt. Doch mein Eingeständnis ignorierte er und setzte hämisch nach: »Ein LLM ist ein LLM. Man wird ja auch nicht von Kinderschokolade schwanger.« Er hatte nur 13 Wörter gebraucht, um meinen gesamten Eindruck von ihm zu verändern. »Was für ein unsympathischer Klugscheißer«, dachte ich. Das Bild mag witzig sein – doch für mich fühlte es sich an, als würde er nachtreten, nachdem ich längst am Boden lag. Und das in aller Öffentlichkeit.

Dieses Beispiel ist eine Lappalie, wie sie jede Sekunde hundertfach in der Onlinewelt vorkommt. Doch für unser Branding sind solche Momente alles andere als Kleinigkeiten. *Woran werde ich denken, wenn ich künftig seinen Namen höre? Werde ich ihn weiterempfehlen? Wohl kaum.* Wenn wir Content veröffentlichen, ringen wir um jedes Wort – und bei den vermeintlich kleinen Texten, den Antworten und Kommentaren, sollten wir das nicht schleifen lassen. Denn auch sie sind intime Berührungspunkte mit unserer Marke.

In den Kommentarspalten und persönlichen Nachrichten sind wir den Menschen am nächsten. Direkte Nachrichten haben begrenzte Wirkung, doch öffentliche Kommentare entwickeln in den sozialen Medien hohe Reichweite. Wenn Menschen uns ihre Zeit schenken, sollten wir dieses Engagement wertschätzen und die Chance ergreifen, sie zu Fans der Marke zu machen.

Kritik ist ein Geschenk

Meine Anekdote ist einer der Gründe, warum viele Marken zögern, sichtbar zu werden und klar zu sagen, was sie denken: Sie fürchten Gegenwind. Doch wie sieht die Alternative aus? Viele beschränken sich auf die vermeintlich sicheren Themen – und so entstehen mittelmäßige Mainstream-Botschaften ohne eigene Haltung. Sie bleiben unter dem Radar und versinken im weißen Rauschen. Die inneren Ängste sind oft so groß, dass Menschen und Marken sich selbst zensieren, ohne dass es überhaupt Kritik von außen braucht.

Dabei hilft ein frischer Blick: Anecken ist gut, denn es bedeutet, dass Du für etwas stehst. Wer zu glatt ist, an dem bleibt nichts hängen – an solche Begegnungen erinnert sich niemand. Unsere Absicht ist, all jene zu erreichen, die unsere Sicht teilen und mit uns in Resonanz gehen. Riskieren wir mit unserer Sprache nichts, erreichen wir genau diese Menschen nur schwer. Betrachten wir es entspannt.

Auch Kritik ist eine Form von Interesse.

Wenn jemand seine kostbare Lebenszeit investiert, um Deine Beiträge zu kommentieren, dann hast Du offensichtlich etwas Relevantes gesagt.

Fünf Wege, mit Kritik umzugehen

Gegenwind und kritische Kommentare sind natürliche Reaktionen in unserem großen Spiel. Was sie mit uns machen, hängt davon ab, wie wir sie bewerten – und gerade feinfühlige Menschen nehmen sie sich schnell zu Herzen. Hier meine fünf Wege, konstruktiv damit umzugehen.

Eines vorab: Es gibt eine Grenze, wo Meinungsfreiheit aufhört und strafrechtliche Konsequenzen beginnen. Wer mit Hass und Hetze reagiert, gehört gemeldet, blockiert oder gelöscht – und bei Härtefällen zögere nicht, rechtliche Schritte einzuleiten.

1. Ein Pflaster für Dein Seelenheil

Jede Kommunikation ist auch eine Selbstauskunft. Das Feedback der Menschen sagt mindestens so viel über sie aus wie über Dich und Deine Arbeit. Denn so gut Du auch schreibst – die Reaktionen kannst Du nicht kontrollieren. In Deiner Macht liegt nur, wie Du darauf reagierst.

Um besonnen aus der Haltung Deiner Marke zu antworten, verschaff Dir erst Luft zwischen Reiz und Reaktion. Denn wenn die Emotionen hochkochen, schaltet sich das Hirn aus – und der erste Impuls ist meist einseitig und kurzsichtig. Atme dreimal tief durch und führe Dein Gehirn Gassi. Mit etwas Abstand erkennst Du die Botschaft hinter der Botschaft.

Wenn jemand auf Deine Botschaft reagiert, hast Du etwas in ihm getriggert. Das geht meist in eine von drei Richtungen:

- **Wertverletzung**: Deine Botschaft kollidiert mit den Grundüberzeugungen einer anderen Person. Du machst zum Beispiel Mut zum Regelbruch, doch sie lebt Tradition. Hier prallen zwei Weltsichten aufeinander; das ist eine Selbstauskunft und nicht Dein Problem. Geht es bei Deiner Marke grundsätzlich um rebellischen Spirit, ist die Person einfach nicht Deine Zielgruppe. Kann sie keine Verbindung zu Deiner Welt aufbauen, ist sie woanders besser aufgehoben.
- **Neid und Missgunst**: Du verkörperst etwas, das sich die andere Person wünscht, aber sich selbst nicht zugesteht. Sie hat sich eine nette Geschichte zurechtgelegt, warum sie gewisse Dinge nicht kann oder will. Unbewusst hältst Du ihr einen Spiegel vor. Wenn Du durch einen Quereinstieg erfolgreich bist, kann niemand mehr sagen: »Ohne Studium geht das nicht.« Du bist lebender Beweis, dass es anders geht – und das schmerzt, weil Du die bequeme Zeit der Ausreden abrupt beendest und sie damit zu radikaler Ehrlichkeit mit sich selbst zwingst.
- **Mangelnder Selbstwert**: Menschen mit stabilem Selbstwert können sich über Deinen Erfolg freuen. Für Menschen mit fragilem Selbstwert ist Erfolg ein Nullsummenspiel: Wenn einer gewinnt, muss ein anderer verlieren. Sie greifen Dich an für das, was sie an sich selbst nicht mögen. Ein Mann kritisiert Deine »aufgesetzte Fröhlichkeit«? Vielleicht hat er selbst verlernt, authentisch zu lachen. Eine Frau nennt Deinen Preis »Abzocke«? Vielleicht traut sie sich nicht, ihren eigenen Wert einzufordern. Oder der Kollege, der Deine Sichtbarkeit als »Selbstdarstellung« abtut? Er würde sich und sein Können wahrscheinlich selbst gerne mehr zeigen, traut sich jedoch nicht, weil er Angst vor Ablehnung hat. Der beste Weg, sich vor der eigenen Größe zu drücken, liegt darin, andere kleinzumachen. Wer in sich ruht, kann die Größe anderer feiern, statt sich von ihr bedroht zu fühlen.

Diese Beispiele zeigen: In der Kommunikation sind wir immer wieder Projektionsfläche für ganz persönliche Themen. Je lauter jemand schreit, desto größer ist meist die eigene Betroffenheit – ähnlich wie bei kleinen Kindern, die am lautesten schreien, wenn sie sich hilflos fühlen. Erwachsene verpacken ihre Hilflosigkeit in Aggression, weil das weniger verletzlich wirkt. Das entschuldigt kein herablassendes Verhalten, doch es hilft Dir im Umgang damit: Wenn Du verstehst, dass ein Angriff oft ein Hilferuf und Ausdruck tieferliegender Bedürfnisse ist, kannst Du bewusster damit umgehen.

Im NLP heißt es: Die Menschen tun, was sie können, mit den Ressourcen, die sie haben. Wer seinen Ballast bei Dir ablädt, dem fehlt vielleicht die Fähigkeit, sich anders auszudrücken – oder schlicht jemand, der ihm zuhört. Doch öffentliche Kommentarspalten sind kein gutes Umfeld für ein Coaching oder eine Therapiesitzung. Beziehe die Kritik nicht auf Dich.

Ich frage mich in solchen Momenten: *Was braucht diese Person wohl gerade am meisten?* Oder ich zoome heraus: *Was ist unser gemeinsames Ziel? Welche Werte teilen wir?* Zeigst Du, dass ihr beide letztlich ein ähnliches Ziel habt, lenkst Du das Gespräch leichter in eine konstruktive Richtung.

Und eine letzte Feinheit: Mach den einen negativen Kommentar unter zwanzig positiven nicht größer, als er ist. Wir fokussieren uns gern auf das, was nicht läuft, und übersehen all das, was schon gut läuft.

2. Angriffe als Steilvorlage nutzen

Vor einiger Zeit überraschte mich morgens ein Marktteilnehmer mit einem Post, der meinen Puls steigen ließ. Seit Jahren sprach ich in meinem Marketing von »leckeren Texten« und »knusprigem Copywriting« – das passt zu mir, weil mein zweiter Berufswunsch Koch gewesen wäre. Genau darüber machte sich sein Beitrag lustig: Es sei nicht seriös, im Copywriting von knusprigen Werbetexten zu sprechen. Nachdem ich dreimal tief durchgeatmet hatte, nahm ich das Geschenk an. Denn gibt es eine bessere Steilvorlage, um die eigene Expertise zu demonstrieren?

Ich schrieb einen Beitrag, der den Vorwurf anonym aufgriff und erklärte, was hinter knusprigen Texten steckt: die multisensorische Aktivierung, die uns Aussagen besser erinnern lässt; das Grundprinzip guter Werbung, Gewöhnliches auf ungewöhnliche Weise zu sagen; und wie ein bisschen Pep, Punch und Persönlichkeit das Branding bereichert. Dazu der Hinweis auf mein Buch *Das Copywriting-Geheimrezept*. So erreichte ich an einem Tag spielerisch ein paar Tausend Menschen und verkaufte zahlreiche Bücher. Frag Dich also: Wie kannst Du den vermeintlichen Angriff als Sprungbrett nutzen?

3. Vertraue auf Deine Community

Einer der bewegendsten Momente meiner Reise zur Brand war der, in dem ich verstanden habe, dass meine Community mir den Rücken freihält. Beim Knusprigkeits-Beitrag nahmen mich zahlreiche Kommentare in Schutz. Als nach meinem zweiten Buch eine Raubkopie auftauchte, erfuhr ich davon von meiner Community – wie auch in vielen Fällen, in denen Inhalte aus meinen Büchern und Podcasts fast wortgleich in fremden Beiträgen und sogar Kursen auftauchten. Hast Du Dir einmal eine Community aufgebaut, bist Du bei Gegenwind nicht allein: Sie reagiert wie ein Immunsystem für Deine Marke und verteidigt sie gegen Angriffe von außen.

4. Nimm wertvolle Hinweise dankend an

Es geht auch andersherum: Menschen überraschen Dich mit Feedback, von dem Du lernen kannst. Genau das ist Dein Ziel im Content-Loop – Resonanz ist ein Dialog. Als ich meine 47 Lieblingswörter wie *Eiapopeia*, *Firlefanz* oder *Mumpitz* teilte, erreichte ich nicht nur eine halbe Million Menschen, sondern stockte die Liste mithilfe meiner Community auf 100 Wörter auf, auf die ich allein nie gekommen wäre.

Ein anderes Mal rügte mich eine Dame, einer meiner Sprüche sei »kein gutes Deutsch«. Mein erster Reflex war Verteidigung – ich war schon dabei, leicht klugscheißerisch zu antworten, dass gekonnter Sprachgebrauch das bewusste Regelbrechen einschließt. Doch ich hörte auf mein Störgefühl, löschte den Entwurf und schrieb stattdessen: »Danke für Dein Feedback. Ich bin neugierig: Wie würdest Du es besser formulieren?« Eine Antwort ist sie mir bis heute schuldig. Nutze die Schwarmintelligenz und freu Dich über jeden Kommentar – er kann eine wertvolle Lerngelegenheit sein.

5. Trainiere verbales Aikido

Aikido ist eine japanische Kampfkunst mit einem klugen Prinzip: Statt gegen die Kraft des Angreifers anzukämpfen, nutzt Du sie und leitest sie um. Du blockierst nicht, Du führst die Energie ins Leere. Übertragen auf die Kommunikation heißt das: Du nimmst die Kritik in Deinem Beitrag vorweg und entschärfst sie – niemand kann Dich für etwas angreifen, was Du selbst schon sauber thematisiert hast.

Wenn ich Folgendes schreibe, biete ich Angriffsfläche: *Mein Coaching-Programm kostet 8.000 Euro. Das ist es wert, weil es Dein Business drastisch wachsen lässt.* Weil ich jedoch sowohl das Thema als auch meine Zielgruppe kenne und eine eigene Haltung habe, nehme ich kritische Punkte vorweg:

8.000 Euro für ein Coaching-Programm? Ich weiß, das mag für einige eine stolze Hausnummer sein. Manche werden sagen: »Völlig überteuert!« Und ja, für Menschen, die nur schnelle Tricks suchen, stimmt das sogar. Dieses Programm ist nichts für Schnäppchenjäger. Es ist für Menschen, die wollen, dass ein Nerd mit über 15 Jahren Erfahrung sich ganz individuell in ihre Themen und Engpässe vertieft – und genau die Stellschrauben erkennt, die den wahren Unterschied machen. Wer bereit ist, in diese Tiefe zu gehen, investiert in seine Zukunft statt in seine Ausreden.

Dieser Ansatz nimmt die Kritik »überteuert« vorweg und gesteht ein, dass sie teilweise ihre Berechtigung haben kann – wenn es sich dabei um die falsche Zielgruppe handelt. Ich leite die Energie der Kritik bewusst um in meine Positionierung, sodass am Ende klar ist: Dieses Angebot hat seine Berechtigung und spricht eine ganz bestimmte Zielgruppe an.

Ähnlich reagierte ich auch mal auf einen Vorwurf, woher ich mir denn als Geisteswissenschaftler ohne BWL-Studium das Recht nehmen würde, Menschen im Marketing zu coachen:

Ich habe kein BWL-Studium. Ich kann Dir keine Excel-Tabellen mit 47 KPIs liefern. Doch ich kann Dir zeigen, wie ich ohne diesen ganzen Overhead-Zirkus umsatzstarke Kampagnen entwickle. Meine Zutat: Menschenkenntnis.

Und da mein Copywriting-Ansatz schon mal als »zu vereinfachend« beurteilt wurde, greife ich das heute gerne in meinem Marketing auf:

Manche sagen, meine Methoden sind zu simpel. Stimmt. Sie sind so simpel, dass jeder sie verstehen kann und keiner mehr Ausreden hat, sie nicht umzusetzen.

Wenn Menschen lesen, dass Du Deine Schwächen kennst und offen damit umgehst, passiert dreierlei: Du wirkst menschlich und reflektiert, Du zeigst Selbstbewusstsein (nur wer stark ist, kann Schwäche zeigen) und Du entziehst Trollen die Angriffsfläche. Das Schöne: Diese Technik funktioniert präventiv. Du wartest nicht auf Angriffe, Du nimmst sie vorweg und kontrollierst das Narrativ. Das ist der Unterschied zwischen einem Straßenschläger und einem Aikido-Meister: Der eine wartet auf die Schlägerei, der andere verhindert sie. Und ehrlich – diese Wortakrobatik macht richtig Spaß, wenn Du den Dreh erst raus hast.

Was noch fehlt: Bleib Dir selbst treu

Es gibt ein Manöver, das keiner dieser fünf Wege retten kann: Du veröffentlichst Dinge, hinter denen Du nicht stehst. Ich habe Dir von dem Coaching-Programm zu Beginn meiner Selbstständigkeit erzählt, bei dem ich Menschen mit vorgefertigten Standardnachrichten anschrieb. Mein Kopf überstimmte mein warnendes Bauchgefühl. Die Kritik der empörten Leute traf mich doppelt so hart, weil ich selbst nicht cool fand, was ich da tat.

Seitdem frage ich mich bei jedem Störgefühl: Ist das gerade cool, was ich hier mache? Stehe ich wirklich zu 100 Prozent hinter meiner Botschaft? Ein zweiter Test: Wäre es okay, wenn die Tagesschau meinen Beitrag heute Abend vorstellt und mich live um Stellungnahme bittet? Würde ich voll dahinterstehen, klicke ich entspannt auf »Veröffentlichen«. Habe ich Bauchschmerzen, weiß ich sofort, was ich nochmal überdenken darf.

5.5.6 Kreative Erschöpfung: Wenn der Brunnen leer ist

Kreative Erschöpfung hat mit einer Schreibblockade wenig zu tun. Eine Blockade ist ein kurzer Moment; die Erschöpfung dagegen ist ein Zustand, der sich über Wochen leise einschleicht.

Das Tückische daran: Du schreibst ja durchaus. Nur kommt nichts Lebendiges mehr dabei heraus. Die Texte wirken korrekt und bleiben doch seltsam flach. Die Ideen wiederholen sich. Und obwohl die Motivation da ist, fehlt die Energie hinter Deiner Schreibe.

Dieser Zustand stellt sich ein, wenn der Output über lange Zeit den Input übersteigt – wenn Du gießt und gießt und vergisst, dass auch der Gärtner Wasser braucht. Er kommt auch dann, wenn das Schreiben sich allmählich von einer Entdeckung in eine Pflicht verwandelt. Denn beim Entdecken gewinnst Du einen Teil der Energie zurück, die Du in den Prozess gibst, weil es Dir Freude macht und Dich manchmal regelrecht in Ekstase versetzt.

Bevor Du jetzt aktionistisch gegensteuerst, ein Gedanke, der viele in meinen Coachings entspannt: Kreativität verläuft in Wellen. Phasen des Fließens wechseln sich mit Phasen der Trockenheit ab, so wie Einatmen und Ausatmen. Die Erschöpfung ist dann kein Defekt in Deinem System. Sie ist sein leises Signal, dass der Zyklus gerade vom Produzieren ins Regenerieren wechselt. Wer ständig ausatmet und nie einatmet, kippt irgendwann um.

Vorher ist es Zeit, neue Eindrücke zu sammeln, andere Bücher zu lesen, mit fachfremden Menschen zu sprechen – kurzum: Deiner Neugier zu folgen. Sie führt Dich zuverlässig zu den Quellen, aus denen Du wieder schöpfen kannst. Es sei denn, sie entscheidet sich aus gutem Grund, erst einmal ein, zwei Wochen Urlaub zu nehmen. Dann hat auch das seine Berechtigung.

Je früher Du die Erschöpfung erkennst – an den flachen Texten, an der schwindenden Freude, an der fehlenden Begeisterung für irgendetwas –, desto sanfter kannst Du gegensteuern. Wer sie übersieht, riskiert einen langen Ausfall. Und gegen kreative Erschöpfung hilft selten mehr Arbeit. Sie heilt über den umgekehrten Weg: über die Wertschätzung für das Nichtstun. Manchmal ist der produktivste Schritt für Deinen nächsten Text der, Dich ein bisschen zu langweilen. Dann tust Du scheinbar nichts und es passiert doch so viel.

5.6 Zwischenhalt

Von der Strategie über das Set-up und die Ideenfindung bis zum Schreibprozess und seinen Stolpersteinen – Du hast jetzt alles in der Hand, um loszulegen. Du weißt, wie Content entsteht, der resoniert. Du weißt, wie Du Themen findest und Ideen generierst. Und Du weißt, wie Du dranbleibst, wenn der Prozess einmal ins Stocken gerät.

Jetzt darfst Du Dir selbst vertrauen. Denn alles, was Du für großartige Texte brauchst, steckt längst in Dir und Deinem Unternehmen – in Deiner Perspektive, Deiner Haltung und in dem, was Du erlebt hast. Fang einfach an zu schreiben. Erlaube Dir, laut zu denken, verrücktes Zeug zu Papier zu bringen und Dich von Deinen eigenen Worten überraschen zu lassen. Das meiste entsteht ohnehin erst unterwegs.

Und wenn die Ideen mal nicht fließen wollen, dann schau Dich einfach um. Die besten Ideen warten nämlich selten in Deinem Kopf – sie liegen überall um Dich herum: im Aufzug, im Kundengespräch oder in der beiläufigen Bemerkung beim Abendessen. Und diese Ideen sind eine Steilvorlage für mitreißendes Storytelling. Geschichten sind das älteste und wirkungsvollste Werkzeug, das uns als Marke zur Verfügung steht. Wie Du sie findest, erzählst und strategisch für Deine Markenkommunikation einsetzt, schauen wir uns als Nächstes an.

Kapitel 6
Storytelling

Du erzählst jeden Tag Geschichten – beim Kaffee, im Meeting oder in der Sprachnachricht an Deine Freunde. Und ich bin mir sicher, Dir gelingt das in solchen Momenten mühelos und oft brillant. Doch viele Menschen beobachten, dass sie – wenn es ums Thema Content geht – plötzlich vom natürlichen Story-Talent zu einem verkopften Roboter mutieren. Dieses Kapitel holt den Erzähler in Dir zurück.

Geschichten sind gleichzeitig das mächtigste und das am meisten unterschätzte Werkzeug, das Deiner Marke zur Verfügung steht. Wir brechen Storytelling auf das Wesentliche herunter: Was macht eine Geschichte unwiderstehlich? Wie baust Du sie konkret auf? Wo findest Du passende Storys im Alltag? Und wie setzt Du sie so ein, dass sie Vertrauen aufbaut, Perspektiven verschiebt und den Verkauf vorbereitet – ohne dass es sich nach Verkauf anfühlt?

»Ich bin ein leidenschaftlicher Texter.« Was macht so eine Aussage mit Dir? Mein Hirn lässt sie einfach nur gähnen. Doch wie ist es hiermit: »Manchmal vergesse ich beim Schreiben, zu essen, zu trinken und zu pinkeln. Gestern setzte ich mich um 14 Uhr hin und wollte nur kurz ein paar Gedanken notieren – und plötzlich war es draußen dunkel …« Die gleiche Botschaft, doch mit einer völlig anderen Wirkung.

Das ist Storytelling. Und es ist magischer und zugleich einfacher, als viele denken. Wir haben bisher festgehalten, dass hinter einer starken Marke eine ureigene Perspektive auf die Welt steckt. Und die speist sich aus ihren Filtern, die wiederum aus Erfahrungen und Entscheidungen gewachsen sind. Storytelling erweckt beides zum Leben. Eine Geschichte macht nicht nur erlebbar, *was* eine Marke denkt, fühlt und tut, sondern auch *warum*. Damit ist sie eines der kraftvollsten Tools für einflussreiche Kommunikation und Resonanzaufbau.

Das wichtigste Grundprinzip kennst Du bereits: *Show, don't tell – zeigen statt labern.* Trockene Informationen drängen sich uns auf und verlangen von unserem Hirn viel Leistung, um sie zu verstehen und zu bewerten. Geschichten hingegen präsentieren uns Informationen gehirngerecht. Sie lassen uns erleben, statt uns zu belehren. Sie laden uns ein, selbst zu fühlen, zu interpretieren und zu entscheiden. Damit schaffen sie Resonanzräume, in denen sich Menschen öffnen und berühren lassen.

Es gibt viele Ansätze, sich mit Storytelling zu beschäftigen. Doch nicht alle sind nach meiner Erfahrung wirklich hilfreich für die alltägliche Content-Praxis. Vielleicht hast Du Dich schon einmal mit der Heldenreise nach Joseph Campbell beschäftigt. Zwölf Stufen, archetypische Figuren und mythologische Strukturen ... Das ist ohne Frage ein faszinierendes Konzept – für Drehbücher und Romane. Doch im alltäglichen Content wirkt es schnell sperrig. Wie bringst Du eine zwölfstufige Erzählstruktur in einen Newsletter, einen Social-Media-Post oder auf eine Produktseite, ohne dabei künstlich zu wirken oder eine gigantische Textwüste zu erzeugen? Das wird schwierig. Und das ist zum Glück auch nicht nötig.

Denn der Kern des Storytellings lässt sich auf wenige essenzielle Elemente herunterbrechen. Darum geht es in diesem Kapitel: um Geschichten, die im Content-Alltag funktionieren. Kompakt, präzise und wirkungsvoll, ohne sich in Theorie oder epischen Erzählbögen zu verlieren. Dazu starten wir mit zwei fundamentalen Fragen, die auf den ersten Blick theoretisch wirken, in der Praxis jedoch den entscheidenden Unterschied machen: Was genau lösen Geschichten eigentlich in uns aus? Und warum funktionieren sie so zuverlässig?

Wenn Du diese Mechanismen verstehst, erzählst Du deutlich gezielter und souveräner. Du erkennst, welche Hebel wirklich zählen und welche Du getrost weglassen kannst. Anschließend widmen wir uns der Anatomie einer guten Story – den fünf Elementen, die sie wirklich braucht – und übersetzen diese mit zwei konkreten Ansätzen in die Praxis: ein klares Framework für strukturiertes Erzählen und ein intuitiver Zugang für Geschichten aus dem Alltag.

6.1 Was gute Geschichten in uns auslösen

Eine Geschichte ist mehr als eine nette Art, Botschaften zu verpacken. Sie ist der Grund, warum die Botschaft überhaupt ankommt. Denn sie wirkt gleichzeitig auf mehreren Ebenen: im Kopf, im Bauch und zwischen den Menschen – kognitiv, emotional und sozial.

6.1.1 Sog und Spannung erzeugen

Nur noch eine Folge der Lieblingsserie ... Nur noch ein Kapitel im Roman. Nur noch fünf Minuten ... Wir alle haben schon mit uns gefeilscht, weil wir wissen wollten, wie es weitergeht, obwohl wir eigentlich andere Pläne hatten. Das ist der *Zeigarnik-Effekt* in Aktion: Unerledigte oder unterbrochene Dinge bleiben hartnäckiger im Kopf als abgeschlossene. Unser Gehirn erzeugt dabei eine Art Spannung, die nach Auflösung verlangt.

Unser Gehirn erträgt fast alles – nur kein offenes Ende.

Wenn Du also nicht widerstehen kannst, ist das keine Charakterschwäche, sondern eine ganz normale Hirnfunktion. Und genau die wollen wir uns zunutze machen, indem wir auch in unserem Content Neugierlücken und offene Loops erzeugen.

Geschichten eignen sich dafür besonders gut. Denn sie bestehen aus aufeinander aufbauenden Momenten: Ein Ereignis setzt das nächste in Gang, jede Handlung zieht Konsequenzen nach sich. Unterbrechen wir diesen Fluss, entsteht automatisch ein loses Ende, das Neugier weckt und uns tiefer in den Text zieht.

31 Grad. Ich sitze im Zoom-Call mit einem Kunden. Er bittet mich, ihm eins der Bücher hinter mir im Regal zu zeigen. Das Problem: Ich habe keine Hose an …

6.1.2 Bilder und Kopfkino erzeugen

Ein Bild sagt mehr als tausend Worte? Dann mal doch einfach Bilder mit Deinen Worten. Geschichten treiben diesen Gedanken auf die Spitze, denn sie entzünden ein ganzes sensorisches Feuerwerk im Gehirn.

Wenn wir Fakten lesen, arbeitet vor allem das Sprachzentrum: Wörter, Sätze, Inhalte werden entschlüsselt und einsortiert. Folgen wir einer Geschichte, springt im Gehirn deutlich mehr an. Neurowissenschaftler sprechen von *verkörperter Simulation (Embodied Simulation)*: Das Gehirn simuliert, was es liest, und aktiviert Areale, als würde es die Szene nachstellen. Läuft eine Figur, regt sich der motorische Kortex; riecht sie etwas, reagiert das olfaktorische System. Erinnere Dich an den Biss in die Zitrone oder meine Fingernägel, die in Kapitel 4 laaaaangsam über die Schiefertafel kratzten.

Je lebendiger und bedeutsamer eine Geschichte für uns ist, desto eher fühlt sich unser Gehirn »live mit dabei« – und desto tiefer verankert sich das Erlebte. Fakten informieren uns, Geschichten involvieren uns. Wir durchleben sie innerlich mit wesentlich intensiverer Hirnaktivierung. Dadurch bekommen sie mehr Relevanz und bleiben besser in Erinnerung. Mit welchen Geschichten kannst Du die wichtigsten Botschaften Deiner Marke verpacken?

Ein Finanzinstitut kann zum Beispiel sagen, dass sein Support 24/7 erreichbar ist. Das ist eine nackte Info. Oder es erzählt die Geschichte von Anna, die um 2 Uhr nachts am Samstag die Bestätigung bekommt, dass jemand für 5.000 Euro mit ihrer Kreditkarte bezahlt hat. Sie ruft den Support an und Jonas aus dem Team geht sofort ran. Innerhalb von drei Minuten hat er die Transaktion storniert, die Karte gesperrt und Anna kostenfrei eine neue in die Post gegeben. Sie schläft an dem Abend beruhigt ein.

6.1.3 Emotionen auslösen, Hirne kapern

Emotionen gelten oft als Gegenspieler der Vernunft – dabei sind sie die Grundlage jeder Entscheidung. Denn woran erkennen wir eine für uns richtige Entscheidung? Sie *fühlt* sich stimmig an. Und wenn wir emotional entschieden haben, finden wir auch die passende rationale Begründung. Geschichten gehören zu den effizientesten Wegen, solche Gefühle zu aktivieren, weil sie uns Situationen erleben lassen, statt sie nur zu beschreiben. Damit wirken sie hochgradig hypnotisch: Sie verschieben die Richtung unserer Aufmerksamkeit von der Außenwelt auf unser inneres Erleben.

Forscher nennen das *narrative Transportation*: ein Zustand, in dem wir so tief in eine Geschichte eintauchen, dass die Umgebung verblasst. Unser kritisches Denken tritt dabei einen Schritt zurück. Wir hinterfragen, zweifeln und widersprechen weniger, weil der Teil unseres Gehirns, der normalerweise Argumente prüft, damit beschäftigt ist, den Ablauf der Geschichte nachzuvollziehen und innerlich mitzuspielen.

Solche Geschichten sind täglich um uns herum. Wie leicht sie unser Hirn kapern können, habe ich eben erlebt, als ich durch meinen Feed scrollte. Eine Dame gibt an, sie und ihr Mann seien frühere Finanzanalysten bei Nvidia gewesen. Sie teilt ein Bild ihres Portfolios, das Aktien des Unternehmens im Wert von 87.000.000 Dollar zeigt. In ihrem Beitrag gibt sie Tipps, welche Aktien sie jetzt kauft und von welchen sie die Finger lässt. Vieles mache sie kostenfrei, weil sie selbst ausgesorgt habe. Doch wer die richtig heißen Tipps will, soll sie direkt anschreiben (und muss wahrscheinlich zahlen).

Wenige Sätze und nur ein paar Details wecken Aufmerksamkeit und erzählen eine so stimmige und logische Geschichte, dass viele Menschen in den Kommentaren darauf anspringen und sich gleich ausmalen, wie die Geschichte mit diesem neuen Kontakt für sie weitergehen könnte. Und genau das ist der ideale rote Teppich für den Verkauf:

Wir erzählen eine attraktive und glaubwürdige Geschichte einer besseren Zukunft.

Zweifeln ließ mich am Ende etwas anderes: Sie hatte erst zwei Beiträge geteilt und ganze 127 Follower. Genauso wie die Details Glaubwürdigkeit erzeugen können, können sie sie auch wieder zum Einsturz bringen. Dennoch hat mich die Geschichte am Anfang gekriegt.

Gute Storys fesseln unser Gehirn und lullen den Kritiker ein. Sie formen die emotionale Grundlage, auf der wir Entscheidungen treffen – und genau deshalb können Geschichten überzeugen, wo reine Argumente scheitern.

Fünf Stellschrauben helfen Dir, diesen Zustand gezielt anzusteuern:

1. **Schreib im Präsens, nicht im Rückblick.** »Ich sitze da, meine Hände zittern« wirkt näher dran als »Ich saß da, meine Hände zitterten«.
2. **Zeig das Gefühl szenisch, statt es zu benennen.** »Ich stehe auf der Bühne, das Licht blendet, meine Hände werden feucht« ist stärker als »Ich bin aufgeregt«.
3. **Setze einen konkreten Sinnesanker.** Ein konkretes Detail kann schon reichen: der kalte Kaffee, das Surren des Druckers oder der Geruch des Regens.
4. **Verzögere die Auflösung.** Halte stets mindestens eine Frage im Hintergrund offen. Du weißt, das fesselt die Hirne (Zeigarnik-Effekt).
5. **Lass die Menschen folgern.** Wenn Du willst, dass ihre Hirne mitarbeiten, dann sprich die Moral nicht aus, sondern lass die Menschen die Einsicht selbst erleben. Das wirkt tiefer als jede Erklärung.

6.1.4 Informationen merk-würdig verpacken

Vielleicht ist Dir schon einmal die Behauptung begegnet, Fakten blieben in einer Geschichte verpackt »bis zu 22-mal« besser in Erinnerung als nackte Infos. Die Zahl klingt eindrucksvoll, doch leider lässt sie sich wissenschaftlich nirgends sauber belegen. Sie wird gern dem Psychologen Jerome Bruner zugeschrieben, doch in seinen Werken sucht man sie vergeblich. Dennoch hat die Behauptung einen wahren Kern: Geschichten verankern Informationen deutlich tiefer im Gedächtnis.

Und das ist sogar belegt: In einem Experiment von Chip und Dan Heath an der Stanford University erinnerten sich nur 5 Prozent der Zuhörer an eine einzelne Statistik – aber 63 Prozent an die Geschichten. Warum das so ist, erklärt der Psychologe Jerome Bruner: Wir denken in zwei Modi – einem logisch-argumentativen und einem narrativen. Der narrative Modus hat für unser Gedächtnis einen klaren Vorteil, weil er Informationen automatisch mit Kontext, Bedeutung und Emotion verknüpft.

Fakten allein vergessen wir oft so schnell, wie wir sie gelesen haben. Wir sind keine Computer. Unser Gedächtnis speichert keine isolierten Datenpunkte, sondern Bedeutungen, Verbindungen und emotionale Zustände. Wir erinnern uns daran, was wir gefühlt haben, was wir erlebt haben und was uns berührt hat – also an das, was uns etwas *bedeutet* hat.

Wir vergessen Fakten. Wir erinnern uns an Bedeutung.

Deshalb erinnerst Du Dich an Deinen ersten Kuss oder die Lieblingsfilme aus Deiner Kindheit besser als an die Telefonnummer Deiner Grundschule. Emotionen wirken wie Kleber für Informationen.

Erinnerst Du Dich, wie Du als Kind die Reihenfolge der Planeten gelernt hast? Kaum jemand behält »Merkur, Venus, Erde, Mars, Jupiter …« als nackte Liste. Aber »Mein Vater erklärt mir jeden Sonntag unseren Nachthimmel« – das sitzt nach einmal Hören. Eine kleine Geschichte macht die Information merk-würdig.

Und es muss nicht einmal eine ganze Geschichte sein – manchmal genügt eine Figur mit einem Spruch, ein Setting. Wer in den späten Neunzigern in Deutschland einen Fernseher besaß, kennt bis heute eine bestimmte Telefonnummer: 11880. Verona Feldbusch (heute Pooth) hat sie mit einem charmant falschen »Da werden Sie geholfen!« unsterblich gemacht. Die Zahl allein haben wir schnell vergessen, doch dank der kleinen Szenerie drumherum bleibt sie in Erinnerung.

6.1.5 Komplexität reduzieren

Abstrakte Konzepte überfordern schnell unser Arbeitsgedächtnis. Geschichten und Metaphern entlasten es. Eine lebendige Szene erklärt in Sekunden, wofür eine Theorie Seiten voller Fachbegriffe braucht. Unser Gehirn verarbeitet Geschichten mit doppelter Bandbreite –

über Worte und innere Bilder (*Dual-Coding*). So entstehen stabile mentale Bilder, die sich flüssiger verarbeiten lassen und deshalb wahrer, einprägsamer und überzeugender wirken.

Eine Metapher wie »Zeit ist Geld« verankert ein abstraktes Konzept sofort, weil sie intuitiv »klick« macht. Kinder lernen Gerechtigkeit, Loyalität oder Verlust nicht über Definitionen, sondern über Märchen und Anekdoten. Und auch Erwachsene begreifen den Klimawandel weniger über trockene Statistik als über die Geschichte einer Familie, deren Dorf vom steigenden Meer verschluckt wird.

Durch tausende Jahre Evolution ist unser Gehirn regelrecht vernarrt in Geschichten, denn sie waren der primäre Wissensspeicher, lange bevor der Spaß mit Buchstaben begann. Wenn Du komplexe Themen in Geschichten übersetzt, machst Du sie nicht kleiner oder banaler – Du bereitest sie gehirngerecht auf, machst sie leichter zugänglich und baust eine Brücke zwischen Herz und Verstand.

6.1.6 Vertrauen und Nähe aufbauen

Wir vertrauen Menschen, die wir »kennen« – das heißt, deren Gedanken, Gefühle und Beweggründe wir nachempfinden können. Geschichten bauen genau diese Nähe auf, indem sie uns zwar in andere Situationen und Kontexte führen, in denen wir aber vertraute Gefühle wiedererkennen: Zweifel, Mut, Scham oder Freude. Bevor ich zum Beispiel in Seminaren über Auftrittsangst vor einem Vortrag spreche, erzähle ich davon, wie ich als Musiker vor meinen ersten Konzerten nervös aufs Klo rannte. Manchmal sogar zehnmal hintereinander. Damit sind die Menschen sofort im Thema.

Wenn jemand eine stimmige, emotional anschlussfähige Geschichte erzählt und eine andere Person wirklich zuhört, synchronisieren sich ihre Gehirne – besonders in Arealen für Sprache, Emotion und Aufmerksamkeit. Forscher nennen das neuronale Kopplung oder *Hirnsynchronisation*. Studien zeigen, dass diese Kopplung umso stärker ist, je besser Zuhörerinnen und Zuhörer die Geschichte verstehen, je besser sie an ihre eigene Erfahrungswelt andockt und je stärker sie sich emotional einlassen. Je dichter dieser gemeinsame Tanz der Hirnmuster, desto intuitiver ist auch das gegenseitige Verständnis – und desto tiefer das Vertrauen. Wir denken und fühlen buchstäblich ähnlicher, während wir gemeinsam in der Erzählung aufgehen.

Der Schlüssel zu diesem Effekt liegt in einem tiefen Verständnis Deiner Zielgruppe. Je besser Du verstehst, was sie umtreibt, desto treffsicherer greifst Du genau diese Realität in Deinen Geschichten auf – mit allen wichtigen Emotionen, bis hin zu den Gedanken, die ihr durch den Kopf gehen. Genau deshalb wirkt die Geschichte vom Klo: Fast jeder kennt dieses Flattern vor dem großen Moment.

Und daraus entsteht eine weitere, sehr wertvolle Wirkung für den Verkauf: Wer das Problem so genau beschreibt, dem traut die Zielgruppe auch die Lösung zu. Wenn Du ihre Innenwelt besser kennst als sie selbst, glaubt sie Dir, dass Du sie da wieder herausführst.

6.1.7 Identifikation schaffen

Das kenne ich. Das hätte mir auch passieren können. Genau so bin ich manchmal auch. Diese drei Gedanken sind die tiefste Verbindung, die eine Geschichte erzeugen kann: Wir schauen nicht nur zu, sondern erkennen uns darin wieder. Wir projizieren uns hinein und verschmelzen mit ihr. Identifikation wirkt dabei in zwei kraftvollen Richtungen:

1. **Als Spiegel**: Jemand denkt, fühlt, handelt wie wir. Dieses Ähnlichkeitsspiegeln erzeugt Sympathie, weil es unser Selbstkonzept unbewusst bestätigt: »Wenn Du so bist wie ich und das okay ist, dann bin ich auch okay.«
2. **Als Aspiration**: Jemand lebt uns vor, was wir sein wollen. Eine Person verkörpert unser ideales Selbst. Damit inspiriert und motiviert sie uns, in diese Richtung zu wachsen.

Dazu ein Beispiel aus der Nike-Werbung: Der übermüdete Vater, der um 5 Uhr morgens joggt (*Just Do It*-Kampagne), spiegelt uns: »Das bin ich, wenn ich mich durchbeiße.« Oder Serena Williams (*Dream-Crazier*-Kampagne), die trotz Kritik und Rückschlägen siegt. Das weckt Aspiration: »So stark will ich auch sein.« Und genau hier liegt die Magie: Serena bleibt nahbar, weil sie zuerst den Kampf zeigt und dann den Sieg. Die stärksten Figuren verbinden oft beides: Sie zeigen zuerst unseren jetzigen Kampf und bieten dann eine Version von uns, die nur ein, zwei mutige Schritte weiter ist. Nah genug, um glaubwürdig zu bleiben, und doch weit genug, um einen Sog zu entfachen.

Die praktische Frage für Deine eigene Marke lautet deshalb: Wo steht Deine Zielgruppe gerade – und, einen mutigen Schritt weiter, wo will sie hin? Erzähl von einer Figur, die beides verkörpert: den heutigen Kampf der Zielgruppe und die Version, die schon einen Schritt weiter ist.

Beide Wege leben von spezifischen Details: dem Zittern in der Stimme, dem peinlichen Fehltritt oder den heimlichen Gedanken. Wer sich traut, die eigene Innenwelt – inklusive Schwächen – zu zeigen, schafft Vulnerabilitätsbrücken. Psychologisch gibt das anderen tiefe Bestätigung und die Erlaubnis: »Wenn Du das so offen teilst, darf ich mich auch zeigen.« Wirkt eine Figur dagegen zu glatt und überhöht, kippt Aspiration schnell in Distanz: »So werde ich nie« – und die Identifikation reißt ab. Genau deshalb funktioniert Serena: Ohne ihre Rückschläge wäre sie nur die ferne Siegerin.

Die stärkste Reaktion auf einen Text ist nicht »Wow, was für ein Könner«. Es ist das leise »Geht mir genauso«. Das verlangt, dass Du Dich öffnest und auch eine gewisse Verletzbarkeit zeigst. Je mehr Du von Dir preisgibst, desto eher erkennen sich die Menschen darin wieder. Aus Sicht der Zielgruppe würde ich es zuspitzen:

Sprich über Dich – für mich.

So erhalte ich zum Beispiel sehr herzliches Feedback aus meiner Community, wenn ich darüber schreibe, dass auch ich als gestandener Autor regelmäßig an mir zweifle (manchmal sogar verzweifle) und den Mut aufbringe, trotz aller Unsicherheiten weiterzuschreiben. Der unfehlbare SPIEGEL-Bestsellerautor, der immer alles gleich perfekt macht, wirkt schnell abgehoben und unnahbar. Doch in dem Menschen, der hadert und mit seinen Worten ringt, erkennt sich meine Zielgruppe wieder. Genau in diesem Moment des gegenseitigen Erkennens kann Resonanz entstehen: Wir erkennen einen Teil unserer Identität im anderen und fühlen uns dadurch tief verbunden.

6.1.8 Perspektiven verschieben, Überzeugungen transformieren

Das ist eine der tiefsten und subtilsten Kräfte von Geschichten. Wir können Fakten stapeln, Studien zitieren und Argumente logisch widerlegen. Doch Überzeugungen sitzen nicht im Verstand, sondern tief im Erleben – in den Filtern, die wir über Jahre entwickelt haben. Und unser bewusstes Denken schützt sie. Wir lehnen neue Infos ab, die nicht zu unserem Set an Überzeugungen passen, um den Status quo zu wahren.

Unsere Überzeugungen verändern sich nur mit neuen Erfahrungen.

Gute Geschichten simulieren Erfahrungen und können den Panzer einer alten Überzeugung aufweichen – schleichend, subtil und zugleich sehr mächtig. Sie versetzen uns in andere Perspektiven: Wir sehen durch fremde Augen, fühlen andere Annahmen und erleben alternative Filter in Aktion. So hebeln Geschichten unsere Abwehrmechanismen aus, sodass wir dasselbe Thema plötzlich aus einem neuen Blickwinkel betrachten. Aus dieser neuen Perspektive führen dieselben Fakten oft zu anderen Schlüssen.

Eine Statistik über fliehende und schutzsuchende Menschen prallt an vielen ab. Doch die Geschichte einer Familie, die alles riskiert, lässt uns ihre Welt fühlen. Plötzlich ist da kein abstraktes »Problem« mehr – da sind Menschen wie Du und ich, die in scheinbar ausweglosen Situationen mutig Initiative ergreifen und auf einen Neuanfang hoffen.

Das ist der Unterschied zwischen einer Konfrontation und einer Transformation. Die Konfrontation sagt: *Du liegst falsch, meine Antwort ist die richtige* (weil sie meinen aktuellen Filtern entspricht). Die Transformation sagt: *Schau durch meine Augen und sieh, was ich erlebt habe. Was denkst und fühlst Du jetzt?*

Ein Beispiel aus meiner Praxis: Manchmal kommen Menschen zu mir ins Coaching mit der Überzeugung, sie hätten kein Talent fürs Schreiben und würden deshalb nie wirklich gut werden. Ich könnte versuchen, diese Überzeugung mit klugen Argumenten zu knacken, doch die würden wahrscheinlich nicht durch den Filter dringen. Stattdessen wähle ich den smarten Weg und erzähle eine Geschichte von einem meiner Schlagzeuglehrer.

Er widmet sich sowohl den Anfängerinnen und Anfängern als auch jenen, die sich auf ein Musikstudium am Konservatorium vorbereiten. In einer Stunde beschrieb er mir, dass er dabei grob gesehen zwei Arten von Menschen begleitet. Die einen sind mit Talent gesegnet: Sie kommen jede Woche zum Unterricht, trommeln ihre Übungen herunter und die Ergebnisse fliegen ihnen fast mühelos zu. Die anderen investieren täglich eine volle Stunde ins Üben, um im Unterricht mithalten zu können. Auf den ersten Blick wirkt das unfair. Doch je höher das Niveau steigt, desto öfter kann er beobachten, wie der Vorteil in einen Nachteil kippt. Die Talentierten stoßen irgendwann an eine gläserne Decke, weil sie nie gelernt haben, sich für ihre Ergebnisse ins Zeug zu legen. Plötzlich reicht Talent allein nicht mehr, und sie wissen nicht, wie sie weiterkommen sollen. Die anderen machen einfach das, was sie immer schon gemacht haben: Sie legen sich ins Zeug – und ziehen vorbei.

In dem Moment, in dem ich diese Geschichte erzähle, sehe ich, wie sich etwas in den Augen meines Gegenübers verändert. Die Überzeugung »Ich habe kein Talent« bekommt einen Riss, weil die Geschichte eine neue Möglichkeit eröffnet, die sie vorher nicht so klar auf dem Schirm hatten: Du kannst fehlende Startbedingungen durch Beharrlichkeit und Freude am Wachsen ausgleichen. Kein Argument kann so schnell und so nachhaltig ein neues Denken, Fühlen und Handeln prägen. Die Geschichte schon.

Eine berührende Story ändert nicht nur Gedanken – sie geht an die Wurzel, an die Weltanschauung. Sie verändert, wie Du filterst, denkst, fühlst und entscheidest. Wer die Welt anders sieht, verhält sich plötzlich anders. Wenn Du dieses Prinzip beherrschst, verfügst Du über eines der mächtigsten Werkzeuge, die Sprache zu bieten hat. Und weil es so wirksam ist, widme ich dem verantwortungsvollen Umgang damit noch einen eigenen Abschnitt.

6.1.9 Toxisches Storytelling: Wenn Geschichten uns für dumm verkaufen

Dass Geschichten mächtig sind, sollte jetzt klar sein. Sie umgehen den kritischen Verstand, wecken Emotionen, erzeugen Vertrauen und verändern Überzeugungen. Genau deshalb sind sie in den falschen Händen gefährlich.

Toxisches Storytelling nutzt dieselben Mechanismen – mit dem Unterschied, dass es nicht verbinden, sondern kontrollieren und ausnutzen will. Mein ethisch-moralischer Anspruch besteht darin, bei jeder Art von Beeinflussung folgenden Dreiklang im Blick zu haben:

- **Dient es meinem Gegenüber?** Also ist das, was ich anstrebe, wirklich im Sinne des anderen Menschen? Geht es ihm nachhaltig besser, wenn er sich auf mein Angebot einlasst?
- **Dient es mir?** Habe ich selbst einen Vorteil davon?
- **Dient es einem größeren Ganzen?** Wie sehen die langfristigen Auswirkungen für unser Umfeld aus? Geschieht unsere beidseitige Vorteilnahme auf Kosten anderer?

Die ersten beiden Punkte sind die Basis für jede nachhaltige Geschäftsbeziehung. Der dritte mag idealistisch wirken, kann jedoch dazu inspirieren, sehr umsichtige und langlebige Geschäftsmodelle aufzubauen.

So ein Kompass ist wichtig – und ein gesundes geistiges Immunsystem ebenfalls. Propaganda, Sekten oder Täuschung im Verkauf – sie alle arbeiten mit Geschichten. Mit Heldennarrativen, die eine Gruppe glorifizieren und eine andere dämonisieren. Mit Angstgeschichten, die uns lähmen und in die Handlungsunfähigkeit treiben. Mit arglistigen Märchen, die Lügen in emotionale Wahrheit verwandeln. Und nach diesem Kapitel weißt Du, welche Gefahr hinter diesem Satz steckt:

Wenn es sich richtig anfühlt, halten wir es für wahr.

Und gerade, weil wir im Zustand der narrativen Transportation weniger kritisch denken, sind wir für diese Mechanismen besonders anfällig.

Wenn uns eine Geschichte stark berührt, sollten wir hellhörig werden – sowohl in der Rolle des Zuhörens als auch in der des Erzählens. Die folgenden Schutzfragen helfen in beiden Rollen. Sie schärfen unser Urteilsvermögen und halten unser Storytelling sauber:

- **Wer erzählt diese Geschichte – und was hat der Absender davon?** Jede Geschichte hat einen Erzähler mit einer Perspektive und einer Agenda. Letztere macht die Story nicht automatisch falsch, doch es lohnt sich, kurz zu prüfen, ob sie auch im Sinne derjenigen ist, die sie hören. Als Absender kannst Du Dir dieselbe Frage stellen: Ist meine Agenda offen, fair und kommunizierbar – oder müsste ich sie verstecken?
- **Welche Stimmen fehlen?** Toxische Narrative sind fast immer einseitig. Sie erzählen eine Version der Wahrheit und blenden andere aus. Wer fehlt in dieser Geschichte? Wessen Perspektive taucht nicht auf? Gute Geschichten greifen auch widerstreitende Argumente auf und geben ihnen Raum. Sie stellen einer These eine Antithese gegenüber und lösen diese auf. Natürlich wäre es utopisch, jeden möglichen Blickwinkel zu berücksichtigen. Entdecken wir jedoch später, dass uns jemand eine essenzielle Perspektive vorenthalten hat, kann das zu einem unbequemen Erwachen führen, das die gesamte Beziehung erschüttert. Als Storyteller lohnt es sich deshalb, bewusst zu fragen: Wen blende ich aus – und warum? Dient das der Klarheit oder meiner Bequemlichkeit?
- **Wie fühle ich mich – und warum?** Wenn eine Geschichte starke Emotionen auslöst, wie Angst, Wut oder Überlegenheit, ist das ein Signal, innezuhalten. Weil starke Emotionen das kritische Denken am stärksten ausschalten, lohnt es sich hier, den kritischen Verstand bewusst hinzuzuziehen. Und als Erzähler: Arbeite ich mit Emotion, um zu klären und zu verbinden – oder vor allem, um Druck aufzubauen und Abhängigkeit zu erzeugen?
- **Stimmen die Fakten?** Eine Geschichte kann emotional wahr sein und faktisch falsch – das ist die gefährlichste Kombination, die es gibt. Sie zu prüfen, ist kein Zeichen von fehlendem Vertrauen, sondern von Sorgfalt und gesundem Verantwortungsbewusstsein. Auch

für Dein eigenes Storytelling gilt: Emotion ist kein Freifahrtschein, die Realität zu verbiegen. Je größer die emotionale Wucht, desto sorgfältiger müssen die Fakten gewählt sein.

Das Ziel dieses Abschnitts ist nicht, Geschichten grundsätzlich zu misstrauen, sondern sie bewusst zu genießen. Selbst kleine Kinder hinterfragen kritisch, wenn etwas zu gut klingt, um wahr zu sein. Genauso wie wir die DNA der Geschichten in uns tragen, beheimaten wir auch einen kleinen Bullshitdetektor. Der darf mit guten Fragen ein bisschen nagen: *Stimmt das wirklich? Ist das nicht ein bisschen zu einfach? Fehlt hier etwas?* Bei schlechten Geschichten bröckelt schnell die Fassade. Gute Geschichten gewinnen dadurch sogar noch an Tiefe. Und genau das ist der Anspruch an verantwortungsvolles Storytelling: Es hält einer ehrlichen Prüfung stand – von außen und von uns selbst.

6.2 Story-Anatomie: Die fünf Elemente guter Geschichten

Zu Beginn meiner Storytelling-Trainings frage ich gerne in die Runde: *Was braucht eine gute Geschichte wirklich?* Daraufhin kommen vielfältige Antworten: eine Heldenfigur, Spannung, einen Mentor, ein Happy End, einen Wendepunkt, einen Bösewicht … Diese Antworten sind alle richtig – in einem bestimmten Kontext. Wäre dieses Buch ein umfangreicher Storytelling-Guide, dürften sie nicht fehlen. Da sich dieses Kapitel jedoch auf die Essenz für den Content rund ums Branding fokussiert, destillieren wir diese Vielfalt auf fünf Elemente, die eine Geschichte lebensfähig, mitreißend und bedeutungsvoll machen.

Die ersten drei bilden den Motor: *Ziel*, *Hindernis* und *Einsatz*. Sie erzeugen Spannung und Relevanz – ohne sie gibt es keinen Grund, weiterzulesen. Die letzten zwei – *Wendepunkt* und *Erkenntnis* – lösen diese Spannung auf und verleihen dem Erlebten Sinn. Aus diesem Zusammenspiel entsteht das, was gute Geschichten ausmacht: Sog, Emotion und Bedeutung.

Abbildung 6.1: Die Bestandteile, die jede gute Geschichte braucht

6.2.1 Das Ziel: Was will die Figur?

Jede Geschichte braucht eine Figur, die etwas will. Etwas, das sie anstrebt und das wirklich für sie zählt. Das ist das konkrete Ziel, das der Story ihre Richtung gibt und Bewegung erzeugt.

Das Ziel ist der erste Teil des Motors. Es beantwortet die Frage: *Worum geht es hier eigentlich?* Beim Lesen oder Zuhören orientieren wir uns unbewusst daran, ob wir verstehen, wohin die Reise gehen soll. Erinnere Dich an die Kraft des Ziele-Filters: Wenn Du willst, dass die Menschen Dir folgen, sag ihnen erst einmal, wo Du überhaupt hinwillst.

6.2.2 Das Hindernis: Was steht im Weg?

Wenn der Weg zum Ziel einfach frei wäre, hätte die Geschichte so viel Spannung wie ein Wikipedia-Artikel. Eine mitreißende Story braucht ein Hindernis: eine Herausforderung von außen oder einen Widerstand von innen. Etwas schiebt sich zwischen die Figur und ihr Ziel. Das erzeugt Spannung und zwingt die Figur zu einer Entscheidung. Außerdem macht das Ringen mit dem Hindernis die Figur erst interessant. Sie kommt mit ihrem üblichen Denken, Fühlen und Handeln nicht weiter. Sie sucht nach einem Trick, nach einer Lösung oder einem bisher noch verborgenen Weg – und das macht uns neugierig.

Im Content-Alltag braucht es hier oft einen Perspektivwechsel. Die Heldenfigur – Marke oder Personal Brand – spricht am liebsten stolz von all dem, was sie erreicht hat. Doch wozu Menschen wirklich eine Verbindung aufbauen, sind nicht unsere Erfolge, sondern unser Hadern, unser Ringen und der innere Kampf. Das Hindernis macht die Figur menschlich. Es enthüllt, was sie denkt, fühlt, tut – und wer sie wirklich ist, wenn es drauf ankommt.

6.2.3 Der Einsatz: Was steht auf dem Spiel?

Erst wenn Ziel und Hindernis aufeinandertreffen, zeigt sich, was wirklich auf dem Spiel steht. Das ist der dritte Teil des Motors. Er verleiht der Geschichte Dringlichkeit und damit ihre Spannung.

Der Einsatz beantwortet die Frage: Was steht auf dem Spiel? Was passiert, wenn die Figur scheitert oder eine falsche Entscheidung trifft? Was kann verloren gehen? Vielleicht viel Geld, der eigene Ruf oder eine wichtige Beziehung? Je klarer und höher der Einsatz, desto stärker fiebern wir mit.

Wir können einer Figur nur dann wirklich die Daumen drücken, wenn wir wissen, welche Folgen ihr Scheitern hätte. Dadurch entsteht automatisch Verletzbarkeit. Denn wenn eine Figur etwas riskiert, zeigt das sowohl, dass ihr etwas sehr wichtig ist, als auch, dass sie nicht unfehlbar ist. Dazu kann jeder Mensch eine Verbindung aufbauen.

Diese ersten drei Elemente zusammen – Ziel, Hindernis, Einsatz – bilden den Motor, der die Geschichte in Gang bringt und spannend macht. Was jetzt noch fehlt, ist das, was diese Spannung auflöst und in Bedeutung verwandelt.

6.2.4 Der Wendepunkt: Wie sieht die Lösung aus?

Jede Geschichte braucht den magischen Moment mit einer Wendung: Die Figur trifft eine Entscheidung, sie findet eine neue Strategie, bekommt Hilfe von außen oder erkennt etwas, das sie bisher übersehen hat.

Der Wendepunkt muss nicht der dramatischste Moment der Geschichte sein, sondern der bedeutsamste. Plötzlich zeigt sich ein Weg, wo vorher alles im Nebel lag. Das Ziel scheint erreichbar, und der Einsatz beginnt sich zu lohnen.

Dieser Wendepunkt kann viele Formen annehmen: eine schmerzhafte Erkenntnis, eine mutige Entscheidung oder auch einen Moment, in dem wir etwas losgelassen haben. Was ihn ausmacht, ist die Konsequenz: Nach dem Wendepunkt ist etwas anders als davor.

6.2.5 Die Erkenntnis: Was bedeutet die Geschichte?

Die Erkenntnis ist das letzte Element und zugleich das mit dem größten Tiefgang. Sie beantwortet die Frage: Was ist die verborgene Wahrheit der Geschichte? Was bleibt, wenn die Spannung sich gelöst hat? Was ändert sich im Denken, Fühlen oder Handeln?

Du musst die Erkenntnis nicht immer ausbuchstabieren. Besonders kraftvoll wirkt sie, wenn der Text sie nur anstößt und sie erst in unseren Köpfen beim Lesen Gestalt annimmt. Dann ist es unsere eigene Einsicht – und sie wirkt tiefer. Du hast also die Möglichkeit, die Essenz eher explizit oder implizit zu präsentieren.

Illustrieren wir das mit einem einfachen Beispiel: Du erzählst von dem Tag, an dem Du Deinen sicheren Job gekündigt hast, um Dein eigenes Ding zu starten. Die schlaflose Nacht davor. Der Blick Deiner Eltern. Der erste Monat ohne Gehalt. Und dann der Moment, in dem der erste Kunde »Ja« sagte.

Bei der **expliziten Auflösung** sprichst Du die Lehre klar aus, zum Beispiel mit Formulierungen wie:

- »Was ich daraus gelernt habe …«
- »Worauf ich hinauswill, ist …«
- »Unterm Strich heißt das …«

Die **implizite Auflösung** wirkt deutlich eleganter. Hier verwendest Du zum Beispiel:

- eine offene Frage: »Welche Entscheidung schiebst Du gerade vor Dir her, obwohl Du längst fühlst, was der richtige Weg für Dich ist?«
- einen kurzen Aphorismus: »Heute weiß ich: Manchmal ist die Angst der Türsteher zur größten Party Deines Lebens.«

- eine kraftvolle abschließende szenische Beschreibung: »Das ist jetzt sechs Jahre her. Den Anzug aus meinem früheren Job habe ich nie wieder angezogen. Er passt mir heute gar nicht mehr.«

In beiden Fällen ist der Kern derselbe: Die Geschichte lässt uns erleben, die Erkenntnis destilliert die Bedeutung. Je expliziter Du sie formulierst, desto stärker führst Du die Menschen. Je impliziter Du bleibst, desto mehr Raum gibst Du ihnen, den letzten gedanklichen Schritt selbst zu gehen. Genau das fördert Identifikation, die Übertragung auf das eigene Leben und den Effekt der narrativen Transportation.

6.2.6 Wie der Konflikt entsteht

Viele gehen davon aus, dass eine Geschichte immer mit einem Problem beginnt, das die Figur zu lösen versucht. Das ist durchaus ein Weg – versetzt die Figur jedoch in eine reaktive Rolle. Die ehrlicheren und oft wirkungsvolleren Geschichten folgen einer anderen Logik: Sie beginnen mit einem Ziel. Und das Problem entsteht erst unterwegs – aus der Spannung zwischen dem, was die Figur will, und dem, was ihr im Weg steht.

Steve Jobs hatte kein Problem, als er Apple gründete. Er hatte eine Vision: Computer sollten nicht nur funktionieren, sondern sich anfühlen wie ein Werkzeug für jeden Menschen – intuitiv, schön und zugänglich. Das war das Ziel. Doch genau in dem Moment, in dem dieses Ziel klar wurde, war auch das Problem sichtbar: Die Computer der damaligen Zeit waren hässlich, abweisend und für die meisten Menschen schlicht unbenutzbar. Ziel und Problem existierten gleichzeitig – das eine erzeugte das andere.

Die meisten Konflikte lassen sich auf dieses einfache Muster herunterbrechen: Wir haben etwas, das wir nicht wollen – oder wir wollen etwas, das wir nicht haben. Was variiert, ist nur, welches von beiden zuerst sichtbar wird. Wer eher reaktiv ist, erlebt zuerst das Problem – und entdeckt dadurch sein Ziel. Wer eher proaktiv ist, erlebt zuerst das Ziel – und entdeckt dadurch sein Problem. Beide betreten dieselbe Geschichte durch verschiedene Türen.

Für das Schreiben hat dieser Blickwinkel eine direkte Konsequenz – und hier schließt sich der Kreis zu *Show, don't tell*: Wenn Du Ziel, Hindernis und Einsatz zeigst, entsteht das Problem im Kopf beim Lesen ganz von selbst. Du musst es nicht stumpf benennen oder den Menschen aufdrängen. Du machst es erlebbar, indem Du die Spannung zeigst zwischen dem, was ist, und dem, was sein soll. Dann spüren wir das Problem von ganz alleine. Wir kommen von selbst darauf, und das überzeugt uns stärker als das, was uns jemand erklärt.

Kombiniere die Elemente. Sag mir also nicht, dass Apfelstrudel lecker ist. Lass es mich in all seinen Facetten erleben. Nimm eine Gabel, trenne ein Stück ab, gib ein Häubchen Sahne hinzu und führe es in meinen Mund. So geht Storytelling. Verstanden? (Huch, wir kommen uns auf den letzten Seiten ganz schön nahe!)

Frag Dich nicht zuerst: *Was war mein Problem?* Frag Dich: *Was wollte ich wirklich? Was hat mich angetrieben? Und was stand mir dabei im Weg?* Das Problem ist dann nicht der Ausgangspunkt – es ist das Ergebnis von Ambition und Widerstand, von These und Antithese. Und genau diese Spannung ist es, die eine Geschichte mitreißend und inspirierend macht.

Ich gehe jetzt kurz Kuchen essen, und dann übersetzen wir das in die Praxis.

6.3 Die DRAMA-Formel: Storys in der Praxis erzählen

Die DRAMA-Formel übersetzt die fünf Kernelemente aus der Theorie in ein konkretes Schreibwerkzeug – mit einem entscheidenden Unterschied: Sie beginnt nicht am chronologischen Anfang der Geschichte, sondern mittendrin in einem packenden Moment. Der Name ist also Programm, und das sorgt für den gleichen Effekt wie bei der SEXI-Formel: Wir starten kraftvoll, werfen Fragen auf, die nach einer Antwort verlangen, und saugen die Menschen damit tiefer in den Text hinein.

D – Dramatischer Einstieg: Mitten in den Höhepunkt

Viele Geschichten beginnen am Anfang, verlaufen chronologisch und erklären sich mit viel Kontext und Vorbereitung. Wenn wir uns auf ein Buch oder einen guten Film einlassen, sind wir meist auch bereit, einen gemächlicheren Start zu akzeptieren. In der Werbewelt haben wir diesen Luxus nicht. Wir müssen uns die Aufmerksamkeit erst verdienen und dann so schnell wie möglich zum Punkt kommen, um sie zu halten und nicht wieder zu verlieren. Genau darum startet das D der Formel mit ordentlich Drama.

Sie setzt ohne Vorgeplänkel im Moment der höchsten Spannung ein – mitten in einer Szene, einem intensiven Gefühl oder mitten im Konflikt. Das wirkt beim Lesen, als würden wir direkt in die Story hineingeworfen. Die Geschichte wirft lauter Fragen in uns auf, sodass unser Gehirn nur eins will: wissen, wie es weitergeht.

Mein erster Claim als selbstständiger Texter. Für 2.500 Euro. Guter Auftrag. Morgen ist Abgabe. Und ich hab nichts.

Ich werfe die Menschen mitten in die Geschichte hinein, schildere den Moment und rufe damit Fragen wach: Wie kann das sein? Oh je, was macht er jetzt? Ist das überhaupt noch zu retten?

Das D muss kein einzelner dramatischer Satz sein. Manchmal sind es zwei Sätze, manchmal eine kurze Szene. Was zählt, ist der sofortige Sog.

R – Risiko: Was auf dem Spiel steht

Im zweiten Schritt lösen wir einen Teil der Spannung auf, indem wir erklären, was auf dem Spiel steht. Hier geht es um den Einsatz. Und Du hast wahrscheinlich längst erkannt: Damit sorgen wir gleichzeitig für Dringlichkeit, die wiederum neue Spannung aufbaut. So entsteht ein sich ständig entwickelnder Sog. Das Risiko macht aus einem Hindernis eine echte Bedrohung, und wir fiebern mit. Neue Fragen verlangen nach einer Antwort: Was passiert, wenn die Figur scheitert? Kommt sie da wieder raus?

Und das, obwohl ich zwei Wochen Zeit hatte. Das wird eine Blamage! Meine Karriere ist vorbei, bevor sie angefangen hat. Niemand wird mich empfehlen – mein Auftraggeber wird mich eher verklagen! Am besten bettle ich schon mal um meinen alten Job.

A – Ambition: Was die Figur will

Jetzt konkretisieren wir das Ziel – also das, was die Figur antreibt. Damit geben wir der Geschichte ihre Richtung.

Dabei wollte ich einfach nur das leben, was ich liebe: täglich knisternde Buchstabenerotik betreiben und mit Worten spielen. Claims sind eigentlich meine Lieblingsprojekte. Wieso ging jetzt gar nichts?

M – Mauer: Was im Weg steht

Die Mauer ist das dramatische Herzstück jeder Geschichte. Sie hält die Spannung aufrecht, verzögert das Ziel und zwingt die Figur zu Entscheidungen.

Mein Hirn lief noch im 9-to-5-Modus meiner Angestelltenzeit: Du bist nur produktiv, wenn Du am Schreibtisch sitzt! Je weniger es lief und je weiter die Uhr tickte, desto verkrampfter saß ich am Schreibtisch und verzweifelte. Ein Häufchen Elend, das einsam und bucklig über der Tastatur hing. Getrieben und gelähmt zugleich. Zwing Dich! Nachtschicht! Hustle! Ein Teil in mir peitschte mich, während ein anderer mich bremste.

A – Auflösung: Die Lösung zeigt sich

Die Auflösung ist der Moment, in dem wir aufatmen dürfen und die Geschichte ihre tiefere Bedeutung zeigt.

Scheiß auf alles! Ich schmiss meine Notizen vom Schreibtisch und ging zum Sport. Ich schwitzte, ich schrie und schließlich … musste ich lachen. Plötzlich war da eine Stimme in meinem Kopf, die mir Sätze flüsterte. Ich zückte mein Handy und notierte. Innerhalb von 30 Minuten hatte ich fünf flotte Sprüche, die perfekt zur Marke passten. Jetzt lachte ich lauter.

Hatte ich ernsthaft erwartet, in meinem jammerhaften Zustand am Schreibtisch auf brillante Ideen zu kommen? Klar, ich schwitze ja auch am meisten im Eisbad, bekomme Sonnenbrand im Keller und entspanne am besten bei der Wurzelbehandlung.

Ich hatte gerade 2.500 Euro in 30 Minuten verdient und eine Erkenntnis als Geschenk bekommen: Wenn Du Dich anders fühlst, denkst und schreibst Du auch anders. Wenn die Worte nicht fließen, bring Dich in einen anderen Zustand.

Und natürlich brauchen die guten Geistesblitze ein bisschen Vorbereitung. Wie das geht, erzähle ich Dir morgen.

Nutze die Formel als Kompass, nicht als Korsett

Vielleicht hast Du beim Lesen gemerkt, wie sich beim D auch schon ein bisschen vom R und A eingeschlichen hat. Schon der Aufmacher lässt ahnen, was auf dem Spiel steht, und der Kontext zeigt, wie wichtig mir der Auftrag war. Wenn sich die Elemente miteinander verweben, ist das kein Fehler, sondern ein Zeichen dafür, dass Deine Geschichte rund und stimmig ist.

Die DRAMA-Formel ist also kein starres Gerüst, das Du Buchstabe für Buchstabe abarbeitest. Sie dient vielmehr dazu, Deine Gedanken zu sortieren, zu strukturieren und sicherzustellen, dass die wesentlichen Elemente enthalten sind, die den Motor der Geschichte ausmachen. Wenn Du sie verinnerlicht hast, wirst Du merken: Vieles verbindet sich beim Schreiben von ganz allein. Manche Elemente verschmelzen. Andere schrumpfen zusammen, weil sie sich aus dem Content ergeben. Und manchmal ist ein Element so stark in einem anderen enthalten, dass es gar keinen expliziten Hinweis mehr braucht. So ist es zum Beispiel oft beim A. Die Ambition ergibt sich in vielen Fällen ganz von selbst aus dem Kontext.

Mein Tipp für die Praxis lautet daher: Strukturiere die Geschichte mit der Unterstützung der Formel, und wenn sie in sich funktioniert, dann wirf die Formel getrost über Bord und lass die Geschichte organisch Gestalt annehmen.

6.4 Story ohne Drama: Die Momentaufnahme

Das DRAMA-Framework ist ein mächtiges Werkzeug für Geschichten, die nach einer klaren Dramaturgie verlangen – wie etwa die Ursprungsgeschichte oder eine klassische Transformation. Doch wie bei allen formelhaften Herangehensweisen droht hier die Gefahr, dass am Ende auch das Ergebnis schematisch, mechanisch und konstruiert wirkt. Mit einem Feingefühl für Sprache und Details kannst Du dem gut vorbeugen. Als Alternative stelle ich Dir noch einen anderen Storytelling-Ansatz vor, der deutlich intuitiver funktioniert – wie eine Art exploratives Storytelling: die Momentaufnahme. Lass uns mit einem Beispiel beginnen.

Ich bin im Gym, steige meine 7.000 Stufen, als ich einen Mann sehe, der mich fasziniert. Er wirkt gefährlich übergewichtig und tritt trotzdem voller Energie in die Pedale. Er schwitzt und grinst – eine vielversprechende Kombination für langfristigen Fortschritt.

Als ich ihn später in der Umkleide wiedersehe, wird mir anders zumute: Er zückt einen Shaker aus seiner Tasche und füllt ihn mit einem Pulver, das auch die »großen Jungs« im Studio nutzen, um Masse aufzubauen. Das ist das Letzte, was Du jetzt brauchst, denke ich mir …

Weiß er überhaupt, was er da trinkt? Vermutlich schaut er es sich bei den Leuten ab, die so aussehen, wie er werden möchte. Er imitiert, was sie tun, in der Hoffnung auf dieselben Ergebnisse.

Genau dieser Denkfehler kostet auch im Marketing viel Zeit und Geld.

Manche Marken sind wie Tannen, die sich Äpfel an die Zweige hängen und glauben, sie würden damit zu Apfelbäumen. Sie verwechseln Korrelation mit Kausalität. Sie sehen die Shakes, die Tools, die Strategien, aber nicht das Fundament darunter: die Haltung, die Klarheit, das Verständnis für die eigene Marke. Nachahmung zeigt Dir zwar, wie die Früchte aussehen. Doch nie, warum sie wachsen und gedeihen.

Erfolgreiche Marken haben nicht die besseren Strategien, sondern die tieferen Wurzeln. Wenn Du bereit bist, tiefer zu graben als die meisten, weißt Du ja, wo Du mich findest. In meinem Programm stärken wir die Wurzeln und entwickeln die Potenziale Deiner Marke, damit Du die Früchte erntest, die auch wirklich zu Dir passen.

Diese Art von beobachtendem Storytelling pfeift auf Strukturen, Kernelemente und Dramaturgie. Stattdessen fokussiert sie sich auf eine Perspektive. Sie zoomt an einen kleinen Moment heran, beobachtet, bewertet und zieht daraus eine Erkenntnis.

Die Marke lädt die Zielgruppe ein, die Welt für einen Moment durch ihre Augen zu sehen und dabei besondere Details zu entdecken. Kaum ein Zitat fasst diesen Einsatz von Geschichten so zusammen wie die wunderbaren Worte von Henry David Thoreau: »Es ist nicht wichtig, was Du betrachtest, sondern was Du darin siehst.«

Meine kleine Anekdote aus dem Gym offenbart meine Perspektive. Wie ich denke und bewerte, worauf ich mich fokussiere, was ich dabei empfinde und was ich schließlich darin sehe. Die Geschichte spiegelt meine Art, in der Welt zu sein, mit meinen Werten, Erfahrungen und Überzeugungen.

Die Welt um uns herum steckt voller Muster, die wir aufgreifen können, um Parallelen zu unserer Businesswelt zu ziehen. So lassen sich kleine Beobachtungen aus dem Alltag als Metaphern und Analogien für Themen aus unserem Kosmos nutzen.

Schon ein einziges Bild in Form einer Momentaufnahme erzählt eine ganze Geschichte. Umarmst Du diesen Ansatz, wirkt die Welt um Dich herum plötzlich wie ein riesiges Story-Archiv – denn die Anekdoten tummeln sich in allem, was Du bzw. Deine Marke erlebt. Dafür braucht es lediglich eine geschärfte Aufmerksamkeit und neugierige Beobachtung.

Setze dazu Deine Content-Brille aus Kapitel 5 auf und betrachte alles um Dich herum als Rohmaterial – das Gespräch beim Bäcker, das Verhalten eines Fremden in der Bahn oder den Satz aus einem Buch, der Dich tief berührt hat. Anschließend teilst Du Deine Perspektive darauf: Was siehst Du in diesem Moment, was andere nicht sehen? Was fällt Dir auf? Was berührt und inspiriert Dich daran? Welche Verbindung entsteht zwischen dieser Szene und dem, wofür Deine Marke steht?

Diese Mikrostorys in Form von Momentaufnahmen bestehen im Kern aus drei Elementen:

1. Eine besondere **Beobachtung**
2. Die **Bewertung** und Interpretation durch die Perspektive der Marke
3. Ein kraftvolles einleitendes **Statement**, das neugierig macht

Insbesondere der letzte Punkt ist wichtig, um eine starke Beobachtung auch ansprechend zu präsentieren. *Was ich vom Fitnessstudio über unsere Denkmuster gelernt hab* würde bei vielen Menschen für Gähnen und Augenrollen sorgen. Eröffne ich hingegen mit *Der dümmste Denkfehler im Branding* oder *Kopieren ist die teuerste Marketingstrategie der Welt* mache ich neugierig, den nächsten Satz zu lesen.

Ich nutze also eine lebendige Anekdote und damit all die Vorteile des Storytellings, um ein eher abstraktes Prinzip greifbar zu machen. Das bietet mehrere Vorteile auf einmal:

- Ich gebe auf natürliche Weise **Einblick in meinen Alltag**.
- Ich **demonstriere Expertise**, indem ich komplexe Dinge einfach auf den Punkt bringe.
- Ich teile meine Sicht auf die Welt und ermögliche **Resonanz** und **Identifikation**.
- Die Folgerung aus meiner Geschichte kann Menschen zu neuem Denken, Fühlen und Handeln **inspirieren**.
- Ich lade zum **Dialog** ein, weil eine gute Beobachtung fast immer die Reaktion auslöst: »Das kenne ich auch. Und ich sehe darin auch noch …«

Am Ende einer solchen Anekdote sollte ein Gefühl stehen von: *Wow! Das war wertvoll. So habe ich das noch gar nicht betrachtet.* Deine Perspektive formt Deinen Stil. Und damit sind die Geschichten und die Art und Weise, wie Du sie erzählst, pures Gold für Dein Branding.

6.5 Storyselling: Wenn Geschichten überzeugen

Da ist noch eine weitere Frage, die ich in fast jedem Training bekomme – meistens gegen Ende, wenn die Menschen verstanden haben, wie Storytelling funktioniert, und gleichzeitig merken, dass sie ein Unternehmen führen: »Das ist alles schön und gut. Aber wie verkaufe ich damit etwas?«

Die Frage ist berechtigt. Und sie verrät ein Missverständnis, das weit verbreitet ist: dass Storytelling und Verkauf zwei verschiedene Dinge sind. Dass man sich entscheiden müsste, ob eine Geschichte entweder berührt oder überzeugt – aber nicht beides gleichzeitig. Doch das Entweder-oder braucht es nicht. Die stärksten Verkaufstexte der Welt sind Geschichten. Und die stärksten Geschichten verkaufen, ohne dass jemand das Gefühl hat, etwas verkauft zu bekommen.

6.5.1 Das Grundprinzip: Identifikation

Den wirkungsvollen Mechanismus hinter Geschichten haben wir bereits in aller Tiefe besprochen: Eine gute Story lädt die Menschen ein, mit uns in Resonanz zu gehen. Sie gibt ihnen das Gefühl, dass wir sie verstehen. So entsteht eine Verbindung, und die Menschen öffnen sich, noch bevor wir ein einziges Argument geliefert haben. Das ist die optimale Voraussetzung für jede Art von Verkauf.

Anschließend überzeugt die Geschichte durch ihre inhärente Logik: Eine Figur, die uns ähnlich ist, verfolgt ein Ziel und hadert auf dem Weg mit Hindernissen. Dabei steht viel auf dem Spiel. Ein Teil von uns denkt: *Hey, das kenne ich. Und das ist genau die Stelle, wo ich in meinem Leben auch nicht weiterweiß.* Hier macht die Geschichte einen Lösungsvorschlag. Wir fiebern mit, wie die Figur an ihr Ziel gelangt. Unsere implizite Folgerung: *Na, wenn das für die Figur funktioniert, dann kann das vielleicht auch in meinem Fall klappen. Das will ich auch. Das kann ich auch! Das gehe ich jetzt an!*

Identifizieren wir uns mit der Figur, machen wir ihr Denken, Fühlen und Handeln zu einem Teil von uns – und damit auch ihre Lösungsstrategie. Ist die Geschichte lebendig genug, fühlt es sich an, als hätten wir das Problem schon einmal selbst durchlebt und gelöst. Sie schenkt uns eine Referenzerfahrung, die uns Mut macht und unser Vertrauen in die eigenen Fähigkeiten stärkt.

Eine gute Geschichte schenkt der Zielgruppe eine Lösungsstrategie – verpackt in eine innere Erfahrung, die sich anfühlt, als hätten sie sie selbst erlebt. Genau dadurch wirken Geschichten so tief. Wir schärfen das Bewusstsein der Menschen für ihre eigenen Möglichkeiten und stärken das Vertrauen in ihre Fähigkeiten. Das ist einer der kraftvollsten Wege, die ich kenne, um Menschen zu inspirieren, zu motivieren und zu befähigen.

Kaufen die Menschen Deine Geschichte, ist der Kauf Deines Angebots nur noch eine Formsache.

In dieser Art von Transformationsgeschichten ist die Figur in der Regel nicht die Marke, sondern jemand, der dem Kreis der Kundinnen und Kunden ähnelt.

6.5.2 Die drei Funktionen von Geschichten im Verkauf

Geschichten übernehmen im Verkaufsprozess drei verschiedene Rollen – je nachdem, wo und wie Du sie einsetzt.

1. Sie erzeugen **Resonanz**, schaffen **Vertrauen** und sorgen für **Identifikation**. Das ist die Voraussetzung für alles Weitere. Wer nicht vertraut, kauft nicht.

2. Sie schärfen das **Problembewusstsein** und machen klar, was auf dem Spiel steht. Wir erleben, was der Figur in der Geschichte droht, wenn sie scheitert, und erkennen diese Gefahren auch in unserer eigenen Situation. Dann bringt die Geschichte das Angebot in Form einer Lösung ins Spiel und zeigt, was sich verändert und was dadurch möglich wird. Die Geschichte simuliert die Erfahrung – und macht den Wert des Angebots erlebbar, lange bevor wir überhaupt über den Preis nachdenken.
3. Sie nimmt **Zweifel** und **Einwände** vorweg. Indem die Figur innerhalb der Geschichte genau diese kritischen Gedanken und lähmenden Gefühle durchlebt – und löst –, wirkt die Story wie eine Impfung. Der innere Kritiker begegnet dem Einwand bereits in der Geschichte und erlebt, wie er sich auflösen lässt. Wenn er dann im echten Leben auftaucht, hat er weniger Kraft oder spielt überhaupt keine Rolle mehr.

6.5.3 Nicht jede Geschichte muss direkt verkaufen

Führe Dir abschließend vor Augen: Nicht jede Geschichte sollte direkt auf die Transformation zielen. Erinnerst Du Dich an das Beziehungskonto aus Kapitel 5? Wir laden es auf, bevor wir davon abheben.

Jede Geschichte, die Du erzählst, trägt zum Verkauf bei – auch wenn sie gar nicht direkt verkauft. Wenn Du eine persönliche Geschichte teilst, die nichts mit Deinem Angebot zu tun hat – über einen Moment des Scheiterns oder eine Momentaufnahme aus dem Alltag –, gibst Du den Menschen die Möglichkeit, eine Verbindung zu Dir aufzubauen. Sie vertrauen Dir mehr. Sie wollen mehr von Dir lesen.

Und das ist die Voraussetzung dafür, später ein Angebot zu unterbreiten. Denn wenn Du dann verkaufst – selbst sehr direkt –, fühlt es sich nicht an wie Werbung, sondern wie eine Empfehlung von jemandem, mit dem sie sich bereits verbunden fühlen.

6.6 Die drei Geschichten, die jede Marke braucht

Wir haben in diesem Kapitel viel über Storytelling gesprochen – über seine Wirkung, seine Anatomie, über eine prozedurale und eine explorative Strategie. Jetzt bringen wir alles zusammen.

Jede Marke – ob Personenmarke oder Unternehmen, ob groß oder klein – braucht im Kern drei Arten von Geschichten. Zusammen bilden sie ein vollständiges Storytelling-Repertoire, das Vertrauen aufbaut, Transformation zeigt und täglich Verbindung schafft.

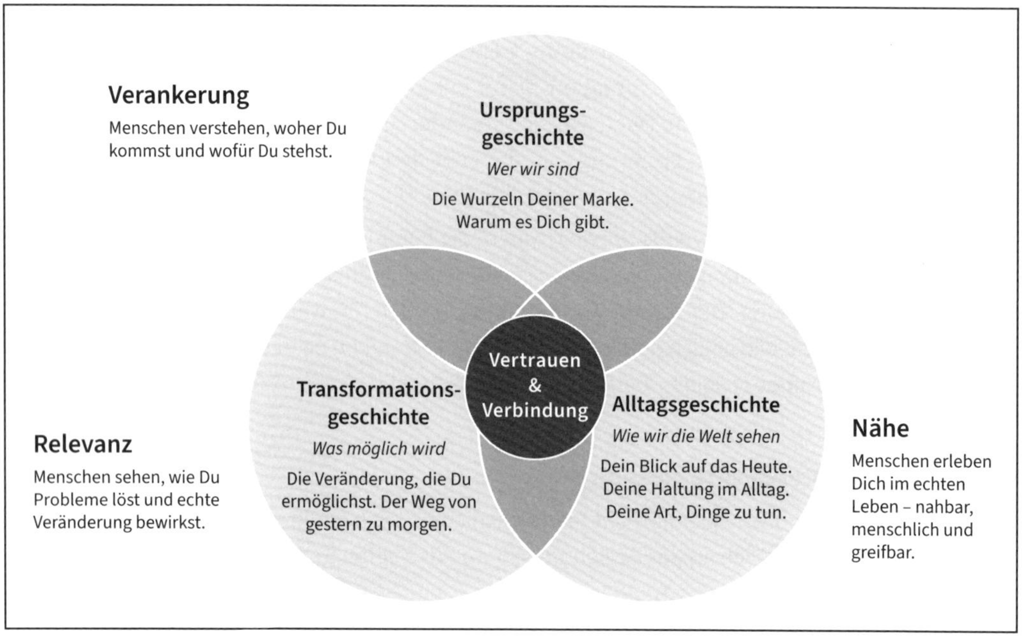

Abbildung 6.2: Ursprungsgeschichte, Transformationsgeschichte und Alltagsgeschichte im Überblick

6.6.1 Die Ursprungsgeschichte: Sie zeigt, wer die Marke ist und warum

Die Ursprungsgeschichte beantwortet die tiefste aller Markenfragen: Warum existiert die Marke? Was hat sie erlebt, gesehen oder gespürt, das sie an diesen Punkt gebracht hat? Was treibt sie an? Du kennst diese Art Geschichte schon aus Kapitel 2 rund um die Filtersysteme. Sie ist das Fundament. Du erzählst sie – ob in Text-, Audio- oder Videoform –, wenn es darum geht, die Marke (besser) kennenzulernen. Wer die Ursprungsgeschichte der Marke kennt, kann sich mit ihr und ihrer Haltung identifizieren.

6.6.2 Die Transformationsgeschichte: Sie zeigt, was möglich ist

Die Transformationsgeschichte zeigt, was eine starke Entscheidung bewirken kann. Damit eignet sie sich optimal, um den Wert von Produkten und Dienstleistungen zu illustrieren. Sie beweist, was möglich ist, und dient der Zielgruppe als Inspiration und Einladung: So könnten sich die Dinge auch für Dich entwickeln.

Eine solche Transformationsgeschichte hast Du längst gelesen. Erinnere Dich an das SEXI-Beispiel aus Abschnitt 5.4.2: Die Klientin mit den verschränkten Armen beim Hypnose-Coaching. Genau ihr Weg – von »Ich lass mich von niemandem steuern« bis zur ersten durchgeschlafenen Nacht – ist eine Transformationsgeschichte: Im Mittelpunkt stehen ihre Ängste und Zweifel sowie ihr Erlebnis und ihr Gewinn – nicht der Coach und auch nicht so sehr die Methodik.

Im Brandwriting ist die Figur der Transformationsgeschichte fast immer die Kundin oder der Kunde. Die Marke ist der Weg, nicht das Ziel. Sobald die Marke sich selbst in den Mittelpunkt stellt, kippt die Story in plumpe Selbstinszenierung. Die beste Fundgrube für wirklich überzeugende Transformationsgeschichten sind echte Testimonials: Erfahrungsberichte von Menschen, die den Prozess bereits durchlaufen haben. Je unverstellter, desto besser. Sie dürfen und sollen von Zweifeln, Anlaufschwierigkeiten, Ängsten und Sorgen erzählen, denn genau diese Elemente räumen Einwände bei der Zielgruppe aus. Viel stärker als »Ich war begeistert vom Coaching« wirkt: »Am Anfang war ich skeptisch, ob das wirklich für mich funktioniert. Nach den ersten zwei Sessions wollte ich hinschmeißen, doch genau da hatte ich einen Durchbruch ...« Genau solche Sätze schaffen Vertrauen und lassen uns träumen: *Was wäre, wenn das so auch für mich funktioniert?*

Transformationsgeschichten sind damit der stärkste Beweis, den eine Marke liefern kann. Für die Praxis lohnt es sich, für jedes Produkt und jede Dienstleistung ein kleines Set solcher Geschichten parat zu haben. Sie lassen uns einen Lösungsweg erleben, statt ihn nur zu behaupten. Was wir sehen und nachfühlen, glauben wir stärker als jede Argumentationskette.

6.6.3 Die Alltagsgeschichte: Sie zeigt, wie die Marke die Welt sieht

Die Alltagsgeschichte – oder Momentaufnahme – ist die zugänglichste der drei Typen und gleichzeitig die am häufigsten unterschätzte. Sie kommt ganz ohne große Dramaturgie, epische Erzählbögen und hochphilosophische Erkenntnisse aus. Alles, was sie braucht, ist eine klare, eigene Perspektive auf einen konkreten Moment – und die Fähigkeit, darin etwas zu zeigen, das Menschen berührt, inspiriert oder zum Nachdenken bringt.

Mit jeder dieser Alltagsgeschichten lernen die Menschen ein Stück Deiner Welt kennen: was Dir auffällt, worüber Du stolperst, was Dich irritiert, freut oder wütend macht. Und Du weißt: Je mehr sich die Zielgruppe mit Deiner Art identifiziert, in der Welt zu sein, desto stärker wächst auch die Verbindung zu Deiner Marke. Und die gibt Deinem Marketing und Verkauf ordentlich Rückenwind.

Die Alltagsgeschichte ist der Klebstoff, der alles zusammenhält. Sie ist der tägliche Beweis, dass hinter der Marke Menschen stehen.

6.6.4 Alle drei Geschichten wirken zusammen

Die drei Geschichtentypen ergänzen sich in ihrer Funktion, in ihrer Tiefe und in ihrer Frequenz.

Die Ursprungsgeschichte erzählst Du vielleicht eher selten – im Kennenlernen mit der Marke wie in Broschüren oder auf der Über-uns-Seite. Sie bringt Tiefe mit und erfüllt die Marke mit einer besonderen Magie. Die Transformationsgeschichte inspiriert, motiviert und überzeugt. Sie kommt häufiger vor, wenn es darum geht, einen Verkauf vorzubereiten. Und die Alltagsgeschichte kannst Du täglich erzählen. Sie baut die Verbindung zur Zielgruppe auf und hält diese lebendig. Alle drei Varianten sorgen zusammen dafür, dass die Menschen Deine Marke als lebendiges Gegenüber fühlen können. Die Kernidee ist immer die gleiche: Wir lassen die Menschen erleben, statt sie zu belehren.

Dafür braucht es nur eine eigene Perspektive und den Mut, sie zu teilen. Die Geschichten sind längst da – in Deinem Alltag, in den Erfahrungen Deiner Kundinnen und Kunden, in den Momenten, die Dich und Deine Marke geformt haben. Erzähl sie.

6.7 Geschichten finden: Ein Kompass für den Alltag

»Youri, wo finde ich denn jetzt gute Geschichten?« Vielleicht brennt Dir diese Frage gerade unter den Fingern. Doch viel wahrscheinlicher ist, dass Du die Antwort nach der Lektüre der letzten Seiten längst schon fühlen kannst: Die guten Storys warten buchstäblich hinter jeder Ecke. Allein wenn Du jetzt kurz das Buch zur Seite legst und den Blick über Dein Umfeld schweifen lässt, wirst Du eine spannende Beobachtung nach der anderen machen, die Story-Potenzial hat. Dein Blick ist jetzt geschärft, weil Du weißt, wonach Du suchst.

Und für die Fälle, in denen Du zwischendurch mal Scheuklappen aufhast (weil Du nicht im richtigen Zustand bist), fasst Dir dieses Kapitel die wichtigsten Fundorte zusammen. So hast Du einen kompakten Kompass, den Du im Alltag jederzeit aufschlagen kannst, wenn Du eine Geschichte brauchst.

Die neun Quellen, die wir uns gleich anschauen, ordnen sich in drei Clustern: Geschichten aus Deiner eigenen Welt, Geschichten aus der Welt Deiner Zielgruppe und Geschichten aus der Welt um Dich herum. Von innen nach außen also, denn die stärksten Geschichten beginnen fast immer bei Dir selbst.

6.7.1 Geschichten aus Deiner eigenen Welt

Deine Biografie als Steinbruch

Du hast in Kapitel 2 die Leitfragen zu Deiner Gründungsgeschichte, Deinen Wendepunkten und stillen Prägungen kennengelernt. Diese Fragen sind auch hier Dein Ausgangspunkt, doch mit einem Twist: Du suchst nicht nach der *einen* großen Ursprungsgeschichte, sondern nach den vielen kleinen Momenten, die Deine Marke geformt, geprägt und definiert haben. So zum Beispiel:

- der erste oder wichtigste Kunde
- eine Erfahrung, die Dich zum Umdenken gebracht hat
- die schlaflose Nacht oder der Moment, in dem viel auf dem Spiel stand
- ein schmerzhafter oder teurer Fehler mit wertvoller Lektion
- der Satz einer Kundin oder eines Partners, der heute noch in Dir nachhallt

Jede Narbe und auch jeder Wachstumssprung erzählt eine Geschichte. Wenn Du zu Deinem Werdegang bzw. dem Deines Unternehmens eine Historie hast, lege ich Dir ans Herz, dieses Archiv auf den Kopf zu stellen.

Alternativ oder ergänzend kannst Du auch eine Strategie nutzen, mit der ich meinen Jahresrückblick gestalte: Zum Ende des Jahres öffne ich meinen Kalender, gehe zurück zum 1. Januar und schaue mir jede Woche an, welche Termine ich hatte, was auf meiner To-do-Liste stand und welche Menschen ich getroffen habe. Aus dieser Perspektive erkenne ich oft mit etwas Abstand, wie sich bestimmte Ideen und Begegnungen entwickelt haben. Hier steht eine Geschichte nach der anderen. Es lohnt sich, diese Details an zentraler Stelle zu pflegen oder sogar eine Art Tagebuch zu führen.

Dein Arbeitsalltag als Bühne

Hinter den Kulissen geschieht das, was Deine Zielgruppe nie sieht – und genau deshalb fasziniert es sie. Wie triffst Du Entscheidungen? Was bringt Dir Schweißperlen auf die Stirn? Woran hast Du die größte Freude im Alltag? Was erfüllt Dich? Was treibt Dich an einem Montagmorgen an die Arbeit?

Solche Behind-the-Scenes-Momente machen Deine Marke menschlich und nahbar. Sie zeigen: Hinter dem professionellen Außenauftritt steckt ein Prozess mit Ecken und Kanten. Da wirken Menschen mit Macken und Marotten, mit Herz und Persönlichkeit. Auch Routinen, Rituale und Werkzeuge erzählen Geschichten. Stell Dir einfach mal vor, ein Kamerateam würde Dich einen Tag lang begleiten und den Alltag hinter der Marke dokumentieren. Worauf würde die Kamera ihre Linse richten? Wo würde sie heranzoomen? Und worüber würde dieses Team mehr wissen wollen?

Vielleicht gibt es besondere Rituale oder seltsame Angewohnheiten? Eine Wand voller Postkarten in der Küche? Eine bestimmte Playlist, die manchmal läuft? Ein wöchentliches Highlight, auf das alle hinarbeiten? Einen Insiderwitz?

Deine Emotionen als Kompass

Was Dich aufregt, begeistert oder zum Nachdenken bringt, zeigt Dir, wo eine Geschichte steckt. Emotionen markieren Momente, in denen Dir etwas wichtig ist. Wenn Du Dich über einen Branchentrend ärgerst, steckt darin ein Meinungstext. Wenn Dich eine Begegnung berührt, steckt darin eine Momentaufnahme. Wenn etwas Dich wütend macht oder verletzt, steckt dahinter vielleicht eine Geschichte, die Deine Werte offenbart. Wenn Dich ein Erfolg stolz macht, steckt darin eine Lektion. Frag Dich regelmäßig: *Was hat mich bzw. uns diese Woche emotional bewegt – und warum?* Hinter der Antwort wartet eine gute Geschichte.

6.7.2 Geschichten aus der Welt Deiner Zielgruppe

Kundengespräche und Feedback

Die reichhaltigste Quelle für Transformationsgeschichten ist die, die Dich bezahlt: Deine Zielgruppe. Jeder neue Auftrag basiert auf einem Ziel und einem Hindernis. Jedes Feedback nach einer Zusammenarbeit enthält einen Wendepunkt und ein Ergebnis. Jede Frage, die Dich im Alltag erreicht, zeigt Dir, wo Deine Zielgruppe nicht weiterkommt und offen für Deine Gedanken und Erfahrungen ist.

Gewöhne Dir an, nach wichtigen Gesprächen eine kurze Notiz zu machen: Was war das Ziel? Was stand im Weg? Was sollte sich verändern? So baust Du Dir über die Zeit ein Archiv an Transformationsgeschichten auf. Natürlich immer mit Einverständnis der Beteiligten, wenn Du sie namentlich erwähnen willst.

Wiederkehrende Fragen als Türöffner

Erinnerst Du Dich an die Jeopardy-Strategie aus Kapitel 5? Fragen aktivieren Dein Gehirn auf einzigartige Weise – und kitzeln damit auch Geschichten aus Dir heraus. Hinter jeder wiederkehrenden Frage steckt ein für Deine Zielgruppe relevantes Problem. Und hinter jedem wiederkehrenden Problem steckt ein ganzer Fundus an Geschichten, nämlich Deine eigenen, die Deiner Kundinnen und Kunden oder beides.

»Wie schaffe ich es, regelmäßig zu schreiben?« Allein hinter dieser Frage verbergen sich 100 verschiedene Geschichten von 100 verschiedenen Menschen, die alle auf ihre Weise mit dem Dranbleiben gerungen haben. Sammle die Fragen, die Dir am häufigsten begegnen, und sammle zu jeder Antworten in Form von Storys und Anekdoten.

Einwände und Zweifel als Story-Starter

Jeder Einwand, mit dem Dir jemand begegnet, ist der Anfang einer Geschichte. »Das funktioniert in meiner Branche nicht.« »Ich habe keine Zeit dafür.« »Das ist mir zu teuer.« Hinter jedem Einwand steckt eine Überzeugung – und hinter jeder Überzeugung steckt eine Geschichte, die sie geformt hat. Wenn Du darauf mit einer eigenen Geschichte antwortest, die die Überzeugung verändert, kannst Du Einwände leicht und nachhaltig auflösen. Gleichzeitig können sich die Menschen immer mehr mit Deiner Art zu denken, zu fühlen und zu handeln identifizieren. Sammle die häufigsten Einwände Deiner Zielgruppe und entwickle zu jedem eine passende Geschichte. Deine Sales-Abteilung wird Dich für diese Wirkung auf Händen tragen.

6.7.3 Geschichten aus der Welt um Dich herum

Alltagsbeobachtungen und Muster

Das ist die Content-Brille aus Kapitel 5 – hier speziell auf Geschichten angewandt. Der Mann im Fitnessstudio mit dem Mass-Gainer-Shake. Dein morgendliches Gespräch beim Bäcker. Die Art, wie ein Restaurant seine Gäste begrüßt. Die Welt steckt voller Szenen, die als Metaphern und Allegorien für Deine Themen taugen. Der Schlüssel liegt darin, Dich darin zu trainieren, diese Muster zu erkennen und sie mit einem feinen Blick und einem starken Einstieg zu inszenieren. Frag Dich bei jeder Beobachtung: *Was hat das mit meiner Arbeit zu tun? Welches Prinzip steckt dahinter? Welche Parallele kann ich zum Alltag meiner Marke ziehen? Und mit welchem Satz kann ich das Thema am effektvollsten einleiten?*

Zeitgeschehen und aktuelle Ereignisse

Die Welt liefert Dir täglich Steilvorlagen, wenn Du bereit bist, sie aufzugreifen. Ein gesellschaftliches Thema, eine Branchenentwicklung oder ein mediales Ereignis: Eingeordnet durch Deine Perspektive ergibt sich daraus eine Momentaufnahme mit aktuellem Bezug.

Ein Meister dieser Disziplin ist die Autovermietung Sixt. Sie hat es zur Kunstform entwickelt, auf tagesaktuelle Ereignisse zu reagieren. Als Friedrich Merz im ersten Wahlgang für das Kanzleramt scheiterte, texteten sie innerhalb von Stunden: »Wenn's im ersten Gang nicht klappt – einfach hochschalten.« Und als der GDL-Chef Claus Weselsky zum wiederholten Mal die Bahn bestreikte, ernannte Sixt ihn kurzerhand zum »Unser Mitarbeiter des Monats«.

Solche Reaktionen erzielen regelmäßig Millionenreichweiten, weil sie drei Dinge gleichzeitig leisten: Sie greifen auf, was die Menschen gerade ohnehin beschäftigt, sie ordnen es durch die eigene Markenbrille ein und sie tun das mit einer Geschwindigkeit, die die Relevanz des Themas sichert. Die Community wartet regelrecht auf die nächste Reaktion, als wäre es ein Serienformat.

Das verlangt natürlich ein eingespieltes System und die Fähigkeit, in kurzer Zeit die richtige Verbindung zwischen dem Ereignis und der eigenen Businesswelt herzustellen. Was bewegt Deine Zielgruppe gerade und wie kannst Du das aus Deiner Brille und mit Blick auf Deine Arbeit aufgreifen und kommentieren?

Bücher, Filme, Gespräche – fremde Geschichten kuratieren

Du musst nicht alles selbst erleben. Ein Satz aus einem Buch, eine Szene in einem Film oder eine Anekdote, die Dir jemand beim Abendessen erzählt – all das kann der Auslöser für eine eigene Geschichte sein. Du kuratierst die fremde Geschichte, ordnest sie durch Deine Perspektive ein und verbindest sie mit Deinem Thema. Du nutzt die Story als Sprungbrett für Deine eigene Erkenntnis.

6.7.4 Ein praktisches Ritual

Die neun Quellen können ein Kompass sein, der Dich im Alltag begleitet. Mein Vorschlag: Geh einmal pro Woche Deine Quellen durch und notiere zu jeder mindestens eine potenzielle Geschichte in Deinem zweiten Gehirn. Nach einem Monat hast Du über 35 Story-Ideen. Nach einem Jahr bist Du so sensibilisiert, dass Du gar nicht mehr bewusst nach Geschichten suchen musst – sie finden Dich.

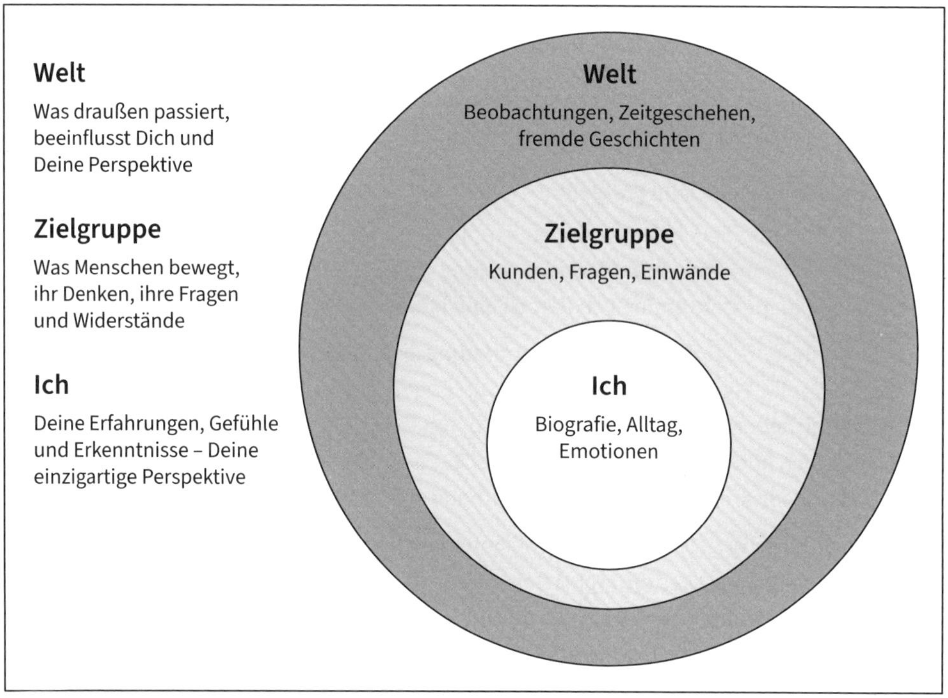

Abbildung 6.3: Die Quellen guter Geschichten teilen sich in drei Bereiche auf.

6.8 Zwischenhalt – Storys erzählen und Geschichte schreiben

Geschichten sind die wirkungsvollste Form, in der eine Marke sich zeigen kann. Sie involvieren, statt zu informieren – sie beleben, statt zu belehren. Du weißt jetzt, wo die Stärken einer Geschichte liegen, wie Du den Stoff dafür findest und wie Du Deine Storys mitreißend erzählst. Je mehr Du Deinen Blick für gute Geschichten entwickelst und die Struktur dahinter durchdringst, desto stärker kommst Du mit dieser Art zu erzählen in Verbindung, die ganz natürlich in Deinen menschlichen sozialen Genen steckt.

Geschichten erzählen ist die eine Sache. Doch eine Marke schreibt auch jeden Tag selbst Geschichte – dadurch, wie sie sich verhält und wie sie sich langfristig entwickelt. Denn eine Marke aufzubauen, ist nur der Anfang. Die eigentliche Kunst beginnt danach. Wie hältst Du sie lebendig, wenn der Alltag monoton ist? Wie entwickelt sie sich weiter, wenn der Markt sich verändert? Und wie reagierst Du, wenn etwas schiefgeht und Deine Marke unter Druck gerät?

Genau diesen Fragen widmet sich das letzte Kapitel. Wir verlassen die Welt der Werkzeuge und betreten die Welt der Praxis – die der gepflegten, reifenden und wachsenden Marke. Denn eine Marke ist ein lebendiger Organismus, der Aufmerksamkeit verlangt, sich weiterentwickeln darf und manchmal überraschend gedeihen kann, wenn wir es zulassen.

Kapitel 7

Die lebendige Marke – Pflege, Reifung und Weiterentwicklung

Es gibt Dinge, die reifen und immer besser werden, wenn wir ihnen Zeit und Aufmerksamkeit schenken: ein schöner Garten, eine Beziehung oder eine Fähigkeit. Auch eine Marke gehört dazu. Wir machen sie nicht mal eben flott fertig und parken sie dann in einer Vitrine, wo sie verkümmert und verstaubt. Sie ist ein lebendiger Organismus, der Pflege, Sorgfalt und die Bereitschaft zur Weiterentwicklung braucht – ohne dabei seinen Kern zu verlieren. Dieses Kapitel beleuchtet die alltägliche Markenarbeit als Praxis, die mit der Zeit immer mehr Tiefe, Facettenreichtum und Wirkung entfaltet.

Was passiert danach? Wenn das strategische Fundament steht, die Marke ihren Stil entwickelt hat und über Geschichten mit ihrer Art und Haltung Resonanz erzeugt? Viele denken in dem Moment: »Läuft!« Und dann widmen sie ihre Aufmerksamkeit anderen Themen. Doch die Marke aufzubauen, ist die eine Leistung, sie lebendig zu halten, ist eine andere – und oft die deutlich anspruchsvollere.

Der Zeitgeist verändert sich, Märkte entwickeln sich, Zielgruppen verschieben sich, und auch hinter den Kulissen bleibt langfristig nichts, wie es ist: Menschen wachsen, Teams formen sich neu und Rollen wandeln sich. Wenn die Marke dabei zu sehr auf der Stelle tritt, läuft sie Gefahr, Entwicklungen zu verschlafen, an den Bedürfnissen der Menschen vorbeizukommunizieren und sich irgendwann selbst abzuhängen. Nutzt sie den Wandel hingegen bewusst, kann sie reifen, an Profil gewinnen und langfristig gedeihen.

Dieses abschließende Kapitel widmet sich dieser Pflege und der Frage, wie eine Marke reift, wächst und sich gelegentlich neu ausrichtet, ohne sich in diesem Prozess zu verlieren. Dabei fokussieren wir uns auf vier zentrale Fragen:

1. Wie sorge ich dafür, dass der Spirit meiner Marke nicht nur nach außen wirkt, sondern auch nach innen?
2. Wie schaffe ich Konsistenz in der Außenwirkung, ohne in Monotonie zu verfallen oder mich blind an Zahlen zu orientieren? Denn zwischen notwendiger Konsistenz und langweiliger Berechenbarkeit liegt eine feine Grenze, die viele überschreiten, ohne es zu merken.

3. Wie sorge ich dafür, dass meine Marke sich treu bleibt, während sie sich weiterentwickelt und sich auch alles um sie herum verändert?
4. Wie verhalte ich mich, wenn etwas schiefgeht? Wenn Fehler passieren oder eine Krise den Markt unter Druck setzt? Denn wie eine Marke in schwierigen Momenten reagiert, ist oft prägender als alles, was sie in ruhigen Zeiten tut.

Ein Hinweis vorab: In diesem Kapitel spreche ich Dich an einigen Stellen nicht allein an, sondern beziehe stellenweise auch das Team hinter der Marke sprachlich mit ein. Das ist gewollt, denn insbesondere bei der Markenpflege geht es stark um Kultur und Miteinander. Vieles funktioniert hier nur im »Wir«. An diesen Stellen wechsle ich bewusst vom »Du« ins »Ihr«.

In den nächsten Abschnitten schauen wir zuerst nach innen, dann auf das Spannungsfeld zwischen Kontinuität und Lebendigkeit, danach auf die Frage, wie Marken an Belastungen wachsen können – und schließlich blicken wir darauf, wie sich Marken weiterentwickeln, ohne sich zu verlieren.

7.1 Die lebendige Marke – wie im Innen, so im Außen

Es gibt einen Irrtum, der sich hartnäckig hält – oft genährt von einer stillen Annahme: Markenarbeit sei primär nach außen gerichtet. Websites, Social Media, Kampagnen, Texte – alles zielt auf die Zielgruppe und nur selten nach innen. Das ist ein teurer Fehler und eine verpasste Chance.

Menschen spüren Dissonanzen, auch wenn sie sie nicht immer gleich benennen können. Ich habe schon öfter als Trainer und als Kunde erlebt, dass Marken nach außen eine nette Maske tragen und nach innen ein ganz anderes Gesicht zeigen. Da war das Unternehmen für persönliche Entwicklung, das nach außen predigte, wie wichtig es sei, ins eigene Wachstum zu investieren, sich bei der Fortbildung des eigenen Teams aber querstellte. Da war das Unternehmen, das sich nach außen nahbar und familiär gab, auf den eigenen Fluren jedoch eine fast toxische Führungskultur lebte. Und habe ich schon von dem Start-up erzählt, das seine Zielgruppe nach außen lässig duzte, nach innen jedoch noch die Tradition pflegte, dass Jüngere darauf warten mussten, bis Ältere ihnen das »Du« anboten?

> **Was intern nicht stimmt, drückt sich früher oder später nach außen aus. Eine Marke ist nur so glaubwürdig wie die Kultur, aus der sie wächst.**

Bei allen drei Beispielen klafft eine große Lücke zwischen Fremd- und Selbstbild. Dieser Zustand kann auf Dauer zu Unsicherheit, Frustration und Demotivation führen. Das soziale Miteinander leidet, und einige Menschen verarbeiten die Situation, indem sie innerlich kündigen. Spätestens dann ist es nur noch eine Frage der Zeit, bis sich das wahre Gesicht des Unternehmens durch die hübsche Außenmaske hindurch zeigt.

Hier steht nicht weniger auf dem Spiel als das Kostbarste, das eine Marke besitzt: ihre Glaubwürdigkeit. Eine lebendige Marke klingt nach außen nur so stark, wie sie im Inneren mitschwingt. Ich nenne das das Echo im Inneren: das Zusammenspiel aus Kultur, Kommunikation und Verhalten entscheidet, ob eine Marke sich nur gut verkauft oder ob sie auch wirklich lebt, was sie vermittelt.

In Kapitel 2 haben wir uns bereits angeschaut, dass die Unternehmenskultur ein wichtiger Hebel ist, um eine Diskrepanz zwischen Selbst- und Fremdbild bzw. Ist- und Soll-Situation zu beheben. Mit objektivem Feedback von außen, dem Mut zur ehrlichen Selbstreflexion und gezielten Maßnahmen lässt sich die Lücke schrittweise verkleinern. Die folgenden Seiten bieten eine Reihe weiterer Impulse, mit denen Du dafür sorgen kannst, dass Deine Marke innen wirklich das lebt, was sie nach außen zeigt.

7.1.1 Stelle Menschen ein, die Deine Marke schon im Bauch tragen

Die häufigste Praxis in Unternehmen besteht darin, Menschen im Nachhinein in die Marke »hineinzuentwickeln«. Dabei ist es deutlich einfacher, von Anfang an Menschen an Bord zu holen, die den passenden Spirit schon mitbringen. Kultur entsteht also nicht erst im Onboarding, sondern in dem Moment, in dem Du entscheidest, wen Du in Dein Team holst.

Wenn Du nur nach Fähigkeiten rekrutierst und den Markenkern im Auswahlprozess ausblendest, lädst Du spätere Konflikte quasi ein. Viel zielführender ist es, schon im Recruiting klar zu zeigen, wie sich die Marke anfühlt, und dann genau die Menschen anzuziehen, die damit in Resonanz gehen.

- **Lass die Marke schon in der Stellenanzeige sprechen**

  Gestalte Dein Recruiting so, dass Menschen den Brand-Spirit fühlen, bevor sie zum ersten Gespräch kommen. Statt austauschbarer Floskeln (»dynamisches Team«, »flache Hierarchien«) erzählst Du kleine, konkrete Geschichten aus dem Alltag Deiner Marke: Wie ihr Entscheidungen trefft, wie ihr mit Fehlern umgeht und was bei euch wirklich nicht verhandelbar ist. So bekommen Bewerberinnen und Bewerber ein lebendiges Bild davon, in welche Geschichte sie einsteigen würden – statt einer kühlen Liste von Aufgaben, unter denen sich jeder etwas anderes vorstellt. Zeige Haltung durch Deine Sprache, Deinen Humor und auch Dein Storytelling. Indem Du Werte, Überzeugungen und Ziele präsentierst, ermöglichst Du den richtigen Menschen, sich schon früh mit der Marke zu identifizieren.

  Außerdem lege ich Dir sehr ans Herz, die gewünschten Meta-Programme der Person vorab zu definieren und in den Recruiting-Medien anzusprechen. Dabei geht es um typische Denk- und Verhaltensmuster, die steuern, wie Menschen Informationen verarbeiten, was ihre Produktivität entfacht und was sie motiviert. Wenn Menschen in einem Umfeld arbeiten, das ihren Meta-Programmen entspricht, fühlen sie sich zugehörig, sie können aufblühen und leichter über sich hinauswachsen. Ausführlicher stelle ich diesen weiteren individuellen Filter unserer Wahrnehmung in meinem Buch *Der Persönlichkeits-Code* vor.

- **Frag nicht nur »Kannst Du das?«, sondern »Passt Du zu uns?«**

  Baue schon im Bewerbungsgespräch Fragen ein, die auf gemeinsame Haltung zielen: »Wie gehst Du mit Fehlern um?« »Was bedeutet Verantwortung für Dich?« »Wann fühlst Du Dich bei der Arbeit lebendig?« Statt nur Stationen im Lebenslauf abzuklopfen oder Dich allein auf fachliche Fragen zu fokussieren, lädst Du Menschen ein, von konkreten Situationen zu erzählen – von Momenten, in denen sie stolz waren, eine schwierige Entscheidung getroffen haben oder für etwas eingestanden sind. In diesen kleinen Geschichten zeigt sich, ob jemand Deine Werte teilt – oder ob die Person zwar fachlich passt, innerlich jedoch auf einem ganz anderen Spielfeld unterwegs ist.

- **Beziehe das Team in den Echotest ein**

  Lass Mitglieder aus dem Team am Gespräch teilnehmen. Spüren sie, dass jemand innerlich anschließt? Oder redet Ihr Euch die Passung schön? Das Bauchgefühl des Teams wiegt oft mehr als jede Checkliste. Außerdem gehen einzelne Teammitglieder mit anderen Filtern ins Gespräch und achten damit auf ganz andere Aspekte als die, die für eine Führungskraft oder den HR-Bereich wichtig wären. Achte gemeinsam darauf, was in der Runde passiert: Ist das Gespräch lebendig? Entstehen echte Dialoge? Lachen alle an denselben Stellen – oder bleibt alles höflich korrekt, aber innerlich leer? Wenn das Team nach dem Gespräch sagt: »Ja, mit dieser Person sehe ich uns im Alltag«, stärkt genau das Deine Marke im Inneren.

Damit schaffst Du schon sehr früh ein Umfeld, in dem Menschen sich nicht verbiegen müssen, um Marke zu »spielen«, sondern schlicht leben dürfen, was ohnehin in ihnen steckt.

7.1.2 Priming statt Vorschrift – Sprache als Einladung

Öffne mit Deiner Sprache Räume, statt Regeln aufzustellen. Sprache hat einen starken Priming-Effekt: Sie lenkt die Kommunikation im jeweiligen Rahmen unterschwellig in eine bestimmte Richtung. Wenn Führung, interne Kommunikation und Meetings zum Beispiel eine steife, defensiv-distanzierte Tonalität haben, wirst Du kaum eine lockere, mutige Marke nach außen erleben – egal, wie brillant Deine Kampagnen daherkommen.

Allerdings geht es hier auch nicht darum, Menschen den Mund zu verbieten oder ihren Ausdruck zu normieren. Das wäre ein ziemlich aussichtsloses Unterfangen, das nur zu Widerstand und Entfremdung führen würde. Viel wirksamer ist es, intern einen sprachlichen Rahmen zu schaffen, der so klingt, wie sich die Marke anfühlen soll. Damit entwickelt die alltägliche Kommunikation eine unterschwellige Vorbildfunktion, an der sich die Menschen orientieren und merken: »Ah, so darf ich hier reden. So darf sich das hier anfühlen.« Konkrete Hebel für die Umsetzung können sein:

- **Lebe die gewünschte Sprache vor, ohne sie zu verordnen**

  Wenn Du als Führungskraft klar, nahbar und respektvoll sprichst, setzt Du den Ton im Raum. Menschen orientieren sich automatisch daran, was sie häufig hören. Sie lassen sich nicht dressieren, aber erstaunlich gut inspirieren.
- **Markiere bewusst, was »erwünscht« ist**

  Reagiere sichtbar positiv, wenn jemand mutig Klartext spricht, Wertschätzung ausspricht oder Humor einbringt – was auch immer der Tonalität Deiner Marke entspricht. So verstehen alle: »Davon bitte mehr!«
- **Nutze interne Formate als Klangprobe der Marke**

  Nutze interne Medien wie Newsletter, Zeitschriften oder Videos als kleine Klangprobe der Marke. Lass die Sprache darin so lebendig, klar oder unkonventionell sein, wie Du es Dir im Alltag wünschst. So zeigst Du, was möglich und wünschenswert ist – ohne die Rolle der Sprachpolizei zu übernehmen, die noch keinem Team der Welt jemals gutgetan hat.

Entscheidend ist: Du korrigierst niemanden und verpasst auch keinem ein Sprachkorsett. Du baust lieber einen einladenden Rahmen, in dem Menschen Lust bekommen, in den Spirit der Marke einzustimmen.

7.1.3 Mach die Führungsrolle zur Markenrolle

Führung ist der Dirigentenstab der Unternehmenskultur. Versprichst Du nach außen eine mutige, menschliche Marke, führst intern aber mit Micromanagement, ausgesessenen Konflikten und Wertschätzung, die nur in der Weihnachtsrede vorkommt, spürt jeder den Bruch – zuerst Dein Team und kurz darauf auch Deine Zielgruppe.

Der Anspruch von Führung sollte sein, das Verhalten so auszurichten, dass es erkennbar auf derselben Spur unterwegs ist wie die Marke. Jede Führungskraft wirkt wie ein täglicher Echotest: Klingen Entscheidungen, Feedback und Prioritäten nach dem, was die Marke nach außen verspricht? Und trifft das Unternehmen auch im kleinen Kreis Entscheidungen so, wie es der Markenlogik entspricht – gerade dann, wenn niemand zuschaut?

7.1.4 Bau Dir Seismografen, die früh auf Frust hinweisen

Im Alltag kann niemand überall gleichzeitig sein. Du sitzt nicht in jeder Teamsitzung, hörst nicht jedes Gerücht im Flurfunk und bekommst vieles vielleicht erst mit, wenn es schon schmerzt. Genau deshalb lege ich Dir ans Herz, Seismografen im Unternehmen zu installieren – Wege, über die sich Spannungen melden können, bevor sie sich zu Frust entwickeln, in Zynismus kippen oder in Kündigungen enden.

Offene Feedbackmöglichkeiten sind mehr als ein »Nice-to-have« – sie sind Deine Frühwarnanlage für das Echo im Inneren. Sie zeigen Dir, wo Selbstbild und Realität auseinanderdriften – rechtzeitig bevor sie sich zu größeren Beschwerden entwickeln können. Feedback darf nicht nur erlaubt sein, es sollte ausdrücklich erwünscht sein – und sichtbar geschätzt werden. Ein paar einfache Formen können schon reichen:

- Regelmäßige, kurze **Pulsabfragen** mit einer offenen Frage wie: »Was läuft gut? Was funktioniert gerade nicht so, wie es sollte?«
- Klar kommunizierte **Ansprechpersonen**, die ausdrücklich die Lizenz haben, Spannungen aufzugreifen und bei deren Auflösung zu begleiten
- **Formate** wie offene Sprechstunden, die Probleme nicht nur protokollieren, sondern auch lösen sollen

Diese kleinen Maßnahmen helfen Dir, das Echo im Inneren früh nachzujustieren, bevor der Boden bebt und bevor Dir die Marke an Stellen wegrutscht, die Du gar nicht auf dem Radar hattest.

7.1.5 Übersetze Deine Marke in kleine Rituale

Werte und Markenversprechen lassen sich wunderbar in große Worte packen und in eine Fibel drucken. Doch noch spannender ist es, wenn Du sie im Alltag wiedererkennst – in dem, was Du und Dein Team immer wieder tun, ohne groß darüber nachzudenken. Genau das sind Rituale: kleine, wiederkehrende Handlungen, in denen sichtbar wird, wie es bei Euch wirklich zugeht.

Lass Dich nicht bremsen, wenn Du dafür eine große Kulturoffensive starten willst. Du musst aber nicht warten, bis der große Wurf fertig ist. Du kannst schon eine ähnlich tiefgreifende Wirkung entfachen, wenn Du an geeigneten Stellen ein paar bewusst gesetzte Akzente setzt: Wie begrüßt Ihr neue Leute im Team? Wie feiert ihr gemeinsame Erfolge? Wie geht ihr mit Fehlern um? Wie startet ihr eure Meetings? In all diesen Situationen kannst Du entweder ein Standardprogramm abspulen – oder ein kleines Stück Markenidentität zum Leben erwecken.

Eine mutige Marke startet zum Beispiel jede Woche mit einer kurzen »Mut-Story« aus dem Team: Was hat jemand ausprobiert, obwohl es hätte schiefgehen können? Eine familiäre Marke entwickelt eigene Begrüßungsrituale oder gibt regelmäßig intern Raum für Anekdoten aus dem Privatleben. Eine präzise, strukturierte Marke beginnt Meetings immer mit einem klaren Ziel, einer Timebox und einem Check-out: »Was nimmst Du konkret mit?«

> **Kleine Rituale stärken Deine Marke mehr als jedes Kulturposter.**

Sie sorgen dafür, dass das Markenversprechen nicht an der Bürowand hängen bleibt, sondern sich in Gewohnheiten übersetzt, die Tag für Tag das Echo im Inneren verstärken.

7.1.6 Lass Deine Werte Geschichten erzählen

Werte bleiben leer, solange Du sie nur behauptest. Doch sie erwachen zum Leben, wenn Menschen Geschichten dazu erzählen können – echte Situationen, in denen jemand genau so gehandelt hat, wie Ihr es nach außen proklamiert.

Lade die Mitglieder Deines Teams regelmäßig dazu ein, kurze Anekdoten zu teilen, in denen sie die Werte der Marke gelebt haben – im Umgang mit Kundinnen und Kunden, Kolleginnen und Kollegen oder bei alltäglichen Entscheidungen.

Sammle diese Geschichten im Intranet, im Newsletter oder in einem geteilten Dokument, das jeder füllen darf. Wenn Du diese Storys teilst, füllst Du Deine Werte mit Leben, und die Menschen sehen: »So fühlt sich unsere Marke an. So handeln wir, wenn wir das ernst nehmen.« Das prägt das Echo im Inneren stärker als jede Folie mit wohlklingenden Begriffen und schönen Icons.

7.1.7 Gestalte die Kulisse so, wie Deine Marke auf der Bühne wirken soll

Du kannst noch so sehr von Schnelligkeit, Klarheit oder Kundennähe sprechen – wenn Deine internen Abläufe langsam, unübersichtlich oder kundenfern sind, spürt jeder den Widerspruch. Deine Strukturen und Prozesse sind die Kulissen Deiner Marke. Wenn sie nicht zum Stück passen, wirkt alles inszeniert.

Frag Dich deshalb regelmäßig: Tragen und fördern unsere Abläufe das, was wir nach außen versprechen – oder bremsen sie es aus? Wenn Du »einfach« versprichst, aber fünf Freigabeschleifen brauchst, stimmt etwas nicht. Wenn Du »nah« sein willst, aber die Leute von einer Hotline in die nächste lotst, entstehen Dissonanzen.

Du musst nicht gleich das ganze Unternehmen umbauen. Du kannst mit ein, zwei Schlüsselmomenten starten: einem vereinfachten Freigabeprozess für die Kommunikation, einem klaren Weg für schnelle Kundenentscheidungen oder einer Regel, ab wann jemand selbst entscheiden darf, statt alles abzusichern. Jede Hürde, die Du abbaust, verstärkt das Echo im Inneren – weil Menschen merken: Unsere Marke meint es ernst mit dem, was sie verspricht.

7.1.8 Das Innen liefert gute Geschichten fürs Außen

Im Kern geht es bei all den genannten Maßnahmen vor allem darum, ehrlich hinzuschauen: Wo klingt Deine Marke im Inneren heute schon so, wie sie sich nach außen zeigt – und wo nicht? Wenn Du diese Diskrepanzen siehst, kannst Du anfangen, sie Stück für Stück zu verkleinern – und bitte, ohne Dich dafür zu geißeln, dass sie existieren. Denn das zeigt einfach nur, dass bei Dir noch echte Menschen arbeiten.

Und je stärker Ihr die Marke innen lebt, desto mehr füttert Ihr automatisch Eure Außenkommunikation. Jede gelebte Entscheidung, jedes Ritual, jede Mut-Story im Team ist Rohmaterial für Storytelling nach draußen – viel authentischer als jedes inszenierte Kampagnenmotiv.

Dabei erkennst Du schnell: Jede Person, die mit Deiner Marke arbeitet, wirkt als Markenbotschafter – ob sie das bewusst so nennt oder nicht. Wie jemand über die eigene Arbeit spricht, Entscheidungen erklärt oder Erlebnisse mit Kundinnen und Kunden weitererzählt, prägt direkt das Bild Deiner Marke.

Manche Menschen haben daran besonders viel Freude: Sie erzählen von Natur aus gern, zeigen Einblicke in ihren Alltag und teilen ihre Perspektive in Social Media oder in Vorträgen. Wenn Du solche Menschen ermutigst und unterstützt, können sie zu sichtbaren Gesichtern Deiner Marke werden – zu echten Botschaftern und, wo es passt, sogar zu Influencern im besten Sinne.

Botschafter tragen Deine Marke in ihre Beziehungen; Influencer tragen sie zusätzlich in ihre Reichweiten. Beide entfalten ihren Wert nur dann, wenn die Menschen sich wirklich mit der Marke identifizieren und nicht nur eine Rolle ausfüllen.

Genau hier kann auch Spannung entstehen: Je stärker Du Deine Marke an einzelne Personen knüpfst, desto mehr Abhängigkeit gehst Du ein – desto größer kann jedoch gleichzeitig der Gewinn sein. Wenn jemand das Unternehmen irgendwann verlässt, entsteht eine Lücke. Gleichzeitig entsteht da, wo Menschen mit ihrer eigenen Geschichte für eine Marke einstehen, eine Tiefe und Strahlkraft, die keine anonyme Kampagne erreicht. Wo Du mehr Risiko zulässt, wächst auch das Wirkungspotenzial – und ja, ein bisschen Kontrollverlust gehört dazu.

Um diese Potenziale aus den eigenen Reihen bewusst zu nutzen, kannst Du Dir ein paar einfache Fragen stellen:

- An welcher Stelle erlebst Du in Deinem Team heute schon Momente, die sich wie »typisch wir« anfühlen – und wie kannst Du daraus Geschichten für die Außenwelt machen?
- Welche Menschen in Deinem Team haben sichtbar Freude daran, Einblicke zu teilen und über ihre Arbeit zu sprechen – und wie kannst Du sie als Botschafter Deiner Marke stärken?
- Welchen der Impulse aus diesem Kapitel kannst Du innerhalb der nächsten vier Wochen real anstoßen – ohne großes Projekt, einfach im Rahmen Deiner Möglichkeiten?
- Und woran würdest Du in drei Monaten erkennen, dass sich das Echo im Inneren verändert hat – intern und in der Art, wie Du nach außen erzählst?

Wenn Du diese Fragen ernsthaft beantwortest, ist dieses Kapitel ein Katalysator: Deine Marke lebt – nach innen und nach außen – und produziert ganz nebenbei ständig neue Geschichten, die genau das zeigen.

Und wenn Du Deine Marke ganz allein bist – ohne Team, ohne HR, ohne Flurfunk? Dann übersetzt sich all das nach innen. Dein Echo im Inneren ist dann das Verhältnis zu Dir selbst. Die Kultur, die Du lebst, ist die Art, wie Du mit Dir umgehst, wenn niemand zuschaut. Und der Echotest bist Du – jeden Morgen.

Deine Marke kann sich nur so weit entwickeln, wie sich auch Deine Persönlichkeit entwickelt.

Eine Personenmarke kann nicht reifer wirken, als die Person dahinter ist. Und genau das ist die gute Nachricht: An Deiner Marke zu arbeiten, heißt, an Dir zu arbeiten. Beides ist dasselbe Projekt – und ein besonders aufregendes.

Wenn das Echo im Inneren stimmt, erleichtert das die Markenpflege nach außen – und doch bleibt eine Aufgabe: Wie kannst Du dafür sorgen, dass die Marke bei all den wiederkehrenden Gedanken spannend bleibt und nicht auf Dauer zu langweilen beginnt? Genau darum geht es im nächsten Abschnitt.

7.2 Kontinuität ohne Langeweile

Konsistenz, Kontinuität, Vertrautheit – all das sind wichtige Prinzipien des Markenaufbaus. Wenn wir uns ständig verändern, sind wir nicht so leicht wiedererkennbar, und es kann den Menschen schwerfallen, eine langfristige Verbindung zu unserer Marke aufzubauen.

Konsistenz ist die Grundlage von Vertrauen.

Was jedoch immer berechenbar gleich bleibt, kann auf Dauer langweilen und an Aktivierungskraft verlieren. Je nach Marke ist das auch eine Wirkung, die wir bewusst anstreben. Denn bei unseren Lieblingsgetränken, bei unserer Unterwäsche oder an unserem bevorzugten Urlaubsort freuen wir uns, wenn selbst die Details so bleiben, wie wir sie kennen und schätzen. In solchen hoch ritualisierten Konsumfeldern suchen Menschen geradezu nach Stabilität (vielleicht sogar nach Langeweile). Hier entsteht das, was wir in der Praxis eine Komfortmarke nennen.

Doch während Konsistenz die Grundlage für Vertrauen ist, bildet Überraschung die Grundlage für Aufmerksamkeit. In angemessener Dosis sorgt Überraschung in Form von unerwarteten Impulsen dafür, dass wir uns immer wieder aufs Neue für eine Marke interessieren und begeistern. Damit eine Marke lebendig bleibt, braucht sie deshalb beides: verlässliche Wiedererkennung und Räume für kreative Erneuerung.

Bei der Markenpflege geht es also darum, beide Seiten – Konsistenz und Überraschung – in Balance zu halten, ohne in Monotonie oder in Beliebigkeit zu verfallen. Eine Marke, die immer gleich klingt, wirkt irgendwann wie ein Song auf Dauerschleife. Eine Marke, die ständig anders klingt, verliert ihr Profil. Der spannende Teil liegt dazwischen: Die Marke bleibt sich selbst treu – und traut sich dennoch, sich zu entwickeln. So wirkt sie lebendig und die Menschen bleiben neugierig auf das, was als Nächstes kommt.

Die Leitfragen für dieses Kapitel lauten daher: *Wie schaffst Du Vertrautheit, ohne berechenbar zu werden? Und wie gestaltest Du Entwicklung, ohne Dich zu verstellen?* Um dieser Frage näherzukommen, schauen wir zuerst darauf, warum wir uns von Natur aus eher an das Bekannte klammern, statt Neues auszuprobieren.

7.2.1 Was bleiben sollte und was sich entwickeln darf

Nach meiner Erfahrung fällt es vielen Menschen deutlich leichter, bekannte Muster weiterzuführen, als etwas wirklich Neues zu gestalten. Die Neurowissenschaft stützt das: Sich immer wieder neu zu orientieren und neue Wege zu gehen, kostet enorm viel Energie. Manche sagen, das Gehirn sei faul, andere, es arbeite einfach energieeffizient – das Ergebnis bleibt dasselbe: Unsere grauen Zellen wählen lieber die bewährten Pfade, denn die geben uns Struktur, Sicherheit und Orientierung.

Derselbe Mechanismus, der Konsistenz zur Grundlage von Vertrauen macht, macht Veränderung anstrengend. Unser Gehirn bewertet das Vorhersagbare als sicher – nach außen schenkt uns das Vertrauen, nach innen verführt es uns zur Bequemlichkeit. Genau deshalb fällt es uns so schwer, alte Gewohnheiten zu verändern.

Wenn Du Deine Marke weiterentwickeln willst, hilft Dir genau diese Einsicht: Alles, was gut läuft und Deine Marke erkennbar stärkt, darf bleiben. An diesen Stellen ist die Kontinuität wichtig und wertvoll. Wenn sich etwas jedoch nur bequem anfühlt, aber Deine Marke eher ausbremst, lohnt sich ein genauerer Blick. Stell Dir regelmäßig die Frage: Stärkt dieses Muster unsere Marke – oder stützt es nur unsere Bequemlichkeit?

Ein Beispiel aus meiner eigenen Kommunikation macht den Unterschied deutlich: Ich habe fast zwei Jahre lang in den sozialen Medien mit den »Grüßen vom GehirnGassi« gearbeitet. Dahinter steckt ein tägliches Ritual: Nach meinen ersten Stunden am Schreibtisch von 6 bis 8 Uhr gehe ich raus an die frische Luft und führe mein Gehirn Gassi. Dabei lasse ich meine aktuellen Themen kurz los und komme dadurch regelmäßig auf die besten Ideen und Pointen. Natürlich ist es sehr bequem, beim Spaziergang ein Foto zu machen und kurz davon zu erzählen, was mir gerade durch den Kopf geht. Anfangs wirkte dieses Format allein schon aufgrund des Namens ikonisch und unverwechselbar, doch nach wenigen Monaten nutzte sich der Effekt ab. Die Reichweite sank deutlich und das Ritual wurde zur Routine. Das Format war zwar bequem für mich – doch meiner Marke hat es am Ende eher Strahlkraft genommen als gegeben. Insbesondere bei den in Kapitel 5 besprochenen Kultformaten darfst Du ein waches Auge darauf haben, genügend Überraschung und Aktivierung einzubringen, damit sich das Format nicht abnutzt.

Der größere Teil Deiner Aufmerksamkeit sollte also dem wohldosiert Neuen gelten: Bewährtes bewusst schützen, wo es zur Markenidentität beiträgt – und gezielt Impulse setzen, wo Entwicklung überfällig ist. Dieses Wechselspiel musst Du nicht allein in Dir austragen. Du kannst es schon in Dein Team einbauen: Manche Menschen bewahren von Natur aus und geben Halt, andere stellen instinktiv infrage und treiben voran. Eine lebendige Marke braucht beide – und die Kunst besteht darin, sie nicht gegeneinander, sondern miteinander arbeiten zu lassen.

Damit dieses Zusammenspiel gelingt, hilft Klarheit darüber, was unbedingt bleiben soll und wo Evolution sinnvoll ist. Im nächsten Schritt schauen wir uns an, wie die heutige Fixierung auf Messbarkeit die Tendenz zur Bequemlichkeit verstärkt und warum das der Lebendigkeit Deiner Marke schaden kann.

7.2.2 Die Zahlenfalle: Wenn Sicherheit Lebendigkeit frisst

Zahlen sind verführerisch, weil sie Dir ein Gefühl von Kontrolle geben. Ist die Klickrate hoch? Dann mach mehr davon. Ist sie schlecht? Dann starte ein anderes Experiment. Du siehst, was gestern funktioniert hat, und willst morgen mehr davon. Diese KPI-Logik ist erst einmal ein bewährtes Grundprinzip für modernes Marketing.

Doch aus Brandingperspektive kann es problematisch werden, wenn wir dauerhaft bei diesem Kurs bleiben: Was Du rein nach Zahlen optimierst, richtest Du automatisch auf Sicherheit aus – und oft auch auf das, was den Algorithmen gefällt. Indem Du nur wiederholst, was gut performt hat, vermeidest Du das, was aus der Reihe fallen könnte. Nach und nach läufst Du Gefahr, alles abzuschneiden, was nicht sofort messbar erfolgreich ist. Darunter können auch einzigartige Facetten Deiner Brand sein und Ideen mit besonderem Potenzial, die jedoch bisher nicht die Chance hatten, sich voll zu entwickeln – und die sie unter der Herrschaft der Zahlen nun auch nie erhalten. So lässt mit der Zeit schleichend der Mut zum Experiment nach, bis Deine Kommunikation zwar effizient klingt, aber austauschbar.

Würde ich der Logik der großen Zahlen folgen, würde ich auf manchen Plattformen einfach mehr nackte Haut zeigen, nur noch bis an die Schmerzgrenze provozieren oder klassische Aufreger-Themen bespielen. Aus Erfahrung weiß ich, dass all das Views und Klicks bringt. Doch das bin nicht ich. Ein Akzent in die jeweilige Richtung – ich bin mal leichter bekleidet beim Sport oder lasse mich zu einer sehr direkten Punchline hinreißen – ist für mich vollkommen authentisch. Das sind harmonische Farbakzente im Gesamtbild meiner Marke. Doch wenn ich nur noch darauf setze, geht langfristig die Substanz verloren, und ich mutiere zur oberflächlichen Uga-Uga Marke. Natürlich bringt diese Art der Kommunikation einiges an Aufmerksamkeit – doch von welcher Qualität? Die Gefahr ist groß, dass ich damit eher Menschen anziehe, die nur auf diese sehr banalen Reize reagieren und nicht mehr in echte Resonanz mit dem eigentlichen Kern meiner Marke gehen. So verliere ich mich Stück für Stück selbst und verwässere meine Brand.

Entscheidend ist der Gesamtmix: hin und wieder ein paar aufmerksamkeitsstarke Content-Elemente, um neue Menschen in meine Welt zu ziehen; dann wiederum ein paar weniger kalkulierte Elemente, um die Verbindung zu den Menschen zu vertiefen, die wirklich zur Brand passen.

Zahlen sind wertvolle Orientierungspunkte, aber sie sollten nie Deinen Kompass ersetzen.

Mit einer einfachen Praxis kannst Du Zahlen nutzen, ohne Dich von ihnen steuern zu lassen:

- Betrachte Zahlen als Rückmeldung, nicht als Befehl.
- Frage bei jedem »Top-Performer«: Klingt das wirklich nach uns – oder nur nach dem, was gerade viele Views und Klicks erhält? Und wie können wir das mehr nach uns klingen lassen?
- Lass bewusst 10 bis 20 Prozent Deines Kommunikationsraums für Experimente, deren Erfolg Du nicht vorhersagen kannst. Diese Experimente dürfen auch mal »schlechter performen«, solange sie Deiner Marke langfristig neue Facetten erschließen.

So bleibt Dein Kern stabil, während Du Dir an den Rändern Bewegung erlaubst. Wenn Du Zahlen als Rückmeldung statt als Befehl nutzt und Dir bewusst Räume für neue Experimente schaffst, öffnest Du ein Fenster für Entwicklung. Du schützt Deine Marke davor, zum gefälligen Algorithmus-Echo zu werden, und nimmst Dir die Freiheit, eigene Akzente zu setzen.

7.2.3 Variation vermeidet Repetition

Auf den letzten gut 300 Seiten hast Du zahlreiche Wege kennengelernt, Konsistenz und einen roten Faden in Dein Branding zu bringen. So zum Beispiel, wenn Du die Grundüberzeugungen Deiner Marke in Punchlines formulierst, Dein eigenes Brandvokabular prägst oder ein Kultformat entwickelst. Diese Elemente entfalten ihre Kraft genau dadurch, dass wir sie regelmäßig wiederholen. Folgst Du den Grundideen aus diesem Buch, brauchst Du Dir um Konsistenz und Wiedererkennbarkeit kaum Gedanken zu machen – und erfreulicherweise genauso wenig um die Entwicklung.

Daher reite ich dauernd darauf herum, dass Brandwriting ein kontinuierlicher und selbstreflexiver Prozess ist: Du entdeckst durch Resonanz ständig Neues, mit dem sich Deine Marke weiterentwickeln kann. Evolution ist in diesem Prozess also integriert:

- Während Du aus der Haltung Deiner Marke heraus schreibst, stößt Du regelmäßig und automatisch auf neue markante **Sprüche** – ohne gezielt danach zu suchen.
- Im Dialog mit Deiner Zielgruppe tauchen Wörter auf, die Dein **Brandvokabular** bereichern – Wörter, auf die Du allein im stillen Kämmerlein wahrscheinlich nie gekommen wärst.

- Aus dem gelebten Alltag Deiner Marke wächst Dein **Story-Repertoire**. Und jede neue Geschichte gibt Dir eine Möglichkeit, wiederkehrende Themen auf frische und aktivierende Art zu präsentieren.
- Deine **Kultformate** schaffen zwar einen wiedererkennbaren Rahmen, innerhalb dessen Du jedoch ständig mit neuen Akzenten überraschen kannst.

Das Schlüsselwort lautet Variation. Natürlich braucht eine Marke ihre festen Anker – Deine Sprüche und Punchlines oder das Vokabular, das nur Dir gehört. Doch das ist nur die Oberfläche. Die wertvolle Wiedererkennung entsteht tiefer: Menschen erkennen Deine Haltung. Sie spüren denselben Charakter, ob Du gerade provozierst, tröstest oder erklärst. Du spielst Deine vertraute Melodie – in neuen Arrangements, Tempi und Konstellationen.

Gutes Branding sagt regelmäßig dasselbe, ohne dass es sich wie eine Wiederholung anfühlt.

Du brauchst Dich also nicht an Formulierungen zu klammern, weil klar ist: Solange der Markenkern fühlbar bleibt, darf – und soll – sich die Oberfläche verändern. Damit Variation nicht im Zufall versandet, brauchst Du Klarheit über zwei Fragen: Was gilt für Dich als unverhandelbarer Kern? Und wo willst Du bewusst mehr ausprobieren? Zoomen wir hier noch etwas tiefer rein.

7.2.4 Spielraum statt Schablonen

Eine starke Marke lebt von zwei Kräften: einem festen Kern und einem Spielraum, in dem sie sich immer wieder neu erfinden darf. Über den Kern haben wir ausführlich gesprochen. Jetzt geht es um den Spielraum. Er öffnet sich von allein, sobald klar ist, was »heilig« ist und was No-Go. Dazwischen liegt die Spielwiese, auf der Ausprobieren erlaubt ist.

Was in der Metapher leicht klingt, kann in der Praxis eine Herausforderung sein. Denn die meisten Marken langweilen sich und andere, weil sie zu viele Bereiche als »heilig« markieren. Alles wird dann zu einer CI-Frage. Ein Regelberg erstickt die Praxis, bremst die Kreativität und verhindert, dass die Marke atmet. Was dieses Umfeld braucht: konkrete Impulse für Experimente.

Womit geht die Marke in Resonanz? Was findet sie spannend? Was will sie entdecken? Welche Trends auf dem Markt passen zu ihr, welche Perspektiven stecken im Team, bei Partnern, bei der Zielgruppe? Und genauso wichtig die Gegenrichtung: Womit darf sie bewusst brechen? Was macht sie künftig weniger oder gar nicht mehr, weil die Wirkung nicht mehr zu ihr passt?

Alles, woran Du arbeitest, arbeitet auch an Dir. Wenn sich die Marke mit neuen Fragen und Perspektiven beschäftigt, kann sie wachsen und sich verändern.

Der prominenteste Fall, in dem dieser Spielraum gefährlich werden kann, sind Trends. Sie taugen als Inspirationsquelle – solange Du sie wie ein Gewürz behandelst und nicht wie einen neuen Teig. Ein Trend passt, wenn er Deine Haltung verstärkt. Ersetzt er sie oder lenkt er sie in eine fremde Richtung, wirkt Deine Marke plötzlich nicht mehr wie sie selbst.

Frag Dich bei jeder neuen Trend-Welle: Verstärkt das, was wir ohnehin sind – oder geben wir gerade nur unserer Angst nach, etwas zu verpassen? Hält der Trend dieser Prüfung stand, bleibt er eine willkommene Zutat, die Deine Botschaft würzt. So nimmst Du Impulse auf, ohne Deine Substanz zu verlieren.

Damit die Marke nicht schleichend in eine Richtung driftet, kannst Du ein einfaches Pflegeritual etablieren – zum Beispiel alle drei oder sechs Monate.

Stell Dir mit Deinem Kernteam diese drei Fragen:

- Was fühlt sich gerade stimmig vertraut an – und sollte genau so bleiben?
- Was wirkt routiniert, müde und vorhersehbar, obwohl es früher mal frisch war?
- Wo hätten wir Lust, uns zu überraschen, ohne uns zu verbiegen?

Wählt danach einen Punkt aus Kategorie 2 (etwas, das müde wirkt) und einen aus Kategorie 3 (etwas, das Ihr ausprobieren wollt) und macht daraus eine konkrete Maßnahme. Mehr braucht es nicht, um in Bewegung zu bleiben.

Wenn Du Deine Marke so pflegst – mit klarem Kern, bewusstem Spielraum und regelmäßigen Inspektionen –, hältst Du die Balance zwischen Kontinuität und Lebendigkeit.

7.2.5 Der Marken-Check-in und Dein lebender Brand-Guide

Marken verändern sich viel stärker durch die vielen kleinen Prägungen, die sich schleichend im Alltag addieren, als durch die großen Markenprojekte, die alle paar Jahre den Kurs korrigieren sollen. Ein Kompromiss hier, eine halbgare Formulierung dort und die kleinen, bequemen Routinen, die niemand mehr bemerkt – all das kann eine Marke langfristig tiefgreifender prägen als jedes Rebranding.

Um diese kleinen Nuancen aufzuspüren und bewusst zu gestalten, lege ich Dir einen regelmäßigen *Marken-Check-in* ans Herz: ein kurzes Meeting, in dem ihr euch ein paar Leitfragen stellt:

- Welche Geschichten aus den letzten Wochen haben sich besonders nach uns angefühlt?
- Wo haben wir gemerkt, dass wir uns verbiegen?
- Welche Formulierung, welches Bild, welcher Moment hat unseren Kern besonders gut auf den Punkt getroffen?
- Wo haben wir besonders starke Resonanzmomente erlebt?

Aus diesen Gesprächen entsteht nach und nach ein gemeinsames Gespür für das, was »typisch wir« bedeutet.

Haltet dieses Wissen in einem lebenden Brand-Guide fest. Darin sammelt Ihr, was Eure Marke resonieren lässt: Metaphern und Figuren, die Euch gut beschreiben. Lieblingssätze und Bilder. Kraftvolle Geschichten. Klare No-Gos.

Mit der Zeit wird dieser Guide zum Resonanzkompass: Er hilft neuen Partnern und Teammitgliedern, schneller anzudocken – und erinnert Euch alle daran, worauf Ihr immer wieder zurückkommen wollt, wenn Ihr Eure Marke weiterentwickelt.

Manchmal kommt der Impuls für die Weiterentwicklung allerdings nicht von innen, sondern auf oft schmerzhafte Weise von außen. Im nächsten Abschnitt geht es darum, wie Du reagierst, wenn äußere Kräfte – Krisen, Brüche oder plötzliche Veränderungen – Deine Marke massiv unter Druck setzen und Du ihren Kern trotzdem schützen und schärfen willst.

7.3 Resilienz und Antifragilität – wenn Marken an Belastungen wachsen

Wandel gehört zur Identität jeder lebendigen Marke. Eine Marke, die sich gegen Veränderung stemmt, verhält sich wie ein Baum, der gegen die Jahreszeiten ankämpft. Angenommen, er würde sich im Herbst weigern, seine Blätter loszulassen, weil er so sehr an seinem Laub hängt – er würde im Frost viel Kraft verlieren und schließlich unter seiner eigenen Last zusammenbrechen, statt seine Kräfte zu sammeln, um im Frühjahr neu aufzublühen. So ähnlich ergeht es Marken, die sich an alte Formen klammern, obwohl sich ihr Umfeld längst verändert hat.

Viele Unternehmen verstehen Markenführung vor allem als Stabilitätsversprechen: Sie definieren ihre Marke einmal und versuchen dann, diesen Zustand möglichst lange zu bewahren. Sie legen einen klaren Kern fest, prüfen ihn nur alle paar Jahre und aktualisieren hin und wieder das Erscheinungsbild. Solange die Umwelt halbwegs berechenbar bleibt, funktioniert dieser Ansatz. Sobald jedoch starke äußere Kräfte auf die Marke treffen, verändert sich das Spiel. Das können Krisen sein, Brüche, plötzliche Verschiebungen im Markt oder feine Veränderungen im Zeitgeist. Wenn sich Märkte wandeln, neue Technologien alte Muster ablösen oder Weltbilder sich verändern, geraten selbst sorgfältig geführte Marken unter Druck.

In solchen Momenten zeigt sich, ob Du Deine Marke nur stabil erscheinen lässt – oder ob Du sie so führst, dass sie Veränderungen aufnehmen und für sich nutzen kann. In diesem Prozess geht es darum, sich weiterzuentwickeln und zu wachsen, ohne das Vertrauen der Menschen zu verspielen, die mit Deiner Marke resonieren. Oft fehlt hier gerade im Alltag die

Flexibilität, um produktiv mit Einwirkungen von außen umgehen zu können. Wie reagiert die Marke in Zeiten einer Krise? Wenn disruptive Kräfte den Markt verändern und die Karten neu mischen? Wenn lang geglaubte Selbstverständlichkeiten plötzlich wegbrechen?

An dieser Stelle kommen Resilienz und Antifragilität ins Spiel. Beide Konzepte laden Dich ein, Belastungen und Fremdeinwirkungen von außen zugleich als Risiken und als mögliche Wachstumsimpulse für Deine Marke zu betrachten. Ich bin mir bewusst, dass allein dieses Thema in seiner vollen Tiefe und Tragweite ein eigenes Buch füllen kann. Daher will ich mich in diesem Abschnitt mit Dir auf die Grundidee fokussieren – und einen Samen legen, der in Dir keimen und weiterwachsen kann. Im nächsten Abschnitt schauen wir zunächst auf diese spannenden Begriffe in der menschlichen Psychologie und übertragen sie dann auf Marken.

7.3.1 Resilienz und Antifragilität

Unter *Resilienz* verstehe ich die Reaktion, nach Belastungen und Krisen wieder zurück in den ursprünglichen Zustand zu finden. Menschen, die in entsprechenden Momenten eine resiliente Reaktion zeigen, verarbeiten Schocks, Verluste und schwere Rückschläge besser und finden leichter einen Umgang mit Veränderung. Sie sind zwar nicht unverwundbar, aber sie stehen wieder auf – oft mit einem klareren Blick auf sich selbst und auf die Welt als zuvor. Resilienz heißt in diesem Sinne: auch unter Belastung handlungsfähig bleiben und in das eigene Gleichgewicht zurückfinden. Training kann diese Reaktionen nicht garantieren, doch es kann die Wahrscheinlichkeit erhöhen, dass Menschen in schwierigen Momenten genau diese Anpassungsfähigkeit zeigen.

Der Begriff *Antifragilität* geht noch einen Schritt weiter. Nassim Nicholas Taleb beschreibt damit Systeme, die nicht nur Stress aushalten, sondern ihn sogar begrüßen. Sie nutzen Volatilität, Zufall und Erschütterungen als Gelegenheit, um zu wachsen und zu gedeihen. Resilient ist der Mensch, der einen Rückschlag übersteht. Antifragil ist der Mensch, der aus Rückschlägen systematisch stärker hervorgeht, weil er sie als Trainingsreize nutzt – ähnlich wie ein Muskel, der durch Belastung wächst. Genau hier liegt der feine, aber entscheidende Unterschied: Resilienz bringt Dich zurück auf ungefähr null, Antifragilität bringt Dich darüber hinaus. Das eine setzt auf Bewahren, das andere auf Wachstum. Antifragilität ist also keine gesteigerte Resilienz. Sie ist eine eigene Qualität jenseits davon – auch wenn das eine das andere voraussetzt: Was zerbricht, wächst nicht mehr.

Ein wichtiger Zusatz, der häufig unter den Tisch fällt: Dieser Effekt hat ein Maß. Es geht um *dosierte* Belastung, nicht um Katastrophen. Ein Muskel wächst an Gewichten, die ihn fordern – unter einem zu schweren reißt er. Genauso wächst eine Marke an Reibung, Kritik und kleinen Krisen. Eine existenzbedrohende Erschütterung dagegen macht sie nicht antifragil – sie kann sie sogar zerstören.

Meine erste Begegnung mit Resilienz und Antifragilität hatte noch nichts mit Branding zu tun. Als Trainer für mentale Stärke erlebe ich seit Jahren, wie sehr diese Konzepte Menschen dabei helfen, nicht einfach nur durchzuhalten, sondern innerlich aufzublühen – gerade in einer Welt, die sich schneller dreht, als uns manchmal lieb ist. Genau diese Erfahrungen aus der Arbeit mit Menschen prägen meinen Blick auf Marken: Wenn Menschen an Belastungen wachsen – warum sollten Marken das nicht auch können?

Marken bewegen sich heute in Umfeldern, die schneller, anspruchsvoller und weniger planbar wirken als noch vor einigen Jahren. Gerade deshalb sehe ich großen Wert darin, diese Konzepte auch aufs Branding zu übertragen:

- Eine **resiliente Marke** hält Krisen aus, bleibt ihrem Kern treu und findet nach Belastungen in eine stimmige Form zurück.
- Eine **antifragile Marke** geht weiter: Sie nutzt Brüche, Kritik, Veränderungen und Unsicherheit, um Klarheit zu gewinnen, ihre Relevanz zu erhöhen und ihr Profil aktiv zu schärfen.

Resilienz und Antifragilität bilden dabei eine Art Entwicklungsstufe: Zuerst braucht Deine Marke genügend Resilienz, um Belastungen überhaupt zu überstehen; darauf aufbauend kann sie die Wahrscheinlichkeit antifragiler Reaktionen erhöhen und gezielt nach Situationen suchen, an denen sie wächst.

Starrheit steht zu beiden Konzepten im kompletten Gegensatz. Eine starre Marke verwechselt Unbeweglichkeit mit Sicherheit. Marken, die ihren Kern in Beton gießen und nur alle paar Jahre kosmetische Korrekturen vornehmen, wirken zwar erst einmal stabil. Doch sobald sich die Rahmenbedingungen verändern, geraten sie ins Wanken oder drohen auseinanderzubrechen, weil ihnen die Beweglichkeit fehlt, sich auf neue Situationen einzustellen. Resiliente Marken beugen sich unter Druck, ohne zu brechen; antifragile Marken nutzen den Druck, um ihre Form weiterzuentwickeln; starre Marken halten dagegen – und nehmen sich damit Chancen, die andere längst nutzen.

Resilienz und Antifragilität als Grundkonzepte können Dich inspirieren, Deine Marke anders zu denken. Nach der wirtschaftlichen Logik wollen wir sie um jeden Preis schützen und vor Risiken bewahren, um ihren Wert nicht zu gefährden. Doch das Konzept der Antifragilität dreht genau diese Logik um: Gerade um die Marke zu schützen, suchen wir gezielt nach Entwicklungsfeldern und setzen uns Herausforderungen aus, *damit* die Marke lernen kann, damit umzugehen. So trainiert sie sich darin, Belastungen von außen künftig souveräner zu begegnen und daran zu wachsen, statt zu zerbrechen. Auch dieser Prozess lebt von Resonanz: Gerade die Wechselwirkung mit Zeitgeist und Umfeld treibt die Entwicklung voran.

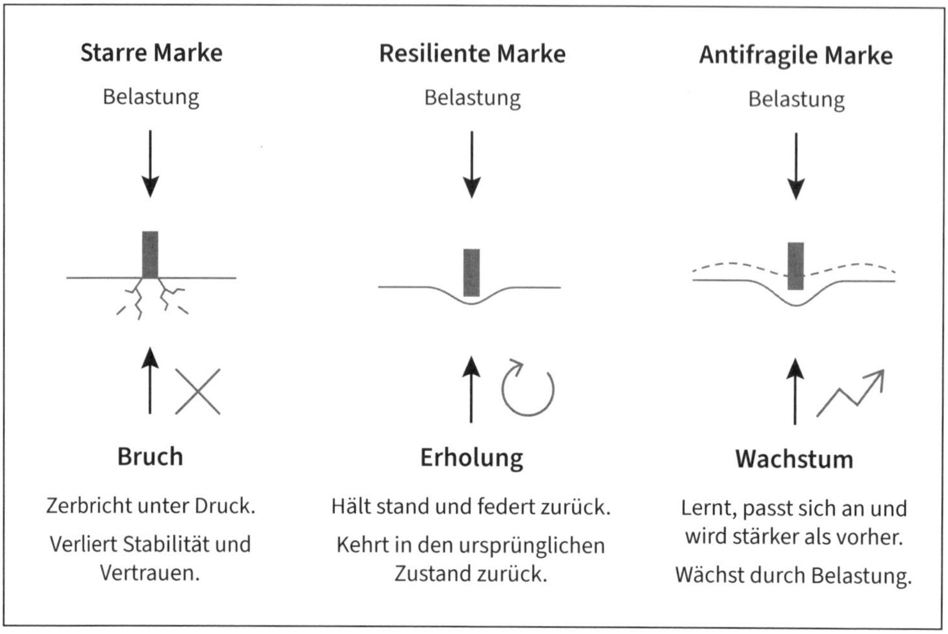

Abbildung 7.1: An der Reaktion auf Belastungen zeigt sich, ob eine Marke starr, resilient oder antifragil ist.

Damit Du ein Gefühl für die Wirkung dieses noch sehr theoretischen Konzepts entwickeln kannst, übersetzen wir es im nächsten Schritt in die Praxis – mit unserer Bäckerei in konkreten Belastungsszenarien.

7.3.2 Szenario: Bäckerei Madeleine im Stress

Erinnere Dich an die Bäckerei Madeleine. Eine kleine, feine Marke, die für besonderen Genuss steht. Sie hebt das Handwerk hervor, setzt auf Exklusivität, arbeitet mit ausgewählten Zutaten und will die Resonanz der Menschen zu ihrem Essen wieder stärken. Madeleine steht für Langsamkeit statt Hektik und für Achtsamkeit statt gedankenlosem Konsum. Und so edel und schön sich das nach heiler Welt anfühlt – auch sie könnte mit Szenarien zu kämpfen haben, die wehtun:

1. Ein Discounter um die Ecke bringt eine Artisan-Linie auf den Markt mit edler Handwerksoptik, aber zu Discounterpreisen.
2. Eine Kostenkrise trifft die Rohstoffe. Mehl, Energie, Personal – alles wird teurer und die Marge bröckelt.
3. Eine neue Zuckersteuer kommt, und immer mehr Menschen entwickeln ein kritisches Bewusstsein gegenüber süßen Backwaren.

In all diesen Situationen zeigt sich, wie belastbar die Marke ist. Resilienz würde bedeuten: Madeleine übersteht die Belastung und bleibt funktionsfähig. Antifragilität würde bedeuten: Die Marke nutzt die Belastung, um klarer, schärfer und lebendiger zu werden als vorher. Schauen wir uns an, wie die Marke in allen drei Szenarien konkret agieren könnte.

Szenario 1: Der Discounter kopiert das Versprechen

Die resiliente Reaktion

- Die Bäckerei erklärt in der Kommunikation den Unterschied: echte Handarbeit, lange Teigführung, regionale Partner, kleine Chargen statt Massenware.
- Sie hält die Qualität stabil und rüttelt nicht an der Rezeptur, nur um beim Preis mitzuhalten.
- Sie kommuniziert weiterhin selbstbewusst aus ihrer Perspektive heraus und verfällt nicht in billige Abgrenzungskampagnen.

Nach anfänglichem Schock erholt sie sich, bleibt sich selbst treu und fokussiert sich auf ihre Werte und ihr Kernversprechen. In dieser Zeit erkennt die Zielgruppe, dass die Qualität des Discounters nicht an Madeleine heranreicht, und der Markt beruhigt sich wieder.

Die antifragile Reaktion

Madeleine nutzt den neuen Produktzweig des Discounters als Bühne:

- Sie startet eine kleine Serie wie »Was Tradition und Handarbeit wirklich bedeuten«. Sie zeigt echte Menschen, hochwertige Zutaten und die Abläufe hinter den Kulissen.
- Sie entwickelt bewusst Produkte, die noch radikaler für das stehen, was sie ausmacht – etwa ein Brot mit extrem langer Teigruhe, limitiert und mit transparent erzählter Herkunft aller Zutaten.
- Sie lädt zu offenen Backstubentagen ein, erzählt die Geschichten des Unternehmens noch persönlicher und spricht mit den Menschen über den Wert von Nahrung und Handwerk.

Der Discounter kopiert nur die Oberfläche. Die Marke reagiert darauf, indem sie tiefer in ihren Spirit geht, bis die platte Marketingfassade des Wettbewerbs im Vergleich fast peinlich wirkt.

Szenario 2: Kostenkrise – alles wird teurer

Resiliente Reaktion

- Die Marke kalkuliert nach, sortiert unprofitable Produkte aus und optimiert Abläufe, ohne ihr Kernversprechen zu gefährden.

- Sie erhöht Preise maßvoll und erklärt offen, warum: bessere Rohstoffe, faire Löhne und die hohe Handwerks- sowie Produktqualität.
- Sie bleibt erreichbar für Rückfragen und begegnet ihnen mit Offenheit und Transparenz statt mit Rechtfertigungen.

Sie übersteht die Kostenkrise, ohne die Seele der Marke zu verraten.

Antifragile Reaktion

Madeleine nutzt die Krise, um sich zu fokussieren:

- Sie entschlackt bewusst das Sortiment: Nice-to-have-Produkte, die nicht für den Kern stehen, dürfen gehen. Die echten Signature-Produkte rücken in den Mittelpunkt.
- Sie startet ein Format wie »Der wahre Preis eines guten Brotes« und erklärt transparent, woraus sich Qualität zusammensetzt: Zeit, Handwerk, Zutaten, Menschen und vieles mehr.
- Sie geht mit dem Team in einen Klärungsprozess: »Wofür stehen wir so sehr, dass wir es niemals opfern würden? Und was lassen wir bewusst los?«

Nach dieser Phase ist Madeleine sowohl betriebswirtschaftlich stabiler als auch als Marke profilierter. Die Menschen verstehen noch besser, wofür sie hier zahlen, sie genießen noch bewusster und verstehen, warum es diese Bäckerei braucht.

Szenario 3: Zuckersteuer und neues Bewusstsein für Süßes

Resiliente Reaktion

Die Zuckersteuer trifft viele Bäckereien.

- Die Marke analysiert, welche Produkte besonders betroffen sind, und passt Preise, Portionsgrößen oder Rezepturen behutsam an.
- Sie ergänzt ihr Sortiment um ein paar weniger süße Alternativen, ohne das bisherige Angebot radikal umzubauen.
- Sie kommuniziert transparent: »Ja, manches wird teurer. Ja, wir nehmen das ernst. Und wir bleiben bei unserem Anspruch, Genuss bewusst zu gestalten.«

Sie hält Kurs, bleibt funktionsfähig und verliert weder komplett ihre Süßwarenbasis noch ihre Glaubwürdigkeit.

Antifragile Reaktion

Madeleine nutzt die Entwicklung als Einladung, ihr Verständnis von Genuss zu vertiefen:

- Sie entwickelt neue Produkte, die auf weniger oder andere Süße setzen – etwa Gebäck mit Fruchtsüße, Gewürzen oder Säurekontrasten – und positioniert sie als »neue Formen von Genuss«.

- Sie startet eine Reihe »Süß, aber bewusst«: Workshops, Tastings oder kleine Infoformate, in denen es um Geschmack, Sättigung, Herkunft und die Wirkung von natürlichen Süßungsmitteln geht.
- Sie erzählt offen, wie sich ihr eigener Blick verändert: »Wir lieben Süßes – und wir lieben es, wenn Menschen wach bleiben für das, was sie essen.« Der Kern (Genuss, Achtsamkeit, Handwerk) bleibt erhalten, doch er reift heran und entwickelt neue Ausprägungen.

Am Ende der Debatte steht Madeleine nicht als »die Süßwaren-Bäckerei« da, die sich gegen die Zuckerwende stemmt, sondern als Marke, die Genuss ernst nimmt – inklusive der Verantwortung für die eigene Gesundheit.

Resilienz heißt, dass die Marke Madeleine sich auch unter Druck treu bleibt und trotz Belastungen von außen nicht ihre Fassung verliert. Antifragilität geht noch einen Schritt weiter: Die Marke nutzt die Druckmomente als Chance und gewinnt genau dadurch an Profil und Tiefe.

Oft führt der erste klare Schritt dabei nach innen: eine Rückbesinnung auf die zentrale Vision und die Kernwerte der Marke. Wenn das Fundament ins Wanken gerät, ist das eine Einladung, den Kern so weit zu schärfen, bis er wieder stimmt, statt bloß die Verpackung anzupassen.

Wenn Du Deine Marke antifragil denken willst, geht es genau darum: Du baust bewusst Mechanismen ein, die aus Spannungen, Fehlern und Veränderungen Lernimpulse machen. Die folgenden fünf Wege zeigen Dir, wie Du das in der Praxis umsetzen kannst.

7.3.3 Fünf Wege, wie Deine Marke an Belastungen wächst

1. Viele kleine Wetten statt ein großes Risiko

Antifragile Systeme reifen, indem sie Stress bewusst und dosiert zulassen. Übertragen auf Deine Praxis kann das bedeuten: Schaffe Dir Räume, in denen Du Neues ausprobierst, auch wenn Du das Ergebnis nicht garantieren kannst. Reserviere einen festen Anteil Deiner Kommunikation für solche Experimente. Das können andere Formate sein, neue Erzählperspektiven, mutigere Botschaften oder ungewöhnliche Angebote. Du gehst neuen Thesen und Ideen nach, ohne dabei den Kern der Marke infrage zu stellen.

Damit diese Experimente nicht aus der Luft gegriffen sind, lohnt sich ein feines Gespür für den Zeitgeist. Frag Dich zum Beispiel einmal im Quartal: Was treibt die Menschen gerade an und um? Welche Themen tauchen immer wieder in Gesprächen, Medien und im Alltag Deiner Zielgruppe auf? Eine zweite, ebenso wertvolle Quelle ist die Resonanz mit Deinen Kundinnen und Kunden: Hör genau hin, welche Fragen sie stellen, welche Sorgen sie äußern, welche Wünsche zwischen den Zeilen mitschwingen. Aus genau diesen Beobachtungen kannst Du Impulse ableiten, die Deine Experimente nähren und Deine Marke relevant halten.

Ein Teil davon wird vielleicht nicht funktionieren – und das ist eingeplant. Doch Du weißt, dass Fehlschläge Dir wertvolles Feedback liefern. Das, was funktioniert, verrät Dir viel über Dein Angebot und Deine Zielgruppe: Welche Reaktionen erlebst Du? Welche Themen öffnen Türen? Welche Irritationen zeigen Dir, wo Du nachschärfen kannst?

So trainierst Du Deine Marke wie einen Muskel: viele kleine, kontrolliert herbeigeführte Belastungen. Praktisch kann das heißen, dass Du im Redaktionskalender jeden Monat einen festen »Experimentslot« einplanst, für den andere Regeln gelten. Du probierst in diesem Rahmen bewusst etwas aus, das Dich reizt – und wertest danach aus, was Du daraus mitnimmst. Dieses Training schweißt Dein Team zusammen und hilft Euch, auch in unsicheren Zeiten souveräner zu agieren.

2. Bau Dir Sensoren, die Spannungen früh erkennbar machen

Je früher Du merkst, wo etwas knirscht, desto schneller kannst Du hinschauen, reagieren und den Input für die Entwicklung Deiner Marke nutzen. Das können kritische Kommentare, irritierte Nachfragen oder interne Widerstände sein. Statt sie wegzumoderieren oder Dich zu verteidigen, kannst Du sie als Datenpunkte lesen: Was zeigt uns dieser Widerspruch? Wo hatten wir bei einem Thema blinde Flecken? Jede Spannung, die Du ernst nimmst, kann Dir helfen, Deinen Kern zu schärfen oder konkrete Details in Deiner Kommunikation stimmiger zu gestalten.

Am besten sammelst Du solche Rückmeldungen an zentraler Stelle – zum Beispiel in einem Dokument oder Kanal, den Ihr einmal im Quartal gezielt durchgeht mit der Frage: »Was davon ist für unsere Marke ein wertvoller Hinweis?« Auf diese Weise nutzt Du Irritationen als potenzielle Lernimpulse.

3. Sprich ehrlich über Brüche, statt sie zu verstecken

Wenn etwas schiefgeht, sprich es offen an: »Hier haben wir danebengelegen. Das haben wir daraus gelernt. So machen wir es künftig anders.« Das kostet zwar eine Portion Mut, schafft allerdings auch genau das Vertrauen, das Du mit glatten Erfolgsgeschichten nie erreichst. Gerade in angespannten Momenten sehen Menschen, ob Deine Werte nur Worte sind oder ob sie wirklich Dein Handeln steuern.

Gleichzeitig trainierst Du damit den Umgang mit dem Unbequemen: Du gewöhnst Dich und Dein Team daran, Fehler nicht reflexhaft zu kaschieren. Ihr nutzt sie als Lernmaterial – genau das ist der Kern von Resilienz und Antifragilität.

In der Praxis kann das ein kurzer »Lern-Post« nach einer Panne sein – intern oder extern –, in dem Du den Fehler benennst, die Einsicht formulierst und die nächste konkrete Anpassung teilst. So verwandelst Du einen Bruch in einen Entwicklungsschritt, der Deine Marke glaubwürdig wachsen lässt. Mit jeder dieser Übungen werdet ihr ein kleines Stück gelassener im Umgang mit Rückschlägen – und eure Marke ein kleines Stück belastbarer.

4. Regelmäßige Lernschleifen statt gelegentlicher Großrelaunches

Statt alle paar Jahre einen großen Wurf zu planen und Dich komplett neu zu inszenieren, kannst Du Deine Marke in kleinen Schritten anpassen und kontinuierlich dazulernen. Halte dazu nach wichtigen Maßnahmen kurz inne und stell Dir drei Fragen:

- Was hat uns stärker gemacht?
- Wo sind wir an Grenzen gestoßen?
- Was ändern wir konkret beim nächsten Mal?

Wenn Du diese Antworten ernst nimmst und wirklich ein, zwei Dinge justierst, bringt jede Belastung Dir mehr Klarheit, und Deine Marke reagiert beim nächsten Mal souveräner. Du kannst dafür am Ende von Kampagnen, Projekten oder Quartalen einen kurzen, festen Reflexionsslot einbauen: 30 Minuten, drei Fragen, ein kleines Protokoll mit maximal drei Konsequenzen, die Ihr wirklich umsetzt. Mit der Zeit entsteht ein Lernrhythmus, der Deine Marke beweglich hält und sie Schritt für Schritt stabiler macht, ohne sie von Relaunch zu Relaunch zu schleppen.

5. Puffer und Spielräume einplanen, damit Deine Marke atmen kann

Antifragile Systeme brauchen Reserven, um auf Belastungen reagieren und Chancen ergreifen zu können. Wenn jede Ressource dauerhaft am Limit läuft, bleibt kein Raum, um aus Krisen zu lernen oder Neues auszuprobieren. Für Deine Marke bedeutet das: Du baust bewusst Spielräume ein – zeitlich, finanziell und mit Blick auf Deine Kapazitäten –, statt alles auf Kante zu planen.

Das kann ein kleines Budget sein, das Du ausschließlich für Experimente nutzt, oder ein fixer Zeitblock im Monat, in dem das Team an der Marke arbeitet statt nur im Tagesgeschäft. Es kann auch heißen, dass Du Dir bewusst Partner, Tools oder Formate sicherst, auf die Du in Stressphasen schnell zurückgreifen kannst. Je mehr solche Puffer Du hast, desto leichter kannst Du in angespannten Momenten reagieren, ohne Deinen Kern zu gefährden – und desto eher gelingt es Dir, aus Belastungen echte Entwicklungsschritte zu machen.

7.3.4 Wo Resilienz und Antifragilität wirklich beginnen

Auf dem Papier mag vieles von dem, was wir in diesem Kapitel besprochen haben, naheliegend wirken. Die Szenarien und Reaktionsweisen lesen sich fast wie selbstverständlich – so, als wäre eine resiliente oder sogar antifragile Antwort der ganz natürliche Alltag. Doch in der Praxis erleben wir häufig das Gegenteil: Schon eine stabile, souveräne Reaktion auf Druck ist ein Kunststück und oft ein Kraftakt – sowohl in der Marken- als auch in der Unternehmens- und sogar in der ganz praktischen Lebensführung.

Der entscheidende Hebel dafür liegt selten in noch smarteren Strategien, Tipps oder Umsetzungsimpulsen, sondern in den Menschen, die Deine Marke prägen und leben. Ihre emotionale Reife, ihr Zusammenhalt und ihre Identifikation mit der Marke bestimmen, wie hoch die Wahrscheinlichkeit für eine resiliente Reaktion wirklich ist. Wenn Teams sich in Silos verlieren, Grabenkämpfe führen oder sich eine Ellenbogenmentalität breitmacht, bröckeln auch schönste Strategien und die durchdachtesten Pläne. Die Organisation schwächt sich selbst von innen – und das beeinträchtigt früher oder später auch die Außenwirkung.

Marken scheitern selten an äußeren Ereignissen – sie straucheln, wenn innen der Zusammenhalt fehlt. Die Persönlichkeit Deiner Marke kann nur so stark sein wie die Persönlichkeiten und das Miteinander der Menschen dahinter.

Unternehmenskultur bedeutet nichts anderes als: gelebtes Miteinander verschiedener Persönlichkeiten in einem System. Das entscheidet darüber, ob ein Team in Krisen blockiert und sich selbst sabotiert – oder noch enger zusammenrückt und gemeinsam handlungsfähig bleibt.

Gleichzeitig ist es mir wichtig, Resilienz und Antifragilität hier nicht als Superkräfte darzustellen, die Du Dir einmalig antrainierst und dann »besitzt«. Die aktuelle Forschung beschreibt Resilienz weder als Fähigkeit, die Du schlicht trainierst, noch als Eigenschaft, die Du entweder hast oder nicht. Vielmehr geht es um eine Reaktion, deren Wahrscheinlichkeit Du durch gezieltes Training erhöhen kannst. Du kannst also Bedingungen schaffen, unter denen resiliente – und in manchen Fällen sogar antifragile – Antworten wahrscheinlicher werden: durch bewusste Trainingsformate, Räume für Reflexion, emotionale Kompetenzen und ein respektvolles, empathisches Miteinander.

Eine Marke ist immer nur die sichtbare Seite dessen, was Menschen im Inneren miteinander leben.

Wenn Du Dich fragst, wo Du in Deinem Unternehmen konkret anfangen sollst, um die Konzepte aus diesem Kapitel lebendig zu machen, führt die Spur immer zu den Menschen, die Deine Marke prägen und mitgestalten. Es lohnt sich also, Deinem Team Räume zu schaffen, in denen es üben kann, in Belastungssituationen bei sich zu bleiben, Spannungen konstruktiv zu nutzen und gemeinsam handlungsfähig zu bleiben. Denn je stabiler und bewusster die Menschen agieren, desto eher kann Deine Marke nach außen die Stärke zeigen, die Du Dir von ihr wünschst.

7.4 Wo Marke wirklich entsteht

Nach außen wirkt Deine Marke wie eine eigenständige Figur – eigene Stimme, eigene Haltung. Doch in Wahrheit ist sie die Summe dessen, wer die Menschen hinter ihr sind und wie sie einander täglich begegnen.

Das ist der vielleicht unbequemste Gedanke dieses Buches. Klar formulieren kann jeder lernen. Die härtere Aufgabe: ehrlich hinzuschauen, ob Du selbst lebst, was Du nach außen versprichst – und ob das Miteinander hinter den Kulissen dem entspricht, was die Marke zeigen will. Wenn Du Dir erlaubst, Neues auszuprobieren, offen über Fehler zu reden und Erfolge gemeinsam zu feiern, dann spüren das die Menschen. Innen wie außen. Dann strahlt Deine Marke genau das aus, was Du wirklich lebst.

Am Ende ist eine Marke eine Ansage: So zeige ich mich, so gehe ich mit anderen um und so will ich wirken. Wenn Menschen diese Ansage gut finden und sich darin wiedererkennen, wird alles leichter. Du bastelst Deine Texte nicht mehr mühsam zusammen – Du erzählst einfach, was ohnehin passiert. Und je klarer Du weißt, wofür Du stehst, desto leichter ziehst Du die richtigen Menschen an.

Damit schließt sich der Kreis. Wir sind bei dem angekommen, womit alles begann: bei Dir. Bei Deiner Geschichte, Deiner Haltung, Deiner Art, die Welt zu sehen. Zeit, zurückzublicken auf den Weg, den wir gemeinsam gegangen sind.

Nachklang

Unsere gemeinsame Reise durch dieses Buch hat mit einem Wort begonnen und sollte auch damit enden: Resonanz. Sie trifft ein zutiefst menschliches Grundbedürfnis, das heute leider immer öfter zu kurz kommt: das nach echter Verbindung. Daraus beziehen wir Geborgenheit und einen tieferen Sinn.

Die Voraussetzung dafür ist, dass wir uns öffnen und uns so zeigen, wie wir sind. Mit unserer individuellen Art, zu denken, zu fühlen und zu handeln. Folgst Du diesem Prinzip, entsteht einzigartiger Ausdruck wie von selbst. Er ist tief verwurzelt in Deiner Geschichte, in Deinen Werten, in den Überzeugungen, die Dich leiten, in Deiner Mission und Deiner Vision. All das hält Dich fest auf Deinem Kurs – insbesondere dann, wenn es mal Gegenwind gibt.

Wir haben die Persönlichkeit Deiner Marke freigelegt und gezeigt, wie Du sie mit Haltung, Stilmitteln, Arbeitsweisen und Storytelling in kraftvolle Botschaften übersetzt. Und wenn Du alles andere wieder vergisst, was auf diesen Seiten stand, dann behalte bitte das eine: Resonanz lässt sich nicht erzwingen. Du kannst sie nur einladen. Indem Du etwas preisgibst, das Dich bewegt.

Ich selbst habe lange gebraucht, um das wirklich zu verstehen. Als ich anfing zu schreiben, wollte ich überzeugen. Ich wollte, dass Menschen das tun, was ich für richtig hielt – kaufen, klicken, zustimmen. Und je mehr ich *wollte*, desto weniger passierte. Nach innen lähmte ich mich selbst, nach außen schreckte ich mit dieser Art andere ab. Erst als ich aufhörte zu drücken und anfing zuzuhören, kam Bewegung in die Sache.

Das ist der Kern von allem, was in diesem Buch steht. Resonanz bedeutet, Menschen wirklich zu begegnen. Sich auf sie einzulassen. Sich einzufühlen und sich berühren zu lassen, ohne sich dabei vom Müssen, Wollen und Sollen treiben zu lassen.

Das klingt einfach. Und es ist doch eine Lebensaufgabe. Denn das Müssen ist laut. Es ruft nach Umsatz, nach Reichweite und Sichtbarkeit. Das Wollen drängt – es will Ergebnisse, am besten sofort. Und das Sollen flüstert Dir ein, wie *man* es »richtig« macht, wie es die anderen machen und was sich »gehört«. Diese drei Stimmen sind nicht Dein Feind – sie meinen es gut, sie wollen Dich schützen und vor Enttäuschung bewahren. Doch wenn sie das Steuer übernehmen, steigt die Gefahr, dass Du an Deiner Zielgruppe vorbeischreibst. Die Botschaften werden lauter, die Ecken und Kanten weicher – und ehe Du Dich versiehst, klingst Du wie alle anderen.

Um das zu vermeiden, braucht es vor dem Schreiben einen stillen Moment der Rückbesinnung: Was will ich hier überhaupt sagen? Und vor allem: Wem begegne ich gerade?

Und vielleicht ist das die eigentliche Botschaft dieses Buches – die hinter allen Techniken, Formeln und Werkzeugen liegt: Eine Marke, die berührt, kommt von einem Menschen, der sich berühren lässt. Du kannst keine Resonanz nach außen erzeugen, die Du nach innen nicht zulässt. Denn Stil und persönlicher Ausdruck sind am Ende nicht nur eine Frage der richtigen Worte, sondern vor allem dessen, was zwischen Deinen beiden Ohren geschieht. Deine Marke wächst nur so weit, wie Du selbst wächst. Deshalb war dieses Buch nie nur ein Buch übers Schreiben. Es war immer auch ein Buch über Dich.

Ich glaube fest daran, dass Du große Resonanz erzeugen kannst. Woher ich das weiß? Du bist ein Mensch. Diese besondere Fähigkeit ist bei Dir vorinstalliert. Außerdem hast Du bis hierher gelesen. Und wer ein Buch über das Berühren zu Ende liest, trägt diese Kraft längst in sich. Du musst sie nur noch herauslassen.

Geh es ruhig an. Du musst nicht morgen Deine ganze Marke umkrempeln. Nimm einen einzigen Gedanken aus diesem Buch – einen, der bei Dir nachklingt – und experimentiere mit ihm. Schreib einen Satz, der wirklich nach Dir klingt und Dich berührt. Erzähl eine Geschichte, die Du bisher für zu klein gehalten hast. Lass einmal das Müssen aus dem Raum und schau, was passiert.

Und wenn Du an einen Punkt kommst, an dem Du nicht weiterweißt – sei es beim Brandwriting, beim Copywriting oder bei der größeren Frage, wie Du innerlich die Stärke entwickelst, Deinen eigenen Weg zu gehen –, dann komm gern auf mich zu. Ich begleite Menschen genau dabei: ihre Stimme zu finden, ihre Marke zum Klingen zu bringen und an den eigenen Belastungen zu wachsen, statt an ihnen zu zerbrechen. Nichts würde mich mehr freuen, als zu hören, was dieses Buch bei Dir in Bewegung gebracht hat.

Bevor ich Schluss mache, sage ich Danke. Kein Buch entsteht allein. Es trägt die Spuren vieler Menschen, mit denen ich auf meinem Weg in Resonanz gegangen bin.

Alles beginnt bei meinen Eltern, Pierre und Ingrid. Ihr habt mir die Neugier geschenkt, die mich bis heute antreibt, und mir das Vertrauen mitgegeben, meiner Liebe zur Sprache zu folgen – auch über Umwege, auch gegen Zweifel. Für Eure Geduld und Eure grenzenlose Liebe bin ich Euch von Herzen dankbar.

Tatiana, Nadia, Melanie, Micha, Magali und Robin – jede und jeder von Euch schenkt mir einen eigenen Blick auf diese Welt, und gemeinsam macht ihr mein Bild von ihr erst vollständig. Und Raffi: Du bist das Salz in meiner Buchstabensuppe und der ruhige Pol, der mich zurückholt, wenn ich mich mal wieder zwischen den Zeilen verirre.

Geprägt hat mich auch, was andere großzügig mit mir geteilt haben – ihr Wissen, ihre Erfahrung, ihren Blick auf Sprache, Branding und das Menschenverstehen. Mein Dank dafür gilt Dr. Dirk Eilert, Ulrich Oldehaver, Richard Bandler, John Grinder, Michael Ehlers, Denys Scharnweber und Michael Matthiass. Genauso danke ich allen, die je an einem meiner Seminare oder Programme teilgenommen haben – denn nirgends habe ich je so viel gelernt wie in den Momenten, in denen ich selbst lehren durfte.

Matthias Niggehoff gebührt ein ganz eigener Dank. Für unsere Freundschaft – und für unseren unwiderstehlichen Dreiklang aus Schnabulieren, Spazieren und Philosophieren. Du hast mein Denken über Psychologie, Philosophie, Persönlichkeit sowie Marketing und Verkauf mit ehrlicher Haltung tiefer geprägt als jeder andere. Und Niels Koschoreck: Von Dir habe ich gelernt, was Branding in aller Tiefe wirklich ist. Du hast mich beflügelt, ver-rückt zu denken und ver-rückt zu leben – und gleichzeitig den Frieden damit zu schließen, dass das Zum-eigenen-Ausdruck-Finden eine faszinierende Reise ohne Ziel ist, ein Leben lang.

Danke auch an den Rheinwerk Verlag und insbesondere Felix Jüstel. Du hast mit Deinen wertvollen Fragen, Anregungen und insbesondere mit Deiner Geduld dazu beigetragen, dass dieses Buch reifen und gedeihen konnte.

Und am Ende dieser Liste stehst Du. Denn all die Menschen auf diesen Seiten haben mir geholfen, dieses Buch zu schreiben – aber erst Du gibst ihm einen Sinn, indem Du es liest.

Bleib in Resonanz – mit den Menschen um Dich herum und mit Dir selbst.

Von Herzen,

Youri

PS: Den Zugang zu meiner aktuellen Welt findest Du auf keifens.com.

Brandwriting –
So bleibst Du auf dem Laufenden

Dieses Buch ist das Herz von Youri Keifens Brandwriting-Welt. Hier hast Du alles gelernt, was Du brauchst, um Deine Marke schreibend zu erkunden. Doch wie jede erfolgreiche Marke, ist auch das Thema Brandwriting lebendig und wird sich weiterentwickeln.

Wenn Du diese Entwicklung miterleben möchtest, dann besuche die offizielle Website zum Buch:

www.brandwriting.de

Index

F

G

H

I

J

K

L

M

N

O

P

R

S

T

U

V

W

Y

Z